Franz Schubert

Franz Schubert. Kolorierte Zeichnung von Schuberts Freund Josef Teltscher (1801–1837)

Reclams Musikführer
Franz Schubert

Von Walther Dürr
und Arnold Feil
unter Mitarbeit von
Walburga Litschauer

Mit 45 Notenbeispielen und 16 Abbildungen

Philipp Reclam jun. Stuttgart

Umschlaggestaltung: Reichert Buchgestaltung Stuttgart
Noten: la mà de guido, Sabadell (Barcelona)
Satz: Reclam, Ditzingen
Druck: Wilhelm Röck, Weinsberg
Buchbinderische Verarbeitung: C. Fikentscher, Darmstadt
Printed in Germany 1991
RECLAM ist ein eingetragenes Warenzeichen
der Philipp Reclam jun. GmbH & Co., Stuttgart
ISBN 3-15-010367-3

Inhalt

Klaviermusik
Von Walther Dürr

Gesellschaftsmusik
Von Walburga Litschauer 306

Anhang

Schubert und seine Zeit

Am Silvesterabend 1849, ein halbes Jahr nach der Auflösung der Frankfurter Nationalversammlung und dem endgültigen Scheitern der Revolution, notierte Schuberts 1821 aus Wien verbannter Freund Johann Chrisostomus Senn: »Die deutschen Befreiungskämpfe 1813–1815 hatten auch in Österreich eine bedeutende geistige Erhebung zurückgelassen. Unter andern hatte sich damals in Wien gleichsam instinktmäßig ohne alle Verabredung ein großartiger geselliger Kreis von jungen Literaten, Dichtern, Künstlern und Gebildeten überhaupt zusammengefunden, desgleichen die Kaiserstadt schwerlich bis dahin je gesehen und der nach seiner Auflösung nach allen Richtungen Samen der Zukunft streute . . . In diesem Kreise dichtete Franz Schubert seine Gesänge . . .« (Erinn., S. 385 f.). Senns Notiz weist auf Entscheidendes für Schuberts Leben und Werk: auf seine Verwurzelung in der Zeit der Napoleonischen Kriege und der damit verbundenen Ausbreitung des Gedankengutes der großen Französischen Revolution, auf den Freundeskreis von Dichtern, Malern und »Gebildeten überhaupt«, in dem er lebte, und auf eine allmähliche Auflösung dieses Kreises.

Nicht äußere Ereignisse bestimmen dies Leben (die »Zeittafel«, S. 20, macht es deutlich); Schubert hat keine weiten Reisen gemacht, weder rauschende Erfolge noch niederschmetternde Mißerfolge gekannt, auch keine erregenden Liebesabenteuer. Die Großen der Welt zählte er nicht zu seinen Vertrauten; er ist aber auch nicht gegen sie auf die Barrikaden gestiegen. Kurz, mit der Lebensgeschichte Mozarts oder Rossinis, Beethovens oder gar Wagners läßt sich die seine nicht vergleichen. Und dennoch war sein ganzes Leben gezeichnet von Aufbegehren und Leid, Veränderungswillen und Resignation. Schuberts »Schriften«, seine – wenigen – Gedichte, Briefe und Tagebücher, sprechen da eine deutliche Sprache. So berichtet er im September 1824 seinem Freunde Franz von Schober in einem Brief aus Zseliz (wo er als Musiklehrer der Töchter des Grafen Esterházy die Sommermonate verbringt) von einem Gedicht, das er kürzlich geschrieben habe, »in einer dieser trüben Stunden, wo [ich] besonders das tatenlose unbedeutende Leben, welches unsere Zeit bezeichnet, sehr schmerzlich fühlte« (Dok., S. 258). Das Gedicht – er fügt es dem Brief bei, und so hat es sich erhalten – trägt den Titel *Klage an das Volk*. Die beiden letzten der vier Strophen lauten:

Im siechen Alter schleicht das Volk einher,
Die Taten seiner Jugend wähnt es Träume,
Ja spottet töricht jener gold'nen Reime,
Nichtsachtend ihren kräft'gen Inhalt mehr.

Nur Dir, o heil'ge Kunst, ist's noch gegönnt,
Im Bild die Zeit der Kraft und Tat zu schildern,
Um weniges den großen Schmerz zu mildern,
Der nimmer mit dem Schicksal sie versöhnt.

Der Künstler allein bewahrt die Erinnerung an die »Kraft zahllosen
Volks« (wie es in der ersten Strophe heißt), und das stellt ihn über das
jetzige, der »Taten seiner Jugend« spottende »sieche« Volk, in einer
Verachtung, die Schubert gelegentlich bis zum Zynismus treibt:
»Beneidenswerter Nero!«, notiert er im März desselben Jahres 1824 in
seinem Tagebuch, »der du so stark warst, bei Saitenspiel und Gesang [!]
ekles Volk zu verderben!« (Dok., S. 233). Daneben aber finden sich
auch ganz andere, nicht zynisch-resignative, sondern gleichsam verhei-
ßungsvolle Töne, so etwa in einer Tagebucheintragung unter dem
14. Juni 1816: »Die Zaubertöne von Mozarts Musik ... zeigen uns in
den Finsternissen dieses Lebens eine lichte, helle, schöne Ferne, worauf
wir mit Zuversicht hoffen« (Dok., S. 42 f.), oder unter dem 8. September 1816: »Selige Augenblicke erheitern das düstere Leben; drüben
werden die seligen Augenblicke zum währenden Genuß, und seligere
werden Blicke in seligere Welten« (Dok., S. 49). Auch hier vermag die
Kunst »den großen Schmerz zu mildern«, freilich nicht in der Verge-
genwärtigung einer vergangenen konkreten (und also auch wieder neu
möglichen) »Zeit der Kraft und Tat«, sondern im Blick auf eine »schöne
Ferne«, nach drüben, in eine Welt jenseits unserer realen Existenz.
Die Spannung zwischen beiden Positionen läßt sich aus einer kleinen
Novelle ablesen, die Schubert knapp zwei Jahre vor seiner *Klage an das
Volk* geschrieben hatte. Sie ist unter dem Titel *Mein Traum* bekannt
geworden (Schuberts Bruder Ferdinand hat diesen Titel in späterer Zeit
dem Manuskript hinzugefügt; die Formulierung des Titels läßt aber
annehmen, daß er auf Schubert selbst zurückgeht). Die Erzählung hat –
trotz artifizieller, vielleicht von Novalis angeregter Momente – autobio-
graphische Bezüge. Es geht um die Familie des »Ich-Erzählers«, um die
Erwartungen, die diese, vor allem der Vater, in ihn setzt. »Ich war ein
Bruder vieler Brüder und Schwestern«, so die ersten Sätze, »unser
Vater, und unsere Mutter waren gut. Ich war allen mit Liebe zugetan.«

Doch was der Vater dem Sohne anbietet – ein Lustgelage zuerst, dann seinen Lieblingsgarten – sagt diesem gar nicht zu. Der Garten, so heißt es, war mir »ganz widrig«, daher »schlug mich mein Vater und ich entfloh. Und zum zweitenmal wandte ich meine Schritte, und mit einem Herzen voll unendlicher Liebe für die, welche sie verschmähten, wanderte ich abermals in ferne Gegend. Lieder sang ich nun lange lange Jahre. Wollte ich Liebe singen, ward sie mir zum Schmerz. Und wollte ich wieder Schmerz nur singen, ward er mir zur Liebe. So zerteilte mich die Liebe und der Schmerz« (Dok., S. 158 f.). Schmerz, Unverständnis und Fremdheit wie im Gedicht, wie in den Tagebuchnotizen, sind der Grund seiner Kunst, der Lieder, die er lange Jahre singt. Man denke an eine andere Notiz vom März 1827: »Keiner, der den Schmerz des Andern, und Keiner, der die Freude des Andern versteht! Man glaubt immer zu einander zu gehen, und man geht immer nur neben einander ... Meine Erzeugnisse sind durch den Verstand für Musik und durch meinen Schmerz vorhanden; jene, welche der Schmerz allein erzeugt hat, scheinen am wenigsten die Welt zu erfreuen.« (Dok., S. 232 f.)
Wie in manchen seiner Tagebuchnotizen gibt auch in der »Traumerzählung« die Kunst Hoffnung auf Erlösung. »Und einst«, so schließt die Novelle, »bekam ich Kunde von einer frommen Jungfrau, die erst gestorben war. Und ein Kreis sich um ihr Grabmal zog, in dem viele Jünglinge und Greise auf ewig wie in Seligkeiten wandelten ... Ich aber trat langsamen Schrittes, [mit] innerer Andacht und festem Glauben, mit gesenktem Blicke auf das Grabmal zu, und ehe ich es wähnte, war ich in dem Kreis, der einen wunderlieblichen Ton von sich gab«. Nicht mehr Schmerz singen die Lieder – der Träumende ist daheim, in seinem Reich. Und damit ist nun Versöhnung möglich: »Auch meinen Vater sah ich versöhnt und liebend. Er schloß mich in seine Arme und weinte. Noch mehr aber ich.« Trotz aller künftigen Versöhnung aber – das Wesentliche an dieser Erzählung ist: Ablehnung der herrschenden »Institutionen«, verkörpert durch die Autorität des Vaters, der Schule, an der beide – Vater und Sohn – unterrichten, statt dessen Ausweichen in die Fremde, verbunden mit der Hoffnung auf ein utopisches Land der Kunst, in dem die realen Konflikte sich lösen, schließlich die Verschmelzung der Begriffe Tod, Kunst und Erlösung – denkbar, daß hier Gedanken aus Schillers *Über die ästhetische Erziehung des Menschen* ihr, romantisch umgeprägtes, Echo finden.
Entscheidend für Schuberts Emanzipation vom Elternhaus, für seine Künstlerkarriere, waren seine Freunde, genauer: seine Freundeskreise.

*Schubert im Kreis der Familie. Zeichnung von Schuberts Bruder Karl
(1795–1855)*

Als der Komponist 1818 – immerhin 21jährig – Eltern, Beruf und
Geschwister endgültig verließ, um von seiner Musik zu leben, konnte
er sich auf seine Freunde stützen. So zog er nach dem Sommeraufent-
halt im damals ungarischen Zseliz nicht wieder zu seinen Eltern, sondern zu seinem Freund Johann Mayrhofer, den er 1816 durch Franz
von Schober kennengelernt hatte. Mit Mayrhofer hat er zunächst
zwei Jahre zusammengewohnt, später immer wieder auch mit Schober. Mayrhofer und Schober, keine Musiker, sondern Lyriker, deren
Verse Schubert in Musik setzte, stehen gewissermaßen für zwei Freundeskreise, zwischen denen Schuberts Leben sich von nun an vorwiegend abspielte.
Der erste Kreis gruppierte sich um die Linzer Familie Spaun. Anton von
Spaun stand in ihrem Mittelpunkt; Josef Kenner, Anton Ottenwalt, am
Rande auch Albert Stadler, vor allem aber Mayrhofer zählten dazu.
Schubert war diesem Kreis seit seiner Internatszeit als Sängerknabe im
Wiener Stadtkonvikt und als Schüler am Wiener Akademischen Gym-
nasium verbunden; dort hatte er Spauns Bruder Josef, daneben Stadler
und Kenner als Mitschüler kennengelernt. – Der zweite, nun spezifisch
Wiener Kreis scharte sich um Franz von Schober; neben ihm gehörten

unter anderen Johann Chrisostomus Senn, Franz von Bruchmann, später Moritz von Schwind und Eduard von Bauernfeld dazu.

Das Verhältnis zwischen beiden Kreisen war nicht ohne Rivalität. Beide aber gaben sich – und das ist bezeichnend für eine Zeit, in der sich neue, bürgerliche Formen der Geselligkeit herausbildeten – mehr oder weniger feste Strukturen. Der Linzer Kreis hatte sich um 1815 in Anlehnung an den »preußischen Tugendbund« konstituiert, als ein Verein literarisch interessierter Jünglinge mit dem erklärten Ziel, »das Gute allenthalben frei und öffentlich auszusprechen« (so Anton von Spaun in einem programmatischen Beitrag *Über Freundschaft* im ersten von zwei Jahrgängen [1817/18] des von den Freunden herausgegebenen Almanachs *Beiträge zur Bildung für Jünglinge*). Freundschaft, heißt es dort, läßt das »Göttliche der Menschheit« erkennen, führt notwendig zur Tugend, zum Tugendbund, und dieser umgekehrt wieder zur Freundschaft; Tugend aber ist in erster Linie gesellschaftliche, ist »Bürgertugend«. Daher wendet man sich gegen »schrankenlose Macht« und verteidigt vehement die Republik als ideale Staatsform – der Römer (der Zensur wegen beschränkt man sich auf Darstellung des historischen Modells). So zeigt sich der Linzer Kreis in der Tradition der Aufklärung: Aus der Tugend, dem Göttlichen im Menschen, folgt notwendig gesellschaftlicher Fortschritt.

Der Wiener Kreis um Schober hingegen hatte andere Zielsetzungen. Wohl ging es auch ihm anfangs um gesellschaftliche Veränderungen (das klingt an, wenn Senn seine Entstehung auf die Erfahrungen der Napoleonischen Kriege zurückführt, siehe die eingangs zitierte Passage aus seinen Erinnerungen), doch zeigt sich bereits damals eine deutliche Ausrichtung auf Poesie und Kunst. Schober war in der Tat vor allen Dingen Künstler. Sein Lied *An die Musik* – von Schubert in Musik gesetzt und damit berühmt gemacht (D 547, s. S. 69) – konnte gleichsam als Motto dieses Kreises gelten: »Du holde Kunst, in wieviel grauen Stunden, wo mich des Lebens wilder Kreis umstrickt, hast du mein Herz zu warmer Lieb entzunden, hast mich in eine beßre Welt entrückt«. Das ist ein der Schlußstrophe in Schuberts *Klage an das Volk* recht ähnlicher Ton – freilich: Während man bei Schober (und so etwa auch in Schuberts »Traumerzählung«) auf Entrückung in eine andere Welt verwiesen ist, spricht Schubert in seinem Gedicht von der Gegenwart: Der Kunst, freilich nur ihr allein, ist es möglich, »im Bild die Zeit der Kraft und Tat zu schildern«.

Nicht so sehr um Veränderung durch Aktion also ging es diesem Kreis, als um ästhetische Reflexion, um die Auseinandersetzung mit der deut-

schen literarischen Romantik. Im Zeichen der sich nach den Karlsbader Beschlüssen (1819) verschärfenden politischen Repression, nach der Verhaftung und anschließenden Verbannung Senns, des politischsten Kopfes des Kreises, im März 1820 (s. hierzu auch die Bemerkungen zu der Liedergruppe op. 23, S. 99 ff.) schien politische Aktion kaum möglich. So suchte man über und durch die Kunst den Weg in eine »beßre Welt«, in jenes Land der Seligen, von dem die »Traumerzählung« spricht. Der Wiener Kreis versammelte sich daher vor allem zu Leseabenden. Man las gemeinsam Gedichte, Romane, Dramen – von Friedrich Schlegel, Kleist, Heine, wohl auch ästhetische Schriften. Wie der Linzer Tugendbund organisierte auch diese Lesegesellschaft sich wieder (und so entstehen, anstelle der alten, zunächst noch lockere neue, bürgerliche »Institutionen«, die die Künstler tragen). Man gab sich (zeitweise) neue Namen, hier vorwiegend aus dem *Nibelungenlied* (Schober etwa war »der grimme Hagen«, Schubert natürlich »Volker der Spielmann«). Auch darin erkennen wir ein Zeichen für die enge Bindung des Schoberschen Kreises an die literarische Romantik, für die das *Nibelungenlied* ja ein zentrales, den Epen der Antike vergleichbares Kunstwerk war.
Schubert aber stand zwischen den Kreisen: Er war anfangs geprägt durch den Linzer Freundschaftsbund um Spaun; später dominierte der Schobersche. Manche der »Linzer« Freunde waren in die oberösterreichische Heimat zurückgekehrt: Josef Kenner 1816, Albert Stadler 1817, Josef von Spaun 1821 – letzterer allerdings ist von 1826 an wieder in Wien; mit Mayrhofer, der in Wien blieb, kommt es später zu Spannungen. – Seine inneren Bindungen an den Linzer Kreis verliert Schubert freilich nie ganz; die zum Teil ausgedehnten Reisen nach Oberösterreich (1819, 1823, 1825) bezeugen das. Aus diesen wechselseitigen, manchmal auch gegensätzlichen Einflüssen erklärt sich vielleicht auch Schuberts besonderes Verständnis der romantischen Utopie. Ihm ging es, so scheint es, weniger um die »beßre Welt« selbst als um den Weg dahin. Zwar leitet die Kunst den Menschen, den Wanderer, doch bleibt dessen Blick auf die Gegenstände dieser Welt gerichtet.
Die musikalische Gattung, in der sich Lesegesellschaften, literarische Freundeskreise, am natürlichsten wiederfinden, ist das Lied (da »dichtete Franz Schubert seine Gesänge«, schrieb einst Senn). Schuberts eigene Position zwischen den Kreisen spiegelt dabei freilich – eher noch als das gleichsam private einzelne Lied – die Liedergruppe: Im einzelnen Lied ist der Komponist an den Text des Dichters gebunden, es ist Schobers Text oder Mayrhofers. In der Liedergruppe hingegen stellt er Lieder frei zusammen; sie interpretieren sich gegenseitig. Wenn Schubert

so in seinem Liederheft op. 65 (s. S. 84 ff.) zwischen zwei Lieder aus Mayrhofers Gedichtzyklus *Heliopolis* eines aus Friedrich Schlegels *Abendröte* stellt, verbinden sich damit auch Gedanken an eine in gewissem Sinne konkrete Utopie (auf »Hoffnungspflanzen, Tatenfluten« zielt das dritte Lied der Gruppe, das bereits im Liedtitel *Heliopolis*, den Sonnenstaat beschwört) mit romantischer Verklärung (im Licht des Mondes erscheint die Welt dem »Wanderer« gut). Wohl geht es um ein beßres, auch verklärtes Land – aber, daran lassen die Mayrhoferschen Gedichte keinen Zweifel (das Wort »Tatenfluten« ist das letzte Wort der ganzen Liedergruppe), dieses Land ist nicht abgehoben durch die Kunst. Diese leitet den Wanderer wohl in ein »Land der Wonne«, aber es ist ein Land der Hoffnung *und* der Tat.

Es zeigt sich so, was Schuberts Romantik eigentlich ausmacht: Sie findet ihre Wurzeln in der Spannung überkommener »Institutionen« (Familie, Kirche, Staat) und neuer, aus der Opposition gegen diese »Institutionen« sich bildender, gleichwohl festgefügter Freundeskreise. Sie manifestiert sich auf »Schubertiaden«, geselligen Zusammenkünften, auf denen Musik gemacht wurde und für die Schubert eigens Lieder und Tänze, auch Klaviermusik geschrieben hat. Freilich: Musik im Freundeskreis und für die Freunde – das genügt ihm nicht: So sucht sich seine Kunst weitere Träger und sieht sich damit wieder auf etablierte »Institutionen«, alte und auch spezifisch neue, »biedermeierliche«, verwiesen.

Weiteren Kreisen vermittelte sich Schuberts Musik durch den musikalischen »Salon«. Dieser Begriff schließt hier halböffentliche Hauskonzertreihen ebenso ein wie den literarischen Salon, in dem auch Musik erklang. Da war etwa aus dem Schubertschen Familien-Quartett, als Freunde und Bekannte hinzugekommen waren, seit 1814 ein größerer Kammermusikkreis entstanden, seit 1815 ein immer stärker werdendes Orchester (das nach seinem Leiter benannte Hatwigsche Orchester), für das Schubert unter anderem seine *Fünfte Sinfonie* (in B-Dur) geschrieben hat. Man spielte zunächst für sich selbst, später für ausgewählte Zuhörer (das war die Regel in einem musikalischen Salon), endlich auch für zahlendes Publikum. Im Hause von Ignaz von Sonnleithner (Vater des mit Schubert eng befreundeten Leopold von Sonnleithner) fanden regelmäßig musikalische Soireen statt, kleine Konzerte, die zwar – wie die Veranstaltungen des Hatwigschen Orchesters – »Übungen« hießen, zu denen jedoch, wie Leopold von Sonnleithner berichtet, »der Zudrang ... so lebhaft« war, daß es nötig wurde, »Eintrittskarten auszugeben, obschon die Räume mehr als 120 Personen faßten«

(Erinn., S. 395). Für diese »Übungen« schrieb Schubert Vokalquartette, Chorsätze, Kammermusik.

Neben solchen musikalischen Soireen, deren »Übungen« nicht selten zu halböffentlichen Veranstaltungen gerieten, spielten auch die Wiener Salons im engeren Sinne eine entscheidende Rolle für Schuberts Werk, nicht als Träger (obwohl auch dort, wie auf den »Schubertiaden« der Freundeskreise, Schubert manche seiner Kompositionen zuerst vorgestellt hat), sondern durch die Vermittlung literarischer und musikalischer Anregungen. So war Schubert regelmäßiger Gast im Hause der – zu ihrer Zeit vor allem durch ihre Romane berühmten – Karoline Pichler, einem der literarischen Zentren der Stadt (drei Gedichte der Pichler hat Schubert in Musik gesetzt, darunter *Der Unglückliche*, D 713, vom Januar 1821). Er besuchte den Salon der Katharina von Lászny, einer einst berühmten Sängerin (Schwind an Schober am 14. 2. 1825: »Die zürnende Diana [D 707] und Nachtstück [D 672] sind erschienen und der Frau von Lászny gewidmet, das ist die ehemalige Buchwieser . . . Schubert kennt sie schon lange . . .«, Dok., S. 275 f.). Am bedeutsam-

Schubert (rechts) und die befreundeten Musiker J. B. Jenger (links) und A. Hüttenbrenner. Kolorierte Zeichnung (um 1827) von Josef Teltscher

sten für Schubert aber waren wohl die historischen Konzerte im Hause des Hofkriegsrats und Musikgelehrten Raphael Georg Kiesewetter. Mit der Tochter dieses für die Entwicklung des musikalischen Historismus im 19. Jahrhundert bedeutenden Mannes – Irene Kiesewetter – war Schubert befreundet; die Konzerte, die seit 1825 sein Freund Johann Baptist Jenger leitete, besuchte er regelmäßig. Von dorther rührt vermutlich sein Interesse für die Musik Händels und Bachs, seine in den letzten Lebensjahren immer lebhaftere Auseinandersetzung mit alten kontrapunktischen Techniken.

Einem Brief vom 21. Februar 1828, mit dem Schubert dem Mainzer Verlag B. Schotts Söhne eine Anzahl von Kompositionen anbietet, fügt der Komponist einen Nachsatz an: »Dies das Verzeichnis meiner fertigen Kompositionen außer 3 Opern, einer Messe und einer Sinfonie. Diese letztern Kompositionen zeige ich nur darum an, damit Sie mit meinem Streben nach dem Höchsten in der Kunst bekannt sind« (Dok., S. 495). Das Höchste in der Kunst – nach Schuberts Verständnis wie nach dem seiner Zeit – ist im Bereich der Instrumentalmusik die Sinfo-

Schuberts Geburtshaus, Innenhof. Photographie (um 1870)

nie, in der weltlichen Vokalmusik die Oper und in der geistlichen die Messe. Damit verbinden sich gewissermaßen wie von selbst jene drei Institutionen, die zwar schon seit langem das Musikleben tragen, deren Funktion sich aber zu wandeln beginnt. Träger der Sinfonie sind die bürgerlichen Musikvereine, die inzwischen weitgehend an die Stelle der fürstlichen Hofkapellen getreten sind und ihre Konzerte als »Akademien« veranstalten – auch dies, freilich bereits seit langem, ein bürgerlicher Begriff, in dem Geselligkeit und Bildungsbeflissenheit zusammenkommen. Messen werden zwar weiterhin in den Kirchen, im Gottesdienst aufgeführt – jedoch nun nicht mehr von Kapellen, die der Kirche angegliedert sind, sondern von selbständigen, von Laien getragenen Kirchenchören oder gar von der Kirche nur lose verbundenen Vereinen zur Kirchenmusikpflege (der Gründung eines solchen Vereines verdankt etwa Schuberts *Es-Dur-Messe*, D 950, ihre Entstehung). Die Opernbühne schließlich hatte sich – auch wenn sie als Hof- und Staatsoper bis heute repräsentative Aufgaben erfüllt – bereits als solche zu einer bürgerlichen Institution gewandelt.

Mit der »Sinfonie« hatte Schubert wenig Glück. Er hatte zwar (vermutlich 1826) der Wiener Gesellschaft der Musikfreunde, deren »Repräsentantenkörper« er angehörte, seine große *Sinfonie in C-Dur* (D 944) zugeeignet – konnte aber nicht erreichen, daß sie auch aufgeführt wurde. Das monumentale Werk überforderte die Wiener Musiker. Schubert schreibt somit zwar für einen Trägerverein, überläßt ihm auch sein Werk, aber er läßt sich von diesem keine Kompromisse aufzwingen. Denn anders als zu jener Zeit, als noch Joseph Haydn für den Fürsten Esterházy seine Sinfonien komponierte, entscheiden nun nicht mehr Anlaß und tragende Institution über Charakter und Art eines Werkes, vielmehr sucht das Werk sich einen Träger. Im Falle der großen *C-Dur-Sinfonie* vergingen noch fast fünfzehn Jahre, bis es aufgrund der Fürsprache Robert Schumanns und des Engagements Felix Mendelssohns im Leipziger Gewandhausorchester dann wirklich einen solchen finden konnte.

Ähnlich verhielt es sich mit dem Theater. Schubert hatte früh gelernt – sein Lehrer, der Wiener Hofkapellmeister Antonio Salieri, hatte ihn immer wieder nachdrücklich darauf hingewiesen –, daß sich ein Komponist vor allem auf dem Theater zu beweisen habe. Schubert bemühte sich daher sein Leben lang um die Oper. Freilich schrieb er auch hier in der Regel ohne bestimmten Anlaß, nach selbstgewählten Texten, fast ohne Rücksicht auf die Theaterkonvention. Diese Opern wurden daher auch nicht aufgeführt. Wohl suchte Schubert das Echo des Publikums, wichtiger aber war ihm etwas anderes: Mit jenen Opern, die er später zum »Höchsten« seiner Kunst rechnete (das waren *Alfonso und Estrella*, D 732, und *Fierabras*, D 796), wollte er ein Programm verwirklichen, wollte die Bühne zum Träger seiner persönlichen Ideen machen, ein Reich des Friedens und der Versöhnung vorstellen. Sein Drama gerät dabei freilich nicht selten in die Nähe des Oratoriums; die Musik rundet sich, schließt, wo das Theater Öffnung verlangte – aber wie im Bereich der Sinfonie geht Schubert keine Kompromisse ein, wo er sich der Einrichtungen der Gesellschaft bedient.

Am deutlichsten wird Schuberts Bindung an die Institutionen und zugleich seine Lösung von ihnen in seiner Kirchenmusik. Mit dieser besonderen musikalischen Gattung hatte Schubert nicht nur bereits in frühester Jugend umzugehen gelernt (er erhielt seinen ersten Musikunterricht bei Michael Holzer, dem Regens Chori seiner Heimatgemeinde, der Wiener Vorstadt Lichtental), in ihr hatte er sich auch zuerst und ganz selbstverständlich der Öffentlichkeit vorstellen können: als Siebzehnjähriger mit der Komposition der Festmesse für das hundertjährige Jubiläum der Kirchweihe in seiner Gemeinde, mit der *F-Dur-Messe* (D 105) vom Herbst 1814. Die Messe fand Anklang, sie wurde wiederholt (an anderer Stelle: in der Augustinerkirche in der Wiener Innenstadt) – und so war es nur natürlich, daß sich weitere Aufträge anschlossen für kleinere, den Möglichkeiten eines Kirchenchores angemessene Werke. Schubert schrieb damit für eine Institution, die sich selbstverständlicher als andere über die Jahre des Umbruchs gerettet hatte – und die er doch, bezeichnenderweise, bereits mit seiner ersten Messe in Frage stellte (s. hierzu S. 195). Darin nämlich hat er, wie in allen folgenden Messen, im Credo gerade den die Kirche betreffenden Glaubenssatz »Et unam sanctam catholicam et apostolicam Ecclesiam« getilgt (ohne daß dies, zu seiner Zeit, Rückwirkungen auf Aufführungen und Verbreitung seiner Messen gehabt hätte).

Seine große frühe Messe erwähnt Schubert in seinem Brief an Schott nicht, auch nicht seine kleineren folgenden Messen – die eine, die er anführt, ist seine *Missa solemnis in As* (D 678) von 1819 bis 1822. Diese nun hat er nicht mehr für einen bestimmten Anlaß, für einen Gottesdienst geschrieben – er komponierte vielmehr eine Bekenntnismesse, ein Werk, mit dem er in seiner Sprache, ohne Rücksicht auf konkrete Aufführungsmöglichkeiten, sein persönliches Glaubensbekenntnis ablegen wollte. Und wiederum, wie mit seiner großen Sinfonie, erlitt er damit Schiffbruch. Als er das Werk nämlich dann doch aufführen lassen wollte, zeigten Chor und Orchester sich seinen Ansprüchen nicht

gewachsen. Schubert überarbeitete es – eine Aufführung erreichte er
dennoch nicht. So schlug er mit seiner letzten großen *Messe* einen Mit-
telweg ein: Er schrieb wieder eine »Missa solemnis«, *in Es-Dur* (D 950),
und zwar diesmal wohl für einen bestimmten Anlaß (s. S. 209 f.), nicht
aber unmittelbar für einen Gottesdienst. So konnte auch diese Messe
eine Bekenntnismesse werden und doch zugleich in dem Kirchenmusik-
Verein der Alser-Vorstadt einen Träger finden, der dem Werk gewachsen war.

Was Schubert in seinen späten Messen »bekennt« und vermitteln will,
weist uns zurück in die Gedankenwelt seiner Freundeskreise. Es geht
(siehe dazu im einzelnen S. 213 f.) um die Heillosigkeit dieser Welt, um
die Doppelgesichtigkeit des Kreuzes als »heiliges Zeichen« und als
»gräßlichstes Denkmal der menschlichen Verworfenheit« (so Schubert
in einem Brief an den Bruder Ferdinand vom 21. 9. 1825, Dok., S. 320).
Es ist eine Botschaft, die ganz unter dem Signum der Romantik steht
(wie sie der Schobersche Freundeskreis vertritt), mit der Schubert sich
aber (wie der Linzer Kreis mit seinen *Beiträgen zur Bildung für Jünglinge*) ausdrücklich an eine, an seine Gesellschaft wendet, auf die er
wirken möchte. Wer ihm darin nicht folgen mag, den verachtet er vielleicht als »ekles Volk«, vor allem aber bedauert er ihn wie in der ersten
Strophe der *Klage an das Volk*:

> O Jugend unsrer Zeit, Du bist dahin!
> Die Kraft zahllosen Volks, sie ist vergeudet,
> Nicht *einer* von der Meng' sich unterscheidet,
> Und unbedeutend all' vorüberziehn.

Die alten und neuen Institutionen der Schubertschen Zeit, die Institutionen von Restauration und Biedermeier, tragen die Schubertsche
Kunst, vermitteln eine Botschaft romantischer Utopie. Romantik und
Biedermeier: Die Begriffe werden meist als Gegensätze verstanden –
aber sie sind doch, wie sich hier zeigt, miteinander verknüpft. Das
Verlangen nach einer »beßren Welt« setzt die gegenwärtige ja voraus.
Schuberts Werk, seine Botschaft und die Umstände seiner Entstehung,
lassen erkennen, wie – in einer Epoche eines seiner selbst sich bewußt
gewordenen Bürgertums – mögliche Widersprüche zwischen romantischem Kunstwerk und gegebenen gesellschaftlichen Strukturen sich in
der Person des Komponisten selbst vermitteln, der sich diesen Strukturen zu entziehen sucht und sich ihrer zugleich bedient. Für das liberale
Bürgertum, für das der einzelne und sein privater Kreis im Zentrum

stehen, ist Betonung des Privaten, ist selbst Flucht »in die Fremde« (wie in Schuberts »Traumerzählung«) nicht unbedingt Rückzug, sondern vielfach notwendiger Ausgangspunkt neuer Strukturen. Wie sich nun, vom Privaten ausgehend, solche Strukturen ausbilden – in der Familie, im Freundeskreis –, zeigte sich an Schuberts Lebensumständen. Analogien dazu begegnen vielleicht auch im Werk: Die für den privaten Bereich, für Freundeskreise, Schubertiaden, für den »Salon« bestimmten kleinen Formen (das Lied, das Klavierstück) fügen sich zu Liedergruppen, zu Zyklen. Aus Hausmusikkreisen werden Orchestergruppen, auf Streichquartette folgen Sinfonien, die sich schließlich zu riesigen Gebilden von (um Schumanns bekanntes Wort aufzugreifen) »himmlischer Länge« dehnen, die dann neue, immer größere, schließlich professionelle Orchester verlangen. Das Private verbindet sich am Ende mit dem Monumentalen, und doch bleibt immer das Einzelne Zelle solcher ins Große führenden Entwicklungen. Schubert weist damit in die Zukunft: Die kleinen Strukturen ließen sich realisieren, die großen allenfalls andeuten – ein Liederzyklus etwa konnte im Druck erscheinen, eine Sinfonie einem Musikverein übereignet werden (die beiden vollendeten Sätze der »*Unvollendeten*« dem Steiermärkischen Musikverein, die große *C-Dur-Sinfonie* der Wiener Gesellschaft der Musikfreunde) – aufgeführt, im engeren Sinne verwirklicht, wurden jedoch zu Schuberts Zeit nur einzelne Lieder, meist auch nur einzelne Instrumentalsätze eines Zyklus. Die Realisierung der großen Strukturen blieb dem späteren 19. Jahrhundert vorbehalten. Erst im Mai 1856 sang Julius Stockhausen *Die schöne Müllerin* zum erstenmal im ganzen.

Zeittafel

Datum	Schubert: Leben und Werk	Zeitgeschichte/ Zeitgenossen
1814	19. 8.: Abschlußprüfung an der Normal-Hauptschule; Schubert wird Schulgehilfe an der Schule des Vaters in Lichtental 16. 10.: Erstauff. der Messe in F (D 105) zum 100j. Jubiläum der Pfarrkirche Lichtental; Liebesbeziehung zu Therese Grob 19. 10.: *Gretchen am Spinnrade* (D 118) 22. 10.: *Des Teufels Lustschloß* (D 84), 2. Fassung beendet	4. 4.: Abdankung Napoleons 23. 5.: Erstauff. von Beethovens *Fidelio* in Wien 16. 9.: Beginn des Wiener Kongresses
1815	24. 3.: 2. Sinfonie (D 125) beendet 19. 7.: 3. Sinfonie (D 200) beendet Okt.: *Erlkönig* (D 328)	1. 3.: Napoleon landet in Südfrankreich 9. 6.: Schlußakte des Wiener Kongresses 8. 7.: Einzug der Alliierten in Paris
1816	April: Bewerbung um Musiklehrerstelle in Ljubljana (erfolglos) 17. 4.: Sendung eines Liederheftes an Goethe 27. 4.: 4. Sinfonie (D 417) beendet Herbst: Schubert wohnt (vermutl. bis Aug. 1817) als Gast bei der Familie Schober 3. 10.: 5. Sinfonie (D 485) beendet	5. 11.: Eröffnung der Deutschen Bundes-versammlung (Frank-furt a. M.)
1817	Jan./Febr. (?): Ende des Unterrichts bei Salieri März–Aug.: 5 Klaviersonaten (D 537, 557, 566, 568, 575) April: Schubert schickt den *Erlkönig* an Breit-kopf & Härtel nach Leipzig (Veröff. abge-lehnt)	18./19. 10.: Wartburg-fest
1818	Anfang: Umzug der Familie Schubert in die Wiener Vorstadt Roßau. Jan.: Erste Veröffentlichung eines Schubert-schen Liedes (*Erlafsee*, D 586) Febr.: 6. Sinfonie (D 589) beendet 26. 2.: Erstes öffentliches Konzert mit einem Werk Schuberts (vermutl. eine der beiden Ouvertüren »im italienischen Stile«, D 590/591) 7. 7.: Abreise nach Zseliz, Ungarn (heute Zeliezovce, Slowakei), als Musiklehrer der	5. 5.: Karl Marx geb.

Datum	Schubert: Leben und Werk	Zeitgeschichte/ Zeitgenossen
	Töchter des Grafen Esterházy (Marie und Karoline) 21. 11.: Rückkehr nach Wien; Schubert zieht zu J. Mayrhofer (bis Ende 1820; danach häufiger Wohnungswechsel, Schubert wohnt teils bei Freunden [Schober], teils allein, oft auch wieder im Elternhaus)	
1819	Juli–Sept.: Reise nach Steyr und Linz mit J. M. Vogl	6.–31. 8.: Bundeskongreß in Karlsbad, »Karlsbader Beschlüsse«
1820	März: Verhaftung J. C. Senns in Schuberts Gegenwart (vermutete Verbindungen zu preuß. Burschenschaften) 14. 6.: Erstauff. *Die Zwillingsbrüder* (D 647) 19. 8.: Erstauff. *Die Zauberharfe* (D 644) 21. 11.: Therese Grob heiratet	15. 5.: Wiener Schlußakte z. deutschen Bundesakte (Maßnahmen gegen Studenten und Liberale)
1821	7. 3.: Konzert im Kärntnertortheater mit mehreren Werken Schuberts (u. a. *Erlkönig*, D 328, *Gesang der Geister über den Wassern*, D 714) März: Schuberts op. 1 (*Erlkönig*) erscheint im Druck (bis 1828 weitere 96 Opera)	März: Beginn des griechischen Aufstandes gegen die Türkei 25. 5.: Metternich wird Staatskanzler 18. 6.: Erstauff. von C. M. v. Webers *Freischütz* in Berlin
1822	27. 2.: *Alfonso und Estrella* (D 732) beendet Sept.: *Messe in As* (D 678) beendet (1. Fassung) 30. 10.: 7. Sinfonie (»Unvollendete«, D 759) begonnen Nov.: »Wandererfantasie« (D 760)	
1823	6. 4.: Ehrenmitglied des Steiermärkischen Musikvereins. Juli–Aug.: Reise nach Linz und Steyr. Ende Juli: erste Nachrichten von Schuberts (vermutlich syphilitischer) Erkrankung 2. 10.: *Fierabras* (D 796) beendet Okt.: im »Allgemeinen Krankenhaus« Okt.–Nov.: *Die schöne Müllerin* (D 795) 20. 12.: Erstauff. *Rosamunde* (D 797)	25. 10.: Erstauff. von C. M. v. Webers *Euryanthe* in Wien

Datum	Schubert: Leben und Werk	Zeitgeschichte/ Zeitgenossen
1824	Febr.–März: Oktett in F (D 803), Streich-quartette in a (D 804, Erstauff. 14. 3.) und in d (D 810); Abklingen des akuten Stadiums der Erkrankung 25. 5.–16. 10.: Musiklehrer in Zseliz (wie 1818); Neigung zu seiner Schülerin Karoline Esterházy	7. 5.: Erstauff. von Beethovens 9. Sinfonie
1825	Frühjahr: Klaviersonate in a (D 845) beendet Mitte Mai bis 3. 6.: Schubert mit Vogl in Steyr (Abstecher nach Linz). 4. 6.–15. 7.: in Gmun-den bei Ferdinand Traweger Sommer: Arbeit an der 8. Sinfonie (C-Dur, D 944) 15. 7. bis Mitte Sept.: Reise nach Linz, Steyr, Salzburg, Bad Gastein August: Klaviersonate in D (D 850) beendet Sept.: Wahl Schuberts zum Mitglied des Repräsentantenkörpers der Wiener Gesell-schaft der Musikfreunde. 12. 9. bis Anfang Okt.: Gmunden, Steyr, Linz, zurück nach Wien	7. 5.: Antonio Salieri stirbt in Wien Juni: Chopins op. 1 erscheint 25. 10.: Johann Strauß (jun.) geb.
1826	17. 4.: Bewerbung um die Stelle des Vize-Hofkapellmeisters in Wien (erfolglos) 30. 6.: Streichquartett in G (D 887) beendet Okt.: Klaviersonate in G (D 894)	5. 6.: C. M. v. Weber stirbt in London
1827	Febr.–Okt.: *Winterreise* (D 911) 29. 3.: Teilnahme an Beethovens Beerdigung 29. 9.–20. 9.: Reise nach Graz (Gast der Fami-lie Pachler) Nov.: Klaviertrio in Es (D 929)	26. 3.: Beethoven stirbt in Wien
1828	9. 2.: deutsche Verleger (Probst in Leipzig, Schott in Mainz) bitten Schubert um Werke für ihre Verlage 26. 3.: Einziges Konzert auf eigene Rechnung mit ausschließlich eigenen Werken Juni: Messe in Es (D 950) begonnen August: Lieder des »*Schwanengesangs*« (D 957) begonnen Sept.: Streichquintett (D 956); 3 Klaviersona-ten in c, A, B (D 958–960)	

Datum	Schubert: Leben und Werk	Zeitgeschichte/ Zeitgenossen
1828	4. 11.: Kontrapunkt-Unterricht bei Simon Sechter 11. 11.: Erkrankung (Typhus?) 19. 11.: Schubert stirbt (in der Wohnung seines Bruders Ferdinand). 21. 11.: Beerdigung. 23. 12.: Totenfeier (Requiem von Anselm Hüttenbrenner)	
1829		11. 3.: Wiederauff. von Bachs *Matthäuspassion* unter F. Mendelssohn Bartholdy in Berlin
1830	6. 2.: Ankündigung einer »gleichartig ausgestatteten« Gesamtausgabe der Werke Schuberts (Verlag Diabelli & Co., Wien; führt zu 50 »Nachlaßlieferungen« der Lieder)	Juli-Revolution in Paris

Lieder

Die frühen Lieder (1811–1817)

Am 17. April 1816 übersendet Josef von Spaun, sicherlich im Auftrag Schuberts und seiner Freunde, dem verehrten Dichter Goethe in Weimar ein Heft mit Schubertschen Vertonungen seiner Gedichte, vom Komponisten sauber ins reine geschrieben. In einem ausführlichen Begleitschreiben erläutert Spaun die Absicht der Freunde, die »musikalische Laufbahn« Schuberts »durch Herausgabe eines Teils seiner Kompositionen zu eröffnen«; dabei soll »eine auserwählte Sammlung von deutschen Liedern« den Anfang machen. Schubert denkt dabei an acht nach Dichtern geordnete, umfangreiche Liederhefte: »Die ersten beiden (wovon das erste als Probe beiliegt) enthalten Dichtungen Euer Exzellenz, das dritte enthält Dichtungen vom Schiller, das 4te und 5te vom Klopstock, das 6te vom Matthisson, Hölty, Salis etcetc., und das 7 und 8te enthalten Gesänge Ossians« (Dok., S. 40 f.).

Der Brief bezeichnet einen deutlichen Einschnitt im Leben des Komponisten: Obwohl er immer noch Schüler Salieris ist und regelmäßig Kompositionsunterricht erhält, sieht er seine Lehrzeit als abgeschlossen an, vor allem auf dem Gebiete des Liedes. Mit Liedern will er zuerst vor die Öffentlichkeit treten, von dem Dichter erhoffen er und die Freunde sich Unterstützung bei den Verlegern; sie legen daher ein Probeheft mit ursprünglich wohl 17 Liedern (s. S. 59) bei. Mit seinem Publikationsplan hat Schubert zwar kein Glück – Goethe antwortet nicht einmal auf die Sendung, läßt nur das Liederheft zurückgehen. Doch greift Schubert dann, als er fünf Jahre später tatsächlich seine ersten Liederhefte zum Druck gibt, auf jenes Probeheft zurück (op. 1–5 und 19 mit daraus 15 Liedern). Was dem 19jährigen Schubert zum Druck tauglich erschien, war dies auch dem 24jährigen noch.

Daß Goethe auf Schuberts Liederheft sowenig antwortet wie auf Spauns Brief, braucht uns nicht zu wundern. Goethes Begriff von der Gattung Lied war ein anderer als der Schuberts. Aufgabe des Komponisten war für ihn, ein Gedicht sangbar zu machen, ihm einen »Ton« zu geben, den Ton, mit dem der Dichter rechnete, als er es schrieb. Lied, so heißt es auch in Heinrich Christoph Kochs *Musikalischem Lexikon* von 1802, ist »jedes lyrische Gedicht von mehrern Strophen, welches zum

Gesange bestimmt, und mit einer solchen Melodie verbunden ist, die bei jeder Strophe wiederholt wird, und die zugleich die Eigenschaft hat, daß sie von jedem Menschen, der gesunde und nicht ganz unbiegsame Gesangorgane besitzt, ohne Rücksicht auf künstliche Ausbildung derselben, vorgetragen werden kann.«

Daß die musikalische Gattung Lied solchermaßen zu definieren sei, war zu Beginn des 19. Jahrhunderts unbestritten. Es lassen sich gleichwohl drei wichtige Strömungen unterscheiden, die Schuberts Anfänge in der Liedkomposition bestimmten, mit denen er sich auseinanderzusetzen hatte. Das war einmal die Tradition der sogenannten »Berliner« Liederschulen, das waren insbesondere die Lieder der mit Goethe befreundeten Komponisten Johann Friedrich Reichardt und Karl Friedrich Zelter. Die Ausstrahlung dieser Schule gründete sich nicht nur auf die Lieder ihrer Komponisten, sondern auch auf ausführliche theoretische Erörterungen. Es scheint, daß gerade das angestrebte Ziel, »Liedermelodien« zu schreiben, »in die jeder, der nur Ohren und Kehle hat, gleich einstimmen soll« (Reichardt, Vorrede zu *Frohe Lieder für deutsche Männer*, 1781), die Komponisten veranlaßte, ihre Selbstverleugnung gewissermaßen theoretisch zu rechtfertigen.

Einen gewissen Gegenpol zu dieser dominierenden »Berliner« bildet die »Wiener« Liederschule um den Herausgeber der *Sammlung Deutscher Lieder für das Klavier* (1778–82), Joseph Anton Steffan. Ein eigenes ästhetisches Programm hat sie nicht entwickelt (gegen die »Berliner« Theoretiker war da wohl auch nicht anzukommen), doch war ihre Wirkung gleichwohl nicht gering – verband sie sich doch mit den Namen Haydn und Mozart, in deren Gesamtwerk das Lied zwar nur eine geringe Rolle spielt, deren Lieder auf die Liedkomponisten jedoch einen bedeutenden Einfluß ausübten. Charakteristisch für die Mehrzahl der Wiener Lieder ist die Anlehnung an die italienische Ariette, an das nach italienischem Vorbild geschriebene Singspiel. Das aber heißt: Die eigentlich musikalische Komponente des Liedes, der Klaviersatz, virtuose Gesangsornamente, Ausweichungen in fremde Tonarten, spielen eine größere Rolle als bei den Berlinern.

Zwischen diesen beiden Gruppierungen nimmt schließlich eine »schwäbische« Liederschule eine Art Mittelstellung ein. Die schwäbischen Komponisten – Johann Rudolph Zumsteeg und seine Freunde von der Karlsschule auf der Solitude bei Stuttgart – können nicht verleugnen, daß sie als Bühnenkomponisten geschult sind, daß die italienische Oper ihr Vorbild gewesen ist. Sie stehen darin den Wienern nahe. Worin sie sich freilich von diesen unterscheiden, ist ihre engagierte Nähe zum

Text: Im Mittelpunkt des Zumsteegschen Freundeskreises stand nicht zufällig Friedrich Schiller, und wie bei den Berliner Komponisten bleiben Dichterfreundschaften auch für Zumsteeg sein Leben hindurch bestimmend.

Im Spannungsfeld der drei Gruppierungen wächst Schubert auf. Daß das Wiener Lied ihm nahesteht, ist selbstverständlich. Daß die die allgemeine Diskussion beherrschenden Berliner auch das Bewußtsein des jungen Schubert bestimmen, nicht minder. Entscheidend aber wurde für den Knaben die Begegnung mit den Schwaben, mit Zumsteegs *Kleinen Liedern und Balladen*, die in den Jahren 1800 bis 1805 in sieben Heften zunächst in Leipzig, bald darauf auch in einem Wiener Nachdruck erschienen waren. Josef von Spaun berichtet, daß er Ende 1811 den damals 14jährigen Komponisten im Musikzimmer des Wiener Stadtkonvikts aufgesucht habe. Vor ihm lagen »mehrere Päcke Zumsteegscher Lieder«. Sie ergriffen ihn auf das tiefste, habe er zu ihm gesagt: »›Hören Sie‹, sagte er, ›einmal das Lied, das ich hier habe‹, und da sang er mir schon halb brechender Stimme *Colma*, dann zeigte er mir *Die Erwartung*, . . . den *Ritter Toggenburg* etc. Er sagte, er könne tagelang in diesen Liedern schwelgen« (Erinn., S. 149). Bedeutsam ist nun Spauns Zusatz zu dieser Beobachtung: »Dieser Vorliebe in seiner Jugend verdanken wir wohl auch die Richtung, die Schubert genommen, und doch, wie wenig war er Nachahmer, und wie selbständig der Weg, den er verfolgte. Er hatte damals schon ein paar Lieder versucht, so z. B. *Hagars Klage*. Er wollte Zumsteegs Lied, das ihm sehr gefiel, in anderer Weise setzen.«

Schubert hat sich in seiner Jugend nicht nur mit Zumsteegs Liedern beschäftigt. Mozarts und Haydns Lieder waren ihm vertraut, auch Reichardts Lieder hat er studiert, eine seiner Szenen hat er sich zu Studienzwecken abgeschrieben (den *Monolog aus Goethes »Iphigenie«* für Singstimme, Chor und Klavier [D Anh. III,7] als »Probe einer musikalischen Behandlung dieses Schauspiels«, so der Titel von Schuberts Abschrift). Reichardts Sammlung *Lieder der Liebe und der Einsamkeit* von 1804 hatte er wohl auch als Textvorlage benutzt. Nur Zumsteeg aber verdanke Schubert »die Richtung«, die er genommen habe, hieß es im Freundeskreis. Was Schubert nun gerade bei Zumsteeg lernen konnte, zeigt sich an der Textwahl, an der Bevorzugung bestimmter Gattungen des Liedes und an der Art ihrer musikalischen Behandlung. Fast alle die Dichter, die Zumsteeg bevorzugte – nämlich in erster Linie Friedrich Schiller, dann aber auch Ludwig Theobul Kosegarten, Friedrich Matthisson, Johann Wolfgang Goethe, Matthias

Claudius, Johann Gaudenz von Salis-Seewis, Ludwig Christoph Heinrich Hölty und James Macpherson (den Dichter des *Ossian*) – findet man an bevorzugter Stelle auch in Schuberts Liedschaffen der Jahre 1811 bis 1816. Von Zumsteeg aber rührt wohl auch Schuberts anfängliche Vorliebe für die Ballade her (die im Wiener Lied kaum eine Rolle spielte). So haben denn von den 13 Liedern, die Schubert bis 1813 geschrieben hat (d. h. in der Zeit, als er das Wiener Stadtkonvikt besuchte und damit zugleich Schüler des Akademischen Gymnasiums war), sechs Schillersche Texte zur Vorlage, und sieben folgen erkennbar dem Zumsteegschen Modell der Ballade.

Lieder und Gesänge 1810–1813

Deutsch-Nummer	Titel	Entstehungszeit	Textdichter
1 A	Gesang in c (Fragment) 394 T. – Ballade (?)	vor 1810?	ohne Text überliefert
39	Lebenstraum (Fragment) 231 T. – balladenartig	Anfang 1810?	G. v. Baumberg
5	Hagars Klage 369 T. – balladenartig	30. 3. 1811	C. A. Schücking
6	Des Mädchens Klage 109 T. – lyrische Szene	1811–1812	Schiller
7	Leichenfantasie 453 T. – balladenartig	1811?	Schiller
10	Der Vatermörder 183 T. – Ballade	6. 12. 1811	G. C. Pfeffel
15, 15 A	Der Geistertanz (2 Fragmente) 51/101 T. – lyrische Szene	ca. 1812	F. Matthisson
23	Klaglied, op. 131,3 21 T. – (4 Strophen) Strophenlied	1812	J. F. Rochlitz
30	Der Jüngling am Bache 88 T. – durchkomp.	24. 9. 1812	Schiller
42	Misero pargoletto 70 T. – Arie f. Sopran	1813?	Metastasio
44	Totengräberlied 90 T. – durchkomp. Lied	19. 1. 1813	L. C. Hölty

Deutsch-Nummer	Titel	Entstehungs-zeit	Textdichter
50	Die Schatten 112 T. – durchkomp. Lied	12. 4. 1813	F. Matthisson
52	Sehnsucht (»Ach aus dieses Tales Gründen«) 148 T. – lyrische Szene	15.–17. 4. 1813	Schiller
59	Verklärung 41 T. – Rezitativ u. Arioso	4. 5. 1813	A. Pope (Übers. von Herder)
73	Thekla (eine Geisterstimme) 66 T. – Rezitativ u. Arioso	22.– 23. 8. 1813	Schiller
76	Pensa che questo istante 45 T. – Arie f. Baß	7. u. 13. 9. 1813	Metastasio
77	Der Taucher 605 T. – Ballade	17. 9. 1813 bis Anfang 1815	Schiller
78	Son fra l'onde 61 T. – Arie f. Sopran	18. 9. 1813	Metastasio

In welcher Weise nun aber Schubert musikalische Mittel einsetzt, die er von Zumsteeg übernommen hat, zeige sein erstes vollständig erhaltenes Lied, mit dem er nach Spauns Zeugnis Zumsteegs Lied »in anderer Weise setzen wollte«: *Hagars Klage* (D 5), entstanden im März 1811, demselben Monat, in dem Spaun den Komponisten beim Studium Zumsteegscher Werke angetroffen hatte.

Hagars Klage (D 5)
(Beginn in c-Moll)

T: Clemens August Schücking (1759–90). – D: 30. März 1811 (lt. autographer Reinschrift). – AGA XX/1,1; NGA IV/6,1.

Zur Überlieferung: Schubert muß die Ballade mindestens dreimal niedergeschrieben haben: Das ursprüngliche Manuskript ist verschollen; eine erste Reinschrift (mit dem Datum) ist nur unvollständig überliefert (T. 1–151), eine weitere Reinschrift wieder verschollen, doch hat sich eine Kopisten-Abschrift davon erhalten.

Zum Text: Schückings Gedicht stützt sich auf 1. Mose 21,14–16 (Vertreibung von Abrahams Magd Hagar und ihrer beider Sohn); es erschien zuerst im *Göttinger Musenalmanach auf das Jahr 1781*. Schuberts Textvorlage war offensichtlich Zumsteegs Vertonung *Hagars Klage in der Wüste Bersaba*, erschienen 1797 in Leipzig bei Breitkopf & Härtel.

Zur Komposition: Schubert orientiert sich an Zumsteegs Modell in mehrfacher Hinsicht. Das betrifft zunächst die Konzeption des Liedes. Während Zumsteegs norddeutsche Zeitgenossen glaubten, auch bei längeren Gedichten mit wechselndem Handlungsablauf am Vorbild des Strophenliedes festhalten zu müssen, orientiert sich Zumsteeg eher an der italienischen Solokantate, einer mehrsätzigen Komposition, meist für einen Sänger, begleitet vom Generalbaß, in der ein kurzer, novellistischer Handlungsablauf in einer Folge kleiner Sätze, im Wechsel von Rezitativen und Arien dargestellt wird. Während in der Kantate die Gestalt des Textes vom musikalischen Formmodell bestimmt ist, resultiert in Zumsteegs Balladen allerdings die musikalische Form aus der poetischen. Handelnde Partien werden vorzugsweise als Rezitative gesetzt, eher reflektierende in freiem Arioso; Arien im engeren Sinne (in denen musikalische Formprinzipien dominieren) sind vermieden. In *Hagars Klage* (keine Ballade, eher eine Elegie, der die eigentliche Handlung – die Aussetzung Hagars und ihres Sohnes – bereits vorausgegangen ist) fehlen in Zumsteegs Vertonung die Rezitative; verschiedene Ariosi in wechselnden Tonarten und Zeitmaßen folgen aufeinander. Dabei faßt der Komponist jeweils mehrere, inhaltlich verbundene Strophen der Dichtung zu einem »Tableau« zusammen.

Ganz ähnlich verfährt Schubert: Auch bei ihm folgen ausschließlich Ariosi aufeinander, auch bei ihm wechseln Tonarten und Zeitmaße, auch bei ihm ist die Disposition der Ariosi eher vom Inhalt der Dichtung bestimmt, als von ihrer strophischen Gliederung. Schubert folgt seinem Vorbild anfangs deutlich, entfernt sich aber im Verlauf der Komposition erkennbar davon: Die Zahl der Sätze ist größer, die Kontraste sind verstärkt. Die einzelnen Ariosi etwa sind bei Zumsteeg in ihrer Ausdehnung ausgewogen, bei Schubert hingegen schwankt diese zwischen 14 und 76 Takten; zudem sind die Sätze bei ihm oft mehrfach in sich gegliedert und schließen selbst kurze rezitativische Partien mit ein.

Schubert, so berichtete Spaun, wollte Zumsteegs Lied »anders« setzen, nicht nur nachahmen, sondern wohl auch überbieten. Für den jungen Schubert bedeutete das wohl zunächst, er wollte mehr aus dem Text herausholen, indem er die Mittel steigerte, mit denen Zumsteeg arbeitete. Das zeigt sich bereits an der Länge der Komposition: Sie übertrifft Zumsteegs um etwa ein Drittel. Auch der Stimmumfang wird erweitert. Bei Zumsteeg reicht er von d′ bis as″, bei Schubert von h bis b″; dabei sind die Spitzentöne bei Schubert von größerer Bedeutung, er führt den Sopran häufig hinauf in große Höhen und verlangt doch zugleich volle, große Tiefe – er erwartet einen dramatischen Bühnensopran. Dem entspricht auch die größere Spannweite der Dynamik: p – mf – f fordert Zumsteeg; bei Schubert reicht sie über alle möglichen Zwischenstufen vom ppp zum fff. Er steckt damit bereits in seinem ersten vollendeten Lied die Grenzen der Dynamik ab, in denen er zeitlebens arbeitet.

Steigerung der Mittel mit dem Ziel einer Intensivierung des Ausdrucks, poetische Überhöhung – darum geht es Schubert auch im Detail. Vergleichen wir dazu die Vorspiele Zumsteegs und Schuberts:

J. R. Zumsteeg

Bsp. 1a

Bei Zumsteeg finden wir die Seufzervorhalte (S) und dissonanten Einsätze (D) eher vereinzelt; sie weisen auf den Grundaffekt des Liedes hin. All dies ist verhalten, den ästhetischen Forderungen des 18. Jahrhunderts angemessen. Bei Schubert hingegen häufen sich die Vorhalte, die Dissonanzen, und bereits im Vorspiel vermeidet es der Komponist, die Tonart eindeutig festzulegen. Nicht um Ausgewogenheit geht es dem jungen Schüler im Stadtkonvikt, sondern um innige Verschmelzung von Poesie und Musik mit der Absicht einer gegenseitigen Steigerung. Die Wahl der Tonarten ist dafür das deutlichste Indiz. Im Gegensatz zu Zumsteeg, der sich auch hierin am Üblichen orientiert (aufeinanderfolgende Tonarten stehen meist im Quintverhältnis zueinander wie Es-Dur/As-Dur oder sind Paralleltonarten wie c-Moll/Es-Dur; das Lied endet in derselben Tonart, in der es begann), scheinen sie willkürlich gewählt: auf c-Moll folgt d-Moll und As-Dur auf g-Moll. Offenbar ist Schubert allein der Ausdruckswert einer Tonart wichtig. So verzichtet er am Ende des Liedes auch auf die Rückkehr nach c-Moll. Hagars letzte Worte (»Gott, sein Herr, verschmäh das Flehen des unschuld'gen Knaben nicht«) sind ein gleichsam hymnischer Gesang in As-Dur, den ein ausgedehntes Nachspiel bestätigt. Schubert entläßt den Zuhörer mit der Gewißheit, daß Gott Hagars Gebet erhören wird.

Bsp. 1b

Neben die großen durchkomponierten Gesänge, in denen sich im folgenden das Modell der Zumsteegschen Ballade vielleicht noch deutlicher ausprägt als in *Hagars Klage* (nunmehr übernehmen Rezitative grundsätzlich die handelnden Partien, vermitteln zwischen den einzelnen Ariosi, die in der handlungsarmen Elegie gelegentlich hart aufeinanderstoßen), tritt seit 1812, mit dem *Klaglied* (D 23), auch das einfache lyrische Strophenlied – und vielleicht nicht zufällig vertont Schubert hier den Text eines der Berliner Liederschule nahestehenden Dichters, der zugleich auch Redakteur und Herausgeber der Leipziger *Allgemeinen Musikalischen Zeitung* war: Friedrich Rochlitz. Schubert hat das Lied geschätzt; er hat es vielleicht noch selbst für den Druck vorgesehen – jedenfalls hat es unmittelbar nach seinem Tod der Wiener Verleger

Josef Czerny aus dem Nachlaß erworben und zwei Jahre später als Nr. 3 des Liederheftes op. 131 herausgebracht; es ist das erste von Schuberts frühen Liedern, das im Druck erschienen ist. Andre Lieder dieser Zeit – etwa *Der Jüngling am Bache* (D 30; den Text hat Schubert später noch zweimal in Musik gesetzt), oder *Totengräberlied* (D 44) – sind zwar durchkomponiert, doch in einer Weise, die die ursprüngliche Strophengliederung klar erkennen läßt: Der lyrische Charakter der Dichtung wird auch durch Wiederaufnahme musikalischen Materials, durch musikalische Rundung betont. Schuberts Kompositionsweise nähert sich hier dem sogenannten »variierten Strophenlied«.

Seit 1812 erhält Schubert Kompositionsunterricht bei dem Wiener Hofkapellmeister Antonio Salieri (1750–1825). Er treibt Kontrapunktstudien, setzt Texte des einstigen kaiserlichen Hofdichters Pietro Metastasio als Terzette und Quartette, als Chöre, aber auch als Arien, zunächst unbegleitet, als Form- und Deklamationsübungen, später mit Klavierbegleitung. Diese Sätze schreibt er dann auch ins reine, gibt sie an seine Freunde weiter: Er versteht sie offenbar als gültige Kompositionen. Die Arien *Misero pargoletto* (D 42), *Pensa che questo istante* (D 76) und *Son fra l'onde* (D 78) sind in dieser Zeit entstanden. Zugleich aber beginnt er die Arbeit an einer Ballade, die ihn fast zwei Jahre lang beschäftigen wird, die als Krönung und Abschluß seiner Lehrzeit gelten kann, in der das Zumsteegsche Modell sich vollendet:

Der Taucher (D 77)
(Beginn und Ende in d-Moll)

T: Friedrich Schiller. – D: 1. Fassung begonnen am 17. September 1813; Reinschrift der 2. Fassung beendet wohl im Frühjahr 1815. – AGA XX/1,12; NGA IV/6,10.

Zur Überlieferung: Schubert muß die umfangreiche Komposition mindestens dreimal niedergeschrieben haben. Die erste Fassung hat er am 17. September 1813 begonnen und am 5. April 1814 beendet; die zweite Fassung war im August 1814 abgeschlossen; die dritte Niederschrift, eine Reinschrift der zweiten Fassung, hat sich nur in einer Abschrift von Schuberts Freund Johann Leopold Ebner erhalten (da Schubert dazu Anfang 1815 noch Skizzen angefertigt hat, kann sie nicht vor Frühjahr 1815 abgeschlossen worden sein). Das Lied ist im Juni 1831 bei Diabelli & Co., Wien, zum erstenmal im Druck erschienen (»Nachlaß-Lieferung« 12); dabei hat der Verleger eine Mischfassung aus den beiden autograph überlieferten Fassungen hergestellt (die Abschrift war ihm unbekannt geblieben), die auch Grundlage der meisten neueren Ausgaben dieses Liedes geworden ist.

Zum Text: Die bekannte Ballade schildert in 27 Strophen wohl einerseits die Hybris des Menschen, der glaubt, alles erforschen zu können, was die Götter »gnädig bedecken mit Nacht und Grauen«, andererseits aber auch die Despotie eines Königs, dem das Leben seiner Untertanen so wenig bedeutet wie das Schicksal seiner Tochter.

Zur Komposition: Wie in *Hagars Klage* zielt auch in diesem – Schuberts umfangreichstem – Gesang der Komponist auf Intensivierung, nicht eigentlich auf Interpretation des Textes. Dessen dramatische Anlage, der Wechsel von Rede und Gegenrede, von erzählenden und reflektierenden Partien, erzwingt freilich auch eine andere Konzeption. Schubert orientiert sich an den Strophen der Dichtung nur noch, soweit sie seinen Intentionen entgegenkommen. Er hat aber auch das Zumsteegsche Modell eines regelmäßigen Wechsels von Rezitativ und Arie aufgegeben – Rezitativ und Arioso gehen unmerklich ineinander über, so wie in der Dichtung Handlung, Bericht und Kommentar ineinander verwoben sind. Schubert vermeidet daher tonartlich geschlossene Abschnitte, auch die Ariosi sind in der Regel offen, führen wie selbstverständlich in rezitativische oder neue ariose Partien. Der Gefahr eines Zerfallens der großen Ballade in eine Anzahl kleiner Abschnitte, zusammengehalten nur durch den Handlungsfaden, das Wort des Dichters, beugt der Komponist allerdings vor, durch Zitat und Wiederaufnahme ganzer Passagen. Das ist auch in der Dichtung bereits vorgegeben, aber Schubert erweitert es noch; er faßt die sechste und siebente Strophe zusammen (das Ausbrechen der Wasser und das Sich-Öffnen des Strudels) und verfährt ähnlich mit der zwölften und dreizehnten – nur: während die siebente Strophe in das Inferno führt (»und reißend sieht man die brandenden Wogen hinab in den strudelnden Trichter gezogen«), mündet die dreizehnte in einen Triumphgesang (»und er ist's, und hoch in seiner Linken schwingt er den Becher mit freudigem Winken«). Um nun aber den Gesang tatsächlich auch abzurunden, greift Schubert die Figuren des brausenden Wassers noch ein weiteres Mal auf, am Ende des Liedes, in der Epilogstrophe (»Wohl hört man die Brandung, wohl kehrt sie zurück, sie verkündet der donnernde Schall«), diesmal freilich gründlich verändert, die Figuren wohl zitierend, variierend, aber ohne die für die früheren Strophen charakteristischen Ausbrüche. In der Epilogstrophe verbietet sich das.

Noch ein zweites Zitat ist von Bedeutung für die Organisation der Ballade: Nach einem einleitenden Rezitativ verfestigt sich die Deklamation mit Beginn der zweiten Strophe (»Der König spricht es und wirft von der Höh'«) zu einem ersten Arioso. Ganz ähnlich gestaltet Schubert die drittletzte Strophe, die eine vergleichbare Situation beschreibt (»Drauf der König greift nach dem Becher schnell, in den Strudel ihn schleudert hinein«): ähnliche Deklamation, dieselbe Bewegung in der Begleitung, derselbe Gang von C-Dur nach a-Moll. So ist der Beginn der Ballade mit ihrem Ende verknüpft, sie erhält ihr Gerüst.

Auf eine Besonderheit sei noch hingewiesen. Kurz vor der Katastrophe, diese eigentlich auslösend, zeigt sich der König offen als der nur den eigenen Launen gehorchende Despot. Für Schubert war dies vermutlich in doppelter Hinsicht ein zentraler Moment der Ballade: einmal als Höhepunkt der Handlung, dann aber auch als Protest gegen despotische Tyrannei überhaupt. Bezeichnend dafür sind mehrfache Entwürfe für einen kurzen Rezitativ-Abschnitt, der in fünf Versionen überliefert ist (»und schaffst du den Becher mir wieder zur Stell, so sollst du der trefflichste Ritter mir sein, und sollst sie als Eh'gemahl heut noch umarmen, die jetzt für dich bittet mit zartem Erbarmen«). In der ersten Fassung der Ballade vertonte Schubert die Passage auf herkömmliche Weise, mit weichen Vorhalten, Melismen und Ausweichungen bei den Worten »Eh'gemahl«, »zart«, »Erbarmen«; die Singstimme deklamiert im Piano-Bereich:

die jetzt für dich bit - tet mit zar - tem Er - bar - men.

Bsp. 2

Die letzte Fassung hingegen zeigt einen ganz anderen Tonfall. Nicht mehr behutsam, einschmeichelnd, sondern herrisch und höhnisch erscheint der König. Er fordert (ff hat Schubert nun vorgeschrieben), und das »zarte Erbarmen« ist durch einen Tritonus-Schritt gekennzeichnet (ais–e), seit alters her die Figur des Diabolischen:

die jetzt für dich bit - tet mit zar - - tem Er - bar - men.

Bsp. 3

Die erste Fassung des »Tauchers« hat Schubert am 5. April 1814 beendet. Fast mag es scheinen, als hätte er damit selbst eine Epoche seines Liedschaffens als abgeschlossen gesehen. Schubert wendet sich nun erst einmal ab von den großen, kantatenähnlichen Werken nach Zumsteegschem Vorbild und schreibt kleinere Lieder, meist variierte Strophenlieder, für die er sich freilich weiterhin an dem schwäbischen Komponisten orientiert (ein Vergleich der Vertonungen von Matthissons *Lied der Liebe* durch Zumsteeg und Schubert [D 109] zeigt es deutlich). Friedrich Matthisson: In den Monaten April bis Oktober 1814 setzt Schubert 13 seiner Gedichte in Musik. Sie ähneln einander im Ton und in der Kompositionsweise und könnten sich gewissermaßen bereits zu einem jener Liederhefte zusammenordnen, von denen Spaun in seinem

Brief an Goethe schreibt (s. S. 25). Die Mehrzahl der Lieder sind Strophenlieder, andere sind auch durchkomponiert, als Rezitativ mit eingeflochtenen Ariosi (*Trost. An Elisa*, D 97), als kleine Ballade nach Art eines Rondo mit eingeschobenen Episoden (*Romanze*, D 114), als lyrische Ariette mit effektivem oder angedeutetem Da capo (*Adelaide*, D 95; *Geisternähe*, D 100). Schuberts *Adelaide* ist 18 Jahre nach dem berühmten Lied Beethovens entstanden – ob er sich mit seiner Vertonung zum erstenmal an ihm messen wollte, ist nicht zu sagen. Ähnlichkeiten im Detail sind unverkennbar: klopfende Achtelrepetitionen, »flüsternde« Triolenketten – deutlicher aber noch sind die Unterschiede: Beethoven legt sein Lied als große, zweiteilige Arie an (Strophe 1–3: Larghetto; Strophe 4: Allegro molto, triumphierende Stretta); zahlreiche Wort- und Vers-Wiederholungen, die die poetische Struktur zerstören, zeigen an: Nicht um die Vertonung eines Gedichtes ging es Beethoven – dieses lieferte ihm vielmehr Thema und Material für ein ausgedehntes Musikstück. Schuberts kleine Ariette hingegen bewahrt die Gestalt der Dichtung treu, und nicht einen zum Triumph führenden Prozeß will er darstellen, er nimmt in der letzten Strophe die erste wieder auf – im Grabe ist der Sänger so einsam wie zu Beginn des Liedes.

Lieder und Gesänge 1814

Deutsch-Nummer	Titel	Entstehungszeit	Textdichter
95	Adelaide 66 T. – durchkomp.	1814	Matthisson
97	Trost. An Elisa 26 T. – Rezitativ u. Arioso	1814	Matthisson
98	Erinnerungen 80 T. – variiertes Strophenlied	Herbst 1814	Matthisson
99	Andenken 72 T. – var. Strophenlied	April 1814	Matthisson
100	Geisternähe 55 T. – durchkomp.	April 1814	Matthisson
101	Erinnerung 55 T. – durchkomp.	April 1814	Matthisson
102	Die Betende 84 T. – var. Strophenlied	Herbst 1814	Matthisson

Deutsch-Nummer	Titel	Entstehungs-zeit	Textdichter
104	Die Befreier Europas in Paris 29 T. – Strophenlied (8 Str.)	16. 5. 1814	Joh. Chr. Mikan
107	Lied aus der Ferne 56 T. – var. Strophenlied	Juli 1814	Matthisson
108	Der Abend 62 T. – var. Strophenlied	Juli 1814	Matthisson
109	Lied der Liebe 61 T. – var. Strophenlied	Juli 1814	Matthisson
113	An Emma, op. 58,2 62 T. – durchkomp.	17. 9. 1814	Schiller
114	Romanze 107 T. – lyrische Ballade	Sept. 1814	Matthisson
115	An Laura, als sie Klopstocks Auferstehungslied sang 94 T. – var. Strophenlied	2. – 7. 10. 1814	Matthisson
116	Der Geistertanz 50 T. – durchkomp.	14. 10. 1814	Matthisson
117	Das Mädchen aus der Fremde 53 T. – durchkomp.	16. 10. 1814	Schiller
118	Gretchen am Spinnrade, op. 2 120 T. – durchkomp.	19. 10. 1814	Goethe
119	Nachtgesang 14 T. – Strophenlied (5 Str.)	30. 11. 1814	Goethe
120	Trost in Tränen 23 T. – Strophenlied (4 Str.)	30. 11. 1814	Goethe
121	Schäfers Klagelied, op. 3,1 61 T. – durchkomp.	30. 11. 1814	Goethe
122	Ammenlied 12 T. – Strophenlied (4 Str.)	Dez. 1814	Michael Lubi
123	Sehnsucht (»Was zieht mir das Herz so«) 69 T. – durchkomp.	3. 12. 1814	Goethe
124	Am See 107 T. – durchkomp.	7. 12. 1814	Mayrhofer
126	Szene aus »Faust« 100 T. – durchkomp.	12. 12. 1814	Goethe

Mit den letzten Liedern des Jahres 1814 wendet sich Schubert einem
Dichter zu, den er bisher gleichsam gemieden hatte, obwohl auch er zu
Zumsteegs bevorzugten Autoren gehörte: Goethe. Es scheint, daß
Schubert im Herbst des Jahres den ersten Teil des *Faust* gelesen hat; ein
Lied daraus setzt er in Musik (*Gretchen am Spinnrade*, D 118), am Ende
des Jahres auch noch eine ganze *Szene aus »Faust«* (D 126, Gretchen im
Dom). Er greift aber auch zu den *Gedichten* (Band 7 eines 1810 in Wien
erschienenen Nachdrucks der bei Cotta herausgegebenen *Gesammelten
Werke* des Dichters); eines dieser Lieder (*Schäfers Klagelied*, D 121)
finden wir dann mit *Gretchen am Spinnrade* auch in dem Liederheft
wieder, das er 1816 für Goethe zusammenstellt. Beide gibt er bereits
1821 zum Druck (nach dem *Erlkönig*, op. 1, als op. 2 und op. 3,1). Seit
den Liedern aus *Faust* von 1814 bis hin zu den *Wilhelm-Meister*-Gesän-
gen von 1826, zwei Jahre vor seinem Tode, bleiben Goethes Gedichte
ihm Orientierungs- und Fixpunkt in seinem Liedschaffen.

In welchem Maße sein Lied durch die Begegnung mit Goethe eine neue
Qualität gewinnt, ist dem Komponisten selbst bewußt. Eine Tagebucheintragung vom 14. Juni 1816 zeigt das deutlich. Am Abend davor hatte
Schubert auf einer musikalischen Soiree gespielt. Er hatte mit Klavierva-
riationen von Beethoven begonnen und dann zwei eigene Lieder gesungen: die *Rastlose Liebe* (D 138, s. S. 53) nach einem Gedicht von Goethe
und *Amalia* (D 195) aus dem dritten Akt von Schillers *Räubern*, zwei
Lieder übrigens, die am selben Tage, am 19. Mai 1815 entstanden
waren, die dem Komponisten mithin gleichsam als Zwillinge galten.
Über den Erfolg der beiden Lieder nun notierte Schubert: »Ungeteilter
Beifall ward jenem« (der *Rastlosen Liebe*), »diesem minderer. Obwohl
ich selber meine rastlose Liebe für gelungener halte als Amalia, so kann
man doch nicht leugnen, daß Goethes musikalisches Dichter-Genie viel
zum Beifall wirkte« (Dok., S. 43).

Schuberts Hinweis auf Goethes »musikalisches« Dichter-Genie ver-
dient besondere Aufmerksamkeit. In den Versen des Dichters hatte der
Komponist ein verwandtes Moment entdeckt, das ihn unmittelbar
ansprach, und zwar in seiner eigenen Kunstsprache, der Musik. Worin
dieses musikalische Moment besteht, ist nicht leicht zu sagen. Es ist
möglich, daß Schubert damit die musikalische Komponente der Dichtung meint: Vokalklang, Reime, Rhythmus – möglich, daß sie ihn zur
Ausbildung eines Liedstiles herausforderten, in dem ein komplexes
musikalisches Kunstwerk sich einem komplexen sprachlichen Kunstwerk verbindet. Das träfe sich mit einer Vorstellung von Lied, die
wenige Jahre später (1817) und ohne sich auf Schuberts Lieder zu be-

ziehen der Schweizer Musikverleger und Musikpädagoge Hans Georg Nägeli in einem richtungweisenden Aufsatz »Die Liederkunst« beschrieben hat (Leipziger *Allgemeine Musikalische Zeitung* 19, Sp. 765 f.). Es muß, heißt es dort, »ein höherer Liederstil begründet werden, und daraus eine neue Epoche der Liederkunst . . . hervorgehen, deren ausgeprägter Charakter eine bisher noch unerkannte Polyrhythmie sein wird, also daß Sprach-, Sang- und Spiel-Rhythmus zu einem höheren Kunstganzen verschlungen werden – eine Polyrhythmie, die in der Vokal-Kunst völlig so wichtig ist, als in der Instrumental-Kunst die Polyphonie«. Sprache, also die Dichtung, Gesang und die »Begleitung«, das Instrumenten-»Spiel«, erscheinen hier als drei gleichgewichtige Parameter. Der Komponist singt nicht mehr, was der Dichter ihm vorgegeben hat, er interpretiert die Dichtung, verändert sie dabei auch, schafft aus den drei zusammenwirkenden Kunstmitteln ein neues, wie Nägeli sagt, »polyrhythmisches« Kunstwerk.

Zu diesem neuen, für das Lied des 19. Jahrhunderts entscheidenden Liedkonzept tritt noch ein weiteres Moment hinzu, das Schuberts Lieder vom Herbst 1814 von den vorangehenden wesentlich unterscheidet: Er bindet die einzelnen Teile eines Liedes durch einheitliche musikalische Bewegung, hält sie dadurch zusammen, wie dramatische Szenen durch ein einheitliches Bühnenbild zusammengehalten werden, bezieht somit jedes Detail im Lied auf eine Grundsituation. Vielleicht war es vor allem diese auch für seine *Rastlose Liebe* charakteristische Einheitlichkeit, die Schubert im Sinne hatte, als er die *Rastlose Liebe* für gelungener hielt als *Amalia*, der solche Bindung mangelt (für *Rastlose Liebe* war ihm vielleicht Johann Friedrich Reichardts Vertonung desselben Gedichtes ein Vorbild gewesen: auch Reichardt gestaltet sein Lied als einheitliche Szene). Bindung mittels durchgehender musikalischer Bewegung ist jedenfalls eines jener Merkmale, durch welches ein Lied sich von allen abhebt, die Schubert zuvor geschrieben hat, jenes Lied, mit dem nicht wenige Musikforscher den eigentlichen Beginn des romantischen Klavierliedes datieren:

Gretchen am Spinnrade (D 118)
(op. 2; d-Moll)

T: Johann Wolfgang Goethe. – D: 19. Oktober 1814 (lt. autographer Reinschrift). – AGA XX/1,31; NGA IV/1,2.

Zur Überlieferung: Das Autograph vom 19. Oktober 1814 ist eine Reinschrift; ihr dürfte mindestens ein Entwurf, wenn nicht gar eine vollständige Niederschrift vorausgegangen sein. Es ist jedoch kaum anzunehmen, daß diese sehr viel früher entstanden ist als die Reinschrift. Für eine weitere Reinschrift in seinem Liederheft für Goethe vom April 1816 hat Schubert das Lied überarbeitet. Diese (von der sich nur die erste Seite erhalten hat) diente als Vorlage für die erste Druckausgabe des Liedes im April 1821.

Zum Text: Gretchens Lied aus *Faust*, Teil 1, Szene 15: »Gretchens Stube« mit der Szenenanweisung »Gretchen am Spinnrade allein«. Das Lied füllt die ganze Szene aus; als nächste folgt Gretchens und Fausts Gespräch über Religion. Schuberts Vorlage war vermutlich Band 1 der 1810 in Wien bei Anton Strauß erschienenen Ausgabe *Goethe's sämmtliche Schriften*.

Gretchens Lied ist in sich widersprüchlich. Von der Situation her erwartet man ein Strophenlied im Volkston, ähnlich dem Lied vom *König in Thule*, das Schubert zwei Jahre später ebenfalls in Musik setzt (D 367). Gretchen aber spricht einen Monolog, der lediglich liedhafte Züge annimmt, da sie ihn zum Rhythmus des Spinnrades vor sich hin summt. Er befestigt sich dabei zum Rundgesang – denn nach jeder Erregungsphase nimmt Gretchen die monotone Arbeit des Spinnens wieder auf. Für die poetische Gestalt des Liedes bedeutet das: Goethe formt es wohl in 10 deutlichen, vierzeiligen Strophen, sie sind aber keine Liedstrophen, eher knappe, rhythmisierte Gedankensplitter und zu kurz, als daß sie sich nach Art eines Strophenliedes in Musik setzen ließen. Der Komponist könnte dazu auch nicht – was Schubert sonst gern tut – mehrere Textstrophen zu einer musikalischen zusammenfassen, denn der ganze Monologtext ist durch die zweimalige Wiederkehr der Anfangsstrophe »Meine Ruh ist hin, mein Herz ist schwer ...« (die das Lied eben zum Rundgesang macht) in drei ungleiche Teile gegliedert (3+4+3 Strophen): einen ersten, in dem sich Gretchens innere Unruhe ausspricht (»Mein armer Kopf ist mir verrückt, mein armer Sinn ist mir zerstückt«), einen zweiten, der den Geliebten vorstellt (»Sein hoher Gang, sein' edle Gestalt ...«) und einen dritten, in dem ihre eigene Erregung nach Antwort sucht (»Ach, dürft' ich fassen und halten ihn! ...«). Diese drei Teile wiederum beschreiben einen inneren Prozeß, der im Widerspruch zum Prinzip eines Rundgesangs steht. Am Ende des Goetheschen Textes kehrt daher die Ritornellstrophe nicht wieder – die Szene bricht ab.

Zur Komposition: Wenn Schubert ein Lied schreiben wollte, in dem – mit Nägelis Worten (s. S. 39) – »Sprach-, Sang- und Spiel-Rhythmus zu einem höheren Kunstganzen verschlungen werden«, dann mußte er die im Text verborgenen Widersprüche auch in der Komposition, im Verhältnis von Text und Melodie-

*Schubert, »Gretchen am Spinnrade« (D 118), autographe Reinschrift
(19. 10. 1814) in der Wiener Stadt- und Landesbibliothek*

stimme, von Melodiestimme und Begleitung manifest werden lassen. Wie hat er
das erreicht?
Schubert intensiviert, wie er das an Zumsteegs Modellen gelernt hat, den formalen Widerspruch. Hat Goethe einen Monolog geschrieben, der die Gestalt eines
Liedes annimmt, so schreibt Schubert ein Lied, das sich zu einer kleinen Arie
weitet. Liedmäßig ist der melodische Duktus, vor allem in der Ritornellstrophe,
ist die eng der Textstruktur folgende formale Gliederung; arienmäßig ist der
Tonumfang (der Spitzenton a″ liegt eine Oktave über dem Zentralton der Ritornellstrophe), arienmäßig sind auch die großangelegten Steigerungen am Ende des
zweiten und dritten, sind Schuberts Textwiederholungen in der »Stretta« des
dritten Teils.
Den inneren Konflikt zwischen Rondoform (mit zweimal wiederkehrender
Ritornellstrophe) und auf ein Ziel (die »Stretta«) zusteuerndem Prozeß deutet
Schubert bereits in der Ritornellstrophe selbst an: Die in sich geschlossene Strophe »Meine Ruh ist hin, mein Herz ist schwer; ich finde sie nimmer und nimmer-
mehr« erscheint bei Schubert offen: Sie führt von d-Moll nach C-Dur, vom
Piano ins Forte, weckt Erwartungen, die aber – zunächst – nicht erfüllt werden;

ein Klavierzwischenspiel führt danach jedesmal in die Ausgangsfigur zurück. Die offene Struktur der Ritornellstrophe aber gibt Schubert dann die Möglichkeit, zu Beginn der jeweils folgenden Strophe die vorangehende zwar noch zu zitieren, dann aber auszubrechen in den eigentlichen Monolog, vom Liedmodus in den der Arie überzuwechseln.

Strophe	Text	Takt	Tonart	Bemerkung
[Teil 1]				
1	Meine Ruh ist hin	1–12	d–C	Ritornellstrophe
2	Wo ich ihn nicht hab	13–21	d–e	durch gleichen Beginn mit Str. 1 verklammert
3	Mein armer Kopf	21–30	e–F	
[Teil 2]				
4	Meine Ruh ist hin	31–41	d–C	Ritornellstrophe, wie Str. 1
5	Nach ihm nur schau ich	42–50	d–a	durch gleichen Beginn mit Str. 4 verklammert
6–7	Sein hoher Gang / und seiner Rede	50–68	F–d	zu einer Steigerung zusammengefaßt
[Teil 3]				
	[Zwischenspiel]	69–72	d	
8	Meine Ruh ist hin	73–83	d–C	Ritornellstrophe, wie Str. 1
9–10	Mein Busen drängt sich / und küssen ihn	84–100	d–a e–d	zu einer Steigerung zusammengefaßt
10	o könnt ich ihn küssen	100–112	d	»Stretta«
1	Meine Ruh ist hin	112–120	d	Ritornellstrophe, nur Vers 1–2

Die einzelnen Teile des Liedes bindet Schubert durch einheitliche Figuration der Instrumentalstimme zu einer Szene. Hier zum erstenmal – von nun an aber immer wieder – benutzt er dazu Anregungen, die der Text, genauer: die Text-Szene, ihm gibt. Die rechte Klavierhand führt eine gleichförmige Drehbewegung aus, wie die des Spinnrades. Die linke Hand gibt dazu regelmäßige rhythmische Impulse, wie die Füße des Mädchens, die das Rad in Bewegung setzen.

Bsp. 4

Die Drehfiguren weiten sich, der Rhythmus beschleunigt sich, wenn die Erregung des Mädchens sich steigert. Auf dem Höhepunkt am Ende des zweiten Teils, bei der Erinnerung an den Kuß des Geliebten, setzt die Bewegung
plötzlich ganz aus und führt dann zögernd, stockend, in die Ritornellstrophe
zurück.
Schuberts Klavier-»Begleitung« hat freilich seit »Gretchen am Spinnrade« nicht
mehr nur illustrierende, den Affekt des Liedes bestimmende, die Szene malen-
de Funktion – sie ist, ganz nach Nägelis Definition, ein eigener Parameter.
Die Widersprüche des Textes, die im Verhältnis von Text und Melodiestimme sich spiegeln, lassen sich im Detail auch in der Instrumentalstimme allein erkennen. Die Drehfigur (s. Bsp. 4) wiederholt sich unverändert, vermeidet im

ersten Abschnitt der Ritornellstrophe auch jeden harmonischen Schritt (erst der zweite, sich öffnende Abschnitt der Strophe deutet nach einer Rückung nach C-Dur über gleichbleibendem Baßton C einen Wechsel von Tonika und Dominante an); sie signalisiert Monotonie, Einförmigkeit der Arbeit. Ähnliches gilt für die rhythmische Figur im Baß – solange man Mittelstimme und Baß zusammen liest. Achtet man jedoch auf Momente, die diese beiden Stimmen unterscheiden, dann bemerkt man: Die Mittelstimme markiert den Versbeginn, der hervortretende, von Schubert zusätzlich mit einem Marcato-Zeichen versehene Baßton A das Versende. So entsteht eine gewisse Zielstrebigkeit selbst in jenen Partien der Ritornellstrophe, die noch ganz in sich geschlossen scheinen – die sich dann anschließende tonale Öffnung der Strophen wird dadurch plausibel.

Am Ende des Liedes weicht Schubert von Goethes Konzeption ab: Dessen Lied endet offen, führt in die nächste Szene. Schuberts Gesang dagegen steht für sich; er will ihn nicht mit einem Ausbruch enden lassen und wiederholt daher noch einmal die ersten beiden Verse der Ritornellstrophe, jene Verse, die in der Grundtonart d-Moll verharren. Dann läßt er in einem Nachspiel auch die Bewegungsimpulse verklingen. Der Geliebte ist fern, der Kuß nur Illusion, Melancholie beherrscht die Szene. In den letzten neun Takten des Liedes erklingt nur ein Akkord, d-Moll, Ausdruck der Schwermut nach dem Verständnis der Zeit. Nur der bis zuletzt hartnäckig wiederholte Baßton A erinnert daran, daß die Widersprüche keineswegs aufgehoben sind.

Auf dieses erste große, im Nägelischen Sinne »polyrhythmische« Lied folgen einige Strophenlieder im engeren Sinne, die Schubert anfangs wohl schätzte (im Sommer 1816 nahm er sie in ein zweites Heft mit Goethe-Liedern auf, das er dem Dichter aber nicht übersandte), die er später aber nicht zum Druck gab – sie entsprachen dann nicht mehr seiner Vorstellung von Lied: der *Nachtgesang* (D 119), der – wie die Dichtung – den Ton eines Wiegenliedes zitiert und durch einige überraschende, kokett-spielerische Elemente zugleich in Frage stellt, und *Trost in Tränen* (D 120), ein Lied, in dem Schubert zum erstenmal in Frage (»Wie kommt's, daß du so traurig bist?«) und Antwort (»Und hab ich einsam auch geweint«) Dur und Moll als menschliche Grundaffekte konsequent einander gegenüberstellt.

Dann aber, am Ende des Jahres, setzt er noch einmal eine ganze Szene in Musik, die *Szene aus »Faust«* im Dom (»Wie anders, Gretchen, war dir's«, D 126), zunächst in der Absicht, sie später zu instrumentieren, dann als Sololied (ohne daß dabei der dramatische Charakter der Szene verlorengegangen wäre), ein Meisterstück Schubertscher Charakterisierungskunst im Rezitativ. Auch dieses Lied freilich wollte Schubert nicht an die Öffentlichkeit geben.

Nur ein Lied des Jahres 1814 hat er auch in späteren Jahren noch so hochgehalten, daß er es nicht nur für das erste Konzert auswählte, bei dem eines seiner Lieder öffentlich vorgetragen wurde (am 28. Februar 1819, durch den Tenor Franz Jäger) – er hat es auch an den Beginn seines Liederheftes op. 3 gestellt, das im Mai 1821, einen Monat nach *Gretchen am Spinnrade*, erschienen ist:

Schäfers Klagelied (D 121)
(op. 3,1; c-Moll)

T: Johann Wolfgang Goethe. – D: 30. November 1814 (lt. autographer Reinschrift). – AGA XX/1,34; NGA IV/1,3(1).

Zur Überlieferung: Das Kompositionsmanuskript ist verloren, das Autograph vom 30. November 1814 eine Reinschrift. Diesem entspricht eine weitere Reinschrift in dem Liederheft für Goethe vom April 1816. Vermutlich für ein Konzert am 28. Februar 1819 hat Schubert das Lied revidiert, von c-Moll nach e-Moll transponiert und ihm ein Vorspiel vorangestellt; für die Drucklegung 1821 aber hat er auf die Reinschrift von 1816 wieder zurückgegriffen, vermutlich, weil die Tenorlage der Konzertfassung für ein breiteres Publikum zu hoch liegt.

Zum Text: Goethes Lied vom Schäfer, der – »da droben auf jenem Berge« – hinabblickt in das Tal seiner Liebe und sich dabei seiner Ferne wie der Vergeblichkeit seines Traums bewußt wird, den Weg in ihr Haus je zurückzufinden, knüpft an das Volksliedmodell an, auch als Zitat zu Beginn des Liedes. Es wird aber zunehmend persönlicher, bis hin zu der zentralen Strophe: »Und Regen, Sturm und Gewitter verpaß ich unter dem Baum. Die Türe dort bleibet verschlossen« – dann findet die Dichtung allmählich zum Volksliedton zurück, doch ist das, was anfangs als einfaches Zitat wirkte, nun auch Entscheidung in der ganz persönlichen Situation des Sängers: »Sie aber ist fortgezogen und weit in das Land hinaus«, heißt es in der vorletzten Strophe – der Schäfer knüpft daran an, wenn ihm das alte Volkslied in der letzten wieder in den Sinn kommt.

Zur Komposition: Schubert folgt Goethe im Detail. Auch er beginnt im Volkston: eine einfache Melodie, in sich geschlossen, ganz nach dem Geschmack der Berliner Liederschule, von wenigen, begleitenden Akkorden gestützt. Dann aber verläßt der Komponist den scheinbar vorgezeichneten Weg: Er führt das Lied zunächst, ebenso einfach, in der Paralleltonart Es-Dur weiter, zu wiegenden Begleitfiguren, dem idyllisch-pastoralen Ton der zweiten Strophe entsprechend (»Dann folg ich der weidenden Herde . . .«), doch ist die Melodie nicht mehr geschlossen: Sie endet offen, von Es-Dur nach g-Moll führend. Der Hörer verliert den Boden unter den Füßen – »und weiß doch selber nicht wie«. Dann wird die Bewegung zunehmend drängender, aus den Achtel- werden Sechzehntelfiguren, schließlich kräftige Akkordschläge. Der Komponist führt den Hörer zugleich über As-Dur, as-Moll nach Ces-Dur in weit abgelegene tonale Bereiche, in »Regen, Sturm und Gewitter«. Dann eine Fermate – der Schäfer blickt auf das Haus der Geliebten –, und in verhaltenem Rezitativ, einen einzigen Ton auf engem Raum umkreisend, spricht er wie zu sich selbst: »doch alles ist leider ein Traum.«

Mit der folgenden Strophe – wieder in Es-Dur – kehrt Schubert zur Melodie der zweiten, zu der weidenden Herde, die ihn ins Tal führte, zurück, so als ob er dem Schäfer nahelegen wollte, der Geliebten zu folgen, »weit in das Land hinaus« – aber wieder endet die Strophe in g-Moll, der Sänger »weiß nicht wie« – und so trägt ihn die Musik auch nicht in die Ferne, sondern zurück auf die Höhe seines Berges. Die letzte Strophe nimmt die erste wieder auf, so als wäre das ganze Lied, der Zug in das Tal, Gewitter und Sturm, die verschlossene Türe, in der Tat nur ein Traum gewesen, als hätte der Sänger wirklich nur ein Lied gesungen, dort, wo er schon »tausendmal« gestanden und gesungen hat. Nur eine kleine Veränderung am Ende des Liedes, die Wiederholung einer unscheinbaren Melodieformel verrät, daß es nicht nur »ein«, daß es sein Lied war und dem Schäfer tatsächlich »gar so weh« ist.

Im einzelnen wie in der Anlage des ganzen Liedes ist Schubert dem Dichter treu gefolgt – in einem aber geht er über ihn hinaus: wenn er uns zeigt, daß der Sänger wohl nur in seinen Träumen die Berge verlassen hat, daß er selbst unverändert »an seinem Stabe hingebogen« steht, in das Tal hinabschauend. So verdeutlicht, konkretisiert der Komponist die Dichtung. Das neue, »polyrhythmische« Lied hat ihm die Möglichkeit dazu gegeben.

Die Jahre 1815 und 1816 sind die intensivsten Schaffensjahre in Schuberts Leben. Das gilt auch für das Lied. 248 Sololieder entstehen in dieser Zeit – fast so viele wie in allen noch folgenden Jahren zusammen. Dabei kreuzen und vermischen sich die verschiedenen Entwicklungslinien, die in den Jahren 1811 bis 1814 erkennbar wurden. Schubert schreibt weiterhin Balladen nach Zumsteegs Modell; es entstehen unzählige Strophenlieder, nun eher nach Art der Berliner als der Zumsteegs – das hatte sich in den strophischen Goethe-Liedern von 1814 ja bereits angekündigt. Aber auch durchkomponierte »polyrhythmische« Lieder wie *Gretchen am Spinnrade* und selbst »polyrhythmische« Strophenlieder sind nicht selten. Vor allem aber wird ein Moment deutlich, das bereits in den Matthisson-Liedern von 1814 erkennbar wurde: Schubert schreibt immer wieder Lieder nach Gedichten eines Textdichters in gleichsam zyklischer Folge. Wir erinnern uns: Es war im Frühjahr 1816, daß Spaun von Schuberts Vorhaben berichtete, seine Lieder nach Dichtern geordnet zum Druck zu geben. Die folgende Tabelle mag das verdeutlichen (es ist hier nicht der Ort, wie für die vergangenen Jahre jedes Lied einzeln aufzuführen; verzeichnet sind hier vor allem Gruppen nach Textdichtern, daneben die im folgenden besprochenen Lieder und die großen balladenähnlichen Gesänge).

Lieder und Gesänge 1815–1816

Monat	Gruppe / Titel	Text-dichter	Bemerkung
1815			
–	D 93: Don Gayseros	Fouqué	Zyklus von 3 Liedern, durchkomponiert, Fragment
–	D 134: Ballade, op. 126	Kenner	Ballade
–	2 Lieder	Schlechta, Schober	2 Strophenlieder
Jan.	D 209: Der Liedler, op. 38	Kenner	Ballade
Febr. / März	3 Lieder	Goethe	2 Strophenlieder, 1 durchkomponiert, 2 Fragment
	6 Lieder	Körner	3 Strophenlieder, 1 durchkomponiert
	3 Lieder	versch.	1 Strophenlied
	D 149: Der Sänger, op. 117	Goethe	Ballade
(8.2.)	D 152: Minona	F. A. F. Bertrand	Ballade
(1.3.)	D 166: Amphiaraos	Körner	Ballade
April / Mai	7 Lieder	Hölty	3 Strophenlieder, 4 durchkomponiert
	4 Lieder (u. a. *Amalia*, D 195, und *Des Mädchens Klage*, D 191)	Schiller	3 Strophenlieder, 1 durchkomponiert
	3 Lieder	Körner	Strophenlieder
	3 Lieder	versch.	1 Strophenlied, 2 durchkomponiert
(19. 5.)	D 138: Rastlose Liebe, op. 5,1	Goethe	durchkomponiert

Monat	Gruppe / Titel	Text-dichter	Bemerkung
(29. 5.)	D 208: Die Nonne	Hölty	Ballade
Juni / Juli	12 Lieder	Kosegarten	Strophenlieder
	8 Lieder (darunter *Meeres Stille, Wandrers Nacht-lied, Der Fischer*, D 216, 224, 225)	Goethe	4 Strophenlieder, 4 durchkomponiert
	2 Lieder	Hölty	Strophenlieder
	2 Lieder	versch.	Strophenlieder
(5.–14. 6.)	D 211: Adelwold und Emma	F. A. F. Bertrand	Ballade
(22. 6.)	D 217: Kolmas Klage	Ossian	Ballade
Aug. / Sept.	9 Lieder (darunter *Heidenröslein, An den Mond*, D 257, 259)	Goethe	9 Strophenlieder
	7 Lieder	Schiller	6 Strophenlieder, 1 durchkomponiert
	5 Lieder	G. v. Baum-berg	Strophenlieder
	10 Lieder	versch.	Strophenlieder
	8 Lieder	Klopstock	5 Strophenlieder, 3 durchkomponiert
	2 Lieder	Ossian	durchkomponiert
	D 246: Die Bürgschaft	Schiller	Ballade
(5. 9.)	D 282: Cronnan	Ossian	Ballade
(20. 9.)	D 293: Silric und Vinvela	Ossian	Ballade
Okt. – Dez.	7 Lieder	Kosegarten	Strophenlieder
	9 Lieder	versch.	6 Strophenlieder, 3 durchkomponiert
	3 Lieder (darunter *Kennst du das Land*, D 321)	Goethe	durchkomponiert
	3 Lieder	Stoll	2 Strophenlieder, 1 durchkomponiert
	2 Lieder	Körner	Strophenlieder
(19. 10.)	D 312: Hektors Abschied, op. 58,1	Schiller	Ballade

Monat	Gruppe / Titel	Text-dichter	Bemerkung
(27. 10.)	D 322: Hermann und Thusnelda	Klopstock	Ballade
(9. 11. – Juni 16)	D 323: Klage der Ceres	Schiller	Ballade
	D 328: Erlkönig, op. 1	Goethe	Ballade
1816			
–	3 Lieder	Goethe	2 Strophenlieder, 1 durchkomponiert
–	6 Lieder	versch.	Strophenlieder
–	D 360: Lied eines Schiffers an die Dioskuren, op. 65,1	Mayrhofer	durchkomponiert
–	D 369: An Schwager Kronos, op. 19,1	Goethe	durchkomponiert
Jan. – März	6 Lieder	Schiller	3 Strophenlieder, 3 durchkomponiert
	6 Lieder	Salis	Strophenlieder
	8 Lieder	versch.	7 Strophenlieder, 1 durchkomponiert
(17. 1.)	D 150: Lodas Gespenst	Ossian	Ballade
	D 368: Jägers Abendlied, op. 3,4	Goethe	Strophenlied
	D 375: Der Tod Oskars	Ossian	Ballade
(13. 3.)	D 397: Ritter Toggenburg	Schiller	Ballade
April – Juni	10 Lieder (darunter *Auf den Tod einer Nachtigall*, D 399)	Hölty	9 Strophenlieder, 1 durchkomponiert
	5 Lieder	Matthisson	4 Strophenlieder, 1 durchkomponiert
	4 Lieder	Stolberg	3 Strophenlieder, 1 durchkomponiert
	3 Lieder	J. P. Uz	1 Strophenlied, 1 durchkomponiert
	2 Lieder	Klopstock	Strophenlieder
	2 Lieder	A. W. Schlegel	Strophenlieder
	4 Lieder	versch.	3 Strophenlieder, 1 durchkomponiert

Monat	Gruppe / Titel	Text-dichter	Bemerkung
(Mai)	D 159: Die Erwartung, op. 116	Schiller	Ballade
Juli–Sept.	7 Lieder	Jacobi	6 Strophenlieder, 1 durchkomponiert
	4 Lieder	Mayrhofer	3 Strophenlieder, 1 durchkomponiert
	3 Lieder	Goethe	durchkomponiert
	7 Lieder	versch.	Strophenlieder
(Sept.)	D 478: Gesänge des Harfners aus »Wilhelm Meister«, op. 12	Goethe	Liederzyklus
Okt.–Dez.	8 Lieder (darunter *An die Nachtigall*, D 497)	Claudius	7 Strophenlieder, 1 durchkomponiert
	4 Lieder	Mayrhofer	2 Strophenlieder, 2 durchkomponiert
	2 Lieder	Matthisson	Strophenlieder
	4 Lieder (darunter *Schlafe, schlafe*, D 498)	versch.	3 Strophenlieder, 1 durchkomponiert
(Okt.)	D 489: Der Wanderer, op. 4,1	Schmidt	durchkomponiert
(4. 11.)	D 504: Am Grabe Anselmos, op. 6,3	Claudius	durchkomponiert
(Dez.)	D 510: Vedi quanto adoro	Metastasio	Arie für Sopran

Immer noch dominieren in Schuberts Liedergruppen jene Dichter, die er im Stadtkonvikt als Schüler kennengelernt und studiert hatte, die zu seiner Zeit – und in Österreich wohl mehr noch als in Norddeutschland – den literarischen Geschmack bestimmten, denen Schubert auch bei Zumsteeg begegnet war: Kosegarten, Hölty und Matthisson. Auffällig sind dabei vor allem die zwei in sich geschlossenen Gruppen von Liedern auf Gedichte von Kosegarten im Sommer und im Herbst 1815. Schubert selbst versteht sie wohl – ähnlich wie die Matthisson-Lieder von 1814 – als eine Art Zyklus. Er faßt sie in Reinschriften zu Liederheften zusammen, wobei er sorgfältig darauf achtet, zur gleichen Zeit geschriebene Lieder auf Texte anderer Dichter aus dem Verband herauszunehmen. Bezeichnend dafür sind die sieben, alle am 19. Oktober 1815 entstandenen Lieder D 313–319: *Die Sterne, Nacht-*

gesang (ein Lied, das auch musikalisch an Zumsteeg anknüpft), *An Rosa I* und *An Rosa II*, *Idens Schwanenlied*, *Schwangesang* und *Luisens Antwort*. Mit dem letzten Text nimmt Kosegarten Bezug auf Mozarts *Lied der Trennung* (KV 519, Text von Klamer Eberhard Schmidt); auch Schuberts Musik ist gleichsam eine Antwort auf Mozarts Vertonung.

Die sieben Gedichte verbinden sich inhaltlich zur Geschichte einer Trennung der Liebenden, sie zeichnen den Weg in den Tod. Die ersten vier Lieder singt der Mann. Anfangs noch wendet er sich unmittelbar an die Geliebte, die freilich einmal Ida, einmal Rosa heißt (»Laß uns die Sterne betrachten und den stolzen Schwan auf dem Meer«), bald aber schon ist er sich ihrer Nähe nicht mehr gewiß (»Warum bist du nicht hier?« – *An Rosa I* – und »Denkst du an mich?« – *An Rosa II*). Die folgenden Lieder singt dann die Frau, vielleicht als Antwort auf seine Fragen, doch ohne ihrerseits Antwort zu erhalten; traurig erinnert sie sich der Stätten verlorener Liebe (*Idens Schwanenlied*) und erwartet den Tod (*Schwangesang*). Das Bild vom »stolzen Schwan« im ersten Lied erhält damit Zeichencharakter: Es verweist auf das Ende. Das letzte Lied (»Wohl weinen Gottes Engel«) erscheint dann zugleich wie Kommentar und Trauergesang, in der Parodie auf Mozarts Lied auch dessen Inhalt beschwörend (»Die Engel Gottes weinen, wenn Liebende sich trennen«). Schubert seinerseits verknüpft die Lieder nicht nur inhaltlich, sondern auch musikalisch, tonartlich und motivisch, fast enger noch als in seinen späteren großen Zyklen. Sehen wir nur auf die Tonarten: In B-Dur steht das erste Lied, das zweite führt in die Subdominante Es-Dur, das dritte in die neue Subdominante As-Dur. Ebenfalls in As-Dur folgt das vierte Lied, das fünfte in der Paralleltonart f-Moll, das sechste wiederum in f-Moll; das letzte schließlich kehrt nach B zurück (die Dominante von f-Moll), freilich nicht nach B-Dur, sondern – dem klagenden Affekt des Liedes entsprechend – nach b-Moll.

Schubert hat seine Kosegarten-Lieder auch später noch geschätzt. Eines davon (*Die Erscheinung*, D 229, 7. Juli 1815) bestimmte er in seinem letzten Lebensjahr als Schlußlied einer Liedergruppe (op. 108). Diese zeigt den Sänger auf der Reise durch den Winter; er darf den Frühling zwar schauen, fern im Tal, vermag ihn aber nicht zu erreichen (*Über Wildemann*, D 884, März 1826, Text von Ernst Schulze). Erlösung, das weiß er, kann er nur im Tode finden, der alle Fesseln sprengt (*Todesmusik*, D 758, September 1822, Text von Franz von Schober). Die *Erscheinung* nun erinnert daran, daß Erlösung zwar Ziel der Wanderung, daß der Sänger aber immer noch unterwegs ist und daß es Schubert – das gilt nun allerdings erst für 1828 – um diesen Weg geht, um die Annäherung an die Utopie, nicht um die Utopie selbst, die unerreichbar bleibt, von der wir aber träumen mögen, als Erscheinung, und die daher Maßstäbe setzt.

Aufmerksamkeit verdienen zwei weitere Liedergruppen: eine nach Gedichten von Theodor Körner und eine nach Friedrich Klopstock. Schubert hatte Körner gekannt – er soll den Konviktsschüler in der Absicht bestärkt haben, Musiker zu werden (vgl. hierzu auch S. 170). Schuberts sechs Körner-Lieder vom März/April 1815 – teils lyrische (*Liebesrausch*, D 179), teils Kriegs-Gesänge (*Schwertlied*, D 170, *Gebet während der Schlacht*, D 171) – sind jedoch erst nach Körners Tod entstanden, mehr als ein Jahr später. Schuberts plötzliches Interesse an seiner Dichtung mag mit dem Wiederbeginn des Krieges nach Napoleons Rückkehr von Elba zusammenhängen (der Kaiser landete am 1. März 1815 in Frankreich; Schuberts Kriegslieder entstanden am 12. März).

Im Spätsommer 1815 vertonte Schubert acht Klopstocksche Oden. So groß auch das Echo war, das Klopstock in der Dichtung des ausgehenden 18. Jahrhunderts gefunden hat – seine Lyrik ist nur vergleichsweise selten in Musik gesetzt worden. Antikisierende Metren, widerspenstige Strophenformen wollten sich dem Liedbegriff der Berliner Komponisten nur schwer fügen. Christoph Willibald Gluck hatte sich daran versucht, Klopstocks Metrik möglichst ungebrochen in Musik umzusetzen. Schubert, im Bewußtsein einer neu gewonnenen Autonomie als Liederkomponist, geht einen anderen Weg: Er setzt sich entweder über metrische Strukturen des Textes hinweg und behandelt die Oden wie Prosa, oder er wählt Texte, die sich wie herkömmliche Strophenlieder vertonen lassen (das bekannteste von Schuberts Klopstockliedern – *Das Rosenband*, D 280, September 1815, ist dafür ein Beispiel). Schubert ist so zu dem neben Gluck vielleicht bedeutendsten Sänger Klopstockscher Lieder geworden.

Auf eine letzte Gruppe ist noch hinzuweisen: Nicht im Sinne einer zusammenhängenden Liederfolge, aber immer von neuem greift Schubert 1815 (und noch in den beiden folgenden Jahren) zu James Macphersons *Ossian*, meist freilich in einer kaum zulänglichen Übersetzung von Edmund Baron de Harold (Schuberts Freund Anton Holzapfel schildert, er habe »ihm eine alte, bei dem verstorbenen Antiquar Greif um ein paar Groschen gekaufte … Scharteke, eine, wie ich nachher hörte, miserable Übersetzung Ossians« geliehen, Erinn., S. 69). Es sind in der

Mehrzahl umfangreiche szenische Gesänge, die Schubert und seine Freunde sehr schätzten. Das siebente und achte Heft der 1816 geplanten Liedersammlungen (s. S. 25) sollte ja bereits die Gesänge Ossians enthalten, welche, so Spaun in seinem Brief an Goethe, »sich vor allen auszeichnen«. Als dann Schuberts Verleger Diabelli 1830 daranging, dessen nachgelassene Lieder herauszugeben, enthielten die fünf ersten Hefte ausschließlich *Ossian*-Vertonungen. Offenbar glaubte man, damit etwas wiedergutmachen zu müssen. Schubert selbst nämlich hatte zu Lebzeiten keinen einzigen dieser Gesänge zum Druck gegeben – sie entsprachen dann nicht mehr seiner Vorstellung von dem, was Lied sein sollte.

Mit seiner ersten Liedergruppe des Jahres 1815 knüpft Schubert nochmals an 1814 an: Er vertont drei Gedichte von Goethe. In den folgenden Monaten kommt er mit insgesamt 17 Liedern häufig auf ihn zurück; Goethes Dichtung bleibt gleichsam der Orientierungspunkt in der Mannigfaltigkeit seines Liedschaffens. Eines der gelungensten dieser Goethe-Lieder ist – wie wir wissen, nach eigenem Zeugnis – die *Rastlose Liebe*:

Rastlose Liebe (D 138)

(op. 5,1; E-Dur)

T: Johann Wolfgang Goethe. – D: 19. Mai 1815 (lt. erster Niederschrift). – AGA XX/3,177; NGA IV/1,5(1).

Zur Überlieferung: Die ursprüngliche, in der ersten Niederschrift vom 19. Mai 1815 festgelegte Gestalt hat Schubert in dem Liederheft für Goethe von 1816 (s. S. 25) revidiert, vor allem die Bogensetzung vereinheitlicht. Für den befreundeten Sänger Baron Karl von Schönstein hat er das Lied im Mai 1821 nach D-Dur transponiert und etwas vereinfacht, für die Drucklegung kurz darauf (Juli 1821) aber wieder auf die Reinschrift von 1816 zurückgegriffen.
Zum Text: Das 1776 für Frau von Stein geschriebene Gedicht ist dreiteilig: zwei sechszeilige Strophen, die erste stürmisch, die Rastlosigkeit des Sängers darstellend, die andere nach einem Ausweg fragend (»Wie soll ich fliehn?«), dann aber doch in das Drängen der ersten Strophe zurückführend (»Glück ohne Ruh, Liebe, bist du!«), umrahmen eine eher meditative, achtzeilige Mittelstrophe. Der Komponist war somit eher auf das Modell der Ariette verwiesen als auf das Lied – auch Reichardt und Zelter haben das Gedicht »durchkomponiert«.
Zur Komposition: Schubert setzt das Gedicht, seiner Vorlage folgend, dreiteilig, doch sind die einzelnen Glieder bei ihm merkwürdig verschränkt. Das

Lied beginnt drängend, leidenschaftlich, in jenem E-Dur, das bei Schubert so oft »Entrückung« bezeichnet. Den Eindruck der Rastlosigkeit erreicht er durch mehrfache musikalische Schichtung:

Bsp. 5

Die jeweils offen endenden, also weiterführenden Zweitaktgruppen sind in der Singstimme auftaktig, im Klavier volltaktig gegliedert. Im Instrumentalpart wiederum ist einer unaufhörlich drängenden, gleichwohl *legato* zu spielenden Sechzehntelbewegung im oberen System eine klar gliedernde Staccato-Figur im unteren entgegengesetzt. Der natürlich-leichte zweite Takt jeder Zweiergruppe wird durch melodische Akzente wie gewaltsam gestört, eine regelmäßige Folge von Spannung und Entspannung dadurch verhindert. Auf diese Weise führt Schubert den Hörer bis zu einer großen Schlußsteigerung am Ende der ersten Strophe. Mit Beginn der zweiten aber beruhigt sich die Bewegung noch nicht – Schubert kehrt vielmehr zum Beginn der ersten zurück (nur daß Singstimme und Klavierstimme nun kongruent scheinen), auch zur Ausgangstonart. Erst in der Mitte der zweiten Strophe, bei dem Stichwort »Freuden des Lebens« moduliert Schubert in die Oberterz G-Dur, eine beruhigte, befestigte Tonart. Die Sechzehntelbewegung ist zu Achteltriolen zurückgenommen, die Faktur des Liedes erscheint nun einfach: Die Singstimme trägt eine Melodie vor, das Instrument begleitet – doch bevor dies Lied im Lied noch sich runden, ausklingen kann, steigert Schubert Bewegung und Tonstärke von neuem: Der Beginn der letzten Strophe (»Wie soll ich fliehn? Wälderwärts ziehn? Alles, alles vergebens!«) ist zwar in den Mittelteil noch eingebunden, führt aber doch zugleich aus ihm hinaus, in den Schlußteil. Es scheint Schuberts Absicht zu sein, die einzelnen Glieder des Gedichts zwar gegeneinander abzusetzen, die Grenzen aber verschwimmen zu lassen, die Einheitlichkeit des Affekts zu wahren und dennoch zu differenzieren. So herrschen dann auch im Schlußteil wieder Rastlosigkeit und Drängen, fließende Sechzehntel und Staccato-Figuren; aber die Zweitakter sind nicht mehr offen, Singstimme und Klavierstimme fügen sich zusammen: Schubert singt eine Apotheose des Glücks in eben jener »rastlosen Liebe«, die die »Krone des Lebens« ist.

Am Ende desselben Jahres, im Oktober 1815, schreibt Schubert das Lied, das er später zu seinem Opus 1 bestimmte, und das vielleicht sein berühmtestes geworden ist, den *Erlkönig*. Schubert hatte das Lied möglicherweise bereits im Jahre 1817 den Verlegern Breitkopf & Härtel in Leipzig angeboten: Dieses Werk sollte, das war seine Absicht, das erste werden, das als selbständiges Liederheft im Druck erschien. Der Versuch scheiterte – aber auch später lehnten die Verleger es ab – »wegen der Unbekanntheit des Komponisten und wegen Schwierigkeit der Klavierbegleitung« (Erinn., S. 126); Schuberts Freunde – Leopold von Sonnleithner und Josef Hüttenbrenner vor allem – legten daher »die Kosten des ersten Heftes aus Eigenem zusammen und ließen im Februar 1821 den ›Erlkönig‹ stechen«, im Selbstverlag.

Erlkönig (D 328)
(op. 1; g-Moll)

T: Johann Wolfgang Goethe. – D: Oktober 1815 (lt. Albert Stadlers Bericht). – AGA XX/3,178; NGA IV/1,1.

Zur Überlieferung: Das Lied ist in vier Fassungen erhalten (abgedruckt jeweils in AGA und NGA), die vermutlich erste in einer Abschrift von Schuberts Freund Albert Stadler aus dem Jahre 1815, die zweite in einer Reinschrift in Schuberts Liederheft für Goethe (s. S. 25), die dritte in einer vermutlich für Breitkopf & Härtel bestimmten autographen Abschrift (s. o.), die vierte in der im Februar 1821 gestochenen und dann im April erschienenen Erstausgabe. Über die Entstehung des Liedes berichtet Josef von Spaun: »An einem Nachmittag (des Jahres 1815) ging ich mit Mayrhofer zu Schubert ... wir fanden Schubert ganz glühend, den ›Erlkönig‹ aus dem Buche laut lesend. Er ging mehrmals mit dem Buche auf und ab, plötzlich setzte er sich, und in der kürzesten Zeit, so schnell man nur schreiben kann, stand die herrliche Ballade nun auf dem Papier. Wir liefen damit in das Konvikt, da bei Schubert kein Fortepiano war, und dort wurde der Erlkönig noch den selben Abend gesungen und mit Begeisterung aufgenommen. Der alte Organist Ruzicka setzte sich dann hin und spielte ihn selbst ohne Gesang in allen Teilen mit aller Teilnahme durch und war ganz gerührt über die Komposition. Als einige eine mehrmals wiederkehrende Dissonanz ausstellen wollten [es ging da offenbar um die Halbtonreibungen bei den Einwürfen des Kindes »Mein Vater, mein Vater«], erklärte

Ruzicka, sie auf dem Klavier anklingend, wie sie hier notwendig dem Text entspreche, wie schön sie vielmehr sei und wie glücklich sie sich löse« (Erinn., S. 153).

Schubert selbst hat bei Proben gelegentlich auf dem Klavier mit der rechten Hand statt der Triolen einfache Achtel gespielt; die zweite Fassung der Ballade, die er an Goethe schickte, überliefert diese erleichterte Version. Im Sommer 1819, bei einem Besuch in Steyr, hat man den »Erlkönig« nach einem Bericht Albert Stadlers mit verteilten Rollen aufgeführt: Schubert selbst sang den Vater, Johann Michael Vogl den Erlkönig (die kantabelste und dankbarste Partie war also für den berühmten Sänger reserviert), Josefine Koller das Kind; Stadler begleitete.

Zum Text: Goethe schrieb das Gedicht für die Eingangsszene seines Singspiels *Die Fischerin* (1782). Es kann als Modell für eine »Ballade« gelten: Ein solches Gedicht sollte zu seiner Zeit zwar einfach erscheinen, so als könne es in den Spinnstuben gesungen werden, und doch, wie Friedrich Schlegel meint, zugleich »unendlich bizarr sein ... und das Wesen des Bizarren scheint eben in gewissen willkürlichen und seltsamen Verknüpfungen und Verwechslungen des Denkens, Dichtens und Handelns zu bestehen.« Schlegel rückt die Gattung in die Nähe des poetischen Märchens und verweist dabei auf Goethe selbst. In Überlegungen zur »Ballade« hatte dieser einmal postuliert: »Die Ballade hat etwas Mysterioses, ohne mystisch zu sein«, dabei seien Stoff und Handlung einfach, klar determiniert – das Mysteriöse ergebe sich aus der Vortragsweise (*Über Kunst und Altertum*). Diese Unterscheidung trifft freilich für den »Erlkönig« nur bedingt zu: Zwar ist die Handlung geradlinig, also keineswegs »bizarr«, wohl aber »mysteriös«. Die Neigung zum »Romantisch-Wunderbaren« ist wohl auch von Anfang an Kennzeichen vieler (wenn auch keineswegs der Mehrzahl der) Balladen – man denke nur an Bürgers *Lenore*. Diese Neigung zum »Wunderbaren«, konkret: zur Begegnung des Menschen mit der Natur, zu ihrer magischen Belebung und dabei zugleich einer tragischen Verstrickung, ist ein häufiges Motiv gerade dort, wo Musik und romantische Dichtung sich begegnen – man denke an die zahlreichen Bearbeitungen des »Undine«-Stoffes, etwa bei E. T. A. Hoffmann und Albert Lortzing. Dieses Moment vor allem mag Schubert fasziniert haben.

Zur Komposition: Schuberts Vertonung streift alles »Spinnstubenmäßige« ab, das nicht nur Corona Schröters Vertonung für die Erstaufführung des Singspiels 1782, sondern auch noch Reichardts Lied von 1793 eigen war. Das Lied wird ihm wieder zur Kantate – jedoch anders als in den Balladen nach Zumsteegschem Vorbild (s. S. 30) zugleich zur geschlossenen Szene. Wie in *Gretchen am Spinnrade* liegt das hier vornehmlich an einer das ganze Lied durchziehenden rhythmischen Figur, an meist hämmernden Triolen (bzw. Achteln in der erleichterten Fassung), die vielfach mit der Vorstellung eines ununterbrochenen scharfen Rittes in Verbindung gebracht worden sind. Diese Triolen bilden eine Grundschicht (die freilich variabel ist: Sie kann von den hämmernden, aber rhythmisch undifferenzierten Triolen ausweichen zu akkordischen Begleitfiguren, in denen die Achteltriolen zu Viertelschlägen zusammengefaßt sind, und zu

Arpeggien, die die Takte halbtaktig gliedern). Es ist ein unterschiedlich getönter Hintergrund, aus dem sich charakteristische Baßfiguren (»Windstöße«) herausheben.

Schnell

Bsp. 6

Sie kennzeichnen die Realität, jene Partien des Gedichtes, in denen der Erzähler spricht – oder der Vater, der in all dem unheimlichen Geschehen, von dem die Ballade berichtet, nur Nebelstreifen, Blätterrauschen und graue alte Weiden zu erkennen vermag.

Die musikalische Konzeption – ein aus der realen Situation gewonnenes Grundmuster bindet das ganze Lied, seine unterschiedlichen Stationen – erlaubt nun dem Komponisten, das Modell der Solokantate auch für diese Ballade aufzugreifen und dennoch ein Auseinanderfallen in kleine Einzelsätze zu vermeiden. Nicht nur der Fortgang der Handlung, die Dichtung garantiert die Einheit des Werkes (allenfalls in Verbindung mit gelegentlichen musikalischen Zitaten, wie im *Taucher*), sondern die musikalische Szenerie. Diese sorgt zudem dafür, daß alles Traumgeschehen, die Phantasiebilder des Kindes, auf die Realität bezogen bleibt. In der Dichtung konstituiert sich diese in den Strophen des Erzählers, musikalisch wiedergegeben ist sie zu Beginn durch ein klar umgrenztes Arioso in g-Moll. Wenn dann der Vater auf die Traumbilder des Kindes antwortet, die reale Welt so in Beziehung tritt zu der der Geister, dann dünnt sich der Satz aus zum Rezitativ. In tiefer Lage singt der Vater zu den Triolenfiguren, während die Baßfiguren die Zäsuren der Rede markieren. In extremem Gegensatz dazu stehen die Strophen des Erlkönigs, kleine Lieder im Lied, in denen die Triolenfiguren sich zu den erwähnten Akkordfiguren oder Achtelarpeggien wandeln. Die Verführung zum Tode, der Ruf der »Elementargeister« treten in den Vordergrund – die Realität wird auch vom Hörer nur noch wie hinter einem Schleier wahrgenommen. Und dann die Schreie des Kindes, zunächst ganz Entsetzen (die erwähnte Dissonanz stellt es musikalisch dar), dann aber zurückfallend, wie der Lockung des Todes erliegend (zu den Worten »und hörest du nicht, was Erlenkönig mir leise verspricht«, ebenso zu »und siehst du nicht dort Erlkönigs Töchter am düstern Ort« geht der Schrei des Kindes, Schubert verlangt zunächst Forte, in Flüstern über, in Piano und anschließendes Decrescendo).

Bis dahin waren die einzelnen Strophen des Erzählers, des Vaters, des Kindes und des Erlkönigs durch lockere Scharniere verbunden, durch die undifferenzierten Oktavschläge der fortlaufenden Triolen. Nun aber verdichtet sich der Satz. Mit einer plötzlichen Rückung beginnt die dritte Strophe des Erlkönigs: »Ich liebe dich, mich reizt deine schöne Gestalt«. Der singt auch kein Lied mehr, sondern ein Arioso, auf dem Hintergrund der unverminderten Realität. Dies Arioso ist freilich wiederum lockend, im pp vorgetragen, selbst die Drohung: »Und bist du nicht willig, so brauch ich Gewalt«. Erst der Schrei des Kindes, als Antwort auf den Naturgeist, führt Realität und Traum zusammen: Die angedrohte Gewalt geschieht, das Kind scheint nicht mehr der Verführung zu erliegen. Dreifaches Forte verlangt Schubert, und bei den Worten »Erlkönig hat mir ein Leids getan!« drängen regelmäßige fz-Schläge im verdichteten Abstand von halben Takten zur Katastrophe:

Bsp. 7

Mit dem letzten Ton des Kindes nimmt Schubert den Beginn wieder auf, der Erzähler kehrt wieder. Freilich: Nun verschränken sich die Strophengrenzen, die unvermittelt einsetzenden, nun in beiden Klavierhänden erklingenden »grausigen« Oktaven schneiden dem Kind das Wort ab, als hätte nicht mehr eine Traumgestalt ihm Gewalt angetan, als wäre dies tatsächlich geschehen. In sich steigerndem Entsetzen (die fz-Schläge kehren wieder) berichtet der Sänger vom Ende der Tragödie. Das Geschehen vermag er darzustellen – für den Ausgang fehlen ihm die Zeichen. Jetzt ist er ganz Zuschauer, und »bedauernd«, wie das Volk am Ende der Ballade vom Taucher, betrachtet er den Vater: »In seinen Armen das Kind war tot«. Dieser letzte Vers ist als Rezitativ gesetzt; hier zum erstenmal brechen die Triolenfiguren ab: Wir stehen außerhalb der Szene. Zwei harte, einfache Akkordschläge markieren das Ende.

Im Frühjahr 1816 schließt Schubert seine Folge von Goethe-Vertonungen zunächst ab: Er faßt die ihm wichtigsten in seinem Liederheft für Goethe zusammen (s. S. 25) und leitet dieses mit zwei vermutlich gerade erst entstandenen Liedern ein: mit *An Schwager Kronos* (D 369 – op. 19,1) und mit *Jägers Abendlied* (D 368 – op. 3,4), einem Strophenlied von deutlich »polyrhythmischer« Faktur (s. Dürr, 1984, S. 55–63). Die weiteren Lieder waren: *Der König in Thule* (D 367 – op. 5,5), *Meeres Stille* (D 216 – op. 3,2), *Schäfers Klagelied* (D 121 – op. 3,1), *Die Spinnerin* (D 247), *Heidenröslein* (D 257 – op. 3,3), *Wonne der Wehmut* (D 260), *Wandrers Nachtlied* (D 224 – op. 4,3), *Erster Verlust* (D 226 – op. 5,4), *Der Fischer* (D 225 – op. 5,3), *An Mignon* (D 161 – op. 19,2), *Geistes-Gruß* (D 142 – op. 92,3), *Nähe des Geliebten* (D 162 – op. 5,2), *Gretchen am Spinnrade* (D 118 – op. 2), *Rastlose Liebe* (D 138 – op. 5,1), *Erlkönig* (D 328 – op. 1). Ob *An Schwager Kronos* tatsächlich das erste Lied des Goethe-Liederheftes gewesen war, ist nicht mit Sicherheit zu sagen: Die ersten Blätter dieses Heftes sind verschollen, aus der Seitenzählung und dem Überlieferungsbefund läßt sich nur schließen, daß sie ein Lied vom Umfang des *Schwager Kronos* enthalten haben müssen. Schubert hat es jedenfalls sehr hoch geschätzt; er eröffnet damit später das Goethe gewidmete Liederheft op. 19, das er dem Dichter wohl Anfang Juni 1825 in zwei Prachtexemplaren übersandte. Der umfangreiche, in seiner durchlaufenden Triolenbewegung an den *Erlkönig* erinnernde Gesang (hier wie dort angeregt von der Vorstellung des Reitens und Trabens, hier wie dort mit der Funktion, unterschiedliche Stationen in einer musikalischen Szene zu binden) ist eines der frühesten Beispiele einer Reihe von thematisch verbundenen Gesängen, die man als »Antikenlieder« zusammengefaßt hat und zu denen Schubert vor allem durch seinen Freund Johann Mayrhofer angeregt zu sein scheint.

Die »Antikenlieder« – Gesänge, deren Texte auf mythologische Stoffe der Antike zurückgreifen – bringen einen neuen Ton in Schuberts Liedschaffen: Sie sind weder lyrisch noch erzählend, es sind gedanklich-reflektorische Gesänge, die vor allem in den Jahren 1816/17 Schuberts dann folgende Hinwendung zur Dichtung der Romantik vorbereiten (auf die im übrigen auch Schuberts erste Lieder auf Texte von August Wilhelm Schlegel deuten: *Lebensmelodien*, D 395, *Die verfehlte Stunde*, D 409, *Sprache der Liebe*, D 410). Die Auseinandersetzung mit der Welt der Antike intensiviert sich im Sommer 1816. Im Juni vertonte Schubert einige Verse aus der *Orestie* des Aeschylus in der Übersetzung Mayrhofers: das *Fragment aus dem Aeschylus* (D 450), auf das im September das *Lied des Orpheus, als er in die Hölle ging* (D 474; Text von Johann Georg Jacobi) folgt. Im März 1817 dann kommt Schubert auf die hier bestimmenden Themen Schuld, Tod und Erlösung in mehreren »Antikenliedern« Mayrhofers zurück (s. S. 67). Mayrhofer allerdings spielt auch 1816 noch eine bedeutende Rolle. Im September entsteht zum erstenmal eine zusammenhängende Gruppe seiner Lieder: eine Ballade (*Liedesend*, D 473) und drei lyrische Gesänge (*Abschied*, D 475, *Rückweg*, D 476, *Alte Liebe rostet nie*, D 477), an die sich in den folgenden Monaten zahlreiche weitere Vertonungen anschließen. Von nun an, bis in das Jahr 1824 hinein, als – wie Mayrhofer in seinen *Erinnerungen an Franz Schubert* von 1829 schreibt (Erinn., S. 19) – »der Strom der Verhältnisse und der Gesellschaft, Krankheit und geänderte Anschauung des Lebens« die Freunde einander entfremdeten, stand Mayrhofers Dichtung im Zentrum von Schuberts Liedschaffen.

Im selben Monat September allerdings wendet sich Schubert noch einmal Goethe zu, genauer: den Liedern in *Wilhelm Meisters Lehrjahren*. Es entsteht sein erster vollständig ausgeführter kleiner Liederzyklus im engeren Sinne, die *Gesänge des Harfners aus »Wilhelm Meister«*. Schubert hatte bereits früher Gedichte aus dem Roman vertont: im Februar 1815 ein Lied des Harfners, *Der Sänger* (D 149, »Was hör ich draußen vor dem Tor«, 2. Buch, Kap. 11), im Oktober 1815 zwei Lieder der Mignon, D 310 (»Nur wer die Sehnsucht kennt«, 4. Buch, Kap. 11) und D 321 (»Kennst du das Land, wo die Zitronen blühn«, 3. Buch, Kap. 1), im November 1815 ein Lied des Harfners D 325 (»Wer sich der Einsamkeit ergibt«, 2. Buch, Kap. 13), im Jahre 1816 zwei neue Vertonungen von »Nur wer die Sehnsucht kennt« (D 359 und D 481, die letztere im September zugleich mit dem Zyklus der Harfner-Lieder). Er kommt auch später mehrfach auf den Roman zurück: im April 1819 »Nur wer die Sehnsucht kennt« als Quintett für Männerstimmen, D 656; im April 1821 zwei Lieder der Mignon, D 726 (»Heiß mich nicht reden, heiß mich schweigen«, 5. Buch, Kap. 16) und D 727 (»So laßt mich scheinen, bis ich werde«, 8. Buch, Kap. 2); schließlich im Januar 1826 ein weiterer kleiner Zyklus *Gesänge aus »Wilhelm Meister«* (D 877 – op. 62; s. S. 128 ff.).

Gesänge des Harfners aus »Wilhelm Meister« (D 478)
(op. 12; a-Moll)

Nr. 1: »Wer sich der Einsamkeit ergibt«
Nr. 2: »Wer nie sein Brot mit Tränen aß«
Nr. 3: »An die Türen will ich schleichen«
T: Johann Wolfgang Goethe. – D: September 1816 (lt. erster Niederschrift). –
AGA XX/4, 254–258; NGA IV/1, 12.

Zur Überlieferung: Der kleine Zyklus ist in zwei Fassungen erhalten. Die
erste vom September 1816 findet sich in einem zusammenhängenden Autograph
(erste Niederschrift) in abweichender Reihenfolge: Nr. 1 und Nr. 2 sind gegeneinander vertauscht, entsprechend der Ordnung in Goethes *Gedichten*. Die
zweite Fassung ist überliefert in der Originalausgabe vom Dezember 1822. Für
diese hat Schubert die Nr. 2 (»Wer nie sein Brot mit Tränen aß«) noch einmal neu
vertont.

Zum Text: In seinen *Gedichten* hat Goethe die drei Gesänge des Harfners
unter dem Titel »Harfenspieler« zusammengestellt (dementsprechend trägt auch
das Autograph der ersten Fassung des Zyklus die Überschrift *Aus Wilhelm
Meister. Harfenspieler*). Bereits Goethe weicht dabei von der Reihenfolge im
Roman ab (*Lehrjahre*, dort: I. »Wer nie sein Brot mit Tränen aß«; II. »Wer sich
der Einsamkeit ergibt«, beide im 2. Buch, Kap. 13; III. »An die Türen will ich
schleichen«, 5. Buch, Kap. 14). Schubert benutzte also offenbar eine Ausgabe
der *Gedichte* als Vorlage, jedoch nicht die Wiener von 1810 (s. S. 40), in der die
Gesänge aus *Wilhelm Meister* separat nicht enthalten sind, sondern wohl die
Cottasche von 1815. Dort folgen die Lieder des Harfners unmittelbar auf die der
Mignon.

Mignon und der Harfner sind irritierende – vielfach bereits von Zeitgenossen (F.
Schlegel) als im engeren Sinne romantisch verstandene – Figuren im Erziehungs-
programm Wilhelm Meisters. Mignon hat in früher Jugend die Mutter und ihre
Heimat Italien verlassen und sich einer Gauklertruppe angeschlossen. Ihr Vater,
der Harfner, folgt ihr, ohne sich zu erkennen zu geben. Mignons Mutter ist
zugleich seine Schwester – den Inzest will er der Tochter nicht gestehen. So lebt
er, den die »himmlischen Mächte« schuldig werden ließen, zwar in ihrer Nähe,
jedoch in selbstgewählter Einsamkeit.

Zur Komposition: Das Konzept des kleinen Zyklus ist im *ersten* Lied bereits vorweggenommen (s. u.). Schuberts Vertonung schließt dabei unmittelbar an die Situation im Roman an. Dort wendet sich Wilhelm an den Harfner:
»Ich finde dich sehr glücklich, daß du dich in der Einsamkeit so angenehm
beschäftigen und unterhalten kannst und, da du überall ein Fremdling bist, in
deinem Herzen die angenehmste Bekanntschaft findest.« Anstelle einer Antwort
blickt der Alte auf seine Saiten, präludiert ein wenig und singt: »Wer sich der
Einsamkeit ergibt . . .« Auch Schubert beginnt mit präludierenden »Harfenak-
korden«. Dann werden die ersten Verse nach Art reisender Spielleute erzählend
vorgetragen, die Melodie klar, regelmäßig, gleichsam neutral, durch wenige

Akkorde des Klaviers gestützt. Die Komposition entspricht dem Charakter der Verse: Sie gibt eine Regel und das Thema. Der Gesang mündet in eine Fermate; dann beginnt Schubert von neuem: »Ja, laßt mich meiner Qual!« Der Sänger spricht nun von sich, nicht mehr allgemein: Wenn ich wirklich recht einsam bin, »dann bin ich nicht allein«. Wieder folgt Schubert dem Dichter. Überraschende Modulationen geben den Versen Farbe, persönlichen Affekt; das Wort »ich« wird deutlich betont. Das Klavier löst sich aus seiner einfachen Stützfunktion; es begleitet zwar noch, aber in eigener, deutlich abgesetzter Bewegung. Das Instrument wird zum Partner.

Die zweite Strophe gibt nun die Begründung für die überraschende Antithese, mit der die erste schloß: Wie ein Liebender seine Freundin eifersüchtig umschleicht, wenn er ihrer Liebe nicht sicher ist, so umlauern ihn, den Harfner, Qual und Pein. Während die Singstimme quasi rezitierend deklamiert, entwickelt das Klavier eigene, vom Bild des Schleichens angeregte Linien. Dabei zerbricht die bisher gewahrte metrische Einheit von Sing- und Klavierstimme; ihre Akzente sind nun gegeneinander gesetzt.

Die letzten Verse ziehen aus der Antithese die Konsequenz: Erst im Grabe enden Qual und Pein, erst im Grabe kann der Sänger ganz allein sein. In Schuberts Vertonung übernimmt nun das Instrument die Führung. Absteigende chromatische Baßfiguren (»Lamentobaß«) bestimmen das musikalische Geschehen. Auch in der formalen Gliederung dominieren nun musikalische Gesetze. Schubert wiederholt Goethes letzten Vers, bildet so aus dem musikalisch irregulären Abschnitt von drei Versen einen von vier und gelangt damit zu einer regulären musikalischen Periode von acht Takten, die er sofort darauf auch im ganzen wiederholt, das Konstruktionsprinzip bestätigend.

Das Lied zeigt deutlich die typischen Merkmale »polyrhythmischer« Kompositionsweise: Text, Singstimme und Instrument wirken zusammen und interpretieren sich gegenseitig. Während der Sänger anfangs dominiert, das Instrument nur begleitet, stützt, wird dieses später zum Partner, gerät dann in offenen Gegensatz zur Singstimme und dominiert am Ende selbst. Im Nachspiel behält der chromatische Gang des Klavierbasses das letzte Wort. Freilich – während der Dichter in seinen letzten Versen vom Tode als Erlösung der Person, des Harfners, von Qual und Leiden spricht – dabei immer noch den Tod auf den einzelnen beziehend (»mich« ist das vorletzte Wort des Liedes) –, führt der Musiker den Gesang in eine Dominanz allgemein musikalischer Prinzipien, in der die Person des Leidenden, Singenden aufgeht. In der »polyrhythmischen« Vertonung verändert sich so die Aussage des Ganzen.

In der Folge des ganzen Zyklus wiederholt sich der Vorgang des ersten Liedes – die Wendung von der allgemeinen Regel über die Darstellung des Leidens zur endgültigen Einsamkeit – auf einer neuen Ebene. Das *zweite* Lied (»Wer nie sein Brot mit Tränen aß«) schildert die Leiden des Harfners. Es sind zwar die »himmlischen Mächte«, die ins Leben hineinführen und »den Armen« schuldig werden lassen, doch liefern sie ihn dann seinen Qualen aus, denn: »alle Schuld rächt sich

Am Ende des Jahres 1816 entsteht noch einmal eine Gruppe von Liedern, wieder meist Strophenliedern: Schubert vertont nun in rascher Folge eine größere Zahl von Gedichten des Matthias Claudius. Er ist offenbar im November neu auf ihn gestoßen und begeistert sich nun für den Dichter – eine Begeisterung, die auch zu Beginn des Jahres 1817 noch anhält. Dann aber kehrt er nie wieder zu ihm zurück. Immerhin gehören zu diesen Liedern einige seiner bekanntesten: *An die Nachtigall* (D 497), *Am Grabe Anselmos* (D 504), beide vom November 1816, und vor allem *Der Tod und das Mädchen* (D 531), vom Februar 1817. Diese drei Lieder – es sind wohl nicht zufällig sämtlich keine Strophenlieder, sondern kleine durchkomponierte Szenen – hat Schubert später selbst auch zum Druck gegeben (als op. 98,1; 6,3; 7,3); Passagen aus *Der Tod und das Mädchen* hat er überdies als Thema für den Variationensatz in seinem Streichquartett in d-Moll (D 810) verwendet. Auch wenn er Gedichte von Claudius nicht wieder in Musik gesetzt hat – die Lieder waren ihm wichtig.

Im übrigen aber erscheint das Jahr 1817 als ein Jahr der Neuorientierung. Strophenlieder schreibt Schubert nun kaum mehr. Die Auseinandersetzung mit der Antike steht im Vordergrund. Und immer wieder beschäftigt sich der Komponist nun mit einem Gedanken, der ihn nicht mehr loslassen wird: Der Tod als Erlöser. Gedichte von Claudius, *Der Tod und das Mädchen* vor allem, hatten das Thema angegeben; Schubert verbindet es mit dem des Wanderers, der im Reich des Todes sein Ziel findet. So wird der Schreitrhythmus des Liedes vom Wanderer nun auch bestimmendes Motiv des Weges zum Tode: Deutlicher noch als in Claudius' Lied wird dies im Thema der Variationen des Streichquartetts (s. S. 252). In Schuberts Freundeskreis hat man den Gedanken aufgegriffen: Josef von Spauns Gedicht *Der Jüngling und der Tod* (von Schubert vertont im März 1817: D 545) ist ein Gegenstück zu dem von Claudius; *Trost im Liede* (D 546, März 1817) von Franz von Schober sowie einige der zahlreichen Gedichte Mayrhofers, die Schubert 1817 in Musik setzt – *Memnon* (D 541) etwa, oder *Antigone und Oedip* (D 542, beide vom März 1817) –, stehen im selben Zusammenhang. Es ist wohl kein Zufall, daß Lieder aus der Welt der Antike und Lieder vom Tode zugleich entstehen; die Vorstellung vom erlösenden Tod galt ja, wenigstens seit Lessings *Wie die Alten den Tod gebildet* (1769), als ein zentraler Gedanke der Antike. Hinzu kommt freilich ein neuer Aspekt: In Christian Friedrich Daniel Schubarts Lied *An den Tod* (D 518; es ist nicht ganz sicher, wann Schubert es in Musik gesetzt hat, vermutlich ebenfalls im März 1817) erscheint der Tod wieder als Sensenmann, als

»Schrecken der Natur« – Erlöser, deutlicher noch: Befreier, ist er nur für die Opfer fürstlicher Willkür: »Komm, o Tod! wenn dir's gefällt, hol Gefangne aus der Welt: Komm, vollende meine Not, sei barmherzig, lieber Tod!«, bittet der Gefangene auf dem Hohenasperg. Seither, so scheint es, verbindet sich für Schubert mit dem Gedanken des Todes auch der der Befreiung von Ungerechtigkeit, Not, Unterdrückung.

Lieder und Gesänge 1817

Monat	Gruppe / Titel	Text-dichter	Bemerkung
–	2 Lieder	L. v. Szé-chényi	durchkomponiert
–	D 518: An den Tod	Schubart	Strophenlied
–	D 550: Die Forelle, op. 32	Schubart	durchkomponiert
–	2 Lieder	versch.	durchkomponiert
Jan./ Feb.	4 Lieder (darunter *Der Alpenjäger*, D 524, *Schlaflied*, D 527)	Mayrhofer	2 Strophenlieder, 2 durchkomponiert
	4 Lieder (darunter *Der Tod und das Mädchen*, D 531)	Claudius	2 Strophenlieder, 2 durchkomponiert
	4 Lieder	versch.	3 Strophenlieder, 1 ital. Ariette
	D 534: Die Nacht	Ossian	durchkomponiert, Schuberts letzte Ossian-Vertonung
März/ April	8 Lieder (darunter *Antigone und Oedip*, D 542, *Auf der Donau*, D 553)	Mayrhofer	7 durchkomponiert, 1 Strophenlied
	3 Lieder (darunter *Ganymed*, D 544)	Goethe	durchkomponiert, davon 1 Fragment
	2 Lieder (darunter *An die Musik*, D 547)	Schober	1 Strophenlied, 1 durchkomponiert
	D 545: Der Jüngling und der Tod	Spaun	durchkomponiert
	2 Lieder	versch.	1 Strophenlied, 1 durchkomponiert

Monat	Gruppe / Titel	Text-dichter	Bemerkung
Mai–Juli	4 Lieder	Goethe	Strophenlieder
	2 Lieder	Mayrhofer	1 Strophenlied, 1 durchkomponiert
	2 Lieder	Salis	Strophenlieder
	D 565: Der Strom	unbekannt	durchkomponiert
Aug.–Okt.	4 Lieder (darunter *Gruppe aus dem Tartarus*, D 583)	Schiller	2 Strophenlieder, 2 durchkomponiert
	2 Lieder (darunter *Erlafsee*, D 586)	Mayrhofer	durchkomponiert
	2 Lieder	Matthisson	Strophenlieder
	D 578: Abschied	Schubert	Strophenlied
	D 579: Der Knabe in der Wiege	Ottenwalt	Strophenlied
	D 584: Elysium	Schiller	durchkomponiert
Nov.	2 Lieder	Schiller	1 Strophenlied, 1 durchkomponiert
	D 596: Lied eines Kindes	unbekannt	Fragment

Die vorstehende Tabelle zeigt noch eine Besonderheit: Mit Mayrhofer (dem wohl auch Schuberts neuerliches Interesse für Schiller zu danken ist), und Autoren wie Schober, Spaun, Ottenwalt, zu denen dann auch Schubert selbst mit einem Lied auf Schobers – beabsichtigte – Abreise aus Wien hinzukommt, wendet der Komponist sich ab von dem durch Modelle (Zumsteeg) und Schultraditionen gleichsam befestigten Kanon deutscher Dichtung; sein Freundeskreis tritt in den Mittelpunkt. Im Herbst 1816 hatte Schubert zum erstenmal das elterliche Haus (und seinen Beruf) vorübergehend aufgegeben; er wohnte nun, bis August 1817, bei der Familie seines Freundes Schober. Dessen Lied *An die Musik* wird gleichsam zum Motto von Schuberts neuer Kunstanschauung. Die »holde Kunst« führt nicht nur den Sänger, den Wanderer, sondern auch den Hörer aus »des Lebens wildem Kreis« in eine harmonische, »beßre Welt«, in der ihre Widersprüche aufgehoben sind. Der aufklärerische Gedanke von einer »ästhetischen Erziehung des Menschen« (Schiller) verbindet sich mit dem romantischen eines Weges in eine – jenseitige – Utopie. Schuberts Verhältnis zur Literatur ist von nun an wesentlich von Schober bestimmt (zur Bedeutung seines literarisch geprägten Freundeskreises für Schubert s. S. 11).

Schubert selbst war sich bewußt, wie deutlich sich seine Lieder von 1817 – im ganzen genommen – von denen der beiden vorangegangenen Jahre abhoben. Fast die Hälfte von ihnen hat er zu Lebzeiten zum Druck gegeben (bisher waren es in der Regel nur einzelne, vor allem die Goethe-Lieder). Darunter sind auf der einen Seite weitere Lieder zu Themen aus der Antike (*Antigone und Oedip*, op. 6,2; *Ganymed*, op. 19,3; *Gruppe aus dem Tartarus*, op. 24,1), auf der anderen Lieder, die ihm so wichtig oder in seinem Freundeskreis so beliebt geworden waren, daß er Abschnitte daraus zu Themen für Variationen verwendete (*Der Tod und das Mädchen*, op. 7,3; *Die Forelle*, op. 32) oder sie mehrfach als Erinnerungsblätter niederschrieb (*An die Musik*, op. 88,4).

Die Forelle (D 550)
(op. 32; Des-Dur)

T: Christian Friedrich Daniel Schubart (1739–91). – D: Zwischen Ende 1816 und Juli 1817. – AGA XX/5,327; NGA IV/2,32.

Zur Überlieferung: Fünf in zahlreichen Einzelheiten sich unterscheidende Fassungen des Liedes sind bekannt. Schuberts Kompositionsmanuskript hat sich zwar nicht erhalten – die erste Fassung war aber in Abschriften weit verbreitet; aus ihnen läßt sich ableiten, daß das Lied nicht später als Juli 1817, aber auch kaum vor November 1816 entstanden sein kann. Schuberts Schulfreund Johann Leopold Ebner berichtet später, daß es unter den Freunden sofort großen Anklang gefunden und »mit dem lebhaftesten Vergnügen mehrmals wiederholt« worden sei – daß sich aber eine Diskussion angeschlossen habe, die selbst die Existenz des Liedes gefährdete. Einer der Freunde, Anton Holzapfel, habe plötzlich gerufen: »Himmel, Schubert, das hast du aus dem *Coriolan*«. In Beethovens Ouvertüre finde sich nämlich »eine Stelle, die mit der Klavierbegleitung in der *Forelle* Ähnlichkeit hat; sogleich fand dieses auch Schubert und wollte das Lied wieder vernichten, was wir aber nicht zuließen ...« (Erinn., S. 55). Der Anklang ist freilich so schwach, daß man sich bis heute nicht sicher ist, worauf Holzapfel da anspielte.

Die zweite und dritte Fassung sind als autographe Albumblätter überliefert (für Sales Kandler, geschrieben im Frühsommer 1817, und Joseph Hüttenbrenner, 21. 2. 1818); das Autograph der vierten Fassung diente als Stichvorlage für die Erstausgabe (Beilage zur Wiener *Zeitschrift für Kunst, Literatur, Theater und Mode* vom 9. 2. 1820); die fünfte endlich (die einzige, die ein Vorspiel enthält, das sich aber von dem bekannten, postum zuerst gedruckten, unterscheidet) ist in einer Reinschrift vom Oktober 1821 erhalten.

Zum Text: Schubert hat das Lied vermutlich nicht – wie die übrigen Lieder von C. F. D. Schubart – einer Ausgabe von dessen Gedichten entnommen, sondern einer Klavierschule von Johann Peter Milchmeyer (Dresden 1799); diese enthält eine Vertonung des Gedichtes von Friedrich August Baumbach, die manche Ähnlichkeit mit Schuberts Lied zeigt. – Das Gedicht, entstanden 1782 während Schubarts Festungshaft auf dem Hohenasperg, nimmt ein im 18. Jahrhundert beliebtes Thema auf, in eine Parabel gekleidet, jedoch in der letzten, von Schubert dann getilgten Strophe des Gedichts deutlich ausgesprochen: »Die ihr am goldnen Quelle / Der sichern Jugend weilt, / Denkt doch an die Forelle; / seht ihr Gefahr, so eilt! / Meist fehlt ihr nur aus Mangel / Der Klugheit. Mädchen seht / Verführer mit der Angel! / Sonst blutet ihr zu spät.« Mit dem Verzicht auf diese Strophe nimmt Schubert dem Gedicht seine präzise Ausrichtung und läßt verschiedene Deutungen zu – auch eine Bezugnahme auf das Mayrhofersche Strophenlied *Wie Ulfru fischt* (D 525, vom Januar 1817), in dem das Motiv von der »launischen Forelle« (hier: »Forellen zappeln hin und her, doch bleibt des Fischers Angel leer«) allgemeiner gedeutet ist: »Die Erde ist gewaltig schön, doch sicher ist sie nicht . . . Den Fischlein unterm weichen Dach, kein Sturm folgt ihnen vom Lande nach.«

Zur Komposition: Schubert setzt das Lied nach Art einer volkstümlichen Ariette: Eine klar gegliederte, eingängige Weise ist nach dem Vorbild des Wiener und süddeutschen Liedes mit Ornamenten versehen, die dem preziösen Ton der Dichtung entsprechen. Zunächst scheint Schubert – wie Baumbach – ein Strophenlied schreiben zu wollen: Die ersten beiden Strophen werden zur selben Musik gesungen. Unruhige Figuren in der Klavierbegleitung illustrieren das muntere Spiel der aufblitzenden Forellen, die drängende, lebhafte Achtelbewegung im Baß ihre »frohe Eil«. Der Ton wirkt munter – nur die ungewöhnliche Tonart Des-Dur deutet an, daß die Idylle trügerisch sein könnte. Sie gilt als »schielender Ton«, der Leid bringen kann wie Wonne (Schubart).

Der Einbruch ereignet sich zu Beginn der dritten Strophe: »Doch endlich ward dem Diebe die Zeit zu lang, er macht das Wasser tückisch trübe . . .« Die Singstimme verläßt den unbeschwert heiteren Ton; sie deklamiert jetzt dramatisch, wie rezitierend. Die Klavierbegleitung gibt die munteren Figuren auf, wird drängender in der Bewegung und hält doch zugleich wie ziellos an harmonischen Folgen fest – stockt (»und eh' ich es gedacht . . .«) und bestätigt endlich, der Singstimme folgend, den Ausgang der Aktion: »Das Fischlein zappelt dran.« Dann aber, mit dem Schluß der dritten Strophe, geschieht etwas Unerwartetes: »Und ich mit regem Blute sah die Betrogne an«, erläutert der Erzähler – doch von Erregung, von Mißbilligung finden wir in der Musik keine Spur: Sie kehrt zu Ton, Melodie und Figuren des Beginns zurück, als hätte die Forelle sich befreien, den Fischer ihrerseits betrügen können. In einem Nachspiel, das das der ersten Strophe wiederholt, scheint sie im Bache zu entschwinden. Wir verstehen nun, weshalb der Komponist Schubarts letzte Gedicht-Strophe tilgen mußte. Nur die unveränderte Tonart Des-Dur weist darauf hin, daß all die beschönigende Munterkeit vielleicht nur Illusion, Wunschtraum des Erzählers sein mag.

Während das mit leichter Hand geschriebene, von Anbeginn an beliebte Lied von der »Forelle« zwar Anlaß für einen Variationensatz bot (*Forellenquintett*, s. S. 244 ff.), sonst aber eher am Rande von Schuberts Liedschaffen dieses Jahres steht, faßt die *Gruppe aus dem Tartarus* gleichsam zusammen, was Schubert in seinen »Antikenliedern« zu sagen dachte.

Gruppe aus dem Tartarus (D 583)

(op. 24,1; C-Dur)

T: Friedrich Schiller. – D: September 1817. – AGA XX/5,328; NGA IV/2,24(1).

Zur Überlieferung: Ein Autograph des Liedes ist nicht bekannt; als Quelle steht lediglich die im Oktober 1823 erschienene Originalausgabe zur Verfügung. Von dem Autograph einer früheren Vertonung desselben Textes (D 396, in c-Moll, vom März 1816) hat sich nur eine Seite (= T. 1–14) erhalten. Bereits am 11. Mai 1813 hatte Schubert 20 Takte des Entwurfs für einen Kanon mit dem Text der zweiten Strophe des Gedichts geschrieben (D 65, »Schmerz verzerret ihr Gesicht«).

Zum Text: Das Gedicht des jungen Schiller war 1782 in seiner *Anthologie*, einem Konkurrenzunternehmen zu G. F. Stäudlins *Schwäbischem Musenalmanach*, zuerst erschienen, aber, anders als die Mehrzahl der Gedichte dieser Anthologie, auch in spätere Gedichtsammlungen Schillers wieder aufgenommen worden. Es schildert in drei Strophen (4+6+4 Verse) den Weg der gequälten Seelen aus der Unterwelt in die Ewigkeit, die Vollendung. Der Titel des Gedichts spielt vermutlich auf ein Bildwerk – ein Gemälde oder eine Skulptur – an.

Zur Komposition: Schubert vertont das Gedicht in drei, den Schillerschen Strophen entsprechenden Teilen. Die erste Strophe (»Horch – wie Murmeln des empörten Meeres . . . stöhnt dort dumpfig tief ein schweres, leeres, qualerpreßtes Ach!«), eingeleitet durch ein ausgedehntes Vorspiel, schildert die Unterwelt: das Murmeln der unterirdischen Wasser, das Weinen des Baches, vor allem aber gespannte, gequälte Erwartung der wesenlosen Schatten. Schubert bindet die ganze, aus drei Abschnitten bestehende Strophe durch gleichmäßig tremolierende Triolenbewegung, vermeidet aber jede tonale Festlegung. Grundelement des ersten Abschnittes ist eine zunächst von C, dann von Cis, dann von D ausgehende chromatisch ansteigende Skala (im Umfang eines Tritonus, seit jeher Symbol des Diabolischen, der Unterwelt), jeweils begleitet von stetigem Anschwellen der Tonstärke (p–ff) und plötzlichem Rückfall in das p (Murmeln des Meeres). Der drängenden Skalenbewegung des ersten Abschnittes antwortet dann im zweiten, in as-Moll verharrend, der »weinende Bach«. Schließlich führt dann im dritten erneute Spannung zu neuer chromatischer Steigerung (von Es nach A: wieder ein Tritonus).

Die zweite Strophe ist in sich zweigeteilt. Sie beginnt mit einem punktierten Motiv, das »Kampf« signalisiert (es kehrt so auch in dem zwei Monate später entstandenen umfangreichen Gesang *Der Kampf*, D 594, wieder). Zunächst scheint sich diesmal eine Tonart stabilisieren zu wollen – d-Moll (wiederum die Tonart von *Der Kampf*): Fünf Takte lang verharrt dieser Satz wie unbeweglich in gleicher Lage, gleicher Bewegung, gleichen Harmonien – »Schmerz verzerret ihr Gesicht«.

Bsp. 9

Freilich: übermäßige Akkorde, Ausweichungen in die Tonart der Unterterz (Subdominantparallele), die zu heftigen, schmerzlichen Reibungen führen, weisen auf unveränderte innere Spannungen, die nur den Weg in neuerliche Chromatik, in einen mächtigen Ausbruch zulassen: B–Ces–C–Des–D. Die punktierten Rhythmen brechen unvermittelt ab, wieder ist man zurückgeworfen auf ungewisse Erwartung. In ruhigen Halben beginnt eine neue Steigerung: »Hohl sind ihre Augen – ihre Blicke spähen bang nach des Kozytus Brücke« – wieder eine chromatische Sequenz (as-Moll – a-Moll – b-Moll – h-Moll), die diesmal in scheinbar beruhigtem fis-Moll ausklingt: »folgen tränend seinem Trauerlauf«. Fis-Moll: Zur Ausgangs- und Zieltonart C-Dur/Moll steht diese, am Scheitelpunkt des Liedes, wieder im Verhältnis des Tritonus.
In der Dominante dieses fis-Moll, auf Cis, beginnt dann die dritte Strophe: »Fragen sich einander ängstlich leise«. Wie in der Dichtung (dort ist die dritte ja auch syntaktisch mit der zweiten Strophe verbunden) wirkt der Neubeginn in der Musik unscheinbar, erscheint wie ein neuer Anlauf, Antwort zu erhalten auf die unablässig gestellte Frage, »ob noch nicht Vollendung sei?« Nur die Wiederaufnahme der Achtelbewegung der ersten Strophe – nun freilich nicht ungestüm in Triolen und ohne Tremolierung – markiert die Zäsur. Der tonale Bezug zum

Schluß der zweiten Strophe wird denn auch bald in Frage gestellt: Abermals setzt Schubert zu chromatischer und dynamischer Steigerung an, Crescendo »a poco a poco« vom pp zum ff, von Cis über D, Es, E und F nach G, als Dominante von c-Moll (cis–g: wieder ein Tritonus-Verhältnis).

c-Moll war auch die melodisch angedeutete, freilich nie befestigte Ausgangstonart des Liedes, Ausdruck von Schmachten, Sehnen, Seufzen. Nun aber ist nicht c-Moll, sondern das von Anfang an (durch die Generalvorzeichnung) als Grundtonart ausgewiesene C-Dur Zieltonart der Strophe, Zeichen der sich endlich lösenden Erwartung. Nicht die »Schöpfung« allerdings erhebt sich – nach Haydns Vorbild – aus dem Chaos, sondern: »Ewigkeit schwingt über ihnen Kreise.« Mit diesem letzten Vers des Gedichtes findet das Lied zu harmonischer Stabilität. In einer großen Kadenz befestigt sich C-Dur, in mächtigen, in sich kreisenden Akkorden:

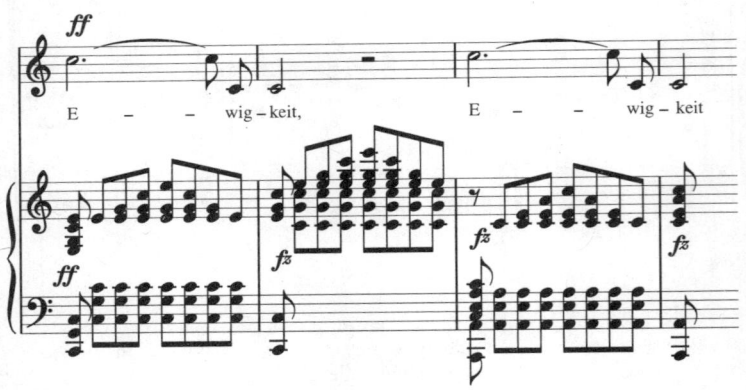

Bsp. 10

Die Achtelbewegung allerdings dauert fort, und die anfangs so gesichert erscheinenden Kadenzen bleiben nicht ungestört. Sie weichen aus nach Des und Cis (ein »neapolitanisches« Verhältnis, das eher nach c-Moll weist als nach C-Dur) – und in der Tat: das Lied führt aus ff zurück ins pp, aus dem Dur ins Moll. Die Ewigkeit, die »die Sense des Saturns«, die Zeit, zerbricht, ist nur Vision. Vollendung ist noch keineswegs erreicht, sie steht nur als Bild einer künftigen, widerspruchsfreien Welt vor unseren Augen. Noch herrschen Qual und Leid. Zwar gebärdet sich das Lied wie ein Triumph über die Widrigkeiten – aber es klingt aus wie nur verhaltene Hoffnung auf Erlösung.

Das »romantische Lied« (1818–1823)

Das Jahr 1818 bringt einen entscheidenden Bruch in Schuberts Leben: Im August 1817 hatte er, nach längerem »Urlaub«, das Refugium bei seinem Freunde Schober wieder verlassen und war ins Elternhaus zurückgekehrt – damit auch zu seinem Beruf. Nun aber, nicht zuletzt nach der folgenschweren Begegnung mit dem berühmten und verehrten Sänger Johann Michael Vogl, entschied er sich endgültig, den Lehrberuf aufzugeben – und damit auch eine gesicherte Existenz (s. S. 9 f.). Unmittelbarer Anstoß dazu war wohl das Angebot des Grafen Johann Esterházy, ihn für Sommer und Herbst 1818 als Musiklehrer der beiden Töchter Marie und Caroline auf Schloß Zseliz zu beschäftigen. Er sah also, daß er sich auch mit der Musik seinen Lebensunterhalt verdienen könnte. Nach Ablauf der Zeit ging er dann auch in sein Elternhaus nicht mehr zurück. Er zog zu dem befreundeten Dichter Johann Mayrhofer; seine eigentliche geistige und menschliche Heimat wurde der Kreis um Schober. Die Lieder des Jahres 1818 spiegeln den Bruch.

»Johann Michael Vogl und Franz Schubert ziehen aus zu Kampf und Sieg«. Bleistiftkarikatur von Schuberts Freund Franz von Schober (1796–1882)

Lieder und Gesänge 1818

Deutsch-Nummer	Titel	Entstehungszeit	Textdichter
607	Evangelium Johannis 6, Vers 55–58 57 T. – Kompositionsübung (Singstimme und Generalbaß)	1818	Das Neue Testament, übers. von M. Luther
611	Auf der Riesenkoppe 103 T. – Liedkantate	März 1818	Körner
614	An den Mond in einer Herbstnacht 139 T. – lyrische Szene	April 1818	A. W. Schreiber
616	Grablied für die Mutter 37 T.	Juni 1818	unbekannt
620	Einsamkeit 410 T. – Liedkantate (Ode), lyrische Reflexion	Juli 1818	Mayrhofer
622	Der Blumenbrief 28 T. – Strophenlied	Aug. 1818	A. W. Schreiber
623	Das Marienbild 24 T. – Strophenlied	Aug. 1818	A. W. Schreiber
626	Blondel zu Marien 30 T.	Sept. 1818	unbekannt
627	Das Abendrot 83 T.	Nov. 1818	A. W. Schreiber
628	Sonett (»Apollo, lebet noch dein hold Verlangen«) 80 T.	Nov. 1818	Petrarca / A. W. Schlegel
629	Sonett (»Allein, nachdenklich«) 46 T.	Nov. 1818	Petrarca / A. W. Schlegel
630	Sonett (»Nunmehr, da Himmel, Erde schweigt«) 83 T.	Nov. 1818	Petrarca / J. D. Gries
631	Blanka 20 T.	Dez. 1818	F. Schlegel
632	Vom Mitleiden Mariä 28 T. – Strophenlied	Dez. 1818	F. Schlegel
711	Lob der Tränen, op. 13,2 28 T. – Strophenlied	1818?	A. W. Schlegel

In der ersten Jahreshälfte, der Zeit vor der Abreise Schuberts, entstehen nicht mehr als drei – darunter allerdings zwei größere – Gesänge. Der eine – *Auf der Riesenkoppe* (D 611) – mag im Gedenken an die 1812 verstorbene, geliebte Mutter geschrieben sein, die aus Zuckmantel, einem Ort in der Nähe der Schneekoppe stammte. Auch bei dem wenige Monate später entstandenen *Grablied für die Mutter* (D 616), geschrieben für den Freund Josef Ludwig von Streinsberg (er hatte kurz zuvor seine Mutter verloren), mag Schubert an die eigene Mutter gedacht haben. Diese Lieder reflektieren also nochmals den Komponisten in der gewohnten Umgebung der Familie. Der Gesang *An den Mond in einer Herbstnacht* (D 614) hingegen weist auf etwas Neues. Mit ihm leitet Schubert eine Serie von Gesängen nach Gedichten des badischen Dichters Aloys Schreiber ein: Er hatte dessen 1817 in Tübingen erschienene Gedichte in einem Wiener Nachdruck kennengelernt. Schreiber war ein erklärter Gegner der Romantik – die Gedichte allerdings, die Schubert sich zur Vertonung wählt, erscheinen wie ein Vorgriff auf die Themen, die dann vom Ende des Jahres an im Zentrum seines Interesses stehen: Der Mond als Vermittler, der Unerreichbares zu überbrücken, zu erleuchten vermag, das »Marienbild« als Zeichen einer jenseitigen Vollkommenheit, das Abendrot, mit dem die Sonne scheidet, wie der Märtyrer »in dem Liebestod«.

Vom November 1818 an, nach seiner Rückkehr aus Zseliz in den Kreis der Freunde, vertont Schubert in der Tat vorwiegend Gedichte der literarischen Romantik, Friedrich Schlegels vor allem, aber auch manche von dessen Bruder August Wilhelm, von Novalis, daneben ähnliche seiner Freunde, aber auch Goethes und Schillers, die er nun im Kontext der Romantiker liest. Zuvor aber entsteht noch ein umfangreicher Gesang, der den Aufbruch selbst bezeichnet, ein Gesang, den Schubert bald nach seiner Entstehung – in einem Brief an die Freunde vom 3. August 1818 – als »mein Bestes, was ich gemacht habe« bezeichnet: *Einsamkeit* (D 620). Er war kurz zuvor in Ungarn, auf dem Schloß der Esterházy, angelangt und genießt seine neugewonnene Freiheit, lebt und komponiert »wie ein Gott, als wenn's so sein müßte« (Dok., S. 62 f.).

Einsamkeit (D 620)

(B-Dur/G-Dur)

T: Johann Mayrhofer (1787–1836). – D: Juli 1818 (Brief vom 3. 8. 1818). – AGA XX/5,339; NGA IV/12

Zur Überlieferung: Das Lied ist erhalten in einer autographen Reinschrift vom Juni 1822, auf die auch alle bekannten Abschriften und die Erstausgabe vom

Juni 1840 zurückgehen. Schubert hat den Gesang also vier Jahre nach seiner Entstehung noch geschätzt und abgeschrieben – dabei vermutlich überarbeitet. Zum Druck gegeben hat er selbst ihn allerdings nicht; umfangreiche Gesänge dieser Art entsprachen später nicht mehr seinem Geschmack. Wenn er ihn, wohl für einen seiner Freunde, ins reine schrieb, dann vermutlich als Dokument einer entscheidenden Lebensperiode, an der Freunde und Textdichter bedeutenden Anteil hatten.

Zum Text: Das Gedicht hat die Gestalt einer breitangelegten Ode: In sechs Strophenpaaren stellt Mayrhofer den Weg des Menschen dar. Dabei formuliert er jedesmal in einem ersten, metrisch abgehobenen Vers eine Zielvorstellung als Bitte: »Gib mir die Fülle der Einsamkeit!« – so beginnt die erste Strophe. Im folgenden dann begründet er Bitte und Ziel: Einsamkeit, das ist »Hafen und Asyl« der Müden, ist Möglichkeit der Meditation. Zielvorstellung und Begründung fordern jedoch Widerspruch heraus. Auf jede Thesenstrophe folgt eine Antithese, die Gegenstrophe. Einsamkeit? – »Doch den frischen Jüngling quälen selbst in Gott geweihten Zellen Bilder, feuriger verjüngt.« Aus These und Gegenthese ergibt sich das zweite Strophenpaar: »Gib mir die Fülle der Tätigkeit!«, das dritte: »Gib mir das Glück der Geselligkeit!«, das vierte: »Gib mir das Glück der Seligkeit!« Doch weder Vergnügen, noch Freundschaft, noch Liebe vermögen den Jüngling zufriedenzustellen – er sucht nach Ruhm und findet »die Fülle der Düsterkeit«, die Schrecken des Krieges. So wendet er sich endlich, als Greis, zum Anfang zurück: »Gib mir die Weihe der Einsamkeit!« Er schafft nicht mehr, zerstört nicht mehr – sein Weg führt ihn wieder in die Natur, aus der er kam.

Zur Komposition: Vorbild für Schubert ist hier – wie seit seinem ersten vollendeten großen Gesang, *Hagars Klage* (s. S. 29 ff.) – Zumsteegs Liedkantate: Er schreibt wieder eine Folge verhältnismäßig unabhängiger Einzelsätze, gebunden eher durch den gedanklichen Fortgang der Dichtung als durch erkennbare musikalische Formprinzipien. Wie die Dichtung beginnt Schubert jede Hauptstrophe mit einer als Zitat, gleichsam als musikalisches Motto abgehobenen Bitte; daran schließt sich jeweils ein Arioso, gebunden meist durch einheitliche Begleitfiguren, in gleichem Tempo und einheitlicher Tonart. Die Gegenstrophen hingegen – in der Dichtung unruhig, geprägt durch unterschiedliche Affekte und Bilder – haben dann eher rhapsodischen Charakter; nach Art von Accompagnato-Rezitativen treten an die Stelle einheitlicher, eine Szene begründender Klavierfiguren kurze, wechselnde, den Gang der Dichtung illustrierende Motive. Eine Tonart ist nicht festgehalten; auch das Tempo kann wechseln. Nur die beiden letzten Strophen faßt Schubert zu einer Einheit zusammen – sie sind ja auch in der Dichtung nur mehr formal, nicht aber inhaltlich Gegensätze: Die Gegenstrophe bestätigt die Erfüllung, die in der Hauptstrophe nur als »Hoffnung«, als »Erwartung« ausgesprochen war.

Schuberts Deutung der Ode spiegelt sich – wie in ähnlichen, am Vorbild der Zumsteegschen Liedkantate orientierten Gesängen (am deutlichsten in der auch inhaltlich der »Einsamkeit« nahestehenden Vertonung von Schillers Idylle *Die*

Erwartung, D 159, vom Mai 1816) – in der Wahl der Tonarten. Bezeichnend ist der Weg von B-Dur nach G-Dur. B-Dur ist nach dem Verständnis der Zeit Ausdruck von »heiterer Liebe, gutem Gewissen, Hoffnung, Hinsehen nach einer besseren Welt«, auch von »frommem Glauben« (G. Schilling). Das ist Mayrhofers erste Strophe: die Bitte um Einsamkeit, das Bild des Domes, der Abtei, die »nie versiegende Beschauung«. Getragene Akkorde, Kirchenstil charakterisieren in Schuberts Vertonung diese Verse zusätzlich.

Dann aber G-Dur, die Tonart der beiden letzten Strophen. »Alles Ländliche, Idyllen- und Eklogenmäßige, ja die ruhige und befriedigte Leidenschaft« liegen, immer nach Schilling, in ihrem Umfeld. Der Mensch wird wieder eins mit der Natur, und, so schließt das Gedicht, »sein Leben . . . führte doch zur Seligkeit«. Es ist bezeichnend, daß Schubert hier das Verhältnis der beiden Strophen umkehrt: Jetzt ist es die Hauptstrophe, die er deklamatorisch-rhapsodisch behandelt, das den Schluß tragende Motiv wird zwar ausgebreitet, aber nur in der Klavierbegleitung und mit wechselnden Affekten. Die Gegenstrophe hingegen, die dann die Erfüllung bringt, ist liedhaft befestigt, und die Singstimme übernimmt am Ende die Figur der Klavierstimme.

Die Zwischenstationen seien nur kurz angedeutet: Die Strophe der Tätigkeit (eigentlich eher der Geschäftigkeit, des Vergnügens) steht in E-Dur, einer »der erregtesten Tonarten«, in der »reine Lust und Freude, Jubel und Tanz« sich ausdrücken. Auf die Bitte nach Gesellschaft antwortet ein Satz in F-Dur, der Tonart »fröhlichen Lebens in kindlicher Unschuld«, aber auch der »Freude an den Werken der Natur«: »So geht's zum schönen Hügelkranz und abwärts zu des Stromes Tanz«, heißt es im Gedicht. Dann die zentrale Strophe, die Bitte nach Seligkeit, nach Liebe. H-Dur hat Schubert gewählt, eine seltene Tonart, deren Affekt sich zu seiner Zeit noch kaum befestigt hat, immerhin: »Stark gefärbt erscheinen die Klänge von H-Dur, wilde Leidenschaften ankündend, aus den grellsten Farben zusammengesetzt«, nicht nur Seligkeit, sondern auch Verzweiflung bezeichnend. Endlich die letzte Station vor der Erfüllung: Düsterkeit. In getragenen Rhythmen zeichnet Schubert das Grauen des Krieges, zwischen fis-Moll und h-Moll schwankend, zwischen verbissener Leidenschaft und frommem Trauergesang.

Der Komponist folgt in diesem Gesang, für die »Jahre der Krise« seit 1818 (s. S. 10 f.), des Suchens nach seinem eigenen Ort und seinem persönlichen Stil gleichsam programmatisch, Mayrhofers Dichtung im großen wie im Detail. Er interpretiert die Ode nicht neu – wie in den frühen großen Gesängen intensiviert er sie vielmehr, bricht dabei freilich auch manches auf, was bei Mayrhofer klassizistisch gebändigt erscheint.

Im Zentrum von Schuberts Liedschaffen steht in den Jahren 1819/20 endgültig die Auseinandersetzung mit der Dichtung der Romantik, insbesondere mit der der sogenannten Jenaer Schule: der Brüder Schlegel, Novalis' und Tiecks. Friedrich Schlegel lebte seit 1809 in Wien. Es ist anzunehmen, daß einige von Schuberts Dichterfreunden – viel-

Lieder und Gesänge 1819

Deutsch-Nummer	Titel	Entstehungszeit	Textdichter
633	Der Schmetterling, op. 57,1 38 T. – Strophenlied	zwischen 1819 und 1823	F. Schlegel (aus »Abendröte«)
634	Die Berge, op. 57,2 72 T.	zwischen 1819 und 1823	F. Schlegel (aus »Abendröte«)
637	Hoffnung (2. Bearbeitung), op. 87,2 26 T. – Strophenlied	ca. 1819	Schiller
638	Der Jüngling am Bache (3. Bearbeitung), op. 87,3 33 T. – Strophenlied	April 1819	Schiller
645	Abend 119 T. – Liedentwurf	Anfang 1819	Tieck
646	Die Gebüsche 71 T.	Jan. 1819	F. Schlegel (aus »Abendröte«)
649	Der Wanderer (»Wie deutlich des Mondes Licht«), op. 65,2 27 T.	Febr. 1819	F. Schlegel (aus »Abendröte«)
650	Abendbilder 137 T.	Febr. 1819	J. P. Silbert
651	Himmelsfunken 34 T. – Strophenlied	Febr. 1819	J. P. Silbert
652	Das Mädchen (»Wie so innig«) 38 T.	Febr. 1819	F. Schlegel (aus »Abendröte«)
653	Bertas Lied in der Nacht 27 T.	Febr. 1819	Grillparzer
654	An die Freunde 76 T.	März 1819	Mayrhofer
658	Marie 21 T.	Mai 1819?	Novalis
659	Hymne I (»Wenige wissen das Geheimnis der Liebe«) 167 T. – lyrische Szene	Mai 1819	Novalis
660	Hymne II (»Wenn ich ihn nur habe«) 17 T. – Strophenlied	Mai 1819	Novalis
661	Hymne III (»Wenn alle untreu werden«) 23 T. – Strophenlied	Mai 1819	Novalis

Deutsch-Nummer	Titel	Entstehungszeit	Textdichter
662	Hymne IV (»Ich sag es jedem, daß er lebt«) 23 T. – Strophenlied	Mai 1819	Novalis
663	Der 13. Psalm 40 T. – unvollständig überliefert	Juni 1819	Übers. Moses Mendelssohn
669	Beim Winde 125 T.	Okt. 1819	Mayrhofer
670	Die Sternennächte 56 T.	Okt. 1819	Mayrhofer
671	Trost (»Hörnerklänge rufen«) 38 T.	Okt. 1819	Mayrhofer
672	Nachtstück, op. 36,2 68 T.	Okt. 1819	Mayrhofer
673	Die Liebende schreibt 67 T. – Sonett	Okt. 1819	Goethe
674	Prometheus 109 T. – lyrische Szene	Okt. 1819	Goethe
677	Strophe aus »Die Götter Griechenlands« 52 T.	Nov. 1819	Schiller

Lieder und Gesänge 1820

Deutsch-Nummer	Titel	Entstehungszeit	Textdichter
682	Über allen Zauber Liebe 30 T. – unvollendet	zwischen 1820 und 1824	Mayrhofer
684	Die Sterne (»Du staunest, o Mensch«) 32 T. – Strophenlied	1820	F. Schlegel (aus »Abendröte«)
685	Morgenlied (»Eh die Sonne früh aufersteht«), op. 4,2 89 T. – var. Strophenlied	1820	Z. Werner
686	Frühlingsglaube, op. 20,2 52 T. – var. Strophenlied	Sept. 1820	Uhland

Deutsch-Nummer	Titel	Entstehungs-zeit	Textdichter
687	Nachthymne 108 T. – lyrische Szene	Jan. 1820	Novalis
688	Vier Canzonen (I: »Non t'accostar all'urna«; II: »Guarda che bianca luna«; III: »Da quel sembiante appresi«; IV: »Mio ben, ricordati«) 44 + 30 + 24 + 21 T. – Nr. II–IV Strophenlieder	Jan. 1820	J. Vittorelli (Nr. I–II), P. Metastasio (Nr. III–IV)
691	Die Vögel 55 T.	März 1820	F. Schlegel (aus »Abendröte«)
692	Der Knabe 90 T.	März 1820	F. Schlegel (aus »Abendröte«)
693	Der Fluß 35 T. – Strophenlied	März 1820	F. Schlegel (aus »Abendröte«)
694	Der Schiffer (»Friedlich lieg ich hingegossen«) 56 T.	März 1820	F. Schlegel
695	Namenstagslied (»Vater, schenk mir diese Stunde«) 68 T. – Strophenlied, für Josef von Koller	19. 3. 1820	Albert Stadler
639	Widerschein 65 T.	Sept. 1820?	F. v. Schlechta
698	Des Fräuleins Liebeslauschen 137 T.	Sept. 1820	Schlechta
699	Der entsühnte Orest 31 T.	Sept. 1820	Mayrhofer
700	Freiwilliges Versinken 44 T.	Sept. 1820	Mayrhofer
702	Der Jüngling auf dem Hügel, op. 8,1 92 T.	Nov. 1820	Heinrich Hüttenbrenner
707	Der zürnenden Diana, op. 36,1 172 T. – lyrische Szene	Dez. 1820	Mayrhofer
708	Im Walde (»Windes Rauschen«) 214 T. – lyrische Szene	Dez. 1820	F. Schlegel

leicht auch Schober – Schlegels Vorlesungen zur Geschichte und Literatur besuchten, daß sie seine Überlegungen zur Ästhetik diskutiert und auf die Liedkomposition übertragen haben. Schubert selbst übrigens ist später in persönlichen Kontakt mit Schlegel gekommen; er hat offenbar als Klavierspieler an dessen spiritistischen Sitzungen teilgenommen.

Es scheint, aus der obigen Tabelle läßt sich ablesen, daß man im Kreis der Freunde um Schober Anfang 1819 Schlegels Gedichtzyklus *Abendröte* gelesen hat, daneben Gedichte von Novalis und dann wohl auch dessen *Hymnen an die Nacht*. Von den 22 Gedichten der *Abendröte* (einer locker verbundenen Liederfolge in zwei Teilen) hat Schubert die Hälfte in Musik gesetzt – zunächst eine größere Gruppe im Januar/Februar 1819, dann eine weitere im März 1820, schließlich ein Gedicht im Jahre 1822 (*Die Rose*, D 745) und im März 1823 die Eingangsstrophe zum ersten Teil, der der Komponist dann auch den Titel des ganzen Zyklus gegeben hat: *Abendröte* (D 690). Der große Abstand zwischen den einzelnen Kompositionen, der Umstand, daß sich kein zusammenfassendes Manuskript erhalten hat, weisen darauf hin, daß auch der Komponist diese Lieder nicht im Sinne eines echten Zyklus als zusammengehörig verstanden haben dürfte. Dies wird bestätigt durch die Beobachtung, daß Schubert, als er später vier Lieder davon zum Druck gab, diese nicht zu einem Liederheft vereinigte, sondern mit anderen Gedichten verband: die beiden Lieder *Der Schmetterling* und *Die Berge* (D 633 und 634, undatiert, aber sicher wie die übrigen Gesänge aus der *Abendröte* zwischen 1819 und 1823 entstanden) zusammen mit *An den Mond* (D 193, Text von Hölty) als op. 57; *Der Wanderer* (D 649) zusammen mit *Lied eines Schiffers an die Dioskuren* (D 360) und *Heliopolis I* (D 753, beide Texte von Mayrhofer) als op. 65. Das Lied *Die Rose* schließlich ist als selbständiges Heft (op. 73) erschienen.

Solche Überlegungen erscheinen um so bedeutsamer, als Schubert seine Liederhefte im Prinzip keineswegs willkürlich zusammenstellte: Er achtete sorgfältig auf Auswahl und Anordnung der einzelnen Lieder. Wie bereits in seinem ersten Publikationsplan von 1816 (s. S. 25) stand zunächst die einfache Ordnung nach Textdichtern im Vordergrund; daneben spielten auch Geschmack und Interessen eines Gönners oder Freundes eine Rolle, dem Schubert das Heft zu widmen dachte. Vor allem aber ging es ihm um inhaltliche Zusammenhänge. Welcher Art diese sind, dafür sei das Liederheft op. 65, in dessen Zentrum Schlegels Gedicht *Der Wanderer* steht, ein Beispiel.

Liederheft op. 65

Lied eines Schiffers an die Dioskuren (D 360)
(op. 65,1; As-Dur)
T: Johann Mayrhofer (aus *Heliopolis*). – D: 1816 (aufgrund von Abschriften).
– AGA XX/4,268; NGA IV/3,65(1).

Der Wanderer (»Wie deutlich des Mondes Licht«; D 649)
(op. 65,2; D-Dur)
T: Friedrich Schlegel (aus *Abendröte*). – D: Februar 1819 (aufgrund von
Abschriften). – AGA XX/6,351; NGA IV/3,65(2).

Heliopolis I (D 753)
(op. 65,3; e-Moll/E-Dur)
T: Johann Mayrhofer (aus *Heliopolis*). – D: April 1822 (lt. Autograph). –
AGA XX/7,404; NGA IV/3,65(3)

Das erste der drei Lieder ist ein Anruf an die Zwillingssterne, die den Schiffer
leiten, ihm Sicherheit geben: »Wer auch, fest in sich begründet, unverzagt dem
Sturm begegnet, fühlt sich doch in euren Strahlen doppelt mutig und gesegnet«.
Das Lied hat im ersten Teil Gebetscharakter, unterstrichen durch die ungewöhnliche Tonart As-Dur, die nach dem Verständnis der Zeit neben »Gräberton«
auch »frommen Sinn« ausdrückt (Schilling). Es zeigt dann aber – ohne seine
Grundstruktur zu ändern, nur durch hinzutretende Baßfiguren und regelmäßige
Akzente auf jedem Taktteil, die an schwer kämpfende Ruderschläge gemahnen –
den Schiffer auf dem Weg: »Dieses Ruder, das ich schwinge, Meeresfluten zu
zerteilen . . .«. Das Ziel, vom Sänger wohl angesprochen, aber nicht benannt,
bleibt unklar.

Auf dem Wege ist der Sänger auch in dem zweiten Lied, dem *Wanderer* aus
Schlegels *Abendröte*. Es ist der Mond, wieder ein Himmelsgestirn, das den
Wanderer zur Reise beseelt: »Folge treu dem alten Gleise, wähle keine Heimat
nicht« – denn eine Heimat wählen heißt in die Realität eingebunden sein. »Fort
zu andern sollst du wechseln«, rät der Mond, »leicht entfliehend jeder Klage.«
Der Wanderer folgt dem Rat: Er wandert im Dunkeln, und die Welt »erscheint«
ihm gut, sie ist es nicht. »Alles Reine«, singt er, »seh ich mild im Wider-
scheine.«
Charakteristisch für dieses Lied ist eine eigentümlich »ziehende«, drängende und
doch schwer faßbare, immer wieder (in Fermaten) stockende Bewegung. Schubert erreicht dies durch den Wechsel von einem vergleichsweise leicht anmutenden Schreiten (Melodiestimme im Baß mit nachschlagenden Achtelakkorden) zu
einem dreistimmigen, obligaten, synkopisch fortschreitenden, dabei auf jedem
Achtel durch Harmoniewechsel belasteten Satz:

Bsp. 11

Nicht in dem Schreitrhythmus des anderen *Wanderers* von 1816 (D 489, s. S. 65)
bewegt sich das Lied hier – der Wanderer, so scheint es, wird getragen, hin zu
einem wiederum geheimnisvollen Ziel.

Dieses Ziel nun nennt erst das dritte Lied. Der Text stammt wie der des ersten
Liedes aus Mayrhofers Gedicht-Zyklus *Heliopolis* (offenbar eine Anspielung auf
Tommaso Campanellas Utopie *Città del Sole*). Freilich: nicht Campanellas konkrete politische Vorstellungen hat Mayrhofer dabei im Sinn – ihm geht es um die
allgemeine Idee eines Landes des Lichts. Das Lied ist zweiteilig: In kargen
Linien, in tiefer Tonlage, jedoch in unaufhaltsam vorwärtsdrängender Bewegung zeichnet der Komponist zu Beginn die Öde und Düsternis der Gegenwart,
in der nicht nur Kälte regiert, sondern auch Zwietracht, Unfriede – und die der
Wanderer durchschreitet: »Im kalten, rauhen Norden ist Kunde mir geworden
von einer Stadt, der Sonnenstadt . . .«. Diesem ersten, in e-Moll gehaltenen Teil
setzt der Komponist einen zweiten in lichtem E-Dur entgegen: Die Sonnenblume gibt Auskunft über die »Città del Sole«, hymnisch jetzt, fast choralartig,
aber zugleich ekstatisch vorgetragen. In der Aufforderung an den Wanderer
steigert sie sich zu einer Art Apotheose: »Wende, so wie ich, zur Sonne deine
Augen«, denn: »Licht erzeugt alle Gluten, Hoffnungspflanzen, Tatenfluten!«
Der Hörer versteht jetzt, in der Folge aller drei sich gegenseitig ergänzenden und
interpretierenden Lieder, weshalb das Licht des Nachtgestirnes, das dem Wanderer hier, in der Realität, den Weg in die Utopie zeigt, als »Widerschein«
apostrophiert wird: Das Licht der Wahrheit, das im Reich der Zwietracht die
Erde verdorren läßt – dort im Sonnenstaat erst erzeugt es »Tatenfluten«.

Die Doppelgesichtigkeit romantischer Utopie, der Widerspruch von
Konfliktauflösung im Reich der Nacht, des Todes, im erlösenden Jenseits, und Konfliktbewältigung im Reich des Tages, der Sonne, der Tat,
spiegeln sich im Miteinander der Lieder nach Gedichten von Schlegel
oder gar Novalis, sie spiegeln sich aber bereits in den Gedichten Mayrhofers selbst, des Dichterfreundes, mit dem Schubert etwa zwei Jahre,
bis Ende 1820, das Zimmer teilte. So steht neben *Heliopolis* das *Nacht-*

stück, neben der Verheißung der Sonnenblume die Hymne an die »heil'ge Nacht«. Es scheint, daß man im Schubertkreis um Schober die beiden Zielvorstellungen nicht als antinomisch verstanden hat – sie sind den Freunden vielmehr Aspekte einer allgemeinen Aufhebung der Widersprüche, die nur dem »Wanderer«, auf seinem Wege dahin, gegensätzlich erscheinen.

Nachtstück (D 672)

(op. 36,2; cis-Moll [1. Fassung], c-Moll [2. Fassung])

T: Johann Mayrhofer (1787–1836). – D: Oktober 1819 (lt. erster Niederschrift). – AGA XX/6,368; NGA IV/2,36(2).

Zur Überlieferung: Schubert hat das Lied zunächst im Oktober 1819 in cis-Moll niedergeschrieben, es aber dann wohl bereits für seine Freunde nach c-Moll transponiert. Für die Drucklegung im Februar 1825 griff er auf die Fassung in c-Moll zurück, revidierte diese aber noch einmal beträchtlich.

Zum Text: Das Gedicht ist vierteilig. Im Zentrum stehen der Gesang des Harfners an die Nacht und »den langen Schlummer, der mich erlöst von allem Kummer« sowie die dreifache Antwort der Natur, der Bäume, der Gräser und der Vögel: »Wir decken seinen Ruheort.« Vier berichtende Verse gehen ihnen voraus (»Wenn über Berge sich der Nebel breitet ... so nimmt der Alte seine Harfe ...«), zwei gleiche Verse beschließen das Lied: »Der Alte horcht, der Alte schweigt – der Tod hat sich zu ihm geneigt.«

Zur Komposition: Schubert vertont das Gedicht nicht vier-, sondern dreiteilig: Die ersten vier Verse setzt er nach Art des Accompagnato-Rezitativs, zunächst deskriptiv, die Nebelschleier in komplizierten, durch zahlreiche Vorhaltsbildungen zusätzlich verdunkelten harmonischen Fortschreitungen darstellend, die sich einem chromatischen Quartfall im Baß zuordnen, einem alten Zeichen der Klage (»Lamentobaß«), das bei Schubert freilich auch die Bedeutung von Todeserwartung und Todesdrohung gewinnt (s. Bsp. 12).

Inmitten dieser konturenlosen Nebellandschaft erscheint nun der Harfner, fest ausschreitend in gehenden Rhythmen und klar kadenzierenden Harmoniefolgen. Er beginnt eine weit ausladende, von harfenartigen Sextolen begleitete, tonal festgefügte Kantilene in cis-Moll, nach C. F. D. Schubart Tonart der »Bußklage«, der »traulichen Unterredung mit Gott« (c-Moll ist ähnlich charakterisiert): »Heil'ge Nacht, bald ist's vollbracht ...«. Die Natur antwortet mit einer kleinen Ariette, zwischen elegischem a-Moll und erwartungsvoll heiterem A-Dur schwankend. Auch die Ariette ist von Harfenfiguren begleitet, so als ob die Antwort der Natur zugleich des Sängers eigene wäre. Anders als die undifferenzierten Arpeggien des Harfnerliedes jedoch sind die der Ariette rhythmisch strukturiert. Der Harfner entwickelt eine Szene, in der Bäume, Gräser und Vögel ein einheitliches Ensemble darstellen.

Bsp. 12

In diese Szene nun sind die abschließenden, bei Mayrhofer wieder nüchtern berichtenden Verse eingebunden. Der Harfner hat sich sein Schlummerlied gesungen, er geht ein in jene Szene, die er sich selbst geschaffen hat. Der Künstler und die Natur werden eins. Der Gesang kehrt nach cis-Moll/c-Moll zurück, zum Ton der Klage, wohl auch des »traulichen« Zwiegesprächs mit dem Tode. Die Klage freilich hellt sich zunehmend auf, Dur tritt an die Stelle des Moll (man denke an die Folge d-Moll/D-Dur in *Der Tod und das Mädchen*): Der Harfner ist tatsächlich »erlöst von allem Kummer«. Die Widersprüche dieser Welt sind aufgehoben – allerdings nicht bewältigt.

In diesen Zusammenhang gehören auch die kaum bekannten (da in die siebenbändige Schubert-Auswahl der Edition Peters nicht aufgenommenen) Gesänge und Lieder nach Dichtungen von Novalis. Darunter bilden die geistlichen *Hymnen I–IV* vom Mai 1819 (D 659–662: »Wenige wissen das Geheimnis der Liebe«, »Wenn ich ihn nur habe«, »Wenn alle untreu werden«, »Ich sag es jedem, daß er lebt«) einen zusammenhängenden Zyklus. Sie stehen in einem fortlaufend beschriebenen Manuskript mit einem gemeinsamen, auf den ersten, gleichsam programmatischen Gesang bezogenen Titel »Hymne. Novalis« (die darauf folgenden Hymnen sind nur knapp mit den Nummern in Novalis' *Geistlichen Liedern* bezeichnet). In dieser »*Hymne I*« (D 659) geht es um die unbestimmte Sehnsucht all der Menschen, die um die Eucharistie, das »Geheimnis der Liebe« wissen, nach der Vereinigung mit dem »Geliebten«, nach Erlösung, denn nur »so währt der Liebe Genuß von Ewigkeit zu Ewigkeit«. Schubert vertont die strophisch ungegliederten, freien Rhythmen des Novalis als Arie nach neuester Art, mit einem »andächtigen« Cantabile beginnend, das zwischen elegischem a-Moll und feierlich-bestätigendem C-Dur schwankt. Darauf folgen eine rezitativische Partie und ein der Preghiera, dem Operngebet, verwandter Abschnitt in As-Dur (dem »Gräberton«): »Einst ist alles Leib«, schließlich ein ekstatisch drängender Schlußteil in F-Dur (der Tonart des Schlußteils »Hinauf strebt's, hinauf« in Schuberts Vertonung von Goethes *Ganymed*, D 544 – op. 19,3 vom März 1817, auch der ebenfalls ekstatischen Schlußstretta des Florestan in seiner großen Arie in Beethovens *Fidelio*). – Auf eine solche »Arie« läßt Schubert dann drei kommentierende Strophenlieder folgen, die jeweils von dem himmlischen Geliebten sprechen, kurze, aber keineswegs unkomplizierte Gesänge, für die der in Schuberts Tonsprache überhaupt bedeutsame Dur-Moll-Gegensatz kennzeichnend ist (aber auch, im letzten Lied, die mediantische Rückung).

In der wenige Monate nach den vier geistlichen Hymnen entstandenen *Nachthymne* (D 687, wiederum nach Novalis) greift Schubert das dort angeschlagene Thema wieder auf. Sie ist der ersten der vier Hymnen in manchem ähnlich, doch geht es hier weniger um die konkrete Beziehung zu dem geliebten Jesus. Im Vordergrund steht das Ich, das in der Liebe aufgeht: »Noch wenig Zeiten, so bin ich los und liege trunken der Lieb' im Schoß.« Freilich: diese Hymne singt nicht mehr nur von Erlösung in der Liebe – mit ihren letzten Versen spricht sie romantische Doppelgesichtigkeit ausdrücklich an: »Ich lebe bei Tage voll Glauben und Mut und sterbe die Nächte in heiliger Glut«.
Romantische Doppelgesichtigkeit: Im Kontext der Lieder von 1819/20 stehen dafür zwei weitere Gesänge: Der *Prometheus* (D 674) nach Goethe und die *Strophe aus »Die Götter Griechenlands«* von Schiller (D 677). Den Stoff des »Prometheus« hatte Schubert bereits 1816 in einer wohl schon zu seinen Lebzeiten verschollenen, einst jedoch hochgeschätzten Orchesterkantate (D 451) behandelt – nun setzt er sie als szenischen Monolog nach Reichardts Modell (dessen *Monolog aus Göthe's Iphigenie* als »Probe einer musikalischen Behandlung dieses Schauspiels« hatte er sich 1815 abgeschrieben, D Anh. III,7). Schuberts *Prometheus* ist ganz diesseitig, utopisch wohl (in B-Dur, der Tonart der »Erwartung« beginnend), aber auf den Tag, das Reich der Sonne gerichtet (in klarem C-Dur): »Hier sitz ich, forme Menschen nach meinem Bilde, ein Geschlecht, das mir gleich sei, zu leiden, zu weinen, zu genießen und zu freuen sich, und dein«, des höchsten Gottes, »nicht zu achten, wie ich«. Mit einem überraschenden Fortissimo-Akkord am Ende bekräftigt Schubert diese Aussage.
Dagegen beschwört die *Strophe aus »Die Götter Griechenlands«* eine vergangene Vollkommenheit: »Schöne Welt, wo bist du? Kehre wieder,

holdes Blütenalter der Natur ...« Zwischen elegischem a-Moll, sehn-
süchtiger Klage, und gleichsam unwirklichem A-Dur, der Vergegen-
wärtigung jener »fabelhaften« Zeit, die »nur in dem Feenland der Lieder« noch lebt, schwankt das kleine Werk, das Schubert, so scheint es,
doch für bedeutsam genug hielt, um es in seinem Streichquartett in
a-Moll (D 804) vom Februar/März 1824 zu zitieren: die elegischen
Rhythmen im Menuett, die heitere Evokation hingegen im Trio dazu.

Gewissermaßen als Schlußpunkt dieser Liederreihe erscheint Schuberts
Vertonung von Uhlands *Frühlingsglauben* (D 686), Ausdruck des Vertrauens auf die Rückkehr jenes »holden Blütenalters« der Schillerschen
Strophe. Auf das Gedicht hat offenbar Johann Mayrhofer den Komponisten hingewiesen. Der Freund schätzte den schwäbischen Dichter
sehr; in seinem *Lenzglauben* ist gewissermaßen ein Seitenstück zum
Frühlingsglauben zu sehen.

Frühlingsglaube (D 686)

(op. 20,2; B-Dur [1.–3. Fassung], As-Dur [3. Fassung, zusätzl.])

T: Ludwig Uhland. – D: September 1820 (lt. erster Niederschrift). – AGA
XX/6,380; NGA IV/1,20(2).

Zur Überlieferung: Schubert hat das Lied mindestens viermal niedergeschrieben, zunächst in drei verschiedenen Fassungen, jeweils in B-Dur; sie sind
sämtlich autograph erhalten. Ein zweites Autograph der 3. Fassung, das als
Stichvorlage für die im April 1823 erschienene Erstausgabe diente, ist seit 1881
verschollen; es war – für den Druck – nach As-Dur transponiert, wohl nur, weil
B-Dur für den breiteren Käuferkreis des gedruckten Heftes zu hoch lag.

Zum Text: Thema des Gedichts – zwei Strophen zu je sechs nicht völlig korrespondierenden Versen – ist, so die Überschrift, Frühlings-Glaube, nicht Früh-
lings-Gewißheit. Sein Wortlaut scheint dem freilich zunächst zu widersprechen:
Er erscheint affirmativ: »Die linden Lüfte *sind* erwacht« und »sie schaffen an
allen Enden«. Was die erste Strophe so fraglos behauptet, bestätigt die zweite; sie
fügt der ersten nichts Neues hinzu, variiert sie nur, in den Schlußzeilen gar mit
fast denselben Worten. Doch was sich so unbezweifelbar ausnimmt, stellt sich in
der Emphase selbst in Frage. Wenn es in der Natur zu blühen beginnt, dann wird
nicht, dann »muß« doch auch in der Welt der Menschen »sich alles, alles wenden«. »Frühlingsglaube«, das ist vielleicht auch der Glaube an einen politischen
Frühling. Ob Uhland selbst das Gedicht politisch verstanden hat, ist umstritten –
zur Zeit seiner Entstehung, im März 1812, als die Hoffnung auf ein Ende der
Napoleonischen Herrschaft allgemein verbreitet war, haben die Leser es wohl
politisch verstehen müssen, mehr noch in der Zeit, als Schubert es vertonte, im

Zeichen der Metternichschen Restauration, bald nach den Karlsbader Beschlüssen, ein halbes Jahr nach der Verhaftung von Schuberts Freund Johann Chrisostomus Senn.

Zur Komposition: Schubert vertont das Gedicht als Strophenlied – mit Varianten im Verlauf der Singstimme freilich, vergleicht man die beiden Strophen miteinander. Die Singstimme ist kantabel-arios gestaltet, mit kleinen Melismen – sie weisen, bei der Vertonung eines Uhlandschen Gedichtes vielleicht nicht ganz zufällig, auf die schwäbische, Zumsteegsche Tradition. Der Klaviersatz ist mehrschichtig: Er setzt der Singstimme einerseits – meist im oberen System – marschartige Rhythmen entgegen, die etwa auf den Einzug des Frühlings, auf dessen Unaufhaltsamkeit, deuten und aus jenem Abschnitt der Singstimme abgeleitet sind, auf den jede Strophe zielt: »Nun muß sich alles, alles wenden« (in diesem Abschnitt auch gehen Klavierstimme und Singstimme parallel). Andererseits greift er – meist im unteren Klaviersystem – das Bild der »linden Lüfte« auf, ihr »Säuseln und Weben«, und übersetzt es in gleichmäßige Sechzehntelfiguren, die sich die ganze Strophe hindurch fortsetzen und nur an einer Stelle eine Unterbrechung gestatten: im vorletzten Takt jeder Strophe, vor dem Eintritt des Zwischen- oder Nachspiels, zu den Worten »alles wenden«.

So zeichnet Schubert im Instrumentalpart den Frühling, die – wohl auch politische – Wende als konkret, real, bereits geschehen. Nur zwei Momente setzen da Fragezeichen: Es ist zum einen die Tonart der ersten drei Niederschriften: B-Dur, Tonart der »Erwartung« (hätte Schubert G-Dur, nach Schilling die Tonart der »Befriedung«, gewählt, er hätte sich dann auch die Mühe der Transposition für die Drucklegung sparen können). Zum andern ist es, ganz wie bei Uhland, der emphatische Überschwang, der an der Realität der Wende zweifeln läßt. Er spricht sich bereits im Vorspiel aus. Dessen »Vordersatz« ist regulär zweitaktig – in den »Nachsatz« hingegen ist ein halber Takt eingeschoben, von Schubert durch Akzente ausdrücklich hervorgehoben, der den Frühling, wollte er wirklich einziehen, gleichsam aus dem Tritt geraten ließe – aber er zieht eben nicht ein (an der Realität des Metternichschen Regimes gibt es nichts zu deuten), er »muß« es nur, irgendwann einmal, tun.

Ähnliche Emphase spricht dann aus den bereits erwähnten Schlußversen, in denen Singstimme und Klavierstimme zusammengehen. Schubert wiederholt den Vers in jeder Strophe, ziert ihn mit Ornamenten aus und betont dabei die ihm wichtigen Worte des Satzes: »Nun« (beim erstenmal durch den volltaktigen Beginn), »alles« (durch die vom Dichter vorgegebene Wortwiederholung, durch Dehnung und Ornament beim ersten- und durch den betonten Spitzenton beim zweitenmal), »wenden« (durch das für Schubert ungewöhnlich ausgearbeitete Ornament beim zweitenmal). Nur das Wort »muß« läßt Schubert fast unbeachtet (allenfalls ein kleiner melodischer Akzent beim erstenmal zeichnet es aus). Selbst von der Zwangsläufigkeit der Wende ist der Komponist wohl nicht überzeugt – der Frühling ist Utopie, deren Realisierung wir mit Emphase ersehnen, eine konkrete Utopie freilich, die uns der Klaviersatz vorführt, an die wir nicht nur »glauben«, die wir mit Bestimmtheit »erwarten«.

nun muß sich al—les, al—les wenden,   nun muß sich al—les, al—les wen——den.

Bsp. 13

In den Jahren 1821/22 wendet sich Schubert noch einmal dezidiert den Gedichten Goethes zu. Vielleicht hat dies damit zu tun, daß der Komponist nun konkret an die Veröffentlichung seiner Lieder denkt. Schubert greift dabei auf jenes Liederheft zurück, das er dem Dichter 1816 nach Weimar geschickt hatte (s. S. 25). So richtet sich seine Aufmerksamkeit wohl wie von selbst auch bei neuen Liedern wieder auf Goethes Dichtung – eine Vermutung, die sich vielleicht auch dadurch bestätigt finden mag, daß die andere Gruppe von Goethe-Vertonungen dieser Jahre (die Lieder vom Dezember 1822, D 764–767) entstanden ist, als abermals zwei Hefte mit Goethe-Liedern im Druck erschienen: die *Gesänge des Harfners aus »Wilhelm Meister«* (D 478) als op. 12 und die beiden Lieder *Suleika I* und *Geheimes* (D 720, 719) als op. 14.

Die Lieder op. 14 allerdings weisen auf eine Besonderheit in der Gruppe Schubertscher Goethe-Lieder von Februar/März 1821: Schubert entnimmt seine Vorlagen nicht mehr in erster Linie Goethes *Gedichten* – er findet sie diesmal in einer eben erst in Wien erschienenen Sammlung, dem *West-östlichen Divan*. Die Lieder des *Divan* – ebenso übrigens wie die *Mignon*-Lieder (D 726/727) aus *Wilhelm Meister*, die Schubert im April 1821 in Musik setzt – gelten in Schuberts Freundeskreis als »romantisch«, in jenem besonderen Sinn des Fremdartigen wie des artifiziell Verfremdeten, den der Begriff »romantisch« seit dem Entstehen der »romantischen Schule« auch haben konnte. Damit kündigt sich etwas Neues in Schuberts Liedkomposition an (während gleichzeitig entstandene Gesänge wie *Grenzen der Menschheit*, D 716, und das Fragment *Mahomets Gesang*, D 721, auf ähnliche wie den *Prometheus*, D 674, zurückverweisen); es setzt sich in Vertonungen von Gedichten August von Platens und Rückerts fort (*Die Liebe hat gelogen*, D 751; *Du liebst mich nicht*, D 756; *Sei mir gegrüßt*, D 741): Der Umgang mit artifizieller Dichtung (die Schubert ja bereits auch in manchen Liedern der beiden Brüder Schlegel gefunden hatte) provoziert auch bei dem Komponisten eine Neigung zum Experiment, insbesondere zum Ausbruch aus den Fesseln des Tonalen.

Daß solche Experimente vielfach auf Unverständnis stoßen, ist nicht verwunderlich. Eine erste größere, außerhalb Wiens erschienene Rezension Schubertscher Lieder (in der angesehenen Leipziger *Allgemeinen Musikalischen Zeitung* vom 24. Juni 1824) geißelt sie denn auch scharf als »Modulationsmanie«, als »eine wahre Krankheit der Zeit«. So heißt es über *Die Liebe hat gelogen*: »Ob . . . die Tonverbindungen im dritten Takte vom Ende als wahrhaft neu und originell, wiewohl ziemlich gräßlich, mit Absicht geschrieben, oder ob sie Druckfehler sind, getraut sich Ref. nicht zu entscheiden, obgleich er einige Gründe hat, das erste zu glauben. Folgende Akkorde und Modulationen aber [sie werden im einzelnen aufgeführt] sind keine Druckfehler . . . Wem das gefällt, nun der mag's spielen und singen oder komponierend wiederholen . . .« (Dok., S. 244).

Die vier Gesänge aus Goethes *West-östlichem Divan* – zu denen noch ein Vokalquartett hinzukommt: *Im Gegenwärtigen Vergangenes* (D 710, wohl ebenfalls vom März 1821) – bilden einen in sich geschlossenen Block gleichzeitig entstandener Lieder. Schubert hatte die neuen Gedichte vielleicht auf einem der Leseabende im Freundeskreis kennengelernt und sie sich, wenigstens einige davon, abgeschrieben (seine Kopie von *Geheimes* hat sich erhalten) – später ist er auf die Gedichtsammlung nicht mehr zurückgekommen. Zwei der neuentstandenen Lieder hat er bald darauf zum Druck gegeben; sie erschienen im Dezember 1822 als op. 14: *Suleika I* (D 720) und das erwähnte *Geheimes* (D 719) – gemeinsam nicht nur mit den *Gesängen des Harfners aus* »Wilhelm Meister« (op. 12), sondern auch einer dem Freund Josef von Spaun gewidmeten und nach dessen Wahl zusammengestellten Liedergruppe (op. 13: *Der Schäfer und der Reiter*, D 517, u. a.). In der für die drei Opera gemeinsamen Verlagsanzeige wird dabei auf die Lieder op. 14 besonders hingewiesen: »In einem ganz originellen Geiste aber sind die Lieder aus Goethes westöstlichem Divan gesetzt. Orientalische Glut ist darin mit solcher Zartheit gepaart, daß selbe die beste Wirkung nicht verfehlen können« (Dok., S. 175). Mit »Zartheit« spielt der Verfasser der Anzeige offenbar auf *Geheimes* an (»Etwas geschwind, zart« lautet Schuberts Tempovorschrift; die Neigung zu Artifiziellem äußert sich in diesem Lied vor allem im Metrischen: An die Stelle der üblichen Viertaktgruppen setzt der Komponist hier Fünftaktgruppen, meist, aber keineswegs immer, mit eingeschobenen Echotakten). »Orientalische Glut« aber fand man wohl in *Suleika I*.

Lieder und Gesänge 1821

Deutsch-Nummer	Titel	Entstehungszeit	Textdichter
712	Die gefangenen Sänger 100 T. – var. Strophenlied	Jan. 1821	A. W. Schlegel
713	Der Unglückliche, op. 87,1 153 T.	Jan. 1821	Caroline Pichler
715	Versunken 125 T.	Febr. 1821	Goethe (aus »West-östlicher Divan«)
716	Grenzen der Menschheit 159 T. – lyrische Szene	März 1821	Goethe
717	Suleika II (»Ach um deine feuchten Schwingen«), op. 31 186 T.	März (?) 1821	Marianne von Willemer (im »West-östlichen Divan«)
719	Geheimes, op. 14,2 97 T.	März 1821	Goethe (aus »West-östlicher Divan«)
720	Suleika I (»Was bedeutet die Bewegung«), op. 14,1 143 T.	März 1821	M. v. Willemer (im »West-östlichen Divan«)
721	Mahomets Gesang Fragment, 2. Bearbeitung (1. Bearb. D 549, März 1817) – 39 T.	März 1821	Goethe
726	Mignon I (»Heiß mich nicht reden«) 59 T.	April 1821	Goethe (aus »Wilhelm Meister«)
727	Mignon II (»So laßt mich scheinen«) 64 T.	April 1821	Goethe (aus »Wilhelm Meister«)
728	Johanna Sebus 81 T. – Ballade, Fragment	April 1821	Goethe
731	Der Blumen Schmerz 99 T.	Sept. 1821	J. Graf Majláth

Lieder und Gesänge 1822

Deutsch-Nummer	Titel	Entstehungs-zeit	Textdichter
736	Ihr Grab 60 T.	1822?	K. A. Engel-hardt
737	An die Leier, op. 56,2 81 T. – nach Art einer Arie	1822 oder 1823 (?)	F. v. Bruchmann
738	Im Haine, op. 56,3 20 T. – Strophenlied	1822 oder 1823 (?)	F. v. Bruchmann
741	Sei mir gegrüßt, op. 20,1 99 T. – var. Strophenlied	Ende 1821 / Herbst 1823	Rückert
742	Der Wachtelschlag, op. 68 28 T. – Strophenlied	1822 (?)	S. F. Sauter
743	Selige Welt, op. 23,2 21 T.	Herbst 1822 (?)	J. C. Senn
744	Schwanengesang, op. 23,3 23 T.	Herbst 1822 (?)	J. C. Senn
745	Die Rose, op. 73 68 T. – var. Strophenlied	1822	F. Schlegel (aus »Abendröte«)
746	Am See (»In des Sees Wogen-spiele«) 36 T.	1822 oder 1823 (?)	F. v. Bruchmann
749	Herrn Josef Spaun, Assessor in Linz 108 T. – parodistische Arie	Jan. 1822	M. Collin
751	Die Liebe hat gelogen, op. 23,1 18 T.	vor 17. 4. 1822	Platen
752	Nachtviolen 46 T.	April 1822	Mayrhofer (aus »Heliopolis«)
753	Heliopolis I (»Im kalten, rauhen Norden«), op. 65,3 68 T.	April 1822	Mayrhofer (aus »Heliopolis«)
754	Heliopolis II (»Fels auf Felsen hingewälzet«) 59 T.	April 1822	Mayrhofer (aus »Heliopolis«)
756	Du liebst mich nicht, op. 59,1 56 T.	Juli 1822	Platen
758	Todesmusik 102 T. – lyrische Szene	Sept. 1822	Schober

Deutsch-Nummer	Titel	Entstehungs-zeit	Textdichter
761	Schatzgräbers Begehr, op. 23,4 51 T.	Nov. 1822	Schober
762	Schwestergruß 79 T.	Nov. 1822	F. v. Bruchmann
764	Der Musensohn, op. 92,1 73 T. – var. Strophenlied	Anfang Dez. 1822	Goethe
765	An die Entfernte 45 T.	Anfang Dez. 1822	Goethe
766	Am Flusse 2. Bearbeitung (1. Bearb. D 160, 27. 2. 1815) – 33 T.	Anfang Dez. 1822	Goethe
767	Willkommen und Abschied, op. 56,1 105 T. – lyrische Szene	Anfang Dez. 1822	Goethe
768	Wandrers Nachtlied (»Über allen Gipfeln«), op. 96,3 14 T.	vor 25. 5. 1824	Goethe

Suleika I (D 720)
(op. 14,1; h-Moll)

T: Marianne von Willemer (1784–1860). – D: März 1821 (lt. erster Nieder-schrift). – AGA XX/6,396; NGA IV/1,14(1).

Zur Überlieferung: Das Lied ist in zwei, freilich nur geringfügig voneinan-der abweichenden Fassungen bekannt: In Schuberts Kompositionsmanuskript vom März 1821 und in einer für den Stich revidierten Version. Die dieser zugrun-deliegende Reinschrift ist freilich verlorengegangen.
Zum Text: Zu Goethes an dem *Divan* des persischen Dichters Hafez (14. Jh.) orientierter Gedichtsammlung *West-östlicher Divan* hat Marianne von Willemer einige Gedichte beigetragen. Zwei davon hat Schubert vertont, die beiden Lieder der Suleika »Was bedeutet die Bewegung« (*Suleika I*) und »Ach, um deine feuchten Schwingen« (*Suleika II*, D 717). Seine Vorlage war mittelbar die 1820 bei Carl Armbruster in Wien erschienene Ausgabe des *Divan*.
Das Gedicht ist einfach gebaut. In sechs vierzeiligen Strophen sucht Suleika Antwort auf die eingangs gestellte Frage: »Was bedeutet die Bewegung? Bringt der Ost mir frohe Kunde?« Bereits die erste Strophe gibt das Thema an: Die Sängerin erhofft sich Linderung ihrer Schmerzen; sie ist getrennt von dem »Viel-

geliebten«. Die Strophen 2–3 schildern das Wirken des Ostwinds: Er belebt und bewegt die Natur, lindert aber auch »sanft der Sonne Glühen« (eine alte Metapher für die Glut der Liebe). Wie dies geschieht, erläutert die vierte Strophe: »Und mir bringt sein leises Flüstern von dem Freunde tausend Grüße«. Die beiden letzten Strophen ziehen die Konsequenz: Zieh nur weiter, bald finde ich, den ich suche – denn: »Liebeshauch, erfrischtes Leben ... kann mir nur sein Atem geben.«

Zur Komposition: Schubert läßt den Bau des Gedichtes nicht unangetastet. Zunächst spaltet er die letzte Strophe ab, setzt die ersten fünf Strophen als Lied in lebhaftem Tempo in h-Moll, die sechste hingegen als Arioso »etwas langsamer« in H-Dur. Das eigentliche »Lied« gliedert er dann noch in drei Abschnitte, die mit der Dichtung aber nicht immer korrespondieren. Zunächst freilich konkretisiert er das Bild: Ein doppelter leichter »Windstoß« gibt im Vorspiel den Anlaß für die Frage der Suleika; ein anschließendes Arpeggio weist auf Reflexion. So entsteht die Szene, die sich für das ganze »Lied« in einheitlichen Bewegungsabläufen darstellt, ganz ähnlich Schuberts Verfahren in *Gretchen am Spinnrade* (s. S. 42 f.): unablässige Sechzehntel-Bewegung in der rechten Klavierhand (teils rhythmisiert durch melodische Akzente, entsprechend dem Modell der linken Hand, teils spielerisch kreisend, teils auch nur einfach begleitend. Schubert ließ sich wohl von der Bewegung des Windes inspirieren); in der linken Hand dagegen eine zielgerichtete Bewegung, eine rhythmische Formel, die Schubert liebte, die auch den Hauptsatz der anderthalb Jahre später entstandenen unvollendeten Sinfonie in h-Moll bestimmt. Hier deutet sie wohl auf die unstillbare Sehnsucht Suleikas nach jenen hohen, glühenden Mauern, hinter denen sie den Geliebten sucht.

Bsp. 14

Die erste Strophe nun gestaltet Schubert – dem Modell der Dichtung folgend – als Frage und Antwort: Er beginnt mit einer deklamatorischen Formel, die, eine Oktave aufsteigend, die Intonation der Frage nachzeichnet; dann antwortet er, wieder absteigend, mit einer zweifach wiederholten Phrase. Die Frage steht in der Grundtonart h-Moll (nach Schubart der Tonart sanfter Klage), die Antwort zunächst in D-Dur (der parallelen Dur-Tonart), dann in Fis-Dur (der Dominante). Schubert umschreibt so die Grundtonart und deutet doch an, daß die Antwort weiterer Ausführung bedarf; sie ist tonal noch nicht geschlossen.

Die zweite Strophe (»Kosend spielt er mit dem Staube«) nimmt die Bewegung auf, spinnt sie melodisch fort und orientiert sich dabei an dem Modell der ersten Strophe (Vordersatz und doppelter Nachsatz). Freilich: das Idyllisch-Spielerische der Bewegung, die kurzen melodischen Floskeln des Beginns strafen Suleika Lügen – in der Tonart, die sie wählt (H-Dur, »wilde Leidenschaften ankündend«, so wieder Schubart) und in den melodischen Ausbrüchen der zweiten Strophenhälfte.

In der dritten Strophe (»Lindert sanft der Sonne Glühen«) wiederholt Schubert Frage und Antwort der ersten – obwohl das Modell auf diese Strophe gar nicht passen mag. Wieder scheint es, als ob Suleika in Gedanken weit entfernt ist von der Idylle, die sie beschreibt, zurückkehrt zu der Ausgangsfrage. Zugleich rundet Schubert so seinen ersten Teil des Liedes ab und hält ihn – da er abermals in Fis-Dur schließt – offen für den nun folgenden neuen Abschnitt, die entscheidende vierte Strophe: »Und mir bringt sein leises Flüstern von dem Freunde tausend Grüße«. Der Komponist knüpft damit an die zweite Strophe an, in Melodieführung und Klavierpart – meidet dabei jedoch in der Singstimme die spielerischen Elemente (diese sind anfangs der rechten Klavierhand vorbehalten, der konkreten Szenerie, bis auch diese sich der Singstimme anschmiegt): Weitgespannte kantable Linien, die Tonart H-Dur und der Wechsel nach D-Dur im zweiten Teil des Abschnitts, aus Leidenschaft geborene Zuversicht zeigen: Suleika ist nun ganz dabei – jetzt geht es um sie, sie trägt ihre Sache vor.

Daß diese vierte Strophe nicht einfach eine neue Strophe ist, sondern ein ganz neuer Abschnitt ist, zeigt ihr Bau: Anders als die Strophen 2 und 3 folgt sie nicht dem Modell der ersten; sie ist zweiteilig, die ersten beiden Verse bilden einen vollständigen Vorder- und Nachsatz in H-Dur, die beiden folgenden einen korrespondierenden vollständigen Satz in D-Dur.

Die fünfte Strophe setzt dann wieder neu an: Schubert greift die spielerischen melodischen Formeln der zweiten Strophe nun doch wieder auf, die er in der vierten Strophe vermieden hatte, spinnt sie sequenzierend fort und führt – wiederum unabhängig vom Modell der ersten Strophe – das Lied zu einem Höhepunkt, dem einzigen wirklichen Ausbruch im Fortissimo: »Dort . . . find ich bald den Vielgeliebten«. Dann läßt die Bewegung nach, klingt aus und mündet in den Epilog.

Dieser nun unterscheidet sich grundsätzlich von den drei vorangegangenen Abschnitten. Die bisher festgehaltene Grundbewegung, die fließenden Sechzehntel wie die Baßformel, ist aufgegeben: An ihre Stelle tritt ein neues Modell, ein punktierter, sarabandenartiger Rhythmus in der rechten Klavierhand zu gleichmäßig pochenden Achteln in der linken (auf der Dominante fis) – bei Schubert wohl nicht selten ein Zeichen für den Weg in unerreichbare Ferne, auch ins Jenseits: »Ach! die wahre Herzenskunde, Liebeshauch, erfrischtes Leben, wird mir nur aus seinem Munde, kann mir nur sein Atem geben.« Die Singstimme wiederholt die Strophe dreimal, in weiten Bögen und drängender Leidenschaft – die stereotype Klavierbegleitung läßt jedoch einen wahren Aufbruch nicht zu; von »erfrischtem Leben« vermag Suleika nur zu träumen.

Schubert hat so dem Lied – dessen formale Konzeption ebenso verändernd wie seine Aussage – seine eigene, romantische Deutung gegeben. Dabei ist er über die Möglichkeiten des »polyrhythmischen Liedes« hinausgegangen: Er hat in den Text so eingegriffen, daß dieser in seiner ursprünglichen Struktur, als eigener, selbständiger Parameter für den Hörer nicht mehr unmittelbar faßbar bleibt. Schubert ist mit dem Text umgegangen wie ein Bühnenkomponist mit einem Arientext. Für das andere Lied, *Suleika II* (D 717: »Ach, um deine feuchten Schwingen«), gilt dies in noch erhöhtem Maße: Deutlicher noch als hier orientiert sich Schubert darin an der Bühnen-Arie. Nicht zufällig widmete er es daher – als es im August 1825 als op. 31 erschien – der berühmten, von ihm verehrten Sängerin Anna Milder.

In welchem Maße in diesen Jahren neue, im Freundeskreis und auf Leseabenden gewonnene poetische Erfahrungen, eine grundsätzliche Auseinandersetzung mit der Dichtung der Romantik und persönliche Lebensumstände zusammenwirken können, zeigt Schuberts Liederheft op. 23. Darin sind vier Lieder von Platen, Senn und Schober zusammengestellt: *Die Liebe hat gelogen* (D 751), *Selige Welt* und *Schwanengesang* (D 743/744) sowie *Schatzgräbers Begehr* (D 761). Im Zentrum des Heftes stehen zwei Lieder von Schuberts engem Freund Johann Chrisostomus Senn. Dieser war im März 1820 aufgrund eines Verdachts politischer Aufsässigkeit in der Folge einer Hausdurchsuchung verhaftet worden. Im Verlaufe der Durchsuchung, so der Polizeirapport, sollen die »bei ihm befindlichen Freunde, der Schulgehilfe aus der Roßau Schubert . . ., und der Sohn des Handelsmannes Bruchmann« wie der Dichter selbst »gegen den amthandelnden Beamten mit Verbalinjurien und Beschimpfungen losgezogen sein« (Dok., S. 88). Senn verbrachte 14 Monate in Untersuchungshaft und wurde dann nach Tirol abgeschoben. Seine Freunde aber gaben sich mit dessen Los nicht zufrieden. Im September 1822 besuchte Bruchmann ihn in der Verbannung und berichtete davon in einem Brief an Schober: »Gestern habe ich Senn gesprochen . . . Was seine äußeren Verhältnisse, seine jetzige nicht üble Lage, seine Pläne zu seiner Befreiung aus den österreichischen Klauen betrifft, will ich der mündlichen Mitteilung vorbehalten, da sich bei der in einigen Monaten zu erwartenden Veränderung seiner Lage eine schöne Mitwirkung für uns auftun wird . . .« (zit. nach H. Goldschmidt, S. 141 f.). Aus der »Befreiung aus den österreichischen Klauen« ist nichts geworden; doch brachte Bruchmann offenbar zwei Gedichte von Senn mit nach Wien, die Schubert umgehend in Musik setzte. Dann hat der Komponist wohl überlegt, auf welche Weise er seine Verbundenheit mit Senn auch öffentlich demonstrieren könnte. Am ehesten geeignet war dazu der Druck der eben komponierten Lieder – doch reichte ihr Umfang für eines der üblichen Liederhefte nicht aus. So fügte der Komponist ihnen noch zwei weitere hinzu, durch die sich der besondere Kreis um Senn nun im ganzen darstellte: zunächst eines, für das sich Bruchmann immer wieder bei Schubert eingesetzt hatte (*Die Liebe hat gelogen*; Bruchmann war mit Platen seinerseits befreundet); zum Schluß eines von Schober. So konnte das Heft zum Stich gehen. Sicher hatte Schubert es – wie er es sonst zu tun pflegte – Senn wohl auch widmen wollen, doch dürfte die Zensur die Widmung an einen Verbannten nicht gestattet haben.

Liederheft op. 23

Die Liebe hat gelogen (D 751)
(op. 23,1; c-Moll)

T: August von Platen. – D: Frühling 1822? (lt. Korrespondenz Bruchmann/Platen). – AGA XX/7,410; NGA IV/2,23(1).

Selige Welt (D 743)
(op. 23,2; As-Dur)

T: Johann Chrisostomus Senn (1792–1857). – D: Herbst 1822? (Bruchmanns Rückkehr). – AGA XX/7,406; NGA IV/2,23(2).

Schwanengesang (D 744)
(op. 23,3; As-Dur)

T: Johann Chrisostomus Senn. – D: Herbst 1822? – AGA XX/7,407; NGA IV/2,23(3).

Schatzgräbers Begehr (D 761)
(op. 23,4; d-Moll/D-Dur)

T: Franz von Schober (1798–1882). – D: November 1822 (lt. Reinschrift). – AGA XX/7,412; NGA IV/2,23(4).

Das *erste* der vier Lieder spricht von persönlicher Enttäuschung und Resignation: »Die Liebe hat gelogen, die Sorge lastet schwer, betrogen, ach betrogen hat alles mich umher«. Schubert deklamiert diese Verse zu jenem langsamen, daktylischen Schreitrhythmus, der uns aus dem *Wanderer* als Zeichen für das Überschreiten von Grenzen vertraut ist (s. S. 65 f.). Welche Grenzen da gemeint sein mögen, zeigt vielleicht die tonale Disposition des Liedes. Schubert setzt es in klarem c-Moll (Tonart der »Klage der unglücklichen Liebe«, Schubart), zu Beginn des Liedes (T. 1–7), aber auch bei der Wiederholung der Eingangsverse

(T. 14 bis Schluß) am Ende nach C-Dur sich aufhellend, offenbar auf Trost und Erlösung weisend. Die Mittelverse (»Es fließen heiße Tropfen die Wange stets herab, laß ab, mein Herz, zu klopfen . . .«, T. 8–13) sind dagegen modulatorisch gebrochen; sie führen zunächst von c-Moll nach As-Dur (»Gräberton«), dann, neu ansetzend, von cis-Moll (wir denken wieder an den *Wanderer*) nach A-Dur (»Hoffnung des Wiedersehens beim Scheiden des Geliebten«), schließlich über a-Moll zur Ausgangstonart zurück. Es scheint, als wolle das Lied uns weiterführen in die »Selige Welt«.

Das Lied von der *Seligen Welt* bildet offenbar das Zentrum des Liederheftes. Nicht mehr um persönliches Leid geht es hier – das Thema ist ins Allgemeine gewendet. Senn vergleicht das Leben mit einem Kahn, der ziel- und steuerlos dahintreibt, auf der Suche nach der »seligen Insel«. Das Land der Utopie, des Traumes ist unerreichbar – es ist nur Wahn, ist Illusion. Dennoch aber, so rät der Dichter am Ende, lande man »überall an, wo sich Wasser an Erde bricht«. Dieses Lied nun setzt Schubert in As-Dur, der Tonart des Jenseitigen: Nur im Jenseits vermag der Wahn, der Glaube an eine Welt der Gerechtigkeit sich zu realisieren. Die unmittelbare Erfahrung politischer Unterdrückung (daß diese Gedichte – trotz aller zensurbedingten »Einkleidung« – politisch zu verstehen sind, hat Senn in seinen Erinnerungen von 1849 selbst bestätigt; s. Erinn., S. 385 f.) spricht sich so musikalisch aus.

Das Lied ist wieder dreiteilig, in sich gerundet: Beginn und Ende beherrschen mächtige musikalische Gesten, von der Singstimme meist im Unisono mit der Klavierstimme vorgetragen: Es ist, als ob das Instrument den Fortgang des Liedes bestimme, denn der Sänger »treibt auf des Lebens Meer«, die reißende Strömung zeigt ihm den Weg, ihr vertraut er sich an. Wohin sie ihn freilich wirklich führt, zeigt wieder der Mittelteil. Wie im ersten Lied ist er modulatorisch gebrochen, durch mehrfache mediantische Rückungen (As-Dur/Ces-Dur – Ces-Dur/ G-Dur/e-Moll – c-Moll) das Illusionäre der Reise darstellend: »Eine selige Insel sucht der Wahn . . .«. Die Singstimme deklamiert nach Art eines Accompagnato-Rezitativs zu repetierten Sechzehntel-Figuren, im Autograph (nicht mehr in der Erstausgabe) durch Portato-Figuren als bedeutsam bezeichnet: Es sind Figuren, abgeleitet vom Klopfen des Herzens, die Schubert immer wieder verwendet, wo er den Weg in den Tod darstellen will.

Das dritte Lied, *Schwanengesang*, schließt sich nun wie selbstverständlich an: »Wie klag ich's aus, das Sterbegefühl, das auflösend durch die Glieder rinnt, wie sing ich's aus, das Werdegefühl, das erlösend dich, o Geist! anwebt?« Das Lied zeigt Elemente der beiden vorigen: Mit *Die Liebe hat gelogen* verbindet es der Schreitrhythmus (er bindet die freien Kantilenen des »Schwanengesangs«), aber auch der Wechsel von Dur und Moll – im ersten Liede noch verwendet im Sinne einer tröstenden Aufhellung am Schluß, hier hingegen zur Charakterisierung der Antithese von »Sterbegefühl« und »Werdegefühl«. Der *Seligen Welt* hingegen entspricht die Tonart as-Moll/As-Dur und die Neigung zur Unterterz-Rükkung, nach Ces-Dur. So erscheinen die drei Lieder wie ein in sich schlüssiges Dokument der Resignation – bezeichnend wohl für den Verbannten Senn und seinen Freundeskreis, bezeichnend aber auch für eine verbreitete Haltung in der literarischen Romantik zur Zeit der Metternichschen Repression.

Schubert mag es allerdings bei solcher Resignation doch nicht bewenden lassen. Deshalb wohl fügt er den drei Liedern ein viertes noch an, *Schatzgräbers Begehr* von Schober. Dieses unterscheidet sich wesentlich von den übrigen – selbst wenn die Dichtung einen Gedanken der *Seligen Welt* wieder aufzugreifen scheint: Obwohl man wisse, so hieß es da, daß die »selige Insel« ein Wahngebilde sei, so lande man doch »gläubig überall an«. Hier nun spürt der Schatzgräber rastlos einem alten Gesetz nach, das in tiefster Erde verborgen liegt, selbst wenn er – vielleicht! – vergeblich gräbt: »Wohl tönt auch mir der Klugheit seicht Geschwätz: Du wirst die Müh und Zeit umsonst verlieren. Das soll mich nicht in meiner Arbeit irren, ich grabe glühend fort, so nun wie stets.« Doch während bei Senn der Mensch sich von den Wassern treiben läßt, der Strömung sich ausliefert, gräbt er hier selbst, geht seinen Weg, das alte Gesetz, die ideale Welt zu ergründen. Er rechnet damit, daß auch er keinen Erfolg hat: »Und soll mich nie des Findens Wonne laben, sollt' ich mein Grab mit dieser Hoffnung graben, ich steige gern hinab«; doch bleibt dem Schatzgräber die Hoffnung – und sein »Streben«, der rastlose Weg. Auch hier geht es nicht um das Ziel, sondern um den Weg dahin, nicht um Resignation, um eine unerreichbare Utopie, sondern um Tätigkeit in der konkreten Welt.

Schubert stellt das Lied daher unter das Zeichen des »Gehens«. Nicht mehr der daktylische Rhythmus, der über Grenzen führt, beherrscht die Komposition, sondern eine unablässige, »rastlose« Achtelbewegung in einer Baßlinie barocker Prägung – von Schubert selbst als »gehend« bezeichnet. Sie bestimmt ungebrochen den ersten Teil des Liedes, die konkrete Arbeit des Grabens als Wegsuche deutend. Schubert setzt diesen Abschnitt in d-Moll – eine Tonart, die bei ihm offenbar nicht selten für Ortlosigkeit und Vergeblichkeit steht. Im Mittelteil tritt die Achtelbewegung scheinbar zurück. Es ist, als ob der Schatzgräber innehielte, überlegend: Und wenn sie nun doch recht behalten, die klugen Schwätzer? Die Achtel verwandeln sich in Arpeggien, zu denen der Sänger ruhig reflektiert. Die Partie ist tonal vergleichsweise ungebunden, setzt in B-Dur ein und führt dann auf verschlungenen Wegen nach D zurück. Nun kehren die Achtel in alter Funktion wieder – freilich nach D-Dur gewendet und zu einer weniger hastigen, in sich gefestigten und zugleich zielstrebigen Gesangslinie: »Drum lasset Ruhe mir mit meinem Streben, ein Grab mag man wohl jedem gerne geben.« Eine aufsteigende, metrisch von der Achtelbewegung unabhängige Skala ist ihr bestimmendes Element, auf das dann allerdings – die zweifelnden Töne lassen sich nicht völlig beschwichtigen – eine fragende Figur antwortet, die (mit dem Spitzenton f″) auch zurückweist auf das d-Moll des Beginns. So erweist sich das ganze Lied zwar als zielgerichtet, von Moll nach Dur führend, in eine Tonart, die als »Ton des Triumphes« gilt, doch will es den Zweifel nicht unterdrücken:

Führt der Weg nicht, wie in den vorigen Liedern, am Ende doch in Tod und Grab? *Schatzgräbers Begehr* schließt deshalb auch nicht jubelnd, sondern verhalten, im pp. Aber eben nicht um das Ziel geht es dem Komponisten hier, sondern um die Bewegung, die den Schatzgräber unablässig weitertreibt: »Ich grabe glühend fort.«

Lieder und Gesänge 1823

Deutsch-Nummer	Titel	Entstehungs-zeit	Textdichter
770	Drang in die Ferne, op. 71 77 T.	Anfang 1823	K. v. Leitner
771	Der Zwerg, op. 22,1 150 T. – Ballade	1822 oder 1823	M. v. Collin
827	Nacht und Träume, op. 43,2 29 T.	vor Juni 1823	M. v. Collin
772	Wehmut, op. 22,2 39 T.	1822 oder 1823	M. v. Collin
774	Auf dem Wasser zu singen, op. 72 35 T. – Strophenlied	1823	Stolberg
775	Daß sie hier gewesen, op. 59,2 67 T.	1823 (?)	Rückert
776	Du bist die Ruh, op. 59,3 82 T. – var. Strophenlied	1823 (?)	Rückert
777	Lachen und Weinen, op. 59,4 83 T. – var. Strophenlied	1823 (?)	Rückert
778	Greisengesang, op. 60,1 102 T. – var. Strophenlied	vor Juni 1823	Rückert
778A	Die Wallfahrt 16 T.	1823 (?)	Rückert
785	Der zürnende Barde 90 T.	Febr. 1823	F. v. Bruchmann
690	Abendröte 57 T.	März 1823	F. Schlegel (aus »Abendröte«)
786	Viola 334 T. – Ballade	März 1823	Schober
788	Lied (»Des Lebens Tag ist schwer und schwül«) 47 T.	April 1823	Stolberg

Deutsch-Nummer	Titel	Entstehungszeit	Textdichter
789	Pilgerweise 159 T.	April 1823	Schober
792	Vergißmeinnicht 268 T. – Ballade	Mai 1823	Schober
793	Das Geheimnis 2. Bearbeitung (1. Bearb. D 250, 7. 8. 1815) – 100 T.	Mai 1823	Schiller
794	Der Pilgrim, op. 37,1 106 T.	Mai 1823	Schiller
795	Die schöne Müllerin, op. 25 Zyklus von 20 Liedern	Okt. (?) 1823 – März 1824 (?)	W. Müller

Was sich in den Liedern auf Gedichte Platens und in denen aus dem *West-östlichen Divan* andeutete, setzt sich zu Beginn des Jahres 1823 fort: Schubert wählt Texte artifizieller Romantik, die (und ihm – wie wohl der Mehrzahl der Leser – erscheint dies als ein exotisch-romantisches Moment) vielfach in den Orient weisen. Nun sind es Gedichte Friedrich Rückerts, nach denen er greift – und zwar wieder, wie im Falle des *Divan*, unmittelbar nach ihrem Erscheinen. Ende 1821 (mit dem Erscheinungsjahr 1822) ist Rückerts Gedichtsammlung *Östliche Rosen* herausgekommen; ein Gedicht daraus hat Schubert sofort in Musik gesetzt (*Sei mir gegrüßt*, D 741). Nun, wohl zu Beginn des Jahres 1823, folgen fünf weitere Lieder, darunter ein Ghasel: *Greisengesang*, D 778 – zehn kurze vierzeilige Strophen, deren Schlußverse nach Art der Ghasele sämtlich in den gleichen Reim münden. Schubert freilich faßt je vier Strophen der Dichtung zu einer musikalischen zusammen, läßt die beiden letzten aus und erhält so ein zweistrophiges Lied – die komplizierte metrische Struktur der Dichtung geht dabei verloren; an die Stelle ihrer Feingliedrigkeit tritt breite, gleichwohl eindringliche Kantabilität.

Ein anderes Lied knüpft thematisch an die Suleika-Lieder (s. S. 95 ff.) an: »Daß der Ostwind Düfte hauchet in die Lüfte . . .« (*Daß sie hier gewesen*, D 775). Deutlicher noch als die übrigen Rückertlieder zeigt dieses, wie Schubert sich durch das Artifizielle der Dichtung zum Experiment herausgefordert fühlte: Die Grundtonart des Liedes (C-Dur) erreicht der Komponist jeweils erst am Ende der drei kurzen Strophen – dort, wo der Dichter den Schluß zieht, die Geliebte muß »hier gewesen« sein. Zu Beginn aber führen hochgespannte Vorhaltsakkorde in verminderte Septakkorde, die zwar in Schuberts Notierungsweise nach d-Moll deuten, ihrer Natur nach aber tonal ambivalent sind; nur eines steht fest: In der Grundtonart C-Dur haben sie nichts zu suchen. Die Düfte des Ostwinds, die Spuren der Tränen sind in sich vieldeutig; nur dem Liebenden überbringen sie die eine Botschaft, die er von ihnen erwartet. Erst wo sie ihm zum eindeutigen Zeichen werden, kann auch die Musik eindeutige Zeichen setzen (einen Sextaufschwung in klarem C-Dur). Schubert hat die »Experimente« des Jahres 1823 zweifellos für gelungen gehalten. Zusammen mit Platens Ghasel *Du liebst mich nicht* (D 756; auch dies ein Beispiel tonaler Wagnisse: Die jede Langzeile beschließende Formel »Du liebst mich nicht« steht zunächst in der Grundtonart a-Moll, dann in As-Dur, Ges-Dur, a-Moll und A-Dur) gab er *Daß sie hier gewesen* und zwei weitere Rückertlieder (*Du bist die Ruh*, D 776, und *Lachen und Weinen*, D 777) drei Jahre später als op. 59 zum Druck. Der *Greisengesang* folgte unmittelbar darauf als op. 60, zusammen mit Schillers *Dithyrambe* (D 801). Nur *Die Wallfahrt* (D 778 A, ein Lied, das auch inhaltlich orientalische Motive aufgreift) blieb bis vor kurzem (1969) ungedruckt.

In den Monaten Februar bis Mai 1823 wendet sich der Komponist wieder Gedichten seiner Freunde zu, Bruchmann zunächst, dann vor allem Schober, dessen ausgedehnte »Blumenballaden« *Viola* und *Vergißmeinnicht* (D 786 und 792) ihn faszinieren. In diesen Zusammenhang gehören vielleicht auch drei Lieder auf Gedichte Matthäus von Collins, die Anfang 1823, vielleicht auch bereits 1822 entstanden sind: Die Ballade *Der Zwerg* (D 771) sowie die romantischen Gesänge *Wehmut* (D 772) und *Nacht und Träume* (D 827).

Der Zwerg (D 771)
(op. 22,1; a-Moll)

T: Matthäus von Collin (1779–1824). – D: 1822 oder 1823 (nach Berichten aus dem Freundeskreis). – AGA XX/7,425; NGA IV/1,22(1).

Zur Überlieferung: Die Ballade ist in zwei Fassungen überliefert: die erste in einer zeitgenössischen Abschrift unter dem Titel *Treubruch*, die zweite in der im Mai 1823 erschienenen Erstausgabe. Ein Autograph ist nicht bekannt.

Zum Text: In der Ballade geht es in der Tat – wie der Titel von Schuberts erster Fassung angibt, die dem ursprünglichen des Gedichtes entspricht – um einen »Treubruch«, begangen von der Königin an »ihrem« Zwerg. Nun ist sie allein mit ihm auf dem Schiff, auf dem Meer. Die Sterne künden ihr den Tod, die Strafe für den Treubruch, die der Zwerg vollzieht. Wer ist der Zwerg? Ist er nur der

Vollstrecker der unausweichlichen Strafe, muß er die Königin töten, oder will er dies selbst? Im Mittelpunkt der Handlung jedenfalls steht die Frage nach Schuld und Sühne – durch Schuberts neuen Titel (den Matthäus von Collin später übernommen hat) wird die Aufmerksamkeit jedoch auf die Figur des Zwerges gelenkt, der als Vollstrecker der Strafe selbst schuldig wird. Es ist möglich, daß Schubert sich durch diese Gestalt persönlich angesprochen fühlte und deshalb den Titel änderte.

Zur Komposition: Wie im *Erlkönig* schafft sich Schubert, angeregt durch die Anfangsverse, zunächst eine einheitliche Szene: »Im trüben Licht verschwinden schon die Berge, es schwebt das Schiff auf glatten Meereswogen« – das bedeutet: unscharfe Konturen, regelmäßige Wellenbewegung, sanftes Gleiten. Unscharfe Konturen denen Schubert durch Tremolofiguren, denen leichte melodische Veränderungen den Anschein einer gleichmäßigen Wellenbewegung geben. Anstelle des sanften Gleitens allerdings setzt Schubert deutliche rhythmische Impulse, die wie Ruderschläge die Bewegung weiterführen. Er greift dabei auf eine Figur zurück, der wir in *Suleika I* bereits begegnet sind (s. S. 96), hier freilich abgewandelt in den weniger drängenden, weniger zielgerichteten Viervierteltakt. Zu dieser gleichmäßigen Bewegung tritt eine gleichsam nach Art eines Basso ostinato gebildete charakteristische Baßlinie, die die Instrumentalstimme in Fünftaktern gliedert und die mit den Viertaktern der Singstimme kollidiert, diese bereits bei ihrem ersten Einsatz zu Dehnungen zwingt. Dieser Widerspruch ist charakteristisch für das ganze Lied – wie auch die ausgeglichene Singstimme mit ruhigen Viertel-Auftakten zu der zielgerichteten Baßstimme in Widerspruch steht. So stellt die Musik bereits in den ersten Strophen der Ballade deren Grundkonflikte dar, die zwischen der Individualität der Königin (Singstimme) und der unpersönlichen, unerbittlichen Strenge des Gesetzes (Baßstimme). (Siehe Bsp. 15.)

Die Widersprüche zwischen Singstimme und Instrument verschwinden jedoch unerwartet, als zum erstenmal in der Ballade der Zwerg in die Handlung eingreift (»Da tritt der Zwerg zur Königin . . .«) und der Königin das Urteil verkündet. Der Baß gibt seine Eigenständigkeit auf und übernimmt Ton für Ton die Melodie der Singstimme. Diese ihrerseits beginnt überraschend mit jenem ⅛-Auftakt, der bisher dem Baß vorbehalten war. Der Zwerg verkündet und vollzieht nicht nur das Gesetz, er identifiziert sich mit ihm – Singstimme und Baß sind hier eins. Damit erscheint das rhythmische Modell des Motivs inhaltlich vertieft: Es ist nicht nur Ruderschlag – es ist zugleich Ausdruck des Schicksals und weist auf dessen Werkzeug wie Opfer, den Zwerg. Gleichgültig, ob Schubert damit wirklich, wie man gelegentlich meint, auf Beethovens Fünfte Sinfonie anspielen wollte (im Verlauf des Liedes erscheint das Motiv auch isoliert und, wie bei Beethoven, im Terzschritt) – der Hörer kann es nicht mehr anders hören denn als Schicksalsmotiv.

Die Königin stirbt, ihr »vergehen die Sinnen«. Der Zwerg versenkt die Tote ins Meer – doch »ihm brennt nach ihr das Herz so voll Verlangen«. Wieder gibt – nachdem die Musik zum Beginn der Ballade zurückgekehrt ist – der Baß seine

Im trü – – – ben Licht ver –
schwin – den schon die Ber – – – – – ge, es

Bsp. 15

Eigenständigkeit auf, zitiert diesmal den ersten Gesang des Zwerges, das Urteil, das sich nun in das Urteil der Königin verwandelt hat (»Mögst du nicht Schmerz durch meinen Tod erlangen«, hatte sie ihn gewarnt) – die Singstimme ist dazu zwar unabhängig, aber rhythmisch parallel geführt. Erst zu den Worten »an keiner Küste wird er je mehr landen« kehrt die Klavierstimme zu ihrer ursprünglichen Bewegung zurück. Auch der Zwerg steht, wie wir wissen, unter der Herrschaft des Gesetzes.

Was das Gedicht offenließ, hat die Musik gedeutet: Nicht der Zwerg ist das Gesetz – er ist ihm unterworfen. Beide, Zwerg und Königin sind Opfer. Die eigentlich tragische Gestalt aber ist dann nicht die Königin; ihr Tod ist die Konsequenz ihres »Treubruchs«. Die tragische Gestalt ist der Zwerg, der das

Gesetz, das Urteil der Sterne vollstrecken muß und damit selbst schuldig wird. Schuberts oder Collins Änderung des Titels von »Treubruch« in »Der Zwerg« entspricht also Schuberts musikalischer Interpretation der Ballade.

Im Mai 1823 wendet sich Schubert – vielleicht angeregt durch Schobers *Pilgerweise* (D 789) – noch einmal, zum letztenmal (wenn man von der undatierten *Dithyrambe*, D 801, absieht) Gedichten Schillers zu (*Der Pilgrim*, D 794, und *Das Geheimnis*, D 793). Zwischen Mai und Oktober 1823 entstehen keine Lieder mehr – und auch danach noch hat Schubert, wie er am 30. November an Schober schreibt, »seit der Oper« (gemeint ist *Fierabras*, D 796) »nichts komponiert, als ein paar Müllerlieder...« (Dok., S. 207). Schubert ist auf Reisen (nach Oberösterreich) und, wohl seit dem Juli des Jahres, schwer erkrankt. Da kostet ihn die Arbeit an seiner Oper (der größten vollständig komponierten) so viel Kraft, daß ihm für Lieder keine Zeit mehr bleibt. Nach der Rückkehr von der Reise, im Oktober, muß er ins Krankenhaus, und dort – »im Spitale«, wie sich später Spaun erinnert – beginnt er mit der Arbeit an den »paar Müllerliedern«. Der Ausdruck ist freilich ein Understatement, denn bereits in dem erwähnten Brief an Schober fährt Schubert fort: »Die Müllerlieder werden in 4 Heften erscheinen« (es sind dann fünf geworden) »mit Vignetten von Schwind« – etwas Ähnliches aber hatte Schubert noch nicht zum Druck gegeben. Die Drucklegung begleitete er daher mit Ungeduld; sie zog sich auch vergleichsweise lange hin: Die ersten Hefte des Zyklus erschienen im Februar/März 1824, die übrigen erst im August. »Mit den Müllerliedern gehts auch so langsam, alle 4tel Jahr wird ein Heft gezöt't [herausgegeben]«, schreibt der Komponist daher noch im August an Schwind, der ihm die gewünschten Vignetten übrigens doch nicht geliefert hatte (Dok., S. 255).

Die schöne Müllerin (D 795)
(op. 25; Zyklus von 20 Liedern)

T: Wilhelm Müller (1794–1827). – D: Oktober (?) 1823 bis Anfang 1824 (?) (lt. Datierung von Nr. 15 und brieflicher Erwähnung). – AGA XX/7, 433–452; NGA IV/2,25.

Zur Überlieferung: Der Zyklus im ganzen ist lediglich in der zwischen Februar und August 1824 in fünf Heften erschienenen Erstausgabe überliefert. Von Nr. 15, *Eifersucht und Stolz*, hat sich die erste Niederschrift erhalten (datiert »Oct. 1823«). Reinschriften von drei Liedern (Nr. 7–9) für den befreundeten Sänger Karl von Schönstein (dem auch die Erstausgabe gewidmet ist), sind verschollen.

Zum Text: Der Gedichtzyklus *Die schöne Müllerin*, erschienen zuerst Ende 1820 in Dessau in Wilhelm Müllers Lieder-Sammlung *Sieben und siebzig Gedichte aus den hinterlassenen Papieren eines reisenden Waldhornisten*, ist aus einem Liederspiel hervorgegangen: Im Winter 1816/17 hatte man sich im Stägemannschen Salon in Berlin »eine Art dramatischer, aber nur durch eine Verkettung von Liedern zu lösender Aufgabe gestellt«, so berichtet Ludwig Rellstab in einer Biographie des Liederkomponisten Ludwig Berger. »Rose, die schöne Müllerin, wird von dem Müller, dem Gärtnerknaben und dem Jäger geliebt; leichten, fröhlichen Sinns gibt sie dem Letzteren den Vorzug, nicht ohne früher den Ersten begünstigt und zu Hoffnungen angeregt zu haben.« Es scheint, daß man zu dem Stoff in Goethes 1797 entstandener Gedichtfolge: *Der Edelknabe und die Müllerin – Der Junggesell und der Mühlbach – Der Müllerin Verrat – Der Müllerin Reue* Anregungen gefunden hatte. Die Musik zu diesem Spiel stammte von Berger, Müller schrieb die Mehrzahl der Gedichte. Als diese dann, mannigfach überarbeitet, im Druck erschienen, versah der Dichter sie mit Prolog und Epilog, in denen er die Geschichte des Müllerburschen ironisiert, vielleicht gerade weil sich dahinter auch seine eigene Erfahrung, die Neigung zu Luise Hensel verbarg: »Ich lad euch, schöne Damen, kluge Herrn, / Und die ihr hört und schaut was Gutes gern, / Zu einem funkelnagelneuen Spiel / Im allerfunkelnagelneusten Styl . . .« Mit den beiden Rahmenstücken umfaßt der Zyklus 25 Gedichte, von denen Schubert außer Prolog und Epilog auch drei weitere ausgeschieden hat, die nichts Wesentliches zum Geschehen beitragen: *Das Mühlenleben* (nach Nr. 6, *Der Neugierige*), *Erster Schmerz, letzter Scherz* (nach Nr. 15, *Eifersucht und Stolz*), *Blümlein Vergißmein* (nach Nr. 17, *Die böse Farbe*).

Zur Komposition: Schubert hat zwar den Prolog wie den Epilog des Dichters getilgt, er will die Reise des Müllerburschen ganz ernstgenommen, auch nicht im romantischen Sinne ironisch gebrochen wissen, doch mag er auf Vorspiel und Nachklang doch nicht verzichten; so setzt er neue Eckpunkte: Prolog ist ihm das erste Lied, *Das Wandern*, Epilog das letzte, *Des Baches Wiegenlied*.

Das Wandern (Nr. 1) ist in der Tat noch kein wirkliches Wanderlied (der Müllerbursche nimmt ja erst Abschied von Meister und Meisterin, seiner letzten Arbeitsstelle), es setzt sich vielmehr »Wandern« zum Ziel und verweist dabei auf das Wasser: »das hat nicht Rast bei Tag und Nacht«. Die durchlaufende Sechzehntelbewegung der Klavierstimme läßt Wandern auch nicht zu – jedenfalls nicht im ersten Vers jeder Strophe: Nicht in gleichmäßige Viertelschläge gliedert sich der ¾-Takt, sondern in unregelmäßige Folgen von 3 + 1 Achtel im Vorspiel, von 2 + 3 + 2 + 1 Achtel bei Einsatz der Singstimme. Das Lied zitiert so zunächst gleichsam die Vorstellung von Bewegung und scheint erst in den beiden weiteren Versen jeder Strophe (in der ersten: »das muß ein schlechter Müller sein, dem niemals fiel das Wandern ein, das Wandern«) sich tatsächlich auf den Weg zu machen, bricht aber bei der jeweils unmittelbar sich anschließenden Rückkehr zum Beginn wieder ab – als ob der Müllerbursche gleichsam auf der

Stelle marschiere. Das Lied als Ganzes ist Vorspiel zu der nun folgenden Handlung; es steht daher auch tonartlich wie außerhalb des Zyklus, in B-Dur, in der Tonart der Sehnsucht und der Erwartung (Schilling). Die »Haupttonart« G-Dur erreichen wir erst im zweiten Lied durch einen Schritt in die Unterterz.

Ebenfalls außerhalb des Zyklus steht *Des Baches Wiegenlied* (Nr. 20). Die Tonart E-Dur weist auf Entrückung und Ekstase (sowohl im Verhältnis zum g-moll/G-Dur des vorletzten Liedes – wieder ein Schritt in die Unterterz – als auch für sich allein genommen). Mit *Der Müller und der Bach* hatte die Wanderung ihr Ziel erreicht – nun kommt auch der Bach zur Ruhe, der den Müller auf jeder Station begleitet hat. Nicht mehr fließende Bewegung (wie noch in den dem Bach zugehörigen Abschnitten des vorigen Liedes) kennzeichnet das Lied, sondern wiegende (»woget und wieget den Knaben mir ein«), jener daktylische Rhythmus, der seit dem *Wanderer* (D 489, s. S. 65) und der *Wandererfantasie* (D 760) wohl Zeichen für Grenzüberschreitung, die Sehnsucht nach Vollkommenheit ist. Daß diese freilich noch nicht erreicht ist, darauf deutet ein anderes Zeichen: Die wiegenden Daktylen erscheinen zu Beginn und am Ende als Hörnerklänge, weisen auf den Rivalen, den Jäger, dringen aus der fernen Realität hinein in das Wiegenlied des Baches: Nicht nur Entrückung ist dieses Lied, sondern auch Nachklang.

Beide Lieder – *Das Wandern* wie *Des Baches Wiegenlied* – sind Strophenlieder. Auch im Fortgang des Zyklus spielt das Strophenlied eine – im Kontext des Schubertschen Liedschaffens dieser Zeit – ungewöhnliche Rolle. Der Volksliedton, den Müllers Dichtung anschlägt (zunächst wohl aufgrund einer Absprache für das Liederspiel, dann aber auch als Zitat einer Mode: »Schlicht ausgedrechselt«, heißt es im Prolog über den »Stil« der Lieder, »kunstlos zugestutzt, / Mit edler deutscher Roheit aufgeputzt«), wirkt damit offenbar auf die Musik zurück. Daran liegt es wohl auch, daß der Zyklus im ganzen als vergleichsweise heiter gilt, obwohl er doch eine Reise in den Tod beschreibt. Einzelne Lieder treten da hervor, Strophenlieder, die in Dichtung und Musik volkstümliche Zitate verwenden – wie *Ungeduld* (»Dein ist mein Herz . . .«) oder *Morgengruß* (»Guten Morgen, schöne Müllerin . . .«), auch *Mit dem grünen Lautenbande* (»ich hab das Grün so gern . . .«). (Siehe Tabelle S. 110.)

Die eigentliche Handlung setzt mit dem zweiten Lied ein, mit *Wohin?*. Der Müller hat seinen Gefährten gefunden, den Bach; dessen Lauf bestimmt den Weg – auch die Bewegung: Gleichmäßig fortschreitende Achtel im Baß, man sieht den gleichsam schlendernden Müller, sind an Sextolenfiguren gekoppelt, abgeleitet aus der Vorstellung des rauschenden Bächleins. Das Lied beginnt im Volkston,

Ich hört ein Bäch lein rau – schen wohl aus dem Fel – sen – quell,

Bsp. 16

Die schöne Müllerin. Übersicht

Nr.	Titel	Tempo	Tonart	Umfang
I	Das Wandern	Mäßig geschwind	B-Dur	20 T., 5 Str.
II	Wohin?	Mäßig	G-Dur	81 T.
III	Halt!	Nicht zu geschwind	C-Dur	60 T.
IV	Danksagung an den Bach	Etwas langsam	G-Dur	41 T.
V	Am Feierabend	Ziemlich geschwind	a-Moll	89 T.
VI	Der Neugierige	Langsam/ Sehr langsam	H-Dur	55 T.
VII	Ungeduld	Etwas geschwind	A-Dur	27 T., 4 Str.
VIII	Morgengruß	Mäßig	C-Dur	23 + 19 T., 1 + 3 Str.
IX	Des Müllers Blumen	Mäßig	A-Dur	21 T., 4 Str.
X	Tränenregen	Ziemlich langsam	A-Dur	24 + 12 T., 3 + 1 Str.
XI	Mein!	Mäßig geschwind	D-Dur	103 T.
XII	Pause	Ziemlich geschwind	B-Dur	81 T.
XIII	Mit dem grünen Lautenbande	Mäßig	B-Dur	19 T., 3 Str.
XIV	Der Jäger	Geschwind	c-Moll	32 T., 2 Str.
XV	Eifersucht und Stolz	Geschwind	g-Moll/ G-Dur	93 T.
XVI	Die liebe Farbe	Etwas langsam	h-Moll	26 T., 3 Str.
XVII	Die böse Farbe	Ziemlich geschwind	H-Dur	64 T.
XVIII	Trockne Blumen	Ziemlich langsam	e-Moll/ E-Dur	57 T.
XIX	Der Müller und der Bach	Mäßig	g-Moll/ G-Dur	89 T.
XX	Des Baches Wiegenlied	Mäßig	E-Dur	24 T., 5 Str.

doch hält es ihn nicht lange durch; der Müller gibt sich der Führung und Verführung des »Felsenquells« hin: »Ich weiß nicht, wie mir wurde ...« – und wir erfahren am Ende des Liedes: Nicht dem konkreten Lauf des Baches (der ihm die kommende Mühle verheißt) folgt der Müller, ihn rufen die Nixen, die »tief unten ihren Reihn« singen, Elementargeister des Wassers, Lieblingskinder der Romantik, Mysterium und Geheimnis verkörpernd. Dem entspricht auch die unvermutete Rückung nach H-Dur in Takt 10/11, in die Oberterz – bei Schubert nicht selten Zeichen für Entrückung, Berauschung:

Bsp. 17

H-Dur führt dann, als es ein zweites Mal wiederkehrt, in eine Art Seitenthema in e-Moll, die parallele Molltonart des G-Dur: Sie setzt der »befriedigten Leidenschaft«, der Haupttonart, »Klage ohne Murren« entgegen (Tonartencharakteristik hier und im folgenden immer nach Schubart), Zeichen für eine Bereitschaft zur Hingabe an das Mysterium, die im Verlauf des Zyklus noch bedeutsam wird: »Hinunter und immer weiter und immer dem Bache nach ...«. Gleichsam jubelnd bestätigt der Bach, daß der Müller recht gehandelt habe: »und immer heller rauschte und immer heller der Bach«.

In einer Art Durchführung (T. 35 ff.) greift der Müller seine verwunderte Frage wieder auf: »Ist das denn meine Straße?« – und wieder führt der Komponist den Hörer über H-Dur (»O Bächlein, sprich, wohin?«) in das Seitenthema: »Du hast mit deinem Rauschen mir ganz berauscht den Sinn.« Dann kehrt der Anfangsteil des Liedes wie eine Art Reprise wieder. Nun weiß es der Müller, es sind die Nixen, die ihm die eingängige Anfangsmelodie eingegeben haben – und in einem kurzen Epilog vertraut er sich ihnen, vertraut er sich dem Bach willig an: »Laß singen, Gesell, laß rauschen, und wandre fröhlich nach!« Damit aber ist sein Weg vorherbestimmt – bis an sein Ende.

Erwartungsgemäß führt der Bach den Müllerburschen tatsächlich an eine Mühle (Nr. 3: *Halt!*). Mit einer Mühlradfigur, die plötzlich im Forte, mit kräftigem Akzent, einbricht, bringt der Komponist die Bewegung vorläufig zum Stehen:

»Eine Mühle seh ich blinken . . .«. Das Lied der Nixen verwandelt sich in »Mühlengesang«, »süß« für den Müller, in Wahrheit eher brausend: aus den Sextolen im Zweivierteltakt (jeweils vier Akzente) werden Sechzehntel im Sechsachteltakt (jeweils sechs Akzente). Solch geschäftige Bewegung, kontrapunktiert von den Mühlradfiguren im Baß, verspricht dem Müller Arbeit; in ruhigem, dem G-Dur des vorigen Liedes auf konventionelle Weise quintverwandten C-Dur jubelt er: So also war es gemeint von dir, Bächlein; diese helle, von der Sonne beschienene Mühle sollte mein Ziel sein.

Die nun folgende *Danksagung an den Bach* ist ein Zwiegesang zwischen dem Müller (Singstimme; sie nimmt seine letzte Frage »war es also gemeint?« wieder auf) und dem Bach (Klavierstimme), der wieder singt und strömt, den Sänger weiterführt, ihm diesmal aber zugleich auch melodische Phrasen vorgibt. Nicht nur an einen Arbeitsplatz, so erfahren wir nun, führte der Bach den Müller, sondern auch zu ihr, der Müllerin. Von ihr freilich singt der Müller nicht in »befriedigtem« G-Dur, sondern in g-Moll (auf den Schluß des Zyklus vorausweisend) und in B-Dur, dem Ton der »Erwartung«: »Das möcht ich noch wissen, ob sie dich geschickt«.

Eine Variante der Mühlradfigur des dritten Liedes bestimmt das fünfte, *Am Feierabend*, nun freilich nicht mehr als Kontrapunkt im Baß, sondern führend, im Diskant der Klavierstimme: Die Welt der Mühle hat den Müller gefangengenommen, den Gedanken an das Bächlein verdrängt. Die stürmische Geste des Müllerburschen – »Hätt ich tausend Arme zu rühren« – erscheint freilich irreal, aufgesetzt: »Ach, wie ist mein Arm so schwach« – das ist die Realität. Hier, im Mittelteil, verwandeln sich die drängenden Oktavsprünge des Basses in stokkende Akkordschläge, die Sechzehntelfiguren verschwinden, und – trotz einer zeitweiligen Wiederaufnahme des Anfangsteils – das Lied endet folgerichtig in verhaltener Klage, im vergeblichen Wunsch ». . . daß die schöne Müllerin merkte meinen treuen Sinn«.

Nicht ihr aber, sondern dem Bächlein, den singenden Nixen gesteht der Bursch seine Liebe in *Der Neugierige* (Nr. 6). Zum erstenmal (nimmt man das Eingangslied aus) bestimmen nun nicht mehr herkömmliche Quintverhältnisse oder davon abgeleitete Fortschreitungen die Tonartfolge. Von a-Moll führt der Komponist den Hörer in das bereits im zweiten Lied exponierte H-Dur – einen Ganztonschritt in die geheimnisvolle Welt der Geister. »Sag, Bächlein, liebt sie mich?«, möchte der Müller wissen. Der Bach aber lauscht nur in gleichmäßig fließender Figuration und verweigert die Antwort.

Nach dem Ausbruch nach H kehrt der Sänger zurück nach A, diesmal freilich nach A-Dur: Drängende Achteltriolen, die mit »Wandern« ebensowenig gemein haben wie mit dem Rauschen des Baches, zeigen die *Ungeduld* des Müllerburschen, der nun allein ist, für sich singt, in einer Folge von vier Strophenliedern. Auf *Ungeduld* folgen *Morgengruß* (ariettenartig wie das vorige, liedhaften Ton zitierend, als einziges der vier Strophenlieder nicht in A, sondern in C), dann *Des Müllers Blumen* (den alten Gefährten, den Bach, und den Gedanken an die Geliebte zusammenführend), und *Tränenregen* (das erste Lied, das Müllerin und Müller zusammen zeigt, in den Bach hinunterblickend).

Die Strophenlieder führen schließlich zum Höhepunkt des ersten Teils, zu dem erwarteten Ziel: *Mein!* (Nr. 11.) Das Lied steht in D-Dur, der Dominante der Grundtonart und zugleich »Ton des Triumphes, ... des Siegesjubels«. *Mein!* nimmt den Wanderrhythmus wieder auf; der Müller glaubt sich auf festem, gesichertem Weg. Den Bach braucht er da nicht mehr – der eigne Jubel ist ihm genug. »Bächlein, laß dein Rauschen sein! Räder, stellt eu'r Brausen ein! ... endet eure Melodein! Durch den Hain ... schalle heut ein Reim allein: Die geliebte Müllerin ist mein!« Das Lied ist als dreiteilige Ariette angelegt. Auf den jubelnden ersten folgt ein reflektierender Mittelteil, nicht in der Dominanttonart A-Dur, sondern in der Untermediante B-Dur. Es scheint, daß sich der Müller seines Siegesjubels nicht mehr so gewiß ist. Selbst sein Schritt wird unsicher: An die Stelle regelmäßiger Viertaktphrasen treten – in der Singstimme anfangs unregelmäßig gegliederte – Dreitakter. In der Natur findet der Müller kein Echo auf seinen Reim: »Ach, so muß ich ganz allein, mit dem seligen Worte *mein*, unverstanden in der weiten Schöpfung sein!« B-Dur, das ist wohl »heitere Liebe«, aber eben eher Hoffnung als Liebesgewißheit ... Doch der Müller streift die Zweifel ab, findet nach D-Dur zurück, zum Da capo seiner kleinen Ariette – und mit einem abschließenden ff-Schlag bekräftigt das Klavier die letzten Worte des Sängers: Sie »ist mein«.

Schloß der erste Teil des Zyklus regulär in der Dominanttonart, so beginnt der zweite überraschend in B-Dur – überraschend freilich nur für den, der sich des Mittelteils des vorausgehenden Liedes nicht mehr erinnert. *Pause* heißt das neue Lied (Nr. 12): Der Sänger vermag nicht mehr zu singen, sein »Herz ist zu voll«; die Laute hängt an der Wand, nur wie von Geisterhand berührt läßt sie einzelne Motive und Floskeln erklingen. Sie fügen sich zwar – im Vorspiel des Liedes – zu einem achttaktigen Thema zusammen, doch der Sänger geht kaum darauf ein; in einer Art Sprechgesang sinnt er vor sich hin. Nur einmal scheint es, daß er das Instrument wieder zur Hand nimmt: »Meiner Sehnsucht allerheißesten Schmerz durft' ich aushauchen in Liederschmerz«. Bei Müller heißt es »Liederscherz« – daß Schubert hier, den Reim verderbend, den Text geändert (oder sich auch nur, aber nicht zufällig, verlesen) hat, ist bezeichnend. Wir erinnern uns einer Passage aus Schuberts »Traumerzählung« (s. S. 8 f.): Nach dem Bruch mit dem Elternhaus, so heißt es dort, »wanderte ich abermals in eine ferne Gegend ... Wollte ich Liebe singen, ward sie mir zum Schmerz. Und wollte ich wieder Schmerz nur singen, ward er mir zur Liebe ...« (Dok., S. 159). Nur der Schmerz fügt sich dem Sänger zum Lied; in der Erinnerung an vergangenes Leid vermag der Müller wieder zu singen – eigentümlich gepreßt zwar (in einer Folge von Dreitaktgruppen), doch deutlich ein Lied im Lied. Dann kehrt Schubert zum Beginn zurück; der Müller besinnt sich, die Laute hängt wieder an der Wand: »Und weht ein Lüftchen über die Saiten dir, und streift eine Biene mit ihren Flügeln dich, da wird mir so bange, und es durchschauert mich! ...« Eine plötzliche Rückung, nicht wie zumeist in die Ober- oder Unterterz, sondern in die Untersekunde, nach As-Dur, macht erschrecken. As-Dur: das ist der »Gräberton«. Das Instrument, so scheint es, spricht vom Tod. »Ist es der Nachklang meiner

Liebespein«, fragt sich der Müller, oder »soll es das Vorspiel neuer Lieder sein?«

Und in der Tat: Der Zyklus setzt neu ein; in derselben Tonart B-Dur wie *Pause* schließt ein Strophenlied an und weist damit deren Lautenmotive tatsächlich als Vorklang aus. *Mit dem grünen Lautenbande* (Nr. 13) wendet sich zwar noch ganz an die Geliebte – aber nicht mehr stürmisch jubelnd, sondern verhalten, gleichsam verwundert über ihre unerwartete Vorliebe für »grün«. Dann folgt ein weiteres Strophenlied, in c-Moll (»Klage der unglücklichen Liebe«): *Der Jäger.* In fugiertem Stil (dem alten Zeichen der »caccia«, der Jagd) setzt das Vorspiel ein, und in hastigem Zorn bricht es aus dem Müller heraus: »Was sucht denn der Jäger am Mühlbach hier!«

Mit *Eifersucht und Stolz* (Nr. 15) ist die Grundtonart G wieder erreicht, g-Moll zunächst (»Groll und Unlust«: Eifersucht), dann G-Dur (ironische Vorstellung ländlicher Idylle: Stolz). Der Müller wendet sich wieder seinem eigentlichen Gefährten zu: »Wohin so schnell, so kraus und wild, mein lieber Bach?« Wieder (wie in *Wohin?* [Nr. 2] – den Titel dieses Liedes greift ja die erste Gedichtzeile auf) kontrastiert eine fortlaufende Sechzehntelbewegung im Diskant des Klaviers zu – diesmal jedoch energisch-stürmischen, eher aufstampfenden als ausschreitenden – Schritten des Müllers im Baß. Freilich ist es nun der Bach, der dem Müller folgt: Die krause Figuration greift die Rhythmen des Müllers auf, geht auf sie ein – die Natur läßt den Sänger nicht mehr allein, »unverstanden«.

Wo–hin   so schnell, so kraus und wild, mein lie – –ber   Bach?

Bsp. 18

Das Lied ist dreiteilig: Auf die Frage an den Bach folgt eine rezitativisch-deklamierende Passage. Die Sechzehntelbewegung im Klavier beruhigt sich und setzt dann ganz aus. Es ist, als ob der Müller nun wirklich zu sich selber spräche, empört und leidenschaftlich: »Wenn von dem Fang der Jäger lustig zieht nach Haus, da steckt kein sittsam Kind den Kopf zum Fenster 'naus«. Die Singstimme ahmt dabei in gebrochenen Dreiklängen Hornmelodik nach, und das Klavier antwortet wie ein entfernter Hörner- bzw. Jägerchor. Dann aber, mit der Aufforderung »geh, Bächlein, hin und sag ihr das«, erinnert sich der Müller des Baches; die Figuration des Anfangs kehrt wieder, doch nun nach G-Dur gewendet, zum dritten Teil des Liedes überleitend. Dieser nun – »sag ihr: Er schnitzt bei mir sich eine Pfeif aus Rohr und bläst den Kindern schöne Tänz und Lieder vor« – hat den Charakter eines ironisch verfremdeten Liedes im Volkston:

Bsp. 19

Die Sechzehntelfiguren des Bächleins glätten sich zu anfangs gleichsam »murmelnden«, später einfach konventionellen Begleitbewegungen; die zornigen Schritte des Müllers verwandeln sich in den sanften Klang des Dudelsacks, der Cornamusa der Hirten. Die Idylle wäre vollkommen, wären nicht die einzelnen Liedzeilen mehrfach unterbrochen durch Einwürfe in Moll: »Sag ihr«, durch damit verbundene, wieder krause Figuration, und schlösse das Lied nicht mit kräftigen, trotzigen Forte-Schlägen.

Die *liebe Farbe* (Nr. 16) ist wieder ein Strophenlied. Der Müller spielt an auf die Zeile »Ich hab das Grün so gern« aus *Mit dem grünen Lautenbande*, singt wieder ein Liebeslied – ein trostloses jedoch: Der Sprung nach h-Moll (»Tonart der Geduld, der stillen Erwartung des Schicksals«), in die Obermediante, ist Zeichen für Entrückung in eine andere Welt. Das ganze Lied hindurch hält Schubert an dem einen Ton fis fest, als wollte er dem Hörer sagen, daß das, was hier unaufhörlich schlägt, jederzeit auch aussetzen könnte (beim Tode des Lazarus am Ende des ersten Aktes von Schuberts gleichnamigem, unvollendetem Oratorium setzt ein in ähnlicher Weise festgehaltenes h dann tatsächlich aus). Die Bewegung bricht jedoch nicht ab – die Wanderung des Müllerburschen ist noch nicht zu Ende. Mehr noch: Dort, wo der Müller das frühere Lied zitiert (»Mein Schatz hat's Grün so gern«), wendet sich die Melodie (im Baß von Hornquinten begleitet – wieder eine Anspielung auf den Jäger) von h-Moll nach H-Dur; nicht mehr Ergebung deutet sie an, sondern »Zorn, Wut, Eifersucht, Raserei, Verzweiflung«.

H-Dur ist daher auch die Tonart von *Die böse Farbe* (Nr. 17). Das Lied ist in manchem dem vorigen verwandt: Auch hier beharrt der Komponist, obwohl nicht mit gleicher Konsequenz, auf dem Ton fis, auch hier wechselt er am Ende jedes Abschnitts in das entgegengesetzte Tongeschlecht, diesmal von H-Dur nach h-Moll. Es unterscheiden sich jedoch die Bewegungsfiguren, die dem Lied seinen leidenschaftlichen Affekt geben und es zugleich gliedern: Das Vorspiel beginnt mit weit ausgreifenden Figuren, die an *Am Feierabend* (Nr. 5) gemahnen, an das Mühlrad. Mit dem Einsatz der Singstimme weichen sie einer kräftiges Schreiten markierenden Begleitung (»Ich möchte ziehn in die Welt hinaus«). Dann, mit Beginn der dritten Strophe, setzen sich Tonrepetitionen durch (»Ach Grün, du böse Farbe du«), die auf das vorige Lied unmittelbar zurückverweisen. In der vierten Strophe (»Ich möchte liegen vor ihrer Tür«) kehren die Mühlradfiguren wieder, leiten über in eine Kombination von repetiertem fis und Jagdhorn-Quinten (»Horch, wenn im Wald ein Jagdhorn schallt«) und dominieren dann in der letzten Strophe (»ade, ade! und reiche mir zum Abschied deine Hand«). Im Pianissimo ist das vorgetragen; in h-Moll schließt das Lied: Der Müllerbursch hat zu »stiller Ergebung« zurückgefunden, trotz der heftigen Forte-Schläge, mit denen das Nachspiel schließt.

Der Müller kennt nun das Ziel seiner Wanderung. Es ist nicht die Mühle, nicht die Müllerin. Das nächste Lied, *Trockne Blumen* (Nr. 18), bestätigt das; es hat, zu Beginn, den Charakter eines Trauermarsches: »Ihr Blümlein alle, die sie mir gab, euch soll man legen mit mir ins Grab.« Die Singstimme dominiert; mit sparsamen Akkorden, den Marschrhythmus festhaltend, begleitet die Klavierstimme. Die Tonart e-Moll (»Klage ohne Murren«) scheint den Ton des Sich-Ergebens wieder aufzugreifen. Freilich: mit den beiden letzten Strophen (»Und wenn sie wandelt am Hügel vorbei«) verdichtet sich der Satz, aus der Singstimme leitet der Klavierbaß eine Gegenmelodie ab, die in punktierten Rhythmen unaufhaltsam vorwärts drängt, als ob der Schritt sich beschleunige (zum doppelten Tempo). Der Trauermarsch verwandelt sich in einen – freilich ironisch gebrochenen – Triumphmarsch, aus e-Moll wird E-Dur (»lautes Aufjauchzen«): »dann Blümlein alle, heraus, heraus! der Mai ist kommen, der Winter ist aus«.

Der Jubel allerdings erweist sich in der Tat als Illusion: In einer neuerlichen Rückung führt uns der Komponist nach G, in die Ausgangstonart zurück. *Der Müller und der Bach* (Nr. 19) ist als Dialog gestaltet, g-Moll die Tonart des Müllers, G-Dur die des Baches. Die Wanderung ist beendet: Zum erstenmal in diesem Zyklus hören wir ein Lied im Dreiertakt (3/8). Der Müller hat zu seinem Gefährten gefunden. Seine Klage (erste Strophe) trägt er stockend vor (nach Art einer Sarabande die metrische "2" betonend), mit sparsamer Begleitung. Der Bach tröstet ihn (zweite Strophe) zu wieder fließenden Figuren im Diskant des Klaviers, während die Sarabanden-Rhythmen des Müllers den Baß bestimmen – das Muster ist uns bereits vertraut. Der Müller nimmt den Trost an. Zwar kehrt er in der letzten Strophe zu Tonart und Melodie der ersten zurück, doch führt die Klavierstimme das Muster der zweiten weiter – und im Nachspiel behalten die fließenden Figuren des Baches das letzte Wort: »Ach, unten, da unten, die kühle Ruh, ach, Bächlein, liebes Bächlein, so singe nur zu.«

Den Zyklus beschließt *Des Baches Wiegenlied* (s. auch S. 109) – in abermaliger Entrückung nach E-Dur. Mit dem »Triumphlied« des »dann Blümlein alle, heraus, heraus!« hat das freilich nichts mehr zu tun, nicht der Müller singt ja, sondern der Bach, und das E-Dur steht nicht für Sieg, sondern für den Weg in die Erlösung, den jener bereits mehrfach erwähnte Schreitrhythmus bezeichnet, mit dem der Bach den Müller zur Ruhe wiegt: »und der Himmel da droben, wie ist er so weit.«

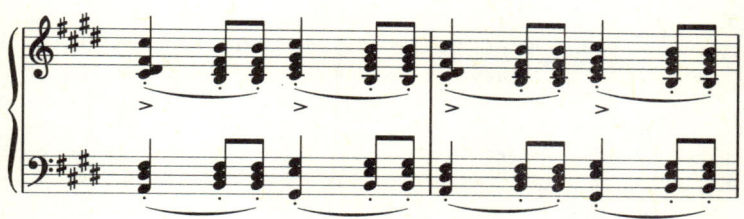

Bsp. 20

Die Spätzeit (1824–1828)

Im Herbst 1823 hatte Schubert zwar nach einer Phase des Verstummens, wie er dem Freund Schober schrieb, »ein paar Müllerlieder« komponiert – dann aber schwieg er erneut. Das gilt nicht nur für die Liedkomposition: In schneller Folge entstehen wohl zu Beginn des Jahres 1824 zwei Streichquartette und ein Oktett, mit denen sich Schubert – so die vielzitierte Passage aus einem Brief an Leopold Kupelwieser vom 31. März 1824 – »den Weg zur großen Sinfonie bahnen« will (Dok., S. 235), doch folgt darauf auch an größeren Instrumentalwerken kaum mehr als die Sonate in C für Klavier zu vier Händen (D 812, das sogenannte »Grand Duo«, entstanden während eines neuerlichen mehrmonatigen Aufenthaltes bei dem Grafen Esterházy in Zseliz), die man dann freilich vielfach tatsächlich für eine verkappte Sinfonie gehalten hat (s. S. 324 f.). Offensichtlich versucht Schubert, sich neu zu orientieren – und das wohl auch auf dem Gebiet des Liedes: Er sucht da vor allem nach neuen Texten, findet aber zunächst nichts, was ihm wirklich zusagte. So ist das Jahr 1824 das an Liedern ärmste seit 1813,

dem Ende seiner eigentlichen Lehrzeit. Vier Lieder nur entstehen: Im
März des Jahres wendet er sich noch einmal – zum letztenmal – Gedichten seines Freundes Mayrhofer zu; die einst enge Beziehung zwischen
den beiden Freunden hat sich inzwischen freilich gelockert (s. S. 59 f.):
Da scheint es fast bezeichnend, daß drei der vier neuen Mayrhofer-
Lieder Nachtlieder sind und daß eines davon, *Auflösung* (D 807), den
früheren »Heliopolis«-Gedanken (s. S. 85) gleichsam zu widerrufen
scheint: »Verbirg dich, Sonne«, heißt es nun, und »geh unter, Welt, und
störe nimmer die süßen ätherischen Chöre!«
Ganz anders das Jahr 1825 (s. Tabelle): Es bringt in der Tat neue
Namen, so den pommerschen Dichter Karl Lappe, von dem Schubert
zwei Gedichte in Musik setzt: den romantisch-visionären Gesang *Im
Abendrot* (D 799) und die Idylle *Der Einsame* (D 800), deren beschaulich behaglicher Text (»O, wie ich mir gefalle in meiner stillen Länd-
lichkeit«) in deutlichem Kontrast steht zu der sechs Jahre zuvor vertonten Mayrhoferschen Ode *Einsamkeit*: Bereits die Wahl der Tonarten macht den Unterschied deutlich: B-Dur, Ton der Erwartung für
die Ode (s. S. 78 f.), G-Dur, Ton des Ländlichen, Idyllen- und Eklo-
genmäßigen, für die Idylle. Zwei Lieder schrieb Schubert auf Texte
eines neuen, gleichaltrigen Freundes, Jakob Nikolaus Craigher de
Jachelutta: *Die junge Nonne* (D 828), ein Lied der Sehnsucht nach
Erlösung aus »irdischer Haft« und Finsternis, und gleichsam als
Gegenstück dazu *Totengräbers Heimwehe* (D 842), weniger religiös
geprägt, aber gleicherweise Ausdruck eines visionären Wunsches nach
Befreiung aus irdischem Drängen und Treiben, nach der »Heimat des
Friedens, der Seligen Land«. Mit Craigher hat Schubert übrigens eine
Vereinbarung getroffen, der Dichter möge ihm »mehrere Lieder aus
englischen, spanischen, französischen und italienischen Klassikern mit
deutscher Übersetzung im Metrum des Originals liefern..., die er
dann in Musik setzen und mit dem Original Texte auflegen lassen
wird« (Dok., S. 322) – ein Hinweis darauf, wie sehr Schubert sich in
dieser Zeit um Verbreitung seiner Lieder auch außerhalb des deutschen
Sprachraums bemühte.

Damit mag wohl auch die Wahl von Texten Walter Scotts zusammenhängen, die seit April 1825 deutlich im Vordergrund seines Liedschaffens stehen. Dies gilt insbesondere für die *Sieben Gesänge aus Walter
Scott's »Fräulein vom See«*, die ein Jahr darauf zweisprachig – in zwei
Versionen der Singstimme für den englischen Originaltext und die deutsche Übersetzung – als op. 52 erschienen.

Lieder und Gesänge 1824–1825

Deutsch-Nummer	Titel	Entstehungs-zeit	Textdichter
805	Der Sieg 55 T.	März 1824	Mayrhofer
806	Abendstern 33 T.	März 1824	Mayrhofer
807	Auflösung 74 T.	März 1824	Mayrhofer
808	Gondelfahrer 40 T.	März 1824	Mayrhofer
799	Im Abendrot 36 T.	Febr. 1825?	Karl Lappe
800	Der Einsame, op. 41 79 T. – Idylle	Anfang 1825	K. Lappe
828	Die junge Nonne, op. 43,1 94 T. – lyrische Szene	Anfang 1825	J. N. Craigher
830	Lied der Anne Lyle, op. 85,1 62 T. – var. Strophenlied	Anfang 1825?	A. MacDonald (zit. in: W. Scott, »A Legend of Montrose«)
831	Gesang der Norna, op. 85,2 81 T. – var. Strophenlied	Anfang 1825	W. Scott (aus »The Pirate«)
832	Des Sängers Habe 65 T.	Febr. 1825	Schlechta
833	Der blinde Knabe 44 T.	April 1825	Colley Cibber, Übers. J. N. Craigher
834	Im Walde, op. 93,1 176 T. – lyrische Szene	März 1825	E. Schulze
837/838/ 835/836/ 846/839/ 843	Sieben Gesänge aus Walter Scotts »Fräulein vom See«, op. 52 (Liederzyklus)	April–Juli 1825	W. Scott
842	Totengräbers Heimwehe 86 T.	April 1825	J. N. Craigher
851	Das Heimweh, op. 79,1 205 T.	Aug. 1825	J. L. Pyrker

Deutsch-Nummer	Titel	Entstehungszeit	Textdichter
852	Die Allmacht, op. 79,2 94 T.	Aug. 1825	J. L. Pyrker
853	Auf der Bruck, op. 93,2 148 T. – lyrische Szene	März o. Aug. 1825	E. Schulze
854	Fülle der Liebe 104 T.	Aug. 1825	F. Schlegel
855	Wiedersehn 25 T. – Strophenlied	Sept. 1825	F. Schlegel
856	Abendlied für die Entfernte, op. 88,1 176 T. – var. Strophenlied	Sept. 1825	A. W. Schlegel
857,1	Lied der Delphine 133 T.	Sept. 1825	Chr. W. v. Schütz (»Zwei Szenen aus dem Schauspiel ›Lacrimas‹«)
857,2	Lied des Florio 56 T.	Sept. 1825	
860	An mein Herz 119 T.	Dez. 1825	E. Schulze
861	Der liebliche Stern 80 T.	Dez. 1825	E. Schulze
862	Um Mitternacht, op. 88,3 82 T. – var. Strophenlied	Dez. 1825	E. Schulze

Auf ihrer mehrmonatigen Reise nach Oberösterreich, Salzburg und in das Salzkammergut im Sommer und Herbst 1825 trugen Schubert und Vogl die Lieder immer wieder vor und fanden dabei von Anfang an starke Resonanz bei den Zuhörern. Ende Juli schreibt Schubert aus Steyr an seine Eltern: »Besonders machten meine neuen Lieder, aus Walter Scott's *Fräulein vom See*, sehr viel Glück« (Dok., S. 299), oder am 12. September an den Bruder Ferdinand aus Gmunden, daß sie gebeten wurden, »unsere sieben Sachen vor einem auserwählten Kreise zu produzieren, die denn auch unter besonderer Begünstigung des ... Ave Maria's [= *Ellens Gesang III*] Allen sehr zu Gemüte gingen. Die Art und Weise, wie Vogl singt und ich accompagniere, wie wir in einem solchen Augenblicke *Eins* zu sein scheinen, ist diesen Leuten etwas ganz Neues, Unerhörtes« (Dok., S. 314).
Die »Sieben Gesänge« bilden einen Zyklus eigener Art. Ein Zusammenhang, ein Handlungsfaden ist nicht zu verfolgen; zudem hat man es

auch nicht nur mit einer Sängerin oder einem Sänger zu tun: Frauen- und Männerlieder wechseln in bunter Folge; dazwischen eingefügt ist je ein Männer- und ein Frauen-Chor. Zu Schuberts Zeit schuf das wohl dem Verleger, kaum aber beim Vortrag Probleme: Man hat auch die großen Zyklen damals nie geschlossen vorgetragen; die üblichen, auf Abwechslung bedachten Konzertprogramme ließen das nicht zu. Man sang einzelne Lieder oder Chorsätze und nahm an, daß den Hörern der Zusammenhang bekannt war – bei einer so populären Dichtung wie Scotts Verserzählung konnte der Komponist darauf vertrauen.

Liederheft op. 52

Sieben Gesänge aus Walter Scotts
»Fräulein vom See« (»The Lady of the Lake«)

> T: Walter Scott (1771–1832). – Ü: D. Adam Storck. – D: zwischen April und Juli 1825. – AGA XX/8,471–475, XVI,10, XVIII,1; NGA IV/3,52.

Ellens Gesang I / Ellen's Song I (D 837)
(op. 52,1; Des-Dur)

Ellens Gesang II / Ellen's Song II (D 838)
(op. 52,2; Es-Dur)

Bootgesang / Boat Song (D 835)
(op. 52,3; c-Moll; für vier Männerstimmen und Klavier)

Coronach (Totengesang der Frauen und Mädchen) (D 836)
(op. 52,4; f-Moll; für drei Frauenstimmen und Klavier)

Normans Gesang (D 846)
(op. 52,5; c-Moll; keine englische Version)

Ellens Gesang III: Hymne an die Jungfrau /
Ellen's Song III: Hymn to the Virgin (D 839)
(op. 52,6; B-Dur)

Lied des gefangenen Jägers / Lay of the imprisoned Huntsman (D 843)
(op. 52,7; d-Moll)

Zur Überlieferung: Für keines dieser Lieder hat sich ein Autograph erhalten; dies ist offenbar – wie vielfach – nach der Drucklegung vernichtet worden. Die Erstausgabe zeigt über der Klavierstimme jeweils beide Versionen der Singstimme, die zuerst komponierte nach der deutschen Übersetzung und die später von Schubert hinzugefügte, in Details der Deklamation abweichende des englischen Textes. Die deutsche Fassung von Nr. 5 unterscheidet sich in Metrik und Strophenbau so sehr von der englischen, daß der Komponist hier auf eine englische Fassung verzichtete – er hätte sonst ein neues Lied komponieren müssen.

Zum Text: Vorlage für Schuberts Liedergruppe war D. Adam Storcks 1819 in Essen erschienene Übersetzung der Scottschen Verserzählung von 1810. Diese schildert in sechs Gesängen das Ende des Konflikts zwischen dem Adelsgeschlecht der Douglas und dem schottischen Königshaus während der Regierungszeit Jakobs V. (1513–42), zugleich aber auch den unlösbaren Gegensatz zwischen den stolzen und unabhängigen Clans der Highlands und der Herrschermacht. In die Gesänge sind 14 durch eigene Überschriften und besonderes Versmaß abgehobene »Lieder« eingestreut. Schubert läßt davon solche »Lieder« aus, die ihrer Ausdehnung wegen oder auch inhaltlich in den Kontext seines Zyklus nicht recht passen wollen: Es geht ihm dabei nämlich, so scheint es, vor allem um die Ambivalenz von Krieg und Frieden. Formal herrscht in Scotts Erzählung fast immer Frieden – es kommt nicht einmal zu jener großen Schlacht, auf die die ersten Gesänge unausweichlich hinzuführen scheinen und die dem fünften auch den Titel gibt (»The Combat«). Im Grunde aber ist immer Krieg, trotz eines versöhnlich scheinenden Schlusses: Die Versöhnung nämlich führt wohl zu einem Ausgleich der Interessen von Adel und Königshaus – der Grundkonflikt zwischen diesen beiden auf der einen und den rebellischen Hochlandstämmen auf der anderen Seite aber ließe sich nur durch Unterwerfung der Clans beenden oder durch Revolution, Rückkehr zur vorfeudalen Ordnung – Solche Ambivalenz kommt Schuberts eigener Grundstimmung entgegen – sie findet manche Entsprechung in seiner Zeit: Formaler Frieden nach dem Ende der Napoleonischen Kriege überdeckt den Grundkonflikt zwischen einem selbstbewußten Bürgertum und einem Adel, der mit der Dynastie auch das multinationale, nur durch die Krone zusammengehaltene Reich bewahren will.

Zur Komposition: Das erste Lied – *Ellens Gesang I* – zeigt die Tochter des vom König geächteten Grafen Douglas (beide haben Aufnahme gefunden bei dem aufständischen Highland-Clan der Alpines): Ellen singt einem verirrten Jäger, dem unerkannten König, ein Schlaflied. Sie sieht in ihm zunächst nicht so sehr den Jäger als den Boten des Krieges; ihr Lied soll ihm nicht nur den Schlaf bringen, sondern ihn auch entwaffnen: »Raste, Krieger, Krieg ist aus.« Schubert disponiert den umfangreichen Gesang nach Art eines Rondos: Dreimal erklingt die Ritornellstrophe, unterbrochen von Episoden, in denen ein Zauberland beschworen wird, aus dem »Feen mit unsichtbaren Händen ... holde Schlummerblumen senden«.

Die Ritornellstrophen nun, in Des-Dur gesetzt (»ein schielender [d. h. zwielichtiger] Ton, ausartend in Leid und Wonne«, Schubart), sind zweischichtig gestaltet: Zwar ist Ellens Gesang selbst, die Singstimme, tatsächlich ein Schlummerlied, weit ausschweifend, regelmäßig gegliedert, die Schrecken des Krieges in Kantabilität aufhebend – die Klavierstimme aber meint es ganz anders: Fanfaren-

auf Erden«. Der Gesang beginnt wieder präludierend, greift dann aber sofort die Figuren auf, die im ersten Gesang die vier unterschiedlichen Teile verbunden hatten. Es ist ein »persönlicher Gesang«, wie im zweiten Teil des ersten Liedes, wie dort dominiert die Singstimme, stützt das Klavier und gibt zugleich die Bewegung an.

Die erste der beiden Strophen erscheint dabei als geschlossenes Lied, der eine gleiche Strophe folgen könnte (in der Tat hatte Schubert in einem ersten Versuch das Lied als »Strophenlied« gesetzt). Dann aber unterbrechen kräftige Arpeggien den Gesang (in B-Dur zunächst: »neapolitanische« Verwandtschaft zur Grundtonart a-Moll, dann, noch düsterer, in b-Moll): »Ihr führt ins Leben uns hinein.« Es ist wie Ausstoßung aus dem Paradies; die Klage wird zur Anklage. Danach wird der Gesang zwar zunächst noch einmal ganz verhalten (»ihr laßt den Armen schuldig werden, dann überlaßt ihr ihn der Pein«), führt aber zum Schluß zu neuer Anklage in kräftig herausgeschleuderten Schlußakkorden. Antwort wird dem Sänger darauf nicht: Die letzten Akkorde des Liedes führen aus der Tonart heraus, weisen von a-Moll nach d-Moll, ohne daß dies d-Moll selbst zu hören wäre. Erst der Schlußgesang kehrt nach a-Moll zurück.

Dieser Schlußgesang nun (»An die Türen will ich schleichen«) ist ganz anderer Art. Er zeigt den zum Bettler gewordenen Harfner aus der Distanz, im Spiegel objektivierender Linien musikalischer Polyphonie: »Jeder wird sich glücklich scheinen, wenn mein Bild vor ihm erscheint, eine Träne wird er weinen, und ich weiß nicht, was er weint.« Nicht mehr Harfenfiguren binden das Lied zusammen, sondern gleichmäßige Viertel »in gehender Bewegung«, wie Schubert vorschreibt. Die Singstimme ist eingebunden in den polyphonen Satz; sie verdoppelt die Oberstimme des Klaviersatzes und könnte auch fehlen, benötigte man sie nicht zur Rezitation des Textes. Ein Einsamer geht vorbei, doch man nimmt ihn nicht wahr, nicht als Person, allenfalls als Abbild eines widrigen Schicksals, das einem selbst »glücklich« erspart geblieben ist; man ist gerührt und wendet sich ab (der »Fremdling« findet ja, so sagte Wilhelm, in seinem »Herzen die angenehmste Bekanntschaft«). Die »gehende Bewegung« ist unbarmherzig, läßt für Reflexion keinen Raum; sie befremdet zugleich (Schubert orientiert sich an Satzmodellen »alten Stils«, denen wir im Lied nur selten begegnen). Die Einsamkeit des Harfners gemahnt an die – musikalisch freilich anders dargestellte – des Leiermanns aus der *Winterreise*, an die Einsamkeit des Schicksals- und Todesboten.

Kurze Zeit nach der Entstehung der drei Harfner-Lieder (1816) schrieb Schubert das Lied, das lange Zeit sein berühmtestes war: *Der Wanderer*. Es trug, so lesen wir in einem Brief von Schuberts Freund Josef Hüttenbrenner an dessen Bruder Andreas vom 11. Februar 1867, »schon vor ein paar Jahren 27.000 fl. [Gulden]« ein (Erinn., S. 220) – und das bei einem Kaufpreis von anderthalb Gulden für das komplette Heft der Erstausgabe. Einen ähnlichen Verkaufserfolg hat es für ein einzelnes Lied kaum jemals gegeben.

Der Wanderer (»Ich komme vom Gebirge her«; D 489)
(op. 4,1; cis-Moll/E-Dur)

T: Georg Philipp Schmidt (»von Lübeck«, 1766–1849). – D: Oktober 1816
(lt. erster Niederschrift). – AGA XX/4,266; NGA IV/1,3(1)

Zur Überlieferung: In drei nur in Details voneinander abweichenden Fassungen ist das berühmte Lied überliefert. Die erste Niederschrift entstand im Oktober 1816. Vermutlich 1820/21 fertigte Schubert eine transponierte Reinschrift davon in h-Moll/D-Dur für den Bassisten Johann Graf Esterházy an (dessen Töchter bei ihm Musikunterricht erhielten); sie trägt ein ausführliches Titelblatt: »Der Wanderer oder: Der Fremdling oder: Der Unglückliche . . .«. Die dritte Fassung, wieder in cis-Moll/E-Dur, ist in der Originalausgabe erhalten (erschienen im Mai 1821), unter dem Titel *Der Wanderer*.

Zum Text: Schubert hat das Gedicht des Lübecker Dichters Georg Philipp Schmidt in einem 1815 in Wien erschienenen Almanach *Dichtungen für Kunstredner* kennengelernt, in dem, wie in Schuberts Autographen, als Autor Zacharias Werner angegeben ist. Das Gedicht heißt dort *Der Unglückliche*, an anderer Stelle auch *Des Fremdlings Abendlied*. Den Titel *Der Wanderer* hat offenbar Schubert selbst ihm gegeben.

Die Titeländerung ist bezeichnend. In Schmidts Dichtung geht es tatsächlich um den »Fremdling«, aus dem Gebirge an das Meer verschlagen, unter Fremde, die seine Sprache nicht sprechen, wo er weder Freunde noch Verwandte hat. Er ist »unglücklich«, denn allein »dort, wo du nicht bist, ist das Glück«. Für Schubert hingegen ist »Der Unglückliche« nicht nur in ein fremdes Land verschlagen, sondern überhaupt als »Wanderer« unterwegs; das geliebte Land, »das Land, so hoffnungsgrün«, ist ein utopisches Land, unerreichbar, und wo immer der Wanderer auch sich tatsächlich befindet, dort ist sein Glück nicht.

Zur Komposition: Schuberts Lied zeigt einen Prozeß. Es verzichtet dabei ebenso auf Einheitlichkeit der Tonart wie auf solche der Bewegung. Anders als in der Mehrzahl der bisher besprochenen »polyrhythmischen« Lieder bindet auch keine einheitliche Szene die verschiedenen Stationen des Gesanges. Kernstück des Liedes ist die Strophe: »Die Sonne dünkt mich hier so kalt, die Blüte welk, das Leben alt, und was sie reden leerer Schall, ich bin ein Fremdling überall.« Die Verse zeigen den Wanderer in der Realität der Fremde, umgeben von Kälte, Unverständnis, Leere. Die Musik geht freilich darüber hinaus:
Die Melodie erscheint als Lied im Lied, als in sich geschlossener Achttakter (und das erlaubt es Schubert auch, die Takte als Thema für den Variationensatz seiner Fantasie für Klavier in C-Dur op. 15, D 760, die sogenannte *Wandererfantasie*, zu verwenden, s. S. 297 ff.). Freilich verharren nur die ersten sechs Takte in dem cis-Moll unseres Musikbeispiels – die beiden Schlußtakte führen nach E-Dur. Cis-Moll: das ist für Schubert wohl die Tonart der »Bußklage« und der »Seufzer der unbefriedigten Freundschaft und Liebe« (C. F. D. Schubart), also die Tonart des Fremdlings, E-Dur hingegen Entrückung, »heilige Offenheit und Liebe« (G. Schilling; Schilling stützt sich in seiner Tonartenlehre auf Schubart und Johann

Bsp. 8

Jakob Wagner, der über seine Freundschaft mit Franz von Bruchmann auch dem Schubert-Kreis nahestand). Es sind gegensätzliche Tonarten und zugleich aufeinander bezogen. Der Weg von der einen in die andere ist der Weg in Traum und Utopie, aus der bitteren Realität hinaus. Dem entspricht die musikalische Faktur: Die Melodie der Singstimme erscheint statisch, von wiederkehrenden Formeln geprägt; in der Klavierstimme hingegen begegnen wir einem langsamen Schreitrhythmus, einem rhythmischen Modell, das Schubert später zum motivischen Keim seiner *Wandererfantasie* macht und das offenbar zum Zeichen für die Überschreitung von Grenzen wird, für den Weg in den Tod ebenso wie für den in ein Reich der Geborgenheit, in dem Konflikte sich lösen. Es scheint, als ob die

Entwicklung des rhythmischen Motivs zu einem bestimmten Zeichen für Schubert von diesem Lied ihren Ausgang nimmt.

Dem Kernstück des Liedes geht ein längerer, zweiteiliger Abschnitt voraus, anfangs wiederum in cis-Moll, die Situation schildernd in durchgehender Triolenbewegung (»Ich komme vom Gebirge her, es dampft das Tal, es braust das Meer«, singt dazu der Wanderer, rezitierend), dann in E-Dur, nach dem Ziel der Wanderung fragend (»und immer fragt der Seufzer: wo?«), die Singstimme jetzt kantabel, fast arios, während die Klavierstimme zu weiterhin fortlaufenden Triolen die Singstimme echoartig zitiert. Auf das Kernlied folgen dann in neuem Tempo, in neuer Bewegung, aber durchweg in E-Dur kurze Abschnitte, wie Traumbilder eingeschoben: »Wo bist du, mein geliebtes Land«. Der Wanderer, in lebhafter Hoffnung, beschleunigt den Schritt. Es ist kein langsamer, vom Modell des Trauermarsches abgeleiteter Schreitrhythmus mehr – es ist ein Vorwärtsstürmen, das sich im folgenden Abschnitt (»Das Land, das Land, so hoffnungsgrün«) in eine Art Reitermarsch verwandelt. Das zunächst unvermindert weiter dominierende E-Dur wendet sich freilich gegen Ende des Abschnitts wieder nach Moll (nach fis-Moll zunächst, dann nach a-Moll) und mündet in eine breite Fermate auf einem dissonierenden Akkord (H-Dur-Septakkord mit tiefalterierter Quinte, ein Akkord, den Schubert liebt, den er gerne benutzt, um von einer Molltonart in deren Dur-Dominante zu modulieren): »O Land, wo bist du«.

Der E-Dur-Teil des Anfangs kehrt nun wieder (»ich wandle still, bin wenig froh«); die Vision ist wieder in die Ferne gerückt, das Ziel scheint unerreichbar – und im Unisono antwortet Geisterhauch dem Wanderer: Das Glück ist eine Fata Morgana. Doch nicht in cis-Moll, in der Tonart der Klage, singen die Geister, sondern in jenem E-Dur der Entrückung, das zugleich eben doch Tonart der Hoffnung bleibt: Wenn man das geliebte Land auch nicht zu erreichen vermag, so lebt es doch in uns, solange wir uns auf der Wanderung befinden. Der Prozeß, der bereits dem ersten Teil des Liedes zugrunde liegt, der sein Kernstück ausmacht, er wird auch am Ende nicht zurückgenommen. Das fast choralartige Nachspiel des Liedes erscheint wie eine Verheißung. So ist es kein Wunder, daß das Lied Schuberts Zeitgenossen angesprochen hat, in einer Periode äußerer »Befriedigung« durch Metternichs Polizeiregime, die zugleich aber auch eine Periode innerer Wandlung war. Selbst einer der Großen des Reiches, der Patriarch von Venedig (das damals zu Österreich gehörte) Johann Ladislaus Pyrker, fühlte sich gedrängt, auf Schuberts Bitte, ihm das Liederheft op. 4 widmen zu dürfen, nicht nur mit einer formellen Erlaubnis zu antworten, wie das Gesetz es verlangte, sondern mit einem Bekenntnis: »Ihren gütigen Antrag ... nehme ich mit desto größerem Vergnügen an, als es mir nun öfters jenen Abend in das Gedächtnis zurückrufen wird, wo ich durch die Tiefe Ihres Gemütes – insbesondere auch in den Tönen Ihres *Wanderers* ausgesprochen – so sehr ergriffen ward! Ich bin stolz darauf, mit Ihnen ein und demselben Vaterlande anzugehören ...« (Dok., S. 128).

klänge als in den Schlaf dringendes Echo des Krieges, jeweils das letzte Taktviertel widerborstig betonend, den schwingenden Rhythmus der Singstimme störend, begleiten den Gesang und behalten am Ende das letzte Wort.

Bsp. 21

Die Episoden dann sind Traumstrophen. Die erste erzählt verführerisch von Zauberhallen und Zauberharfen, Des-Dur verwandelt sich in Cis-Dur und führt, beständig modulierend, nach A-Dur (für Schubert offenbar eine Tonart elysischer Reigen); die Fanfaren verstummen und machen wiegenden Begleitfiguren Platz – das ist nun wirklich »weicher Schlafgesang«. Doch die Ritornellstrophe kehrt wieder, und die darauffolgende zweite Episode bringt ein ganz anderes Traumbild: »Nicht der Trommel wildes Rasen, nicht des Kriegs gebietend Wort, nicht der Todeshörner Blasen scheuchen deinen Schlummer fort . . .« – die Worte zwar wollen die Kriegssignale auslöschen, aber die Bilder, die sie evozieren, sind so stark, daß sich diesmal auch die Singstimme ihnen nicht entziehen kann: Marschähnliche Fanfarenmelodik tritt an die Stelle schwingender Bögen, und die Klavierstimme zeichnet erbarmungslos das »Stampfen wilder Pferde«. Erst der Schluß der Episode (»Doch der Lerche Morgensänge«) führt in die Zauberklänge der ersten zurück. Die Fanfaren der dritten Ritornellstrophe, obwohl echoartig zurückgenommen, als schlafe der Krieger nun wirklich, bestätigen uns dann aber: Der Krieg ist keineswegs beendet, die Konflikte lösen sich nicht.

Als ob sie erst jetzt bemerkte, daß sie sich im Thema vergriffen hatte, daß sie nicht einen Krieger, sondern einen Jäger vor sich hat, schließt Ellen sofort ein weiteres Lied an (*Ellens Gesang II*: »Jäger, ruhe von der Jagd!«), in Es-Dur, dem Ton der Jagdhörner. Die Botschaft des ersten Liedes aber bleibt. Wie dort die Kriegsfanfaren, so durchziehen hier Jagdhornklänge den ganzen Gesang: Die Realität läßt sich im Traum nicht auslöschen.

Das Chorlied *Bootgesang*, ein Strophenlied, feiert den vom See heimkehrenden Roderick, Haupt des aufständischen Clans: wieder ein zwielichtiges Triumphlied, beginnend in c-Moll, nach C-Dur sich steigernd; tatsächlich singt es nicht nur von dem Helden und dem siegreichen Clan, sondern zugleich von den Leiden des Krieges, von Zerstörung und Tod.

Der Ausbruch des Kampfes scheint unvermeidlich geworden; der Clan ruft seine Krieger zusammen: Der Sohn verläßt die Bahre seines Vaters, um den die Frauen klagen (*Coronach*, wieder ein Strophenlied), der eben getraute Bräutigam die Braut (*Normans Gesang*, variiertes Strophenlied – dieses Lied, so berichtet Schuberts Linzer Freund Anton Ottenwalt, soll Schubert selbst für das gelungenste des Zyklus gehalten haben). Graf Douglas hat den Schutz des Clans aufgegeben und sich in die Berge zurückgezogen; nun bittet Ellen in der berühmten *Hymne an die Jungfrau* (*Ellens Gesang III*, Strophenlied) um Beistand für den Vater: »Ave Maria! Jungfrau mild, erhöre einer Jungfrau Flehen . . . der Jungfrau wolle hold dich neigen, dem Kind, das für den Vater fleht!« Das Lied steht in B-Dur, Tonart der Hoffnung und der Erwartung. Die Singstimme, ungewöhnlich melismenreich, intensiv melodisch, dominiert. Harfenfiguren begleiten sie – denn, so die Verse, die dem Lied vorausgehen: zu des fernen Vaters »Ohre dringt ein feierlicher Harfenklang, ein frommes Herz die Flügel schwingt empor auf heiligem Gesang; ja Allan-Banes [des vertrauten Sängers] Harfe klingt, und Ellen oder ein Engel singt.«

Dem Vater gefolgt ist Malcolm, Ellens Geliebter. Dieser gerät in Gefangenschaft. Aus seiner Zelle in einem Turm auf Stirling Castle hört Ellen ihn singen – als bereits alles zur Versöhnung zwischen dem König und dem Geschlecht der Douglas sich vorbereitet (*Lied des gefangenen Jägers*, variiertes Strophenlied). Es ist, trotz gelegentlicher visionärer Ausblicke, ein schwermütiges Lied in d-Moll, zugleich aber auch unerbittlich im Polonaisenrhythmus, der Vergangenheit zugewandt, hoffnungslos: »Ach wär ich nur, wo ich zuvor bin gewesen« – und: »Ich hasse der Turmuhr schläfrigen Klang, ich mag nicht sehn, wie die Zeit verstreicht, wenn Zoll um Zoll die Mauer entlang der Sonnenstrahl so langsam schleicht . . .« In Scotts Erzählung findet alles zu einem guten Ende – der Vater wird in die alten Rechte wieder eingesetzt, Malcolm befreit und Ellen zugesprochen. In Schuberts Zyklus aber hat das kein Echo mehr: Er hat die Versöhnung ausgespart. Bereits das erste Lied zeigt uns: Ein Ausgleich von oben ist nicht möglich.

Schuberts Sommerreise führt ihn im August 1825 nach Bad Gastein. Er arbeitet dort weiter an seiner »großen« Sinfonie in C-Dur, komponiert eine Klaviersonate in D-Dur (D 850) und trifft wohl auch mit dem Patriarchen von Venedig, Johann Ladislaus Pyrker von Felsö-Eör, zusammen, dem er bereits sein Liederheft op. 4 gewidmet hatte (s. S. 66). Wahrscheinlich von diesem selbst erhielt er Texte aus zwei epischen Dichtungen des Patriarchen – *Tunisias* und *Elisa* –, die er als Vorlage für zwei umfangreiche, ariose Gesänge benutzte: *Das Heimweh* (D 851) und *Die Allmacht* (D 852), das erste fast ein Instrumentalstück mit hinzugefügter Singstimme, eine eindringliche Klage um das verlorene Paradies (für das im Mittelteil ein ausgedehnter Ländler steht), das andere ein Hymnus auf die Macht Gottes in der Natur (»Himmel und Erde verkünden seine Macht«).

Noch mit einem weiteren Dichter freilich beschäftigt sich Schubert in diesem Jahr intensiv. Es ist der in manchem Novalis nahestehende Celler Romantiker Ernst Schulze. Aus dessen Versdichtung *Die bezauberte Rose* hätte er gern eine Oper gemacht – doch hat der Freund Bauernfeld ihm das erbetene Textbuch nicht geschrieben. Schulzes *Poetisches Tagebuch* aber war ihm Vorlage für zehn Lieder, entstanden im Zeitraum eines Jahres, zwischen März 1825 und März 1826.

Lieder und Gesänge 1826

Deutsch-Nummer	Titel	Entstehungszeit	Textdichter
801	Dithyrambe, op. 60,2 35 T. – Strophenlied	vor Juni 1826	Schiller
829	Abschied 33 T. – Melodram	17. 2. 1826	A. v. Pratobevera
869	Totengräber-Weise 119 T.	1826	Schlechta
870	Der Wanderer an den Mond, op. 80,1 64 T.	1826	J. G. Seidl
871	Das Zügenglöcklein, op. 80,2 60 T.	1826	Seidl
874	O Quell, was strömst du Fragment – 18 T.	Jan. 1826?	E. Schulze
876	Im Jänner 1817 36 T. – Strophenlied	Jan. 1826	E. Schulze
877	Gesänge aus »Wilhelm Meister«, op. 62 Zyklus von 4 Liedern	Jan. 1826	Goethe
878	Am Fenster, op. 105,3 73 T.	März 1826	Seidl
879	Sehnsucht (»Die Scheibe friert«), op. 105,4 89 T.	März 1826	Seidl
880	Im Freien, op. 80,3 132 T.	März 1826	Seidl

Deutsch-Nummer	Titel	Entstehungs-zeit	Textdichter
881	Fischerweise, op. 96,4 92 T. – var. Strophenlied	März 1826	Schlechta
882	Im Frühling 50 T. – var. Strophenlied	März 1826	E. Schulze
883	Lebensmut 69 T. – var. Strophenlied	März 1826	E. Schulze
884	Über Wildemann, op. 108,1 83 T. – lyrische Szene	März 1826	E. Schulze
907	Romanze des Richard Löwen-herz, op. 86 125 T. – Ballade	März 1826?	W. Scott (aus »Ivanhoe«)
888	Trinklied (»Bacchus, feister Fürst des Weins«) 29 T.	Juli 1826	Shakespeare, Übers. F. Mayrhofer
889	Ständchen (»Horch, Horch! die Lerch«) 46 T.	Juli 1826	Shakespeare, Übers. A. W. Schlegel
890	Hippolits Lied 37 T. – var. Strophenlied	Juli 1826	F. v. Gersten-berg, zit. nach Johanna Scho-penhauers »Gabriele«
891	An Silvia, op. 106,4 30 T. – Strophenlied	Juli 1826	Shakespeare, Übers. E. v. Bauernfeld

Manche der Schubertschen Vertonungen aus Schulzes *Poetischem Tagebuch* gemahnen in einzelnen Zügen bereits an Gedanken und Bilder der *Winterreise* – man denke da an *Im Walde* (D 834): »Ich wandre über Berg und Tal und über grüne Heiden, und mit mir wandert meine Qual, will nimmer von mir scheiden«, ein – wie *Erstarrung* aus der *Winterreise* – in unaufhörlicher Triolenbewegung vorwärtsdrängender Gesang: »Oh! Liebessehnen, Liebesqual, wann ruht der Wanderer einmal?« Man denke auch an *Über Wildemann* (D 884), ein Lied, das Schubert später an den Beginn seines Opus 108 stellte, einer der letzten Liedergruppen, die er noch selbst zum Druck gegeben hat.

Über Wildemann (D 884)
(op. 108,1; d-Moll)

T: Ernst Schulze (1789–1817). – D: März 1826 (lt. Liedverzeichnissen aus Schuberts Freundeskreis). – AGA XX/8,500; NGA IV/5,108(1).

Zum Text: Das Gedicht (Überschrift bei Schulze: *Ueber Wildemann, einem Bergstädtchen im Harz. Den 28sten April 1816*) schildert in fünf Strophen das Leid des Sängers, der von den Höhen der Berge hinabschaut auf das Städtchen zu seinen Füßen (Str. 1 und 5). Im Tale regt sich der Frühling, auf den Höhen aber herrschen Schnee und Eis (Mittelstrophen). Der Frühling bringt Blüten mit sich, macht, »daß selbst am Steine das Leben sprießt«, denn Frühling ist Liebe. Dem Sänger aber verschließt »die Eine« ihr Herz; so muß er denn »vorüber mit wildem Sinn und blicket lieber zum Winter hin«.

Zur Komposition: Schubert folgt der Gliederung des Textes: Die Außenstrophen – musikalisch weitgehend identisch – bilden den Rahmen, die Mittelstrophen formulieren die Antithesen. Die Szene ist dabei im ganzen gebunden durch einheitliche, drängende Bewegung, das »ich wandre in Eile« aufgreifend und verbindend mit der Vorstellung vom Windessausen, von »rauher Bahn«. Anders als in Liedern ähnlicher Szenerie (wir denken an den *Erlkönig*) ist die Klavierbegleitung hier freilich nicht mehrschichtig, Diskant und Baß gehen vorwiegend im Unisono miteinander – und sie folgen damit der Singstimme; alles ist auf den Sänger konzentriert, als ob Wind und Schnee und Eis, als ob die ganze, im Text doch so realistisch auf eine bestimmte Gegend im Harz bezogene Landschaft vor allem Spiegelung seines Inneren sei: »Mich läßt du«, so wendet er sich in der letzten Strophe an die Liebe, »schweifen im dunklen Wahn . . .«

Von den Mittelstrophen sind die ersten beiden – Strophe 2 und 3 des Liedes – in sich antithetisch; die jeweils erste Halbstrophe handelt vom Tal, die jeweils zweite wendet sich zum Sänger zurück. Schubert folgt dem Dichter auch hier. Zwar bindet die unveränderte Triolen-Bewegung die Strophen im ganzen in die Szene ein, doch verlieren sie jeweils zu Beginn einen Teil ihrer drängenden Unrast: Die in den Rahmenstrophen jeweils den Auftakt belastenden Forzati verschwinden, der Klavierpart löst sich von der Singstimme, ohne freilich eigenes Profil zu gewinnen; er breitet – in ganzen Takten – einen harmonischen Grund aus – in D-Dur. Erst der zweite Teil jeder Strophe kehrt zu dem von den Rahmenstrophen gegebenen Modell zurück. Dabei verbindet Schubert die ersten beiden Mittelstrophen zu einem Block. Die zweite Strophe schließt offen auf der Dominante (in A-Dur), führt so in das D-Dur der dritten Strophe, die ihrerseits in der Tonika schließt (in d-Moll). Dann folgt eine deutliche Zäsur; die vierte Strophe setzt neu an. Es ist die einzige Strophe, die als ganze in einer anderen Tonart steht, in der Dominanttonart A-Dur. Schubert unterstreicht damit ihre besondere Bedeutung. Sie ersetzt nämlich die äußere Antithese der Strophen 2 und 3 (Frühling/Winter, Tal/Höhe) durch eine innere: »O Liebe, Liebe, o Maienhauch, du drängst die Triebe aus Baum und Strauch« – so singt der Sänger. Er spricht wohl vom Frühling – aber er stellt ihn nicht mehr dar: Er ist es ja selbst, der die Liebe anruft, das Frühlingsbild beschwört. So setzt auch Schubert die Strophe wohl in Dur, wie den Beginn der vorigen Strophen, und wie dort ist die Klavierstimme weitgehend unabhängig von der Singstimme, aber bereits mit dem zweiten Takt der Strophe gerät der Baß in Bewegung – die Klavierstimme hat nicht mehr nur die Funktion einer harmonischen Grundierung, sie zeigt den Sänger wieder unterwegs, er ist beteiligt, er singt von sich. So leitet die Strophe denn auch mühelos in die letzte Strophe über, in das Unisono des Anfangs zurück. Zwar schließt die Strophe mit einer Frage: »O Frühlingsschimmer, o Blütenschein! soll ich denn nimmer mich dein erfreun?« – formal endet das Lied offen. Der Komponist Schubert freilich läßt keinen Zweifel zu: Der Weg in das Tal, in den Frühling bleibt dem Sänger verschlossen; das ist Vision, Utopie. Real ist allein seine eigene Winterlandschaft.

Mit Scott und Schulze hat Schubert neue Dichter gefunden; sie nehmen manche Themen wieder auf, mit denen er sich zuvor auseinandergesetzt hatte, setzen jedoch auch andere Akzente – vor allem lenken sie seinen Blick stärker auf die Realität –, Momente der Resignation, eines Gefühls der Ausweglosigkeit werden deutlich. Aber Schubert sucht nicht nur nach Neuem. Vermutlich im Laufe des Jahres 1826 vertont er zum letztenmal ein Gedicht von Schiller: *Dithyrambe* (D 801), ein Strophenlied, das mit feurigem Impetus ewige Jugend beschwört.

Und gegen Ende des Jahres 1825 bereits hat er zum letztenmal eine Reihe von Liedern nach Goetheschen Texten entworfen, die er dann im Januar 1826 ausführt. Es sind wieder drei *Gesänge aus »Wilhelm Meister«* (D 877), Lieder im übrigen, die Goethe in seinen *Gedichten* unter dem Namen der Mignon zusammengefaßt hat, obwohl doch, im Roman, das erste von ihnen Mignon und der Harfner gemeinsam singen. Schubert macht daraus wie im Falle der Scott-Lieder einen freien Zyklus, der, um verstanden zu werden, Vertrautheit mit den Figuren von Mignon und Harfner voraussetzt und auch kaum mit einer Aufführung im Zusammenhang rechnet: Er beginnt, der Situation im Roman entsprechend, mit einem Duett (»Nur wer die Sehnsucht kennt«), darauf folgen dann zwei einzelne Lieder. Vermutlich auf Wunsch des Verlegers fügt er dann jedoch noch eine zweite Vertonung des ersten Gedichtes hinzu, als Solo-Lied für Mignon allein.

Liederheft op. 62

Gesänge aus »Wilhelm Meister« (D 877)

T: Johann Wolfgang Goethe. – D: Januar 1826 (lt. Autograph). – AGA XX/8,488–491; NGA IV/3,62.

Nr. 1: Mignon und der Harfner (»Nur wer die Sehnsucht kennt«; Duett für Sopran und Tenor, h-Moll)
Nr. 2: Lied der Mignon (»Heiß mich nicht reden«; e-Moll)
Nr. 3: Lied der Mignon (»So laßt mich scheinen«; H-Dur)
Nr. 4 (Alternative zu Nr. 1): Lied der Mignon (»Nur wer die Sehnsucht kennt«; a-Moll)

Zur Überlieferung: Schubert hat die drei ursprünglichen Gesänge – ohne die »Alternative« – zunächst im Zusammenhang entworfen und dann, wieder im Zusammenhang, noch einmal niedergeschrieben. Das Manuskript dieser nun voll ausgeführten Fassung übergab er wohl ziemlich bald nach der Fertigstellung dem Verleger; es diente als Vorlage für die im März 1827 erschienene Erstausgabe. Die »Alternative« entstand vermutlich einige Zeit später; sie ist auf einem eigenen Blatt niedergeschrieben, diente aber ebenfalls als Stichvorlage für die Erstausgabe, in der das Lied dann die Nummer 4 trägt. Aus diesem Grunde wird das Lied heute vielfach, entgegen Schuberts Absicht, entgegen auch der Reihenfolge bei Goethe, an letzter Stelle des Zyklus vorgetragen.

Zum Text: Schuberts Textvorlage war vermutlich wie im Falle der »Harfner-Lieder« op. 12 (s. S. 60 ff.; dort auch eine Zusammenstellung der Schubertschen Vertonungen von Gedichten aus dem *Wilhelm Meister*) die 1815 bei Cotta erschienene Ausgabe der Goetheschen Werke (Bd. 2). Die drei Lieder finden sich dort unter der gemeinsamen Überschrift »Mignon« in derselben Reihenfolge wie bei Schubert (und wie im Roman). – Für Schuberts Verständnis der Figur der Mignon ist dabei wohl nicht so sehr der Roman selbst, als seine Rezeption durch die literarische Romantik bezeichnend. So nennt etwa Friedrich Schlegel (*Über Goethes Meister*, 1798) sie »einen göttlich lichten Punkt« in dem Roman, eines jener Wesen, »welche dem Ganzen romantischen Zauber und Musik geben und im Übermaß ihrer eignen Seelenglut zugrunde gehn«. Es geht ihm dabei offenbar um den Zwiespalt zwischen Mignons Herkunft und realer Existenz und ihrer Sehnsucht nach dem »weißen Kleid«, der sie zur exemplarischen Figur romantischer Utopie gemacht hat.

Zur Komposition: Wie die »Harfner-Lieder« (jeweils in a-Moll) bilden auch die Mignon-Lieder einen Zyklus, dessen Tonartenfolge in sich geschlossen erscheint: Der erste Gesang (Duett) steht in h-Moll, der zweite in der Unterdominante e-Moll, der dritte in H-Dur; Quintbeziehungen dominieren. Das gilt auch, wenn an die Stelle des Duetts in h-Moll die »Alternative« in a-Moll tritt: Die Tonartenfolge rundet sich dann freilich nicht mehr, sie wird ersetzt durch eine gleichsam zielgerichtete Reihe, einen Aufstieg im Quintenzirkel (a-e-H).

Der erste Gesang, »Nur wer die Sehnsucht kennt«, zeigt Mignon und ihren Vater, den Harfner, ganz in dieser Welt: Sie sehnen sich nach ihrer Heimat, nach dem Süden; hier, in der Fremde, sind sie »allein und abgetrennt von aller Freude«. In Schuberts Vertonung (nach Verspaaren) bleibt diesmal zwar die metrische Struktur der einzelnen Verse meist erhalten, nicht aber die Strophenform – wir spüren: Es ist ein Duett, musikalische Formfaktoren dominieren in höherem Maße als im Lied; dessen »polyrhythmische« Konzeption tritt zurück. Die ersten beiden Verse bilden eine Einheit (obwohl Binnenzäsuren sie deutlich gliedern). Nach einem das Kopfthema vorgebenden Klaviervorspiel beginnt Mignon; das Klavier folgt ihr zumeist, ihre Stimme als die dominierende bestätigend. Der Harfner setzt frei imitierend ein, Mignon antwortet, ihre Motive wiederholend, dabei aber jeden Anschein fugierter oder gar kanonischer Fügungen vermeidend. Bei der Wiederholung der Verse am Ende des Liedes (die Form eines Rundgesanges hat Goethe vorgegeben) tauschen Mignon und der Harfner die Stimmen: Nun führt er, die Tochter folgt ihm. In beiden Fällen bindet und definiert die Klavierbegleitung den Satz. Sie kombiniert dabei zwei aus zahlreichen Liedern Schuberts vertraute Motive, ein drängendes, charakterisiert durch einen ⅜-Auftakt (vgl. *Der Zwerg*, S. 104 ff.), und das Schreitmotiv des »Wanderers« (s. S. 65 f.): Es ist als wollte das Klavier den Sängern den Weg weisen in die ersehnte Ferne. Für das Vorspiel, das die beiden Motive bereits exponiert, ist daneben auch sein harmonischer Bau von Bedeutung: Ausgehend von der Grundtonart h-Moll, führt es zunächst nach e-Moll, in die Unterdominante (die Tonart des zweiten Liedes des Zyklus), dann nach C-Dur (den »Neapolitaner«, einen Halbton über der Grundtonart), schließlich über die Dominante in die Grundtonart zurück:

Langsam

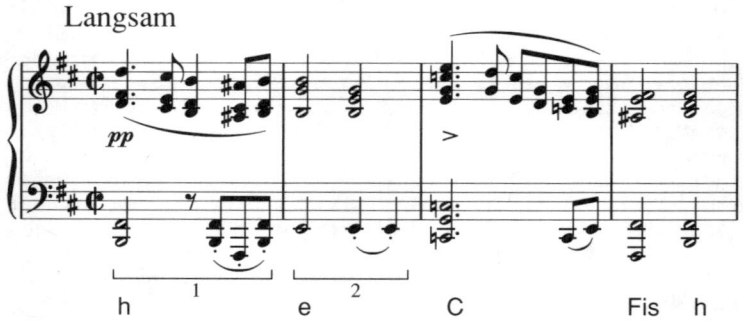

Bsp. 22

Für den Mittelteil orientiert sich der Komponist an den einzelnen poetischen Bildern, sie gleichsam musikalisch illustrierend: »Allein und abgetrennt« – im ppp, wohl mit einfacher Akkordbegleitung, in der die vierstimmigen Akkorde jedoch aufgespalten sind in zwei tiefliegende Stimmen der linken Hand und zwei über zwei Oktaven höher liegende der rechten. »Ach, der mich liebt und kennt« – im Gedanken an die entfernt lebende Mutter (Mignons) bzw. die Schwester und Geliebte (des Harfners) finden beide Stimmen zusammen in Sextparallelen. »Es schwindelt mir, es brennt mein Eingeweide« – Tremolofiguren im Klavier, dynamische Kontraste, dissonante Akkorde (Schubert läßt alle drei möglichen verminderten Septakkorde aufeinanderfolgen) schildern die Erregung zu rezitativischer Deklamation. Verbunden werden die einzelnen Stationen durch harmonische Orientierung am Vorspiel: Von h-Moll/H-Dur führt Schubert den Hörer zunächst in den »Neapolitaner« C-Dur, dann in die Unterdominante dazu (F-Dur als »Neapolitaner« zu e-Moll), dann nach e-Moll selbst (der Zieltonart vor dem Einbruch der erregten Episode), schließlich über modulierende Akkorde nach h-Moll zurück. Die Anfangszeilen schließen die Bilder zusammen – und die beiden charakteristischen Motive des Klaviers weisen uns weiter: Gibt es für Mignon und ihren Vater einen Weg in die Ferne?

Nr. 4, die Alternative zu Nr. 1, Vertonung desselben Textes für Solostimme und Klavier, ist dem Duett in vielen Aspekten ähnlich: Wieder folgt Schubert eher der Versstruktur als der formalen Konzeption des Dichters; dabei wird in diesem kurzen Lied der Eindruck eines, nach Verspaaren gegliederten, Rundgesanges noch deutlicher. Er schließt wiederum heterogene Bilder zusammen, die auch im einzelnen an das Duett erinnern: Wie dort führt das »allein und abgetrennt« – hier freilich erst bei den Versen »Ach, der mich liebt und kennt, ist in der Weite« – zu einer Aufspaltung des Klaviersatzes (über zwei Oktaven liegen zwischen dem Baßton der linken und dem untersten Akkordton der rechten Hand), wie dort setzt Schubert für »Es schwindelt mir« rezitativische Deklamation gegen erregte Akkordfolgen unter Verwendung aller nur möglichen verminderten Septakkorde. Warum, fragen wir uns, setzt er das Lied dann in einer anderen Tonart? Antwort gibt vermutlich das »Ritornell« des Rundgesanges. Hier greift Schubert auf eine frühere, nur *Lied* genannte Komposition zurück (»Ins stille Land«, D 403, vom 27. März 1816); überliefert in vier Fassungen, davon die drei letzten in a-Moll. Schubert übernimmt daraus die Melodie der Singstimme (leicht verändert, der Metrik des neuen Textes angepaßt) und die Figuration der Klavierstimme, leitet daraus auch Vor- und Nachspiel ab.

Es stellt sich die Frage, was ihn dazu bewogen haben mag. Eile (der Verleger drängte möglicherweise), gar Mangel an Einfällen kann das nicht gewesen sein. Schubert hatte denselben Text bereits dreimal als Sololied vertont (s. S. 60). Wenn er dem Verleger nicht einfach eine dieser früheren Kompositionen zur Veröffentlichung übergeben hat, dann kann das nur den Grund gehabt haben, daß er nach einem Lied suchte, das den bereits komponierten auch in seiner Konzeption gleichwertig war, das sich in den Zyklus einpaßte. Er schrieb daher ein grundsätzlich neues, dem Duett ähnliches Lied. Wenn er dann – nur für das »Ritornell« – auf ein früheres Lied zurückgriff, erklärt sich das wohl aus einem inhaltlichen Bezug. In der Tat konnte das Gedicht des Salis-Seewis auch den Romantiker Schubert, der bereits durch die Schule Schlegels gegangen war, ansprechen. »Ins stille Land! Wer leitet uns hinüber?«, fragt der Dichter und antwortet in der letzten Strophe: »Der mildeste von unsers Schicksals Boten winkt uns, die Fackel umgewandt, und leitet uns mit sanfter Hand ins Land der großen Toten, ins stille Land.« Es ist das Land, in dem die Stürme ihr Ende finden, in dem die Widersprüche aufgehoben sind, in dem auch Mignons »Sehnsucht« ihr Ziel findet. Schubert weist damit, anders als im Duett, auf das Ende des kleinen Zyklus hin: Dort ging es um den Weg, hier – versteckt, erkennbar nur dem, der von dem früheren Lied weiß – um das Ziel. Freilich: wie der Komponist das Lied verstanden haben mag, zeigt dann vielleicht auch die Tonart, die Schubert sicher nicht nur deshalb unverändert ließ, weil eine Transposition nach h-Moll angesichts der bereits hohen Lage des Ritornells Eingriffe in den Melodieverlauf nötig gemacht hätte. Nicht selten nämlich stehen Lieder, die von der Sehnsucht nach einem verlorenen Land (aber auch der Verheißung einer Utopie) sprechen, in a-Moll – erinnert sei hier an die *Strophe aus »Die Götter Griechenlands«* (D 677): »Schöne Welt, wo bist du?«

Das zweite Lied, »Heiß mich nicht reden, heiß mich schweigen« (3 Strophen), knüpft zunächst an das Duett an, das daktylische Schreitmotiv aufgreifend: Es prägt das Vorspiel, die erste und die dritte Strophe: Mignon ist weiter auf dem Weg. Anders als das erste Lied orientiert sich das neue jedoch auch in seiner formalen Disposition wieder an der Dichtung. Es scheint zunächst sogar, als solle ein Strophenlied entstehen: Auf das Vorspiel folgt ein in sich gerundeter Achttakter, mit einfacher, stützender Klavierbegleitung, der auch für die folgenden Strophen (wenn sich diese schon nicht ohne Gewaltsamkeiten direkt unterlegen lassen) als Gerüst dienen könnte. Schubert aber hat etwas anderes im Sinn: Er beschreibt einen Prozeß: Die zweite Strophe – immer noch folgt das Klavier bedingungslos der Singstimme – wird drängender, weist auf das Ziel: »Zur rechten Zeit vertreibt der Sonne Lauf die finstre Nacht«. Die dritte Strophe kehrt zwar in die Gegenwart zurück, blickt nach außen: »Ein jeder sucht im Arm des Freundes Ruh, dort kann die Brust in Klagen sich ergießen«, doch läßt das Schreitmotiv vermuten, daß dies auch für Mignon ein Weg sein könnte. Dann aber, mit dem zweiten Teil der Strophe, bricht dieser Weg jäh ab; die Klavierstimme löst sich von der Singstimme, begleitet nun nach Art eines Accompagnato-Rezitativs – doch Mignon singt nicht mehr, sie bricht aus in eine Art wilden Sprechgesang: »Allein ein Schwur drückt mir die Lippen zu . . .« und verstummt.

Lösung bringt erst das dritte Lied: »So laßt mich scheinen, bis ich werde« (4 Strophen). In der Verklärung, in der Unendlichkeit mag Mignons Sehnsucht gestillt werden. Dies Lied nun ist ein echtes Strophenlied (nur eine kleine, das Wort Schmerz verdeutlichende Variante unterscheidet die zweite Liedstrophe von der ersten); dabei faßt Schubert zwar jeweils zwei Strophen der Dichtung zu einer musikalischen zusammen, doch markieren Klavierzwischenspiele die inneren Zäsuren. Schubert gelingt es so, dem hymnischen Charakter des Liedes entsprechend, größere Bögen zu schaffen (die zweite und vierte Goethesche Strophe erscheinen jeweils als Antwort auf die erste und dritte) und doch die poetische Form transparent werden zu lassen. Das Klavier schließt sich der Singstimme wieder eng an – freilich in einem anderen Sinn als zu Beginn des zweiten Liedes: Es bindet sie auch in einen beständigen, gleichsam schwebenden Quintklang, der dem Lied seinen visionären Charakter verleiht. Zugleich erinnert die unaufhörliche Wiederholung des einen Tones fis etwa an *Die liebe Farbe* aus den *Müllerliedern* (s. S. 115), an den nahenden Tod – nur scheint ihm Mignon förmlich entgegenzueilen; drängende ⅜-Auftakte weisen auf innere Bewegung (kein körperliches Gehen, eher ein schwereloses): »Ich eile von der schönen Erde hinab in jenes dunkle Haus«. Ihre Vision hat das Ziel bereits erreicht.

Seit dem Frühjahr 1826 vertont Schubert häufig – und bis an sein Lebensende: sein wohl letztes erhaltenes Lied, *Die Taubenpost* (D 965 A) vom Oktober 1828, bezeugt das – Gedichte Johann Gabriel Seidls, mit dem er vermutlich seit 1824 persönlich bekannt, wohl auch befreundet war (damals sollte er die Bühnenmusik für dessen dramatisches Volksmärchen *Der kurze Mantel* schreiben – aus dem Plan ist freilich nichts geworden). Angesprochen hat Schubert wohl der romantische Ton in manchen der Seidlschen Gedichte, Gedanken und Themen, die ihn auch in früheren Liedern bereits berührt hatten. Dabei war er dem Dichter gegenüber durchaus wählerisch, wie ein, ziemlich lakonischer, Brief vom 4. August 1828 zeigt: »Geehrtester H. Gabriel!« heißt es da, »beiliegend sende ich Ihnen diese Gedichte zurück, an welchen ich durchaus nichts Dichterisches noch für Musik Brauchbares entdecken konnte.« (Dok., S. 530; man beachte dabei die Unterscheidung von »dichterisch« und »zur Musik brauchbar« – vielleicht ein innerer Vorbehalt gegen Seidls Gedichte auch da, wo er sie in Musik gesetzt hatte?) Zunächst jedenfalls wandte er sich ihm mit Eifer zu. Drei der Anfang 1826 entstandenen Lieder verband er zu seinem Opus 80 (dem dann noch zwei weitere Hefte nur mit Seidl-Liedern folgten, op. 95 und 105): *Der Wanderer an den Mond*, D 870, *Das Zügenglöcklein*, D 871, und *Im Freien*, D 880. Das erste der drei Lieder gibt für die Gruppe das Motto an: Der Wanderer wendet sich an den nächtlichen Freund, den Mond, der »länderein und länderaus« wallt und doch überall zu Haus ist, während er selbst, wo immer er sich befindet, fremd und heimatlos bleibt. Den Gegensatz von freundlicher Nachtvision und Fremde überträgt Schubert in den Gegensatz von g-Moll und G-Dur, eingebunden in einen gleichmäßig vorwärtsdrängenden, gehenden Rhythmus. In den beiden anderen Liedern gibt der Dichter dann an,

Eine Schubertiade. Zeichnung von Ferdinand Georg Waldmüller (1793–1865)

was die Heimatlosigkeit des Wanderers bedeutet: Im dritten steht er draußen vor der Tür – »im Freien«, wo die Gestirne der Nacht ihm jene Hütte zeigen, in der Freundschaft und Liebe wohnen. Ob sich diese Nachtvision in Realität verwandeln wird, bleibt offen. Ebenso ambivalent erscheint das Lied, das zwischen beiden steht, das Lied vom »Zügenglöcklein«, dem Sterbeglöcklein (vom Komponisten angedeutet durch ein das ganze Lied hindurch fortklingendes es), das dem Müden den Ort zeigt, wo er sich von seiner Last befreien mag, das dem aber nicht gelten soll, »der die Freuden reiner Lieb und Freundschaft teilt«.

Lieder und Gesänge 1827

Deutsch-Nummer	Titel	Entstehungszeit	Textdichter
896	Fröhliches Scheiden, Fragment 90 T.	Herbst 1827–Anfang 1828	K. G. v. Leitner
896 A	Sie in jedem Liede, Fragment 115 T.	Herbst 1827–Anfang 1828	Leitner
896 B	Wolke und Quelle, Fragment 96 T.	Herbst 1827–Anfang 1828	Leitner
902	L'incanto degli occhi, op. 83,1 122 T. – Arie	1827	Metastasio
	Il traditor deluso, op. 83,2 157 T. – Arie	1827	Metastasio
	Orsù! non ci pensiamo, op. 83,3 163 T. – Arie	1827	unbekannt
904	Alinde, op. 81,1 120 T. – var. Strophenlied	Jan. 1827	J. F. Rochlitz
905	An die Laute, op. 81,2 25 T. – Strophenlied	Jan. 1827	J. F. Rochlitz
906	Der Vater mit dem Kind 59 T.	Jan. 1827	Bauernfeld
909	Jägers Liebeslied, op. 96,2 66 T. – var. Strophenlied	Febr. 1827	Schober
910	Schiffers Scheidelied 149 T.	Febr. 1827	Schober

Deutsch-Nummer	Titel	Entstehungs-zeit	Textdichter
911	Winterreise, op. 89 Zyklus von 24 Liedern	Febr./Okt. 1827	W. Müller
916 A	Liedentwurf in C ohne Text 33 T.	Mai 1827?	unbekannt
917	Das Lied im Grünen 158 T.	Juni 1827	J. A. F. Reil
919	Frühlingslied 86 T.	Frühjahr 1827	A. Pollak
922	Heimliches Lieben, op. 106,1 85 T.	Sept. 1827	Karoline Louise v. Klenke
923	Eine altschottische Ballade 60 T. – var. Strophenlied	Sept. 1827	Übers. Herder
927	Vor meiner Wiege, op. 106,3 78 T.	Herbst 1827–Anfang 1828	Leitner
931	Der Wallensteiner Lanz- knecht beim Trunk 32 T. – Strophenlied	Nov. 1827	Leitner
932	Der Kreuzzug 60 T.	Nov. 1827	Leitner
933	Des Fischers Liebesglück 21 T. – Strophenlied	Nov. 1827	Leitner

Im März 1827 zog Schubert wieder einmal zu dem ihm liebsten Freunde, Franz von Schober. Die Bedeutung dieser Freundschaft spiegelt sich in zwei Liedern, die bereits im Februar entstanden sind – es sind wohl die ersten des neuen Jahres: *Jägers Liebeslied* (D 909) und *Schiffers Scheidelied* (D 910). In beiden Gedichten von Schober, den letzten, die Schubert vertont hat, geht es letztlich um die Freundschaft: *Jägers Liebeslied* ist zwar ein Hoheslied auf die »Lichtgestalt« der Liebe, doch: »wenn sie dann auf mich niedersieht, wenn mich ihr Blick durchglüht«, dann fühlt sich der Jäger »als ob der allerbeste Freund mich in die Arme schließt«. Deutlicher noch ist da *Schiffers Scheidelied*: »Hoch auf meiner Masten Spitzen« sieht er das Bild des Freundes und singt: »auch du sollst nicht mein Bild zerschlagen, mit Freundschafts-tränen weih es ein ... Ja bleibe, wenn mich auch alles verließ, mein Freund im heimischen Paradies«.

Schober hatte dem Freund eine kleine Bibliothek eingerichtet. Darin befand sich offenbar auch der 1823 erschienene 5. Jahrgang des Taschenbuchs *Urania*, mit den zwölf Liedern des ersten Teils der *Winterreise*, von denen Schubert, wie Schober berichtet, sich unmittelbar »angezogen gefühlt« hat. Der Komponist, so notiert Josef von Spaun in seinen *Aufzeichnungen über meinen Verkehr mit Franz Schubert* vom Jahre 1858, war im Frühjahr 1827 »durch einige Zeit düsterer gestimmt und schien angegriffen. Auf meine Frage, was in ihm vorgehe, sagte er nur, ›nun, ihr werdet es bald hören und begreifen‹. Eines Tages sagte er zu mir, ›komme heute zu Schober, ich werde euch einen Zyklus schauerlicher Lieder vorsingen. Ich bin begierig zu sehen, was ihr dazu sagt. Sie haben mich mehr angegriffen, als dieses je bei anderen Liedern der Fall war.‹ Er sang uns nun mit bewegter Stimme die ganze *Winterreise* [d. h. den ganzen ersten Teil des Zyklus] durch. Wir waren über die düstere Stimmung dieser Lieder ganz verblüfft, und Schober sagte, es habe ihm nur ein Lied, *Der Lindenbaum*, gefallen. Schubert sagte hierauf nur, ›mir gefallen diese Lieder mehr als alle, und sie werden euch auch noch gefallen‹; und er hatte recht, bald waren wir begeistert von dem Eindruck der wehmütigen Lieder, die Vogl meisterhaft vortrug« (Erinn., S. 160 f.).

Winterreise (D 911)
(op. 89; Zyklus von 24 Liedern)

> T: Wilhelm Müller (1794–1827). – D: 1. Teil Februar 1827, 2. Teil Oktober 1827 (lt. Autograph). – AGA XX/9,517–540; NGA IV/4,89.

Zur Überlieferung: Schubert entwarf zu Beginn des Jahres 1827 in schneller Folge die Singstimme und einzelne Partien der Klavierbegleitung für die zwölf Lieder des ersten Teils (die Datierung »Februar 1827« findet sich erst auf einer nachträglich in das Autograph eingefügten Reinschrift des ersten Liedes); im Anschluß daran führte er die Komposition (mit dunklerer Tinte und anderer Feder) vollständig aus. Als Stichvorlage für die Drucklegung des ersten Teils ließ er (oder der Verleger) eine Abschrift anfertigen, die Schubert gründlich durchsah und an der er noch Wesentliches änderte. Die Erstausgabe dieses Teils erschien im Januar 1828.

Die Lieder des zweiten Teils (oder wenigstens einige davon) schrieb Schubert vermutlich im September 1827 während seiner Reise nach Graz auf einzelnen Blättern nieder (nur für *Mut* und *Die Nebensonnen* haben sie sich erhalten); mit »Oktober 1827« datierte er dann die Reinschrift des ganzen zweiten Teils, die heute mit dem ersten zusammen ein Konvolut bildet. Sie diente der Erstausgabe des zweiten Teils als Vorlage. Diese erschien im Dezember 1828; in der Verlagsankündigung heißt es dazu: »Die Korrektur von der zweiten Abteilung der *Winterreise* waren die letzten Federstriche des vor kurzem verblichenen Schubert . . .« (Dok., S. 572).

Zum Text: Schuberts Textvorlage für den ersten Teil war sicherlich *Urania. Taschenbuch auf das Jahr 1823. Neue Folge, fünfter Jahrgang.* Die zwölf Gedichte finden sich darin – in derselben Reihenfolge wie bei Schubert – unter dem Titel *Wanderlieder von Wilhelm Müller. Die Winterreise.* Müller hat die Liederfolge für das 1824 in Dessau erschienene »zweite Bändchen« der *Gedichte aus den hinterlassenen Papieren eines reisenden Waldhornisten* (das erste Bändchen enthielt unter anderem *Die schöne Müllerin,* s. S. 108) um zwölf Lieder erweitert, indem er sie zwischen die bereits erschienenen einschob, und zwar in folgender Reihenfolge (in Klammern die Schubertsche Zählung):

Urania	»Hinterlassene Papiere«
1. Gute Nacht (1)	
2. Die Wetterfahne (2)	
3. Gefrorne Tränen (3)	
4. Erstarrung (4)	
5. Der Lindenbaum (5)	
	6. Die Post (13)
7. Wasserflut (6)	
8. Auf dem Flusse (7)	
9. Rückblick (8)	
	10. Der greise Kopf (14)
	11. Die Krähe (15)
	12. Letzte Hoffnung (16)
	13. Im Dorfe (17)
	14. Der stürmische Morgen (18)
	15. Täuschung (19)
	16. Der Wegweiser (20)
	17. Das Wirtshaus (21)
18. Irrlicht (9)	
19. Rast (10)	
	20. Die Nebensonnen (23)
21. Frühlingstraum (11)	
22. Einsamkeit (12)	
	23. Mut (22)
	24. Der Leiermann (24)

Schubert fügte die in der *Urania* noch nicht erschienenen Nummern für sich zu einem zweiten Teil zusammen und behielt dabei im wesentlichen die Reihenfolge bei, in der Müller sie in den Zyklus eingeordnet hatte – nur vertauschte er die beiden Lieder *Mut* und *Nebensonnen.* Die so grundlegend geänderte Folge der 24 Lieder erscheint dem Hörer trotzdem plausibel – dem Zyklus liegt nämlich, anders als den Liedern von der *Schönen Müllerin*, kein gerichteter Handlungsablauf zugrunde; der Wanderer bewegt sich hier im Kreise, oder besser in einer Art Spirale. Der Beginn ist eindeutig festgelegt mit dem Verlassen der Stadt und der ungetreuen Geliebten (*Gute Nacht*); das Ende ist zunächst unklar markiert durch *Einsamkeit*, dann präzise durch *Der Leiermann*. Dazwischen aber findet man immer wieder »Rückblicke«, Entsprechungen, Wiederholungen. Wenn Schubert nun die zwölf nachkomponierten Lieder nicht einfach – nach Müllers Vorbild – zwischen die zuerst geschriebenen einschiebt, dann liegt das zum einen wohl daran, daß er den – ja auch in einem Zug entworfenen – Zyklus der ersten zwölf Lieder als musikalisch geschlossene Einheit empfunden hat, die er durch Einschübe zerstört hätte. Zum andern aber sieht er in dem mit *Die Post* beginnenden zweiten, den ersten gleichsam kommentierenden Ablauf vielleicht eine Möglichkeit zu perspektivischer Vertiefung des ganzen Zyklus. (Siehe Tabelle S. 140 f.)

Zur Komposition : In der *Schönen Müllerin* führte die ironische Distanz des Dichters zu seinem Text, der Rückgriff auf volkstümliche Zitate und »schlicht ausgedrechselte« Vers- und Strophenformen zu ähnlichen Zitaten auch in der Musik. Die »Wanderlieder« der *Winterreise* – wenn sie auch auf Motive des früheren Zyklus unmittelbar anspielen – behalten zwar die volkstümlichen Formen bei, erscheinen aber weniger gebrochen, verzichten weitgehend auf auffällige Zitate; vereinzelte Formeln wie »fein Liebchen, gute Nacht« im ersten Lied und »Am Brunnen vor dem Tore« verweisen auf die »Müller-Lieder«, geben aber nicht den Ton an. Es ist bezeichnend, daß von den 24 Liedern der *Winterreise* einzig der *Lindenbaum* – das Lied, das einst auch Schober allein gefallen hatte – populär geworden ist. Die volkstümlichen Formen der Dichtung hingegen spiegeln sich in der Musik in einer ungewöhnlichen Dominanz des Strophenliedes, sowohl als Strophenlied im engeren Sinne (*Wasserflut, Rast, Frühlingstraum, Die Post*), wie als variiertes Strophenlied (*Gute Nacht, Der Lindenbaum, Mut, Der Leiermann*). Auch hier erkennt man Parallelen zur *Schönen Müllerin*, wenngleich die Strophenlieder der *Winterreise* sich vom ursprünglichen, volkstümlichen Modell (durch melodische Varianten, Tempowechsel, unerwartete Ausbrüche) noch weiter entfernt haben.

Die scheinbar locker gefügte Liederfolge erweist sich bei näherem Hinsehen als in sich fest strukturiert. Es geht dabei um den Weg von außen nach innen, von der realen Welt in eine ideale. Es ist im ersten Teil – wie der Rezensent der *Wiener Allgemeinen Theaterzeitung* vom 29. März 1828 (also noch zu Schuberts Lebzeiten) schreibt – der Weg »in weite Fernen«, wo »die Ahndung des Unendlichen im dämmernden Rosenlicht sehnsüchtig aufgeht«, ein Weg, auf dem dennoch der »Schmerz beschränkender Gegenwart . . ., der die Grenze des menschlichen Seins umstellt« immer fühlbar bleibt (Dok., S. 506). Der zweite Teil (den der Rezensent Anfang 1828 noch nicht kennen konnte) setzt neu an, geht mit dem ersten zunächst parallel, führt dann aber weiter, und zwar keineswegs in eine rosige Unendlichkeit, in die romantische Utopie: der Wanderer der *Winterreise* erkennt, daß er das *Wirtshaus* nicht erreicht, daß er »die Grenze des menschlichen Seins« nicht zu überschreiten vermag; der Weg nach innen führt ans Ende.

Winterreise. Übersicht

Nr.	Titel	Tempo	Tonart	Umfang
	1. Abteilung:			
I	Gute Nacht	Mäßig (1. Fassung: Mäßig, in gehender Bewegung)	d-Moll	137 T.
II	Die Wetterfahne	Ziemlich geschwind (1. Fassung: Ziemlich geschwind, unruhig)	a-Moll	51 T.
III	Gefrorne Tränen	Nicht zu langsam	f-Moll	55 T.
IV	Erstarrung	Ziemlich schnell (1. Fassung: Nicht zu geschwind)	c-Moll	109 T.
V	Der Lindenbaum	Mäßig (1. Fassung: Mäßig langsam)	E-Dur	82 T.
VI	Wasserflut	Langsam	e-Moll (1. Fassung: fis-Moll)	32 T., 2 Str.
VII	Auf dem Flusse	Langsam (1. Fassung: Mäßig)	e-Moll	74 T.
VIII	Rückblick	Nicht zu geschwind	g-Moll	69 T.
IX	Irrlicht	Langsam	h-Moll	43 T.
X	Rast	Mäßig	c-Moll (1. Fassung: d-Moll)	67 T.
XI	Frühlingstraum	Etwas bewegt (1. Fassung: Etwas geschwind)	A-Dur/ a-Moll	88 T.
XII	Einsamkeit	Langsam	h-Moll (1. Fassung: d-Moll)	48 T.
	2. Abteilung:			
XIII	Die Post	Etwas geschwind	Es-Dur	94 T.
XIV	Der greise Kopf	Etwas langsam	c-Moll	44 T.
XV	Die Krähe	Etwas langsam	c-Moll	43 T.

Nr.	Titel	Tempo	Tonart	Umfang
XVI	Letzte Hoffnung	Nicht zu geschwind	Es-Dur	47 T.
XVII	Im Dorfe	Etwas langsam	D-Dur	49 T.
XVIII	Der stürmische Morgen	Ziemlich geschwind, doch kräftig	d-Moll	19 T.
XIX	Täuschung	Etwas geschwind	A-Dur	43 T.
XX	Der Wegweiser	Mäßig	g-Moll	83 T.
XXI	Das Wirtshaus	Sehr langsam	F-Dur	31 T.
XXII	Mut	Ziemlich geschwind, kräftig (1. Fassung: Mäßig, kräftig)	g-Moll (1. Fassung: a-Moll)	64 T.
XXIII	Die Nebensonnen	Nicht zu langsam (1. Fassung: Mäßig)	A-Dur	32 T.
XXIV	Der Leiermann	Etwas langsam	a-Moll (1. Fassung: h-Moll)	61 T.

Das erste Lied des Zyklus – *Gute Nacht* – berichtet real vom Abschied, davon, daß man den Sänger gewaltsam vertreiben würde, wollte er noch länger bleiben. Er verläßt die Stadt, verläßt »fein Liebchen«, das – wie man allerdings erst im folgenden Lied erfährt – nun eine bessere Partie gefunden hat. Das Lied steht in d-Moll, der Tonart der Schwermut und Resignation. Freilich: was das Lied wirklich schildert, ist nicht der Abschied; als es einsetzt, ist der Wanderer bereits unterwegs: Mit gleichmäßigen Achteln beginnt es (»in gehender Bewegung« hat Schubert im Autograph zur Tempoangabe »Mäßig« hinzugesetzt – und diese Präzisierung, wie so oft, dann für die Drucklegung getilgt); es sind Schritte, die man hören, aber nicht wirklich gehen kann, dafür sind sie zu schnell (nicht zum Wandern ist das Lied bestimmt, es bezeichnet dies, realisiert es aber nicht). Die Schritte jedoch, die die Musik so darstellt, sind schwer, durch Portato-Zeichen belastet und als bedeutsam herausgehoben. Der Wanderer, so scheint es, ist unterwegs in einer seit Ewigkeiten gleichförmigen Bewegung – ziellos, von »Aufbruch« ist nichts zu spüren. In der Tat: Seine Liebe zu dem Mädchen ist wie eine irreale, kurze Episode aus dem vergangenen Mai – was bleibt, ist das »Fremd bin ich eingezogen, fremd zieh ich wieder aus«. Zu den gleichförmigen Achteln nun setzt die Melodiestimme wie zufällig ein und bringt sie dann doch – mit dem entscheidenden Wort »fremd« auf schwachem Taktteil – zum Zögern, Innehalten: durch einen leichten Akzent auf dem melodischen Spitzenton zunächst, dann durch kräftige, dissonant belastete fp-Akzente: Wandern ist nicht einfach nur Bewegung, es ist immer auch Selbstreflexion, Voraussetzung für den Weg nach innen. So folgen dann in dem ganzen Zyklus auf Lieder des Gehens und Schreitens immer wieder solche der »Rast« und des »Rückblicks«.

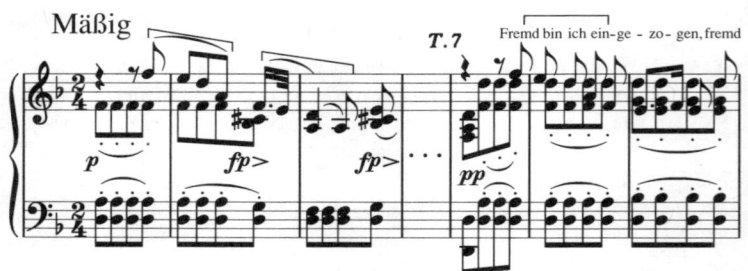

Bsp. 23

Die Melodielinie ist geprägt von fallenden Intervallen, die aus dem d-Moll-Klang gewonnen sind. Im Vorspiel wie zu Beginn der Singstimme dominiert die fallende Sexte: f–(e)–d–a, mit der Terz über dem Grundton wie mit Anstrengung beginnend, dann wie kraftlos zurückfallend in die Unterquarte. Im folgenden dann führt die Singstimme noch weiter bis in die Oktave unter dem Grundton hinab. Das ist kein Aufbruch, vielmehr schmerzliche Erinnerung und Resignation – d-Moll. Der Mittelteil jeder Strophe scheint diesem Eindruck zu widersprechen – der Text suggeriert es da, der Gedanke an vergangene Hoffnung (»Das Mädchen sprach von Liebe«), die Illusion überwundener Einsamkeit (»Es zieht ein Mondenschatten als mein Gefährte mit«), der trotzige Vorsatz, es der ungetreuen Geliebten gleichzutun (»Die Liebe liebt das Wandern . . . von Einem zu dem Andern«). Hier ist nicht mehr Zögern, Innehalten – man spürt tatsächlich den Anstoß zu neuer Bewegung; die Tonart wendet sich nach F-Dur; die Melodielinie ist nicht mehr fallend, sondern steigend.

Bsp. 24

Um so deutlicher erscheint dann der Kontrast zu den abschließenden Zeilen jeder Strophe, das »nun ist die Welt so trübe«: Die lastenden Akzente – nun nicht mehr auf schwachem Taktteil die Bewegung aufhaltend, sondern zu Beginn jedes Taktes den Schritt verstärkend – kehren wieder; die Singstimme zeichnet die Akkorde der Klavierstimme nach, mit jedem Akzent sich anspannend und doch schnell wieder abfallend; sie schließt in tiefer Lage mit dem Grundton. Das Nachspiel endlich greift das Vorspiel wieder auf, kehrt zum Beginn zurück. Das Lied hat den Charakter eines Rundgesangs.

In drei im wesentlichen gleichen Strophen (von geringfügigen Varianten abgesehen) setzt sich die Wanderung fort. Nur die vierte, letzte Strophe weicht von dem vorgegebenen Modell ab. Schubert setzt sie in Dur statt in Moll – ein Dur, das durch den Einsatz der Singstimme (wieder Terz zum Grundton, jetzt aber fis statt f) besonders betont wird. D-Dur – das ist eigentlich der Ton von Triumph und Sieg. Man möchte glauben, daß sich der Wanderer durch sein »gute Nacht«, das er im Vorübergehen ans Tor des Liebchens schreibt, von seiner Liebe befreien wollte – aber abgesehen vom Tongeschlecht unterscheidet sich die Strophe sonst kaum von den vorigen: Melodielinie, Begleitungsbewegung, auch die Folge innehaltender oder verstärkender Akzente bleiben gleich. Die Ironie ist Selbstironie, von Befreiung kann keine Rede sein. So kehrt der Sänger dann auch mit seinen letzten Worten (»an dich hab ich gedacht«) nach d-Moll zurück. Die letzte Melodiephrase (a–f–[e–cis]–d) umschreibt noch einmal das anfängliche Sextintervall, diesmal freilich, in einer letzten Anstrengung, mit dem Grundton in hoher Lage schließend. Erst das Nachspiel – wieder mit zögernden Akzentverschiebungen – zeigt in fallenden Akkorden, daß auch diese Anstrengung zu keinem Ziel führt.

Das zweite Lied, *Die Wetterfahne*, ist ein Rückblick auf des »Liebchens Haus«. Die Bewegung, die Wanderung scheint unterbrochen, reale und erinnerte Bilder mischen sich: Windstöße, eine knarrende Wetterfahne, der Geliebten Wankelmut, ihr gellender Hohn. Schubert setzt das Lied als Szene, die Bilder illustrierend, in rezitativischer oder aus dem Klavierpart abgeleiteter Deklamation – dabei betont er das Element des Rückblicks. Das Lied ist bei aller Illustration nach innen gewendet – trotz der Windböen ist es ein leises, ein Piano-Lied: »Der Wind spielt drinnen mit den Herzen, wie auf dem Dach, nur nicht so laut« ist die entscheidende Verszeile. Und so ist, trotz aller Gegensätze, dieses zweite Lied eng auf das erste bezogen. Selbst die Tonart a-Moll bezeugt als Moll-Dominante von d-Moll eine feste, von der Tradition legitimierte Bindung.

Dann erst folgt ein Bruch. Das dritte Lied, *Gefrorne Tränen*, steht in f-Moll, der Moll-Untermediante zu a-Moll; das ist ein Ton mit leiterfremder Terz, gleichsam ein Absturz. Jetzt geht es nicht mehr um reale Bilder: Das Lied spricht vom Gegensatz innerer Leidenschaft zu einer in Eis erstarrten Außenwelt, die dennoch abgehoben ist von jener Welt, aus der der Wanderer kommt. Es ist eine Welt, in der Tränen gefrieren, in der Leiden nach außen projiziert werden und dies Außen sich dann ihrer bemächtigt. Der Sänger geht durch diese Welt, aber nicht mehr gleichmäßig, wie im ersten Lied, sondern unsicher schreitend, wie verstört von den synkopisch fallenden »gefrornen Tropfen«. Erst dann verfestigt sich sein Schritt, als er nicht mehr auf das Eis um sich, sondern ganz nach innen blickt, auf die »Quelle« seiner Tränen.

Daraus nun erwächst im vierten Lied ein neuer Impetus, eine gleichsam »eilende« Bewegung, die dennoch auch *Erstarrung* ist. Diese neue Bewegung ist lebhafter als im ersten Lied (freilich warnt Schubert selbst in der Vorschrift des Autographs: »Ziemlich schnell« heißt soviel wie »Nicht zu schnell«); es kommt zu einem Duett zwischen einer in großen Bögen sich entfaltenden Singstimme und einem formelhaften, immer wieder zu sich selbst zurückkehrenden Klavierbaß, das zu großen Ausbrüchen führt und gleichwohl eingebettet ist in das ganze Lied hindurch fortlaufende Triolenfiguren: Wie eine Kruste legt sich so »Erstarrung« über die leidenschaftliche Bewegung. Der nach innen gerichtete Blick des Wanderers sucht nach »ihr«, nach »ihrer Tritte Spur«, doch vergebens. Er fürchtet, seine Schmerzen könnten schweigen, sein erstarrtes Herz und »ihr Bild« darin schmelzen und zerrinnen. Das Lied steht in c-Moll, der Moll-Dominante des vorigen. So hat sich eine erste Gruppe von Liedern konstituiert, gleichsam eine Art Exposition des ganzen Zyklus. Der Weg des Wanderers ist nun vorgegeben, vorgegeben sind auch die musikalischen Mittel, mit denen Schubert ihn darstellt: verschiedene Formen der Bewegung (und des Innehaltens) sowie tonartliche Kontraste, die das Unvermittelte bezeichnen unter Wahrung gewisser Proportionen der einzelnen Tonart-Bereiche (2 Lieder d-Moll/a-Moll, 2 Lieder f-Moll/c-Moll).

Auf die erste Gruppe folgt eine zweite, von drei Liedern, jeweils in E-Dur oder e-Moll (das zweite ursprünglich freilich in fis-Moll notiert, dann – sicherlich auf Anweisung Schuberts – nach e-Moll transponiert). Auf den Abstieg in die Moll-Untermediante (a-Moll – f-Moll) folgt so der Aufstieg in die Dur-Obermediante (c-Moll – E-Dur), ein Aufstieg, der bei Schubert meist Entrückung ist und – im konkreten Fall von E-Dur – Ekstase. Es ist die Welt des Traums, des *Lindenbaums* (Nr. 5) – eines Traums freilich, der von der Realität bedroht ist (nach e-Moll wechselt das Lied zu den Versen »Ich mußt' auch heute wandern vorbei in tiefer Nacht« und, eingeleitet durch einen überraschenden neuerlichen Absturz in einen C-Dur-Akkord, zu »Die kalten Winde bliesen mir grad ins Angesicht«). Der Traum aber entwickelt sich aus der *Erstarrung*, aus der Wendung nach innen: Im Vorspiel des *Lindenbaums*, in Zwischenspielen und im Nachspiel greift Schubert die Baßlinie der *Erstarrung* wieder auf (*Erstarrung*: c–H–c–es / d–c–H–c; *Der Lindenbaum*: e'–dis'–e'–gis'–fis'–e' / h) und verknüpft so die beiden Lieder. Entrückung bedeutet im übrigen abermals Innehalten: Der Wanderer geht nicht mehr, die Melodielinie der Außenstrophen – der das Instrument sich unterordnet – orientiert sich am Modell eines langsamen Menuetts: Der Wanderer blickt zurück in eine Zeit, als der Baum Blätter trug, Schatten spendete dem Liebenden. Langsamer, ekstatischer Tanz: Das ist jedoch nicht nur Blick zurück, es birgt auch ein verführerisches Versprechen: »Du fändest Ruhe dort ...«. Zum erstenmal klingt Todessehnsucht an.

Der Rückblick in die Idylle ist von kurzer Dauer. Bereits im nächsten Lied, in *Wasserflut* (Nr. 6), ist der Wanderer zurückgekehrt in die Welt der »gefrornen Tränen«. Das Menuett verwandelt sich in eine Art Sarabande; wie hypnotisiert von seinem Traum schaut der Wanderer, die Klavierfiguren der Schlußstrophe des *Lindenbaums* aufgreifend, in den Schnee des Winters und kann sich doch von den Frühlingsbildern nicht lösen: »Wenn die Gräser sprossen wollen, weht daher ein lauer Wind, und das Eis zerspringt in Schollen...«, wohl wissend, daß dies sein Frühling nicht mehr sein kann: mit einem schmerzlichen Ausbruch schließt jede Strophe.

Das dritte Lied dieser Gruppe, *Auf dem Flusse* (Nr. 7), in e-Moll, zeigt den Wanderer wieder unterwegs: Verhaltene, vorsichtige, aber regelmäßige Schritte führen ihn auf das Eis des Flusses, in dem er sein Gegenbild erkennt: erstarrt und dennoch reißend »unter seiner Rinde«. Auch in dieses Lied ist noch einmal ein Rückblick eingeblendet: »In deine Decke grab ich mit einem spitzen Stein den Namen meiner Liebsten« – so wie er einst in die Rinde des *Lindenbaums* »so manches liebe Wort« geschnitten hatte. Folgerichtig wendet sich das Lied noch einmal nach E-Dur, doch nur für eine kurze Strophe: Die reißende Strömung des Flusses treibt den Wanderer weiter. Die Gruppe der drei Lieder markiert im ganzen eine Art Pause auf seinem Wege. Was in der ersten Liedergruppe angedeutet war, ist hier erneut ausgeführt, doch sind Außen und Innen, Realität und Traum, jetzt seltsam ineinander verschränkt.

Eine dritte Gruppe von Liedern führt den Wanderer schließlich zum »Ziel«. Es ist eine merkwürdig gebrochene, scheinbar ungeordnete Folge von Liedern. Das erste davon, *Rückblick* (Nr. 8), wendet sich dem Anfang zu. Es steht in g-Moll, der Subdominante des Eingangsliedes *Gute Nacht*, erinnert noch einmal an die »Stadt der Unbeständigkeit«. Es ist jedoch eine neue Art Rückblick; kein Innehalten – der Wanderer erscheint vielmehr wie gehetzt: Er nimmt immer neue Anläufe, wie zum Sprung (Vorspiel: lebhafte, ansteigende Achtel im Crescendo, dreifache Unisono-Schläge im Forte), stolpert (irreguläre Akzente), hastet weiter (der im Vorspiel befestigte ¾-Takt wird, sobald der Sänger einsetzt, instabil, mit einem vom Textmetrum vorgegebenen ²⁄₄-Takt sich verschränkend): »Ich möcht nicht wieder Atem holen, bis ich nicht mehr die Türme seh« – und schaut dann doch zurück (in einem ausgeglichenen, ruhig-lyrischen Mittelteil in G-Dur). – Die Flucht aus der Stadt führt abermals zu einem Bruch. Mit dem neuen Lied *Irrlicht* (Nr. 9) folgt h-Moll auf g-Moll, vielfach bei Schubert ein Hinweis auf nun schon deutlicher ausgesprochene Todeserwartung (»jedes Leiden«, heißt es am Ende des Liedes, findet »auch sein Grab«; vgl. die Bemerkungen zu *Die liebe Farbe*, S. 115). Die zuvor hastende Bewegung verwandelt sich wieder in Tanz, einen Tanz, der an die sarabandenartigen Rhythmen der *Wasserflut* anzuknüpfen scheint. Das Irrlicht hat die Führung übernommen; so erscheint der Tanz vielfach gebrochen, wie ziellos, nicht in festen Figuren gefügt, von unerwarteten Pausen unterbrochen. Und während in *Wasserflut* Singstimme (Tanzmelodie) und Instrument (Tanzrhythmus) sich zu gemeinsamem Tanz verbinden, ist dieser hier zunächst dem Instrument allein vorbehalten; die Singstimme fügt sich ein (»In die tiefsten Felsengründe lockte mich ein Irrlicht hin«), rezitiert, bildet Gegenmelodien (»Bin gewohnt das irre Gehen«). Erst am Ende des Liedes, als der Wanderer auch im Irregehen sein Ziel erkennt (»jeder Strom wird 's Meer gewinnen«), übernimmt die Singstimme in leidenschaftlichem Ausbruch wieder die Führung.

Rast (Nr. 10): Abermals verändert sich die Bewegung; sie ist nun wieder zielstrebig, drängend. Von neuem geht der Wanderer, einem »Obdach« entgegen. Der Text spricht davon, daß er den Rastplatz wohl gefunden habe, »in eines Köhlers engem Haus« – doch »meine Glieder ruhn nicht aus«. Die Musik bestätigt das: Von einem Ende der Wanderung kann keine Rede sein. Der Hörer mag zunächst im Zweifel bleiben, was nun real, was vorgestellt ist, die Ruhe oder die Wanderung; Realität und Traum schieben sich ineinander. Im Zusammenklang von Text und musikalischem Kommentar (Schubert nutzt die Möglichkeiten, die die »polyrhythmische« Setzweise ihm bietet, s. S. 39), wird das Gemeinte deutlicher: Das Lied steht in c-Moll. Ursprünglich hatte Schubert es zwar in d-Moll komponiert, doch bereits im Autograph hinzugesetzt: »NB Ist ins Cmoll zu schreiben.« Offenbar suchte er die tonartliche Nähe zum ersten Lied des Zyklus zu vermeiden (vielleicht, weil eine Rückkehr zum Ausgangspunkt der Wanderung nicht möglich ist?), auch war die Rückung nach C am Schluß von *Irrlicht* bereits vorbereitet (»neapolitanische« Wendung im den Schlußkadenzen) – in jedem Fall aber weist die Rückkehr in die Moll-Tonarten (d-Moll oder c-Moll) auf die Realität des Wanderns auch während der »Rast«.

Dann folgt ein neuer Bruch. Schubert führt uns aus c-Moll nach A-Dur, in den *Frühlingstraum* (Nr. 11). Wieder verschlingen sich Illusion und Realität, A-Dur und a-Moll (die Verbindung beider Tonarten bezeichnet bei Schubert wohl nicht selten den Gegensatz von Utopie und Wirklichkeit), volksliedhafte Einfachheit zu Beginn jeder Strophe, schrille Dissonanzen im Mittelteil. Im Schlußabschnitt klingt wohl zeitweise jener daktylische Schreitrhythmus an, von dem schon verschiedentlich die Rede war (s. S. 65 f.), hier die Aufhebung der Widersprüche andeutend. Doch weiß man diesmal nicht, ob die Figur aus dem Traum heraus oder – wie der Text suggerieren möchte: »Die Augen schließ ich wieder . . .« – in ihn hineinführen soll. – Das nächste, letzte Lied des ersten Teils, *Einsamkeit* (Nr. 12), ist gleichsam die Endstation der Wanderung nach innen, der Absonderung auch von der umgebenden Natur: »Wie eine trübe Wolke durch heitre Lüfte geht, . . . so zieh ich meine Straße.« Das Lied »geht« wieder, in gleichmäßigen Achteln wie im ersten Lied, »langsam« zwar, aber dennoch unbeschwert, ohne lastende, »innehaltende« Akzente und seltsam leicht (Schubert bewirkt das durch die Aufspaltung der Bewegung in komplementären Rhythmen zwischen Baß und Diskant). »Erstarrung« ist das nicht mehr, keine Kruste überdeckt das »Elend« des Wanderers, der um das Bild der Geliebten nicht mehr fürchtet, da er es gegen ein Außen nicht zu verteidigen braucht: Die »lichte Welt« nimmt keinen Anteil mehr. Freilich: was auch die Tonarten-Ordnung der letzten vier Lieder andeutet – das Umkreisen eines durch das *Irrlicht* zuerst benannten Zieles (h-Moll – c-Moll – A-Dur – h-Moll) –, der Weg nach innen und unbestimmte Todeserwartung, kann das Ende nicht sein. Müller und Schubert meinten es anders; eine Verdeutlichung war nötig. Man findet sie in den später geschriebenen Gedichten, in den Liedern des zweiten Teils.

Die ersten sieben Lieder dieses zweiten Teils sind eine Art Kommentar zum ersten. Einzelnes wird wieder aufgenommen, weitergeführt, neu beleuchtet. So spiegeln *Die Post* (Nr. 13) und *Im Dorfe* (Nr. 17) Aspekte von *Gute Nacht* und *Rückblick*; der Hörer wird noch einmal zurückverwiesen auf den Ausgangspunkt der Wanderung. Noch einmal spricht *Die Post* von jener Stadt, »wo ich ein liebes Liebchen hatt'« – im Rückblick freilich: Der Wanderer horcht auf die Straße, auf das Posthorn, dessen muntere Es-Dur-Fanfaren nicht die seinen sind, so wenig wie er im eilenden ⁶⁄₈-Rhythmus der trappelnden Pferde seinen irrenden Gang erkennt. In *Im Dorfe* hingegen sieht er nur mehr ein Zerrbild der Stadt: Die rasselnden Ketten der Hunde erinnern an das Heulen der »irren Hunde« (Nr. 1), wenn der Fremde durch die schlafenden Gassen geht – hier freilich, wie in *Rückblick*, eher gehetzt durch die »rasselnden« Sechzehntelfiguren und die darauffolgenden, gleichsam »bellenden« Akzente. Noch einmal erlebt er, daß er nicht zu denen gehört, die »ihr Teil genossen« haben. Und abermals wie in *Rückblick* spiegelt ein ausgeglichener, ruhig-lyrischer Mittelteil vergangene Idylle – diesmal aber in ironischer Distanz zu den behäbig in ihren Kissen Träumenden. Distanz zu den Schlafenden nicht nur, gerade auch zu den Träumenden; das ist neu an dem Lied: »Ich bin zu Ende mit allen Träumen, was will ich unter den Schläfern säumen?« singt der Wanderer im Schlußteil. »Frühlingsträume« sind kein Ausweg mehr; zu weit schon ist er seinen Weg gegangen. Schubert zeigt die Bedeutung der Stelle auch musikalisch: Er unterbricht die bis dahin (vom Mittelteil abgesehen) ununterbrochene Bewegung in einer Art Taktwechsel (der nicht notiert, aber durch Akzente markiert ist), setzt einfache Akkorde anstelle der drängenden Achtel, bevor der Wanderer, die Verse wiederholend zunächst, dann im Nachspiel seinen Weg fortsetzt.

Verwandte Tonarten verbinden die drei auf *Die Post* (Es-Dur) folgenden Lieder mit diesem: c-Moll (*Der greise Kopf*) – c-Moll (*Die Krähe*) – Es-Dur (*Letzte Hoffnung*). Auch sie sind, *Die Krähe* ausgenommen, Lieder, in denen der Wanderer verharrt. Sie verweisen auf weitere Stationen des zurückgelegten Weges und deuten zugleich darüber hinaus: Der zweite Teil des Zyklus ist dem ersten nicht kongruent; aus gleichsam erhöhtem Stand blickt man zurück, aus der Erfahrung der *Einsamkeit*; so führt der Weg in die Spirale. Der Reif, der in *Der greise Kopf* (Nr. 14) dem Wanderer einen »weißen Schein« übers Haar streut, erinnert an *Gefrorne Tränen*; diesmal jedoch deckt das Eis keine glühende Quelle, es deutet auf Greisenalter und Tod – und darauf, wie weit es noch ist »bis zur Bahre«. In zittrigen Linien zeichnet die Singstimme die Todeshoffnung des Sängers nach; das Instrument tritt ganz zurück, stützt diese nur in wenigen Akkorden. *Die Krähe* (Nr. 15) greift den Gedanken noch einmal auf – im Totenvogel hat der Wanderer einen Begleiter gefunden. Wieder beherrscht die Singstimme das Lied – kontrapunktiert jedoch von stetigem »Geflatter« der Sechzehnteltriolen. Die *Letzte Hoffnung* (Nr. 16) läßt nochmals an den *Lindenbaum* denken, an bunte Blätter an den Bäumen, doch das Es-Dur, Tonart des gläubigen Vertrauens, nicht nur der Jagd, ist hier seltsam gebrochen. Einzelne Staccato-Töne setzen sich bereits zu Beginn zu einem verminderten Septakkord zusammen, der eher nach es-Moll (»schwärzeste Schwermut«) weist. Und selbst das Es-Dur der opernhaft anmutenden Kantilene (»wein auf meiner Hoffnung Grab«), mit der das Lied schließt, wird durch die wiederholte kleine Sexte (ces) und zusätzlich die phrygische Sekunde (fes) in Frage gestellt.

Dem Block dieser der *Post* zugeordneten Lieder entspricht ein zweiter, der mit *Im Dorfe* (Nr. 17) beginnt. Zwischen beiden Blöcken (Es-Dur – D-Dur) weist ein neuer Bruch, eine Halbtonrückung abwärts, darauf, daß der Wanderer wieder unterwegs ist: Das D-Dur-Lied ist wohl »Rückblick«, Erinnerung an vergangene Stationen, aber kein Lied des Verharrens mehr. D-Dur, das ist die Tonart der letzten Strophe von *Gute Nacht*, dort wie hier nicht Tonart triumphierender Befreiung, sondern schmerzlicher Ironie, Tonart des Abschieds. Es folgen *Der stürmische Morgen* (Nr. 18), nach d-Moll zurückkehrend, in die düstere Realität der Haupttonart von *Gute Nacht*, und *Täuschung* (Nr. 19), in der Dominanttonart A-Dur, an den *Frühlingstraum* erinnernd. Mit diesem Lied greift Schubert auf eine Nummer aus der 1821/22 entstandenen Oper *Alfonso und Estrella* zurück, auf Nr. 11, das »Lied vom Wolkenmädchen« zu Beginn des zweiten Akts (auch dort »täuscht« ein Irrlicht den Wanderer, führt ihn in die Illusion und damit ins Verderben; s. S. 181 ff.).

Mit diesem Lied ist die Folge von Parallelstationen zum ersten Teil des Zyklus abgeschlossen. Die letzten fünf Lieder führen darüber hinaus. Die Tonart des *Wegweisers* (Nr. 20) ist wohl die von *Rückblick*, g-Moll, nach dem A-Dur der *Täuschung* wieder eine wie gewaltsame Rückkehr in die Realität, jedoch als Subdominante dem mit D-Dur und d-Moll begonnenen Weg verbunden. Nicht drängende, fliehende Bewegung zeichnet der Komponist, sondern ruhig gehende, durch »Portatozeichen« als bedeutsam herausgehobene Achtel wie in *Gute Nacht*. Das Lied bezeichnet einen neuen Ausgangspunkt: Einen »Weiser« sieht der Wanderer stehen, »unverrückt vor meinem Blick«, der ihn gnadenlos vorwärts weist. Tonrepetitionen am Schluß des Liedes (T. 55–83) deuten auf Unerbittlichkeit und Tod: »Eine Straße muß ich gehen, die noch keiner ging zurück.« Doch während Schubert in anderen Liedern (wir denken etwa an *Das Zügenglöcklein*, D 871, oder an *Die liebe Farbe* aus den »Müller-Liedern«, s. S. 115) an den Tonrepetitionen konsequent festhält, bricht die Linie hier unerwartet immer wieder aus, als wollte der Sänger sich nicht fügen.

Zu dem im Diskant zunächst festgehaltenen g′ setzt Schubert eine chromatisch aufsteigende Gegenstimme, die konsequent aus der Tonart g-Moll herausführt, den Komponisten schließlich zur Aufgabe des repetierten Tones zwingt (nur das rhythmische Ostinato wird beibehalten), ihn in die von g-Moll denkbar weit entfernte Tonart cis-Moll führt (Tritonus-Verhältnis) und von da aus in überraschender Modulation zur Ausgangstonart zurück. Zwar findet der Komponist wie hier auch im folgenden jedesmal wieder nach g-Moll zurück, doch scheint

Bsp. 25

das Lied die Frage offenzulassen, ob der Weg, den der »Weiser« so unverrückbar vorgibt, wirklich auch der des Wanderers sein wird.

Der Weg führt freilich zunächst, dem »Weiser« folgend, in *Das Wirtshaus* (Nr. 21), auf »einen Totenacker«. Thrasybulos Georgiades hat gezeigt, daß die Melodie dem Kyrie des gregorianischen Requiems verwandt ist – möglicherweise hat Schubert den Bezug gewollt. F-Dur hat Schubert gewählt, die Tonart der Ruhe, des Friedens. Das Lied ist beherrscht von jenen daktylischen Rhythmen, die auf Grenzüberschreitung deuten, auf den Weg in die Erlösung. Doch was am Ende der *Einsamkeit* noch möglich schien, ist jetzt dem Wanderer versperrt: Die »unbarmherz'ge Schenke« ist Illusion wie das A-Dur der *Täuschung*. So kehrt das folgende Lied, *Mut* (Nr. 22), zur Tonart des *Wegweisers*, nach g-Moll (a-Moll in einem ersten Entwurf), zurück. Schmerz und Leid werden verdrängt; wenn die Natur dem Wanderer nicht zu Hilfe kommt, muß er sich selber helfen: »Will kein Gott auf Erden sein, sind wir selber Götter!« Das vorletzte Lied, *Die Nebensonnen* (Nr. 23), schließt nochmals an die *Täuschung* an und an den *Frühlingstraum*: A-Dur, die Tonart der Illusion. Zum letztenmal erinnert sich der Wanderer seiner Geliebten, ihrer Augen, die ihm wie Sonnen strahlten. Aber das waren keine wirklichen Sonnen – Nebensonnen waren es, Irrbilder, die nun erloschen sind. Der Wanderer geht ja auch nicht – seine Gedanken bewegen sich wieder im Tanz, wie in *Wasserflut* und *Irrlicht* zu den wiegenden Rhythmen einer Sarabande. Sein Weg ist zu Ende.

Es folgt das letzte Lied, *Der Leiermann* (Nr. 24). Die Fiktion des A-Dur verwandelt sich in a-Moll, Tonart der Resignation, der Melancholie, trister Realität.
Ursprünglich hatte Schubert es in h-Moll geschrieben und damit auf den Schluß
des ersten Teils, die *Einsamkeit* bezogen. Ob die Transposition auf den Verleger
oder auf Schubert zurückgeht, ist nicht zu entscheiden (die handschriftliche
Anweisung in Schuberts Autograph, es »in A-mol« umzuschreiben, stammt
vom Verleger Tobias Haslinger), doch entspricht a-Moll dem Charakter des
Liedes eher als h-Moll. Im Unterschied der beiden Tonarten spiegelt sich der
Unterschied von *Einsamkeit* und *Der Leiermann*: Hier offenbar meint sie die
Überwindung des eigenen Schicksals durch seine völlige Annahme, den Verzicht
auf Utopie, auch auf den eigenen Weg. Die zwei Nebensonnen sind untergegan-
gen – der Wanderer gesellt sich dem Leiermann, den niemand hören will, dessen
Teller immer leer bleibt und der dennoch seine Leier dreht. Das Lied führt in die
endgültige »Erstarrung«, in die unbedingte »Einsamkeit«, in der auch das eigene
Gefühl gestorben ist. Der Leiermann erscheint wie der Todesbote – aber nicht als
Erlöser; dieser Tod ist diesseitig, er führt zum Ende. Freilich – ganz sicher sind
wir dessen auch nicht. Das Lied endet mit einer offenen Frage (die als »offen«
durch Schuberts schwebenden hohen Quintschluß noch betont wird): »Willst
zu meinen Liedern deine Leier drehn?« Führen diese – kommenden – Lieder
doch noch über das Ende hinaus? Brechen sie das Eis endgültiger Vereinsamung
auf?

Im September 1827 verbrachte Schubert auf Einladung Marie Pachlers,
einer hervorragenden Klavierspielerin, die einst auch mit Beethoven in
Verbindung gewesen war, einige Wochen in ihrem Hause in Graz.
Damals machte Frau Pachler den Komponisten auf verschiedene Gedichte aufmerksam und bat ihn wohl auch ausdrücklich darum, sie zu
vertonen. Das waren vor allem verschiedene Gedichte Karl Gottfried
von Leitners, aber auch eines der Karoline Louise von Klenke, Tochter
der berühmten Karschin (*Heimliches Lieben*, D 922), sowie *Eine altschottische Ballade* (»Dein Schwert, wie ist's von Blut so rot, Eduard,
Eduard«, D 923) in der Herderschen Übersetzung. Vier der Lieder –
Heimliches Lieben und *Das Weinen* (D 926, Leitner), *Vor meiner Wiege*
(D 927, Leitner) und *Eine altschottische Ballade* stellte Schubert bereits
im Frühjahr 1828 zu einem Liederheft zusammen (es erhielt später die
Opuszahl 106); in letzter Minute freilich ersetzte er dabei die als Duett
für eine »weibliche« (Mutter) und eine »männliche Stimme« (Edward)
notierte schottische Ballade durch *An Silvia* (D 891, Shakespeare), ver-
mutlich weil es sich für ein Liederheft besser eignete als das Duett. Den
Schlüssel zu dieser Liedergruppe gibt, wie so oft, das erste Lied. Marie
Pachler hatte den Text wenige Jahre zuvor von ihrem Lehrer Julius
Schneller erhalten. Er zeugt von enger Freundschaft und Vertrautheit:

»... daß doch im Kuß mein Wesen nicht zerfließet, wenn es so fest an deinen Mund sich schließet, und an dein Herz, das niemals laut darf wagen, für dich zu schlagen« – so endet das Gedicht, und Schubert fügt die Verse, sie wie in einer Arie mehrfach wiederholend, zu einem gleichsam bekenntnishaften Liedschluß. Die Widmung dieses und der folgenden Lieder des Heftes ist wohl mehr als nur der Dank für »die freundliche Herberge mit ihrer lieben Hausfrau«, den Schubert gleich nach seiner Rückkehr aus Graz in einem Brief an Frau Pachler ankündigte, hoffend, ihn »auf eine würdige Weise noch an den Tag legen zu können« (Dok., S. 452).

Auf eine Anregung von außen geht offenbar auch eine Gruppe von vier Seidl-Liedern zurück, die unter dem Titel *Refrainlieder* (op. 95 – D 866) bekanntgeworden ist: Als der Verleger Thaddäus Weigl sie am 13. August 1828 in der *Wiener Zeitung* als neu erschienen ankündigte, setzte er ein Nachwort hinzu: »Schon lange hegte das Publikum den Wunsch, aus der Feder dieses genialen Liederdichters einmal eine Komposition heiteren komischen Inhaltes zu erhalten. Diesem Wunsche kam Herr Schubert durch gegenwärtige vier Lieder, welche teils echt komisch sind, teils den Charakter der Naivität und des Humors an sich tragen, auf eine überraschende Weise entgegen« (Dok., S. 532). Die Formulierung dieses Nachwortes läßt vermuten, daß der Verleger selbst Schubert den Wunsch des Publikums nahegebracht hat. Von den vier Liedern sind freilich nur zwei (*Die Unterscheidung* und *Die Männer sind méchant*) im engeren Sinne »komisch« – so hat sich der Verleger dann für die Veröffentlichung des Liederheftes auf den neutraleren Begriff »Refrainlieder« zurückgezogen. In den Kontext dieser Gruppe gehört vermutlich noch ein weiteres »komisches«, ebenfalls bei Weigl erschienenes Lied: *Das Echo* (D 990 C); ihm sollten ursprünglich, so berichtet der Verleger, noch fünf weitere folgen, doch Schubert ließ es bei diesem einen bewenden. (Siehe Tabelle S. 152.)
Eine besondere Bewandtnis hat es schließlich mit zwei Gesängen, die Schubert gleichsam als Duett für eine Sing- und eine Instrumentalstimme mit Klavierbegleitung geschrieben hat. Das erste – *Auf dem Strom* (D 943) – war offenbar für den Hornisten Josef Rudolf Lewy bestimmt, der es am 26. März 1828 gemeinsam mit dem Tenor Ludwig Tietze auf dem einzigen von Schubert selbst veranstalteten Konzert aufführte. Lewy war ein Pionier des Ventilhorns; auch Schuberts Komposition setzt ein Ventilhorn wohl voraus. Die Instrumentalstimme dominiert erwartungsgemäß (bereits die ausgedehnte Einleitung des

Lieder und Gesänge 1828

Deutsch-Nummer	Titel	Entstehungszeit	Textdichter
865	Widerspruch, op. 105,1 133 T. – Liedversion eines Chorsatzes	vor Aug. 1828	J. G. Seidl
866	Vier Refrainlieder, op. 95 I. Die Unterscheidung (38 T. – Strophenlied); II. Bei dir allein (137 T.); III. Die Männer sind méchant (28 T. – Strophenlied); IV. Irdisches Glück (41 T. – Strophenlied)	Sommer 1828?	Seidl
867	Wiegenlied, op. 105,2 131 T. – var. Strophenlied	vor Aug. 1828	Seidl
926	Das Weinen, op. 106,2 27 T. – var. Strophenlied	April 1828 (?)	K. G. v. Leitner
937	Lebensmut, Fragment 24 T.	Sommer 1828?	L. Rellstab
938	Der Winterabend 96 T.	Jan. 1828	Leitner
939	Die Sterne, op. 96,1 188 T.	Jan. 1828	Leitner
943	Auf dem Strom 209 T. – mit Horn u. Klavier	März 1828	Rellstab
945	Herbst 26 T. – Strophenlied	April 1828	Rellstab
955	Glaube, Hoffnung und Liebe, op. 97 49 T.	Aug. 1828	Chr. Kuffner
957	»Schwanengesang«: 13 Lieder nach Gedichten von Rellstab und Heine	Aug. 1828	Rellstab, H. Heine
965	Der Hirt auf dem Felsen 349 T. – Mit Klarinette und Klavier	Okt. 1828	W. Müller, Helmina von Chézy?
965 A	Die Taubenpost 105 T.	Okt. 1828	Seidl
990 C	Das Echo 31 T. – Strophenlied	1828?	I. F. Castelli

ariosen Gesanges macht dies deutlich) – so verlagern sich auch die
Gewichte in der »polyrhythmischen« Faktur des Liedes; von einem
Gleichgewicht zwischen Text, Singstimme, Soloinstrument und Klavierstimme kann keine Rede sein. Der Erfolg dieses in Schuberts Schaffen neuartigen Liedes (für das Lewy sich sehr einsetzte) bewirkte wohl,
daß der Komponist, als er kurz vor seinem Tod vermutlich einem alten
Wunsch der befreundeten Sängerin Anna Milder nachkam, ein Lied
ariosen Stils für sie zu schreiben, ebenfalls eine duettierende Instrumentalstimme hinzufügte – die Klarinette. Es sollte ein Lied werden, das
(darum hatte die Sängerin den Komponisten bereits im März 1825 gebeten), »brillant« war und »sich in verschiedenen Zeitmaßen singen« ließ,
»damit man mehrere Empfindungen darstellen kann« (Dok., S. 280).
Der Hirt auf dem Felsen (D 965) entspricht diesen Forderungen. Schubert stellte den Text des Gesanges aus verschiedenen Gedichten zusammen: Strophe 1–4 aus Wilhelm Müllers *Der Berghirt* für den die Berg-
welt auch musikalisch illustrierenden Beginn, zwei Strophen eines
unbekannten Gedichtes (vermutlich, wie Max Friedlaender angibt, von
Helmina von Chézy, der Dichterin der *Rosamunde*) für den lyrisch-
liedhaften Mittelteil, die Strophe 2 aus Müllers *Liebesgedanken* für den
virtuosen, an die Cabaletta einer Arie erinnernden Schluß. Schon die für
Schubert so ungewöhnliche Willkür, mit dem Text zu verfahren, zeigt
an, daß er hier kein Lied schreiben wollte, sondern eine Arie liedhaften
Charakters, in der – deutlicher noch als in *Auf dem Strome* – die musikalischen Elemente dominieren.

Im August 1828 beginnt Schubert mit der Niederschrift der *Dreizehn
Lieder nach Gedichten von Rellstab und Heine* (D 957), die – zusammen mit dem Lied *Die Taubenpost* (D 965 A) vom Oktober 1828 – unter
dem Titel »Schwanengesang« bekannt geworden sind. Um ihre Entstehung ranken sich verschiedene, nicht in allen Einzelheiten glaubwür-
dige Erzählungen. So hatte Ludwig Rellstab im Frühjahr 1825 Beethoven einige Gedichte überbracht und ihn gebeten, sie in Musik zu setzen.
Dazu ist es nicht mehr gekommen, doch berichten Rellstab und Anton
Schindler (Beethovens Faktotum, auch mit Schubert befreundet), daß
Beethoven mehrere Gedichte mit Bleistiftkreuzen »zu eigener Komposition bezeichnet hatte«. Nach dessen Tod im März 1827 habe Schubert
die Blätter in die Hand bekommen und die von Beethoven gekennzeichneten Gedichte vertont, damit gleichsam dessen Letzten Willen erfül-
lend. Erst viele Jahre später hat Rellstab sein Manuskript durch Schindler zurückerhalten; leider ist es inzwischen verschollen – so läßt sich

nicht mehr verifizieren, ob es tatsächlich die fraglichen Kreuze enthält und ob diese wirklich die Lieder aus dem *»Schwanengesang«* bezeichnen. Es ist jedenfalls bemerkenswert, daß Schindlers und Rellstabs Angaben in gewisser Weise an Karl von Schönsteins Bericht über die Entstehung der Heine-Lieder erinnern: »Noch als Schubert unter den Tuchlauben bei Schober wohnte . . ., fand ich bei ihm Heines ›Buch der Lieder‹, welches mich sehr interessierte; ich bat ihn darum, er überließ es mir auch, und zwar mit dem Bemerken, daß er es ohnehin nicht mehr benötige. Es ist dasselbe noch in meinem Besitz.« Schönstein fügt hinzu, »daß sämtliche obbenannten Heineschen Lieder welche im Schwanengesang erschienen, in diesem Buche enthalten, die Stellen, wo sie sich im Buche befinden, durch Einbüge, wahrscheinlich von Schuberts eigener Hand gemacht, bezeichnet sind« (Erinn., S. 120 f.). Es scheint also, daß es in dieser Zeit Schuberts Gewohnheit war, sich Gedichte vorzumerken, die er in Musik setzen wollte. Es könnten also auch die »Beethovenschen« Bleistiftkreuze in den Rellstab-Liedern in Wahrheit von Schubert herrühren.

Dreizehn Lieder nach Gedichten von Rellstab und Heine (D 957)
(postum erschienen unter dem Titel *Schwanengesang*)

T: Ludwig Rellstab (Nr. 1–7) und Heinrich Heine (Nr. 8–13). – D: August 1828 (lt. Autograph). – AGA XX/9,554–566; NGA IV/14,17.

Zur Überlieferung: Die beiden Liedergruppen (Nr. 1–7 nach Rellstab, Nr. 8–13 nach Heine) finden sich in einem fortlaufend, in einem Zuge geschriebenen Liederheft, dem später, vermutlich durch Schuberts Bruder Ferdinand, noch ein weiteres Lied – *Die Taubenpost* (D 965 A; nach J. G. Seidl) – beigefügt worden ist. Eine Titelseite oder eine gemeinsame Überschrift, die die dreizehn Lieder als zusammengehörig ausweisen könnten, fehlt, doch sprechen einige Überlegungen dafür, daß Schubert sie tatsächlich als Gruppe – wenn auch nicht als Zyklus im engeren Sinne – verstanden hat: a) Nur das erste Lied des ursprünglichen Liederheftes ist datiert (August 1828), keines der dann folgenden, auch nicht das erste der Heine-Lieder (*Die Taubenpost* hingegen trägt ein neues Datum: Oktober 1828). b) Für zwei Lieder (Nr. 1, *Liebesbotschaft*, und Nr. 3, *Frühlingssehnsucht*) haben sich Entwürfe in einem anderen Manuskript erhalten, die dort unmittelbar auf das Fragment *Lebensmut* (D 937, Text ebenfalls von Rellstab) folgen. Es scheint also, daß Schubert ursprünglich an eine Reihenfolge *Lebensmut – Liebesbotschaft – Frühlingssehnsucht* dachte; wenn er diese Ordnung später änderte, dann dürfte ihr wohl ein Plan zugrunde liegen. Otto Erich Deutsch gibt an, Schubert habe »selbst schon geplant, die Rellstab-Lieder . . . und die Heine-Lieder zusammen herauszugeben, als einen Zyklus, den er seinen

Freunden widmen wollte« (Dok., S. 540), und beruft sich dabei (an anderer Stelle) auf Josef von Spaun. In dessen verschiedenen »Schubert-Erinnerungen« findet sich freilich kein Hinweis darauf.

Es steht außer Frage, daß Schubert das Liederheft noch selbst zum Druck geben wollte. Freilich zweifelte er offensichtlich an der Möglichkeit, die beiden Liedergruppen gemeinsam herauszubringen: Am 2. Oktober 1828 bot er die sechs Heine-Lieder separat dem Leipziger Verleger Probst an. Zu einer Vereinbarung aber kam es nicht mehr. Wenige Wochen nach Schuberts Tod, am 17. Dezember 1828, schloß dann Ferdinand Schubert, der den Nachlaß seines Bruders verwaltete, einen Vertrag mit dem Wiener Verleger Tobias Haslinger; er überließ ihm das Liederheft, dem er inzwischen wohl selbst *Die Taubenpost* hinzugefügt hatte. In dem Subskriptionsaufruf des Verlegers erscheinen die nunmehr vierzehn Lieder zum erstenmal als »Schwanen-Gesang«; der Titel sollte jedoch keinen Zyklus bezeichnen, sondern lediglich deutlich machen, daß es sich um Schuberts letzte Lieder handelte.

Zum Text: Schuberts Vorlage für die Rellstab-Lieder war möglicherweise das Manuskript, das er in Beethovens Nachlaß gefunden hatte (s. S. 153 f.). Die Heine-Lieder entstammen Heinrich Heines Zyklus »Die Heimkehr«, der die 1826 zuerst erschienenen *Reisebilder* eröffnet; Schuberts Vorlage war jedoch sicherlich die zweite Ausgabe des Zyklus in Heines *Buch der Lieder* von 1827. Er hatte sie im Januar 1828 auf Leseabenden bei Schober (bei dem er damals noch wohnte) kennengelernt. Die Reihenfolge der Lieder Schuberts weicht von der Heineschen ab: Bei Heine ist *Das Fischermädchen* Nr. 8 – *Am Meer* Nr. 14 – *Die Stadt* Nr. 16 – *Der Doppelgänger* Nr. 20 – *Ihr Bild* Nr. 23 – *Der Atlas* Nr. 24. Man hat verschiedentlich vorgeschlagen, bei Aufführungen der Heine-Lieder zu dieser Anordnung zurückzukehren; Schuberts Manuskript gibt freilich keinerlei Anhaltspunkt dafür, daß die Reihenfolge seiner Niederschrift vom Zufall bestimmt sein könnte. Die Gedichte sind bei Heine lediglich mit Nummern bezeichnet; die Liedüberschriften stammen sicherlich vom Komponisten. (Siehe Tabelle S. 156.)

Zur Komposition: In Charakter und Kompositionsweise unterscheiden sich die beiden Liedergruppen deutlich. Die Rellstab-Lieder wenden sich an eine »entfernte Geliebte«, jedoch – sieht man von dem fünften, *Aufenthalt*, und dem sechsten, *In der Ferne*, ab – nicht im Schmerz »vergeblicher Liebe« (»wollte ich Liebe singen, ward sie mir zum Schmerz«, hatte Schubert doch einige Jahre zuvor in seiner »Traumerzählung« geschrieben): Die meist umfangreichen Gesänge erscheinen vergleichsweise gefestigt, als hätte Schubert wirklich an eine Art »Hommage à Beethoven« gedacht – freilich ganz auf seine Weise, in seinem Ton, immer wieder auch mit charakteristisch Schubertschem Vorbehalt. Diesen Liedern wohl ist es zu danken, wenn die zeitgenössische Musikkritik den »Schwanengesang« günstiger aufgenommen hat als etwa die *Winterreise* (Leipziger *Allgemeine Musikalische Zeitung* vom 7. Oktober 1829: »... so können wir doch nicht umhin, den Schwanengesängen des früh Entschlafenen bei weitem den Vorzug vor jenen einzuräumen; wir finden sie viel liebenswürdiger, gehalte-

Dreizehn Lieder nach Gedichten von Rellstab und Heine. Übersicht

Nr.	Titel	Tempo	Tonart	Umfang
Lieder nach Ludwig Rellstab				
I	Liebesbotschaft	Ziemlich langsam	G-Dur	75 T.
II	Kriegers Ahnung	Nicht zu langsam	c-Moll	122 T.
III	Frühlingssehnsucht	Geschwind	B-Dur	103 T. (T. 13–57:4 Str.)
IV	Ständchen	Mäßig	d-Moll	50 T. (T. 5–36:2 Str.)
V	Aufenthalt	Nicht zu geschwind, doch kräftig	e-Moll	141 T.
VI	In der Ferne	Ziemlich langsam	h-Moll	117 T.
VII	Abschied	Mäßig geschwind	Es-Dur	167 T.
Lieder nach Heinrich Heine				
VIII	Der Atlas	Etwas geschwind	g-Moll	56 T.
IX	Ihr Bild	Langsam	b-Moll	36 T.
X	Das Fischermädchen	Etwas geschwind	As-Dur	72 T.
XI	Die Stadt	Mäßig geschwind	c-Moll	40 T.
XII	Am Meer	Sehr langsam	C-Dur	45 T.
XIII	Der Doppelgänger	Sehr langsam	h-Moll	63 T.

ner, erfindungsreicher ...«, frei vom »Gesuchten, vom schonungslos Verwundenden«). Für die Heine-Lieder jedenfalls trifft dies kaum zu. Es sind – wie manche Lieder der *Winterreise* – knappe, konzentrierte Miniaturen; sie weisen voraus in Neuland (das wird zu zeigen sein) – und wenn Lieder »schonungslos« zu verwunden vermögen, dann solche wie *Der Atlas* oder *Der Doppelgänger*. Das erste der Rellstab-Lieder, die *Liebesbotschaft* (»Rauschendes Bächlein, so silbern und hell, eilt zur Geliebten so munter und schnell«), erinnert zunächst in manchem an den zweiten Teil von *Eifersucht und Stolz* aus den »Müller-Liedern« (»Geh, Bächlein, hin und sag ihr das«): ähnliche, das Rauschen des Baches illustrierende Figuren, ähnliche Bewegung, dieselbe Tonart – doch während G-Dur (die Tonart ländlicher Idylle und befriedigter Leidenschaft; Tonartencharakteristiken hier und im folgenden nach C. F. D. Schubart) dort eingebunden ist in zorniges g-Moll, sich als bittere Ironie ausweist, stellt nichts sie hier in Frage: Die Liebesbotschaft, die sich immer wieder auch mit drängenden Baßfiguren verbindet (wie in *Suleika I*, s. S. 96: »Was bedeutet die Bewegung, bringt der Ost mir frohe Kunde?«), nimmt ihre Erfüllung gleichsam vorweg.

Das zweite Lied, *Kriegers Ahnung*, ist wohl das düsterste der Gruppe: »In tiefer Ruh liegt um mich her der Waffenbrüder Kreis«; Todeserwartung umfängt den einsam Wachenden – »bald ruh ich wohl und schlafe fest, Herzliebste – gute Nacht«. Der Beginn des Liedes schildert die Szene: Punktierte Rhythmen, c-Moll – jedoch kein Trauermarsch, eher eine Art Totentanz, dessen regelmäßigen Rhythmen die Singstimme sich (durch Akzentverschiebungen von dem ersten auf den zweiten Taktteil) entgegenstellt. Dann eine neue Bewegung, scheinbare Aufhellung in den »Gräberton« As-Dur (»Wie hab ich oft so süß geträumt an ihrem Busen warm«), als wäre die Erinnerung zugleich Vision eines Wiedersehens im Jenseits, und dann, folgerichtig, ein neuer Takt- und Tempowechsel, eine neue Tonart (C-Dur): zunächst unruhige Sechzehntelbewegung (der Gedanke an die Schlacht), dann drängende Achtel zu weit ausgreifenden melodischen Bögen: »Bald ruh ich wohl«. Doch die Vision bricht in sich zusammen: Mit dem letzten »Herzliebste – gute Nacht« kehrt der Totentanz wieder; wir sind in den Kreis der die kommende Schlacht erwartenden Krieger zurückgekehrt.

Die *Frühlingssehnsucht* (Nr. 3) nimmt die drängenden Achtel des vorigen Liedes wieder auf, nun in B-Dur (Tonart der Erwartung). Es ist denkbar, daß die Einfügung von *Kriegers Ahnung* zwischen die ursprünglich aufeinanderfolgenden Lieder *Liebesbotschaft* und *Frühlingssehnsucht* (s. S. 154) zyklische Verbindung bewirken sollte, als sollte dieses Lied dem Krieger die Erfüllung seiner Vision verheißen. Die überraschende Molltrübung am Ende jeder Strophe, die dann zu Beginn der letzten (»Rastloses Sehnen, wünschendes Herz, immer nur Tränen, Klage und Schmerz?«) zu einer ausgedehnten Mollvariante führt, fände dadurch eine tiefere Begründung: Ist auch, was die »säuselnden Lüfte« versprechen, am Ende doch nur Vision?

Das vierte Lied, *Ständchen* (»Leise flehen meine Lieder«), seit jeher das beliebteste des »Schwanengesangs« (zahlreiche Abschriften und Bearbeitungen zeugen davon), bildet einen Ruhepunkt in der Liederfolge. Die Singstimme dominiert, dem Serenadentypus entsprechend an Ornamenten reich, die an den Ruf der Nachtigall erinnern (»Hörst die Nachtigallen schlagen«). Das Lied schwankt zwischen Moll und Dur (jede Strophe scheint in Dur zu schließen, trübt sich nochmals nach Moll ein und findet im Ausklingen nach Dur zurück). Die Frage bleibt offen: Wird die Geliebte den Sänger hören?

Mit dem nächsten Lied, *Aufenthalt* (Nr. 5), ändert sich der Ton; es ist in manchem der *Erstarrung* aus der *Winterreise* verwandt, auch Liedern nach Schulzeschen Texten wie *Im Walde* oder *Über Wildemann*. Der Sänger sucht Antwort auf seinen Schmerz im »rauschenden Strom«, im »brausenden Wald«, beim »starrenden Fels«. Ein Dialog entwickelt sich zwischen Singstimme und Klavierbaß, festgefügte, in sich geschlossene Viertakter entstehen so, es scheint, als wäre der Sänger eingeschlossen in unverrückbare Monumente der Natur – trügen ihn nicht hämmernde Achteltriolen über alle Grenzen hinweg: »so unaufhörlich mein Herze schlägt«. Von »Erstarrung« kann in der Tat ebensowenig die Rede sein wie in dem so überschriebenen Lied der *Winterreise* – in den Binnenstrophen nimmt denn auch der Klavierbaß teil an der drängenden Bewegung (»wie sich die Welle an Welle reiht, fließen die Tränen mir ewig erneut«) oder geht gar mit der Singstimme parallel (»hoch in den Kronen wogend sich's regt«). So gibt Schubert dann auch am Ende des Liedes, in der Folge eines Fortissimo-Ausbruches der Singstimme, das dialogisierende Prinzip wieder auf, beschränkt sich auf harmoniestützende Baßtöne und zitiert im Nachspiel die Schlußfloskel des Sängers: Die in dem Lied beschworenen Elemente der Natur sind Projektionen seines Schmerzes.

In der Ferne (Nr. 6) knüpft an das vorige Lied an: »Wehe dem Fliehenden, Welt hinaus Ziehenden!« Die artifiziellen Kurzverse der Dichtung prägen den Charakter der Deklamation (ebenso wie den der an ihr sich orientierenden Klavierstimme): Je zwei den dreisilbigen Versfüßen entsprechende Dreivierteltakte fügen sich zu Zweitaktgruppen (Versen) zusammen, die Schubert – wie der Dichter – gleichsam atemlos aneinanderkettet, den Fluß gleichwohl durch Fermaten nach dem zweiten Vers der ersten beiden Strophen unterbrechend (sie erscheinen damit gewissermaßen als deren Motto) und die Strophengrenzen selbst durch breit ausgeführte Schlußkadenzen markierend. Das Lied ist ein variiertes Strophenlied im präzisen Wortsinn: Jede Strophe benutzt dasselbe musikalische Material, verändert es aber in melodischer Gestalt, in harmonischen Ausweichungen, in der Bewegungsart, selbst durch Einfügung von Echotakten (in den beiden Schlußstrophen) und in der Tonart. Das Lied beginnt in h-Moll (Tonart des Sich-Fügens in das auferlegte Schicksal, auch der Todeserwartung), führt aber dann nach H-Dur (Tonart wilder Leidenschaft): »Lüfte, ihr säuselnden, . . . grüßt von dem Fliehenden«. Die *Liebesbotschaft* klingt da an, jedoch verwandelt in ekstatische Vision, der der Sänger auch nicht zu glauben vermag: Mit den letzten Takten, in heftigem Aufschrei (»Welt hinaus Ziehenden«), kehrt das Lied nach h-Moll zurück.

Schließlich das letzte Lied der Gruppe, *Abschied* (Nr. 7). Nach *In der Ferne* hätte man hier ein Gegenstück zu *Gute Nacht* aus der *Winterreise* erwartet – auch hier verläßt der Sänger die Stadt, bei Einbruch der Dunkelheit (»nun schimmert der blinkenden Sterne Gold«), auch hier verläßt er die Geliebte (»darf hier nicht weilen, muß hier vorbei«) –, doch: »nie habt ihr ein trauriges Lied gehört, so wird euch auch keines beim Scheiden beschert«, dem zuversichtlichen ersten der Rellstab-Lieder soll dies letzte entsprechen. Der Sänger wandert auch nicht – die Grundbewegung des Liedes ist geprägt vom Bild des munteren Rößleins, dessen »lustiger Fuß« im hurtigen Davonreiten (charakterisiert durch gleichmäßige Achtelbewegung) auch schon einmal zum Aufbocken ansetzt (durch Wechsel von volltaktigen Zweitakten zu auftaktigen Eintaktern im Vorspiel und in Zwischenspielen):

Mäßig geschwind

Bsp. 26

Die Singstimme setzt dem ihren »schallenden Abschiedsgesang« entgegen – wie vielfach in Schuberts späten Liedern nach dem Modell der Wechselstrophe gestaltet, um – bei aller Einheitlichkeit von Bewegung und Deklamation – Monotonie zu vermeiden (Strophen 1, 3, 5: Grundgestalt, Es-Dur; Strophen 2, 4: abgeleitete Gestalt, Unterdominante As-Dur). Nur die letzte Strophe folgt dem Schema nicht. Im Gedanken an den Abschied von der Geliebten (»Ade! ihr Sterne, verhüllet euch grau!«) wendet sich das Lied, in einem Absturz in die Untermediante, nach Ces-Dur und findet nur mühsam, erst mit dem letzten Ton der Singstimme, in die Grundtonart Es-Dur wieder zurück. Dann aber bestätigt ein ausführliches Nachspiel den wiedergewonnenen Gleichmut.

Mit *Der Atlas* (Nr. 8) beginnt – in Schuberts Autograph – die Gruppe der Heine-Lieder. Das Lied ist dreiteilig: Markante, punktierte Rhythmen in der Singstimme und dem (sie verdoppelnden) Klavierbaß, klirrende Tremolofiguren in der rechten Klavierhand bestimmen die Außenabschnitte (in klagendem g-Moll). Das schneidende Intervall der verminderten Quart tritt hervor, melodisch (»ich unglücksel'ger Atlas«) und harmonisch (in der Umkehrung eines übermäßigen Dreiklangs fis+b+d). Das fis erscheint dabei zunächst in einer zwar ungewöhnlich gespannten, aber nicht unerwarteten Vorhaltsfigur (»Seufzervorhalt«); es verselbständigt sich dann aber als melodischer Zielton des ersten Abschnitts (»und brechen will mir das Herz im Leibe«), der in die Tonart des Mittelteils führt, nach H-Dur, in verhalten-sarkastische Ekstase (»Du stolzes Herz, du hast es ja gewollt«). Die Singstimme führt die punktierten Rhythmen fort und verbindet sie melodisch mit fanfarenartigen Dreiklangsfiguren, die Erinnerung an erwarteten Triumph; die Klavierstimme hingegen zieht sich zurück auf lautenartige Begleitakkorde – bis nach einem großen Crescendo zum dreifachen Forte der Anfangsteil wiederkehrt und mit ihm »die ganze Welt der Schmerzen«.

Ihr Bild (Nr. 9: »Ich stand in dunklen Träumen und starrt' ihr Bildnis an«) ist ein Lied äußerster Reduktion: In engen Intervallen umkreist die Melodie den Zentralton b, rhythmisch wiederum charakterisiert durch schärfende Punktierungen; die Klavierstimme geht zu Beginn der Außenstrophen im Unisono mit und weitet sich dann, das Bildnis belebend, zu vollstimmiger Akkordik. Das ganze Lied wird verhalten, im pp vorgetragen – mit Ausnahme des Klaviernachspiels, das die letzte Textzeile schneidend, im Forte bekräftigt: »daß ich dich verloren hab«. – Leichter im Ton ist *Das Fischermädchen* (Nr. 10). Barkarolenartig erscheint das Lied (im ⅜-Takt) – doch deutet die Wahl der Tonart As-Dur (»Gräberton«) und die Obermediante Ces-Dur für die Mittelstrophe auf die romantisch-geheimnisvolle Welt der Undine, der Tiefen des Meeres.

Das erstaunlichste Lied der Gruppe ist *Die Stadt* (Nr. 11). Der einheitliche Ton der Dichtung überdeckt hier innere Dialektik. Auf der einen Seite der Sänger in seinem Boot, der »mit traurigem Takte rudert«, der »feuchte Windzug«, die »graue Wasserbahn« – die reale Welt –, auf der anderen »die Stadt mit ihren Türmen«, in der einst die Liebste war, die nun aber so irreal erscheint »wie ein Nebelbild«. Von Illusion und Verlust sprechen die erste und dritte Strophe, die reale Welt zeigt uns die mittlere.

In den einleitenden Takten des Vorspiels zeichnet Schubert diese reale Welt: Peitschende Zweiunddreißigstel-Figuren im oberen System der Klavierstimme deuten auf Windböen, die folgenden regelmäßigen Akkorde auf Ruderschläge, die Tremolofiguren im unteren System auf das Gleiten des Kahns:

Bsp. 27

Alles zusammen aber verbindet sich zu einem musikalischen Satz, dessen wichtigstes Merkmal das der Unsicherheit ist: Unsicherheit über die Tonart (das Lied steht in c-Moll, das ganze Vorspiel aber baut sich über dem verminderten Septakkord c–es–fis–a auf, der zwar tonal indifferent ist, in c-Moll aber jedenfalls nichts zu suchen hat). Unsicherheit herrscht auch über das Metrum (in den ersten beiden Takten scheint Schubert die jeweils erste Zeit im Takt hervorzuheben, in den folgenden dagegen die zweite und dritte). Nichts deutet schließlich auf eine bestimmte melodische Linie, die sich aus diesen Takten entwickeln könnte.

Schubert zeichnet somit die reale Szenerie wohl mit deutlichen Konturen, keineswegs aber mit festem Grund. Mit dem Eintritt der Singstimme nun ändert sich die musikalische Faktur mit einem Schlag: Der ungewissen Realität stellt der Komponist eine klar gegründete »Erscheinung« gegenüber, einen Abschnitt von acht Takten in fest geprägter harmonischer Folge:

Bsp. 28

Damit verbindet sich ein ebenso eindeutiges Metrum, ein ¾-Takt, in punktierten Rhythmen (wie in den ersten Liedern der Gruppe), mit deutlich markiertem Hauptakzent. Der Sänger übernimmt die Führung; es ist ja seine »Erscheinung«, um die es geht, die Stadt, in der er »das Liebste verlor«. Die dialektische Konzeption bestimmt dann auch den Fortgang des Liedes: Die »reale« Welt der zweiten Strophe, die »graue Wasserbahn«, ist bestimmt von dem unablässig, gleichsam statisch wiederholten verminderten Septakkord der Einleitung, die dritte Strophe hingegen (»Die Sonne hebt sich noch einmal leuchtend vom Boden empor und zeigt mir jene Stelle, wo ich das Liebste verlor«) kehrt zur Diktion der ersten zurück. Im Nachspiel endlich greift das Klavier das Vorspiel wieder auf; das Lied endet, wie es begann – mit der Darstellung einer ungewissen, grauverhangenen Realität. In Schuberts Komposition hat sich der Text verändert. Die innere Dialektik der drei scheinbar gleichen Strophen ist manifest geworden in dem Gegensatz von konkreter – d. h. musikalisch klar definierter – Erscheinung und ungewisser – d. h. musikalisch unbestimmter – Realität. Im »polyrhythmischen« Zusammenwirken von Text, Singstimme und Klavierstimme erfährt der Hörer eine Art dialektischer Umkehr. Was ist denn nun wirklich, fragt er sich: die scharfen Konturen der Stadt, die Erinnerung an die verlorene Liebe, an vergangenen Schmerz – oder die grau-düstere »Wasserbahn«, die Gegenwart?

Mit dem verminderten Septakkord a–c–es–fis auf der Basis c schließt *Die Stadt*; das folgende, vorletzte Lied *Am Meer* (Nr. 12) knüpft daran an, verwandelt den Akkord durch Alteration (a zu as) und enharmonische Verwechslung (es zu dis) in einen Vorhaltsakkord as–c–dis–fis auf der Basis c, der sich dann in reines C-Dur auflöst. Schubert bezieht so das neue Erinnerungsbild (»Das Meer erglänzte weit hinaus . . . wir saßen am einsamen Fischerhaus«) auf das vorige, die Stadt. Er beschwört nun eine Idylle: Kantable, vom Klavier gestützte Melodik zeichnet eine Abendstimmung, die freilich bald nach c-Moll sich eintrübt (»der Nebel stieg, das Wasser schwoll«). Das Bild erinnert damit, auch durch die Tonart, an die »graue Wasserbahn« – und bereitet so die zweite Strophe vor, die in die düstere Realität zurückführt: »Seit jener Stunde verzehrt sich mein Leib, die Seele stirbt vor Sehnen«.

Das letzte Lied der Gruppe, *Der Doppelgänger* (Nr. 13), bringt Erinnerung und Realität in ein Bild zusammen: Die Vergangenheit bricht als »Doppelgänger« in die Gegenwart ein, im Liede dargestellt durch ein – zu den ersten beiden Textstrophen – viermal ablaufendes Baßostinato, über dem der Sänger rezitiert: »Still ist die Nacht, es ruhen die Gassen, in diesem Hause wohnte mein Schatz . . .«. Kopfmotiv dieses Ostinatos ist ein melodisches Kreuzsymbol (h–ais–d–cis), das Schubert auch im Agnus Dei seiner Es-Dur-Messe verwendet (s. S. 213), hier wie dort Zeichen für extremes Leid, durch die gleichbleibende, ostinate Figur ins allgemeine überhöht. Die Rezitation des Sängers scheint dieses Ostinato zunächst nur zu deuten, zu erläutern; die erste Strophe, um den Rezitations-Ton fis kreisend, wird ganz verhalten, durchweg pp gesungen. Mit Beginn der zweiten Strophe (»Dort steht auch ein Mensch und starrt in die Höhe . . .«) entwickelt sie jedoch zunehmend eigene Strukturen und zwingt auch die Klavierstimme zu doppeltem Ausbruch in das fff. In der dritten Strophe schließlich (»Du Doppelgänger, du bleicher Geselle, was äffst du nach mein Liebesleid«) übernimmt sie die Führung; die Klavierstimme gibt die ostinaten Figuren auf, unterstützt nun in chromatischer Fortschreitung den neuerlichen Ausbruch zum fff. Dann scheinen – in einer breit ausgeführten Kadenz – der Sänger und sein Doppelgänger, Gegenwart und Vergangenheit, zu verschmelzen. Doch die Vergangenheit läßt sich nicht »aufheben«: in einem – verklingenden – Nachspiel zitiert der Komponist nochmals das Zeichen des Leides, das Kopfmotiv des Baßostinatos.

Bühnenwerke

Singspiele und frühe Opern

In einer Tagebucheintragung unter dem 16. Juni 1816 notierte Schubert – im Rückblick auf Antonio Salieris 50jähriges Dienstjubiläum, das dieser im Kreise seiner Schüler verbrachte –: »die reine, heilige Natur zu blicken, muß das höchste Vergnügen dem Künstler sein, der von einem Gluck geleitet, die Natur kennen lernt, u. sie trotz der unnatürlichsten Umgebungen unserer Zeit erhalten hat« (Dok., S. 45). Dieser von Gluck geleitete Künstler ist nun zwar nicht Schubert selbst, sondern eben Salieri (und das Notierte scheint den Kern einer Ansprache des Hofkapellmeisters wiederzugeben), doch ist offensichtlich, daß Schubert dessen Verehrung für Gluck teilte. Nach dem Zeugnis seiner Freunde jedenfalls hat der junge Komponist kaum einen Meister so intensiv studiert.

Josef von Spaun weist darauf hin, daß der Anlaß für Schuberts Enthusiasmus für Gluck der Besuch einer Aufführung von dessen *Iphigenie auf Tauris* war. Diese Oper wurde in den Jahren 1807 bis 1815 (und dann wieder 1817 bis 1819) in deutscher Sprache im Wiener Kärntnertortheater aufgeführt: »Schubert«, so schreibt Spaun in seinem Nekrolog auf den Komponisten von 1829, »war 15 Jahre alt, und hatte schon vieles komponiert, ohne je eine gute Oper gehört zu haben«. Ende 1811 hatte dieser, mit Spauns Unterstützung, wahrscheinlich Josef Weigls *Schweizerfamilie*, 1812 dessen *Waisenhaus* gesehen, »allein der Eindruck beider Opern sowie jener der später gehörten *Vestalin* von Spontini mußte bald dem tieferen Eindruck weichen, den Glucks *Iphigenie auf Tauris* auf Schubert machte« (vermutlich eine der beiden Aufführungen vom Januar 1813). »Für immer unvergeßlich war ihm der Eindruck dieses Abends, dessen Folge das eifrigste Studium aller Gluckschen Partituren war, wobei sich Schubert durch Jahre hindurch ganz selig befand« (Erinn., S. 28). Neben Gluck waren Mozarts Werke ihm – nach Anselm Hüttenbrenners Zeugnis – »das herrlichste Vorbild für Opernkomponisten«; besonders Mozarts *Don Giovanni*, die *Zauberflöte*, der *Figaro* und Ensemblesätze aus dem *Idomeneo*. Schuberts frühe Bühnenwerke zeigen diese vielschichtigen Einflüsse deutlich: Das Weiglsche Singspiel (aber auch Mozarts *Zauberflöte*) leitete ihn bei der

Wahl der Libretti, auch in der – meist durch die Libretti vorgegebenen – dramatischen Konzeption; die Neigung zu einer Überbetonung des musikalischen Elements im leichten Singspiel, zur differenziert ausgeführten musikalischen »Nummer«, verweist eher auf Mozart und die Tradition der Opera buffa. Glucks Einfluß zeigt sich vor allem im musikalischen Detail. Seine Forderung nach Wahrheit, Schlichtheit der »Arie«, nach ihrer Einbindung in die Dramaturgie der Oper, die Schubert nachdrücklich auch durch Salieri vermittelt wurde, deckt sich mit seinem eigenen Streben nach liedhafter Deklamation.

Bühnenwerke 1811–1816

Deutsch-Nummer	Titel (Textdichter)	Datierung	Bemerkungen
11	Der Spiegelritter (August von Kotzebue)	Begonnen Dez. 1811 (?)	Singspiel (Zauberoper) in 3 Akten; Fragment (überliefert Ouvertüre u. 8 z. T. unvollst. Nummern aus dem 1. Akt)
84	Des Teufels Lustschloß (August von Kotzebue)	30. 10. 1813 – 15. 5. 1814/ 22. 10. 1814	Singspiel (Zauberoper) in 3 Akten; 2 Fassungen (Ouvert. u. 22/23 Nummern)
190	Der vierjährige Posten (Theodor Körner)	8. – 19. 5. 1815	Singspiel in 1 Akt (Ouvert. u. 8 Nummern)
220	Fernando (Albert Stadler)	Beendet 9. 7. 1815	Singspiel in 1 Akt (7 Nummern)
239	Claudine von Villa Bella (Goethe)	Begonnen 26. 7. 1815	Singspiel in 3 Akten (Ouvert. u. 8 Nummern aus dem 1. Akt; 2.–3. Akt verschollen)
326	Die Freunde von Salamanka (Johann Mayrhofer)	18. 11. – 31. 12. 1815	Singspiel in 2 Akten (Ouvert. u. 18 Nummern; Libretto mit gesprochenem Dialog verschollen)
435	Die Bürgschaft (Textdichter unbekannt)	Begonnen 2. 5. 1816	Oper in 3 Akten; Fragment (16 Nummern; 3. Akt unvollst.; Libretto mit gesprochenem Dialog verschollen)

Von den sieben Bühnenwerken der Jahre 1811 bis 1816 sind zwei Fragmente geblieben, ein weiteres ist unvollständig erhalten; von einem fehlt das Textbuch mit den gesprochenen Dialogen (es ist also nur beschränkt aufführbar), und selbst das ambitionierteste – *Des Teufels Lustschloß* – ist vollständig nur, wenn man es auf den beiden jeweils unvollständig erhaltenen Fassungen zusammensetzt. Das kennzeichnet die Situation des jungen Bühnenkomponisten: Seine frühen Opern und Singspiele werden nicht aufgeführt; er schreibt sie zur Übung (daher sind sie vielfach nicht beendet), für die Schublade (und dort bleiben sie dem Zufall überlassen – vor allem die Libretti hat wohl bereits Schubert selbst nicht aufbewahrt).

In seinen frühen Jahren faszinierten Schubert nun freilich nicht nur die von Spaun genannten Opern und Singspiele – sein Interesse galt vornehmlich dem damals auch vom Publikum favorisierten Genre der Zauber- und Maschinenoper. Und es war nicht so sehr das Märchenhafte, was ihn reizte, sondern das Ausschöpfen aller technischen Möglichkeiten der Bühne. Schubert wandte sich zunächst August von Kotzebue zu, jenem beliebten Lustspieldichter, der auch eine ganze Anzahl Singspiel-Libretti geschrieben hat, darunter mehrere, in denen er das Bühnenspektakel der Zauberstücke parodierte und damit doch zugleich den Wünschen des Publikums entgegenkam. *Der Spiegelritter* (D 11), Schuberts erster Opernversuch aus den Jahren 1811/12 (also aus einer Zeit, als er noch keinen Unterricht bei Salieri hatte: nicht diesem allein verdankt Schubert sein Interesse für die Oper), ist solch ein Stück: Zwei Zauberer liegen im Streit miteinander und setzen dabei ihre Hilfskräfte ein; der böse Zauberer menschenfressende Amazonen, der gute einen jungen Ritter mit einem schützenden Spiegelschild. Schuberts erster Versuch mißlingt (schon in der Instrumentation); er bricht ihn im Finale zum ersten Akt ab. Der zweite Versuch hingegen – *Des Teufels Lustschloß* (D 84), wieder greift Schubert zu einem Libretto Kotzebues – ist ambitioniert. Schubert ist, obwohl er das Stadtkonvikt eben verlassen hat, weiterhin Schüler Salieris und legt die zwischen dem 30. Oktober 1813 und dem 15. Mai 1814 entstandene Partitur dem Lehrer vor. Dessen Anregungen folgend überarbeitet er das ganze Werk und schließt es am 22. Oktober 1814 ab.

Des Teufels Lustschloß (D 84)

Singspiel (Zauberoper) in drei Akten

T: August von Kotzebue (1761–1819)

P: Oswald, Ritter von Scharfeneck (Tenor); Luitgarde, seine Gemahlin (Sopran); Robert, sein Schildknappe (Baß); eine Amazone (Sopran); die Wirtin einer Bauernherberge (Sopran); ein Knappe (Tenor); ein alter Sklave (Baß); ein Bauer (Baß); vier Statuen (Tenor/Baß); der Graf von Schwarzburg (Sprechrolle); Bediente, Bauern, Jungfrauen, Männer, Bewaffnete (Chor).

B: 2 Fl., 2 Ob., 2 Kl., 2 Fg.; 2 Hrn., 2 Trp., 3 Pos.; Triangel, Becken, Gr. Trommel, Pk.; Streicher.

D: 1. Fassung 30. Oktober 1813 bis 15. Mai 1814; 2. Fassung Sommer 1814 bis 22. Oktober 1814 (lt. autographer Partitur). – AGA XV/1; NGA II/1.

Zur Überlieferung: Die autographen Partituren beider Fassungen sind unvollständig erhalten. Vermutlich Anfang 1823 hatte Schubert sie – auch zum Ausgleich seiner Schulden – seinem Freunde Josef Hüttenbrenner überlassen. Teile der Manuskripte sind dann während Hüttenbrenners Abwesenheit von Wien in der Revolutionszeit 1848 von Hausgenossen als Heizmaterial verwendet worden (Kreißle, S. 71). In der ersten Fassung fehlen seither die Nummern 18–20 des dritten Aktes, in der zweiten der ganze zweite Akt. Glücklicherweise ergänzen sich die beiden Fassungen; die Oper ist also im ganzen aufführbar.

Zum Text: August von Kotzebue wollte eine Zauber- und Maschinenoper schreiben – die Handlung ist daher einfach; komplizierte Intrigen würden vom Bild ablenken. Der erste Akt beginnt mit Gewitter und Sturm. Der arme Ritter Oswald und seine junge Gemahlin Luitgarde sind auf der Reise zu seiner Stammburg Scharfeneck, als in der Nähe eines kleinen Dorfes ein Rad ihres Reisewagens bricht. Sie finden Zuflucht in einer dörflichen Herberge und erfahren dort von einem Bauern: »Kaum hundert Schritt von dieser Schenke liegt ein zerstörtes, altes Schloß, da treibt der Satan seine Schwänke, da ist, da ist der Teufel los.« Um die Dorfbewohner von dem Spuk zu befreien, beschließt Oswald, zusammen mit seinem Knappen nach dem Rechten zu schauen. Was er jedoch für ein Versteck von Spitzbuben hält, entpuppt sich in einer Szene (Nr. 9 Duett: »Herr Ritter, zu Hülfe! Die Geister sind da«), die in manchem an die Friedhofsszene des *Don Giovanni* erinnert, und in dem anschließenden Finale tatsächlich als ein Spukschloß: Oswald muß gegen Statuen kämpfen, den Verführungskünsten einer Amazone – offenbar der Schloßherrin – widerstehen, wird schließlich in einen Käfig gesperrt und versinkt in Nacht. Der zweite Akt bringt dann nicht viel Neues. Luitgarde, die Oswald nachgegangen ist, sieht diesen an eine Klippe geschmiedet. Ein Knappe erscheint, der ihm das Todesurteil verkündet – nur eine Möglichkeit scheint es zu geben, ihm zu entgehen: Die Amazone kehrt zurück im Kreis geschmückter Jungfrauen und erneuert ihre Werbung, doch abermals verweigert sich Oswald ihr. Da erscheint ein Sklave, der ihn zu retten verspricht – nur müsse Oswald, um Zeit zu gewinnen, sich den Anschein geben, als willige er in die Bedingungen der Amazone ein. Oswald folgt dem Rat – doch wird ihm nun eine Prüfung auferlegt: Er hat den Sklaven, den Verräter, zu töten. Oswald weigert sich und stürzt sich von einem Felsen. Zu Beginn des dritten Aktes trauert Luitgarde, die die Ereignisse verfolgt hat, um den Gatten. Sie will ihm in den Tod folgen – da wird Oswald in Fesseln zu ihr gebracht und befreit sich. Nun sind beide gemeinsam neuen Gefahren ausgesetzt: – doch mit einem »gewaltigen Donnerschlag« brechen die Felsen in sich zusammen, Luitgarde und Oswald finden sich in einem Rosengarten wieder. Ihr Onkel, der Graf von Schwarzburg, tritt auf: »Vergebt mir, Kinder, die schwere Prüfung. Alles war nur ein Gaukelspiel.« Oswald hatte seine Nichte gegen seinen Willen geheiratet; jetzt wollte der Onkel prüfen, ob er »durch Tapferkeit und Tugend Luitgardens Wahl rechtfertigen« würde. Das Zauberschloß – eine Maschine, der ganze Zauber – ein »Maschinenstück«. Kotzebue, der Gedankenwelt der Aufklärung verbunden, hat sein Singspiel ausdrücklich eine »natürliche Zauberoper« genannt – mit dem Geisterwesen der aufkommenden Romantik wollte er nichts zu tun haben.

Zur Komposition: Schubert hat den Kotzebueschen Text völlig ernst genommen – von parodistischen Elementen bleibt keine Spur. An dem Libretto reizte ihn zweifellos in erster Linie die Spukwelt des Zauberschlosses, die ihm Gelegenheit zu musikalischen Effekten gab – nicht nur in der Darstellung von Gewitter und Sturm, sondern auch im abrupten Wechsel der Stimmungen. Dann aber reizte ihn sicher auch das Thema der Tugendprüfung (das ihm aus Mozarts *Zauberflöte* vertraut war) und das der Gattenliebe (während der Arbeit an der Oper, am 23. Mai 1814, hatte Schubert der Premiere von Beethovens *Fidelio* beigewohnt). An der Konzeption der Oper läßt sich sein wechselndes Interesse ablesen.

Sie beginnt mit einer ausgedehnten Ouvertüre, die das Unwetter der ersten Szene ankündigt und unmittelbar in diese überleitet. Trotz der auf eine gewisse Autonomie gerichteten Faktur (sie orientiert sich am Bauprinzip des Sonatenhauptsatzes; es gibt auch eine offenbar von Schubert selbst stammende Version mit einem formellen Schluß, der eine Aufführung der Ouvertüre allein erlaubt) ist sie im Grunde Teil der »Introduktion«: Das eigentliche Unheil – der Bruch der Wagenachse – ist bereits geschehen, als der Chor einsetzt (Nr. 1 »Hülfe, Hülfe, hier ist Gefahr«). Die Introduktion selbst ist gewichtig, wie in der Mehrzahl der Bühnenwerke Schuberts; sie setzt mit dem Ausklang des Gewitters und in ausgedehnten Chorpartien spezifisch musikalische Akzente. Dann aber, mit Beginn der Wirtshausszenen, ändert Schubert den Ton: Umfangreiche Dialogpartien unterbrechen nach Singspielart die einzelnen Nummern, die keine komplexen Szenen, sondern geschlossene musikalische Sätze bezeichnen. Es beginnt mit einem Trinklied (Nr. 2, Robert: »Was kümmert mich ein sumpfig Land«), einem variierten Strophenlied, wie man es von einem Singspiel erwartet; dann folgen ein Duett (Nr. 3, Luitgarde/Oswald: »Ja morgen, wenn die Sonne sinkt«), Ausdruck freudiger Hoffnung auf das gemeinsame, wenn auch entbehrungsreiche Leben auf Oswalds Burg, und eine energische, das Duett gleichsam bestätigende

Arie (Nr. 4, Luitgarde: »Wohin zwei Liebende sich retten, da ist es warm und wonniglich«). Die Handlung verdichtet sich nun; der Bauer tritt auf, der von dem Spukschloß berichtet (Nr. 5, Quartett, Wirtin/Oswald/Robert/Bauer: »Kaum hundert Schritt . . .«, s. S. 166); im Verlauf eines Terzetts (Nr. 6, Wirtin/ Oswald/Robert: »Fort will ich, fort!«) beschließt Oswald, den vermeintlichen Betrug zu entlarven. Wohl werden damit die Nummern komplexer – gleichwohl vermeiden sie alles, was über das in einem Singspiel der Schubertzeit noch Erlaubte hinausführen könnte. Die folgende Arie der Wirtin (Nr. 7: »Welcher Frevel, so sind die Menschen . . . wer keine Plage hat, der macht sich welche«) bestätigt dies. Trotz aller formalen Freiheit verharrt sie im liedhaften Plauderton; die Wirtin gibt ihren Kommentar zu dem Geschehen als Stimme des Volkes.

Dann wandelt sich die Szene; Oswald und Robert sind in das Schloß eingedrungen. Oswalds Arie (Nr. 8: »Gesundheit ist mit Mut verschwistert«) bildet gleichsam eine Brücke zu den vorigen Nummern – noch einmal hören wir eine Art Lied, in dem Volksweisheit sich ausspricht, noch scheint alles ganz einfach –, dann ändert sich abermals die musikalische Konzeption: Die folgenden drei Nummern (Nr. 9, Duett, Oswald/Robert: »Herr Ritter, zu Hülfe«; Nr. 10, Melodram: »Trauermusik«; Nr. 11, Finale, Amazone/Oswald/Robert / 4 Statuen: »Ach, nun ist der Teufel los!«) bilden trotz eingestreuter – aber durch das »Melodram« in gewisser Weise musikalisch legitimierter – Dialoge eine Einheit. Duett und Melodram bereiten das große Finale vor, das in drei breit ausgeführten Abschnitten (Herausforderung und Kampf mit den Statuen: Allegro agitato, c-Moll – Begegnung mit der Amazone: Andante con moto, Es-Dur – Gefangennahme: Allegro, c-Moll) nun ganz in die Welt der Oper führt.

Was zunächst wie eine Übernahme von Prinzipien der Opera buffa (ausgedehnte durchkomponierte Finali folgen auf kleinere musikalische »Nummern«) in das Singspiel erscheinen mochte, erweist sich in den beiden folgenden Akten als Schritt hin auf die große, durchkomponierte Oper. Der Singspielton ist endgültig aufgegeben: Im Vordergrund steht die große musikalische Szene.

So spielt im zweiten Akt nicht nur der gesprochene Dialog eine vergleichsweise marginale Rolle – die einzelnen »Nummern« sind auch mehrfach miteinander und mit den anderen Akten verzahnt. Der Akt beginnt wie die übrigen (rechnet man die Ouvertüre dem ersten Akt hinzu) in d-Moll, der eigentlichen Grundtonart der Oper (Nr. 12, Rezitativ und Duett, Luitgarde/Robert: »Ich lebe noch« – »O fliehet«). Es folgen drei Nummern, die einen geschlossenen (nur durch kurze gesprochene Einwürfe unterbrochenen) Block bilden, der in F-Dur beginnt (der Zieltonart der Oper), dann aber wieder in d-Moll schließt und so auf den Beginn verweist (Nr. 13–15, Arie, Melodram und Marsch, Szene mit Chor: »Nie bebte von dem nahen Tode« – »Hast du vergessen«). Dazwischen hörte man ein Reigenlied in C-Dur (Beginn von Nr. 15), auf das später der Beginn des Finales (G-Dur) noch einmal anspielt. Die großen Chorstücke der Schergen stehen, wie der Schluß des Finales im ersten Akt, in c-Moll (Nr. 16/17, Szene mit Chor, Finale: »Auf, es ist Zeit!«, »Die Schöne, die dich hergesandt«). Nur das letzte

Allegro des zweiten Finales steht außerhalb solcher Bezüge: B-Dur, die Tonart der Erwartung (Schilling), mag den Akt offenhalten – mit dem Sturz vom Felsen ist noch nicht alles gesagt; sie spielt dann auch am Ende des dritten Aktes eine bedeutende Rolle.

Dieser dritte Akt führt zunächst zum Beginn des zweiten zurück. Luitgarde, wieder in der Halle, beklagt den verlorenen Gatten (Nr. 18, Arie, d-Moll: »Ihr unsichtbaren Geister!«), Robert nimmt teil an ihrem Schmerz (Nr. 19, Duett, B-Dur: »O wär ich fern! o wär ich blind«). In einer großen Szene kommt es zur Wiederbegegnung mit Oswald, zum gemeinsamen Kampf gegen »Bewaffnete« und Naturgewalten (Nr. 20, Szene mit Chor, c-Moll: »Ha! Die Mörder meines Gatten«). Dann aber folgt, breit auskomponiert, der befreiende Schluß. Nicht mehr d-Moll regiert, auch nicht das unheildrohende c-Moll, sondern das bereits vielfach angekündigte F-Dur mit seiner Subdominante B-Dur (jetzt als Tonart der Liebeserwartung): ein jubelndes Duett (Nr. 21, Luitgarde/Oswald, B-Dur: »Hab ich dich wieder!«), ein ausgelassenes Terzett (Nr. 22, Luitgarde/Oswald/Robert, F-Dur: »Ich lach, ich wein, ich wein, ich lach«), das in einen wieder in B-Dur gesetzten Kanon mündet (»Sie sind verschwunden, die bösen Stunden«). Die Oper schließt mit einem feierlichen, im Vergleich zu anderen Schubertschen Bühnenwerken ungewöhnlich ausgedehnten Chor-Finale (Nr. 23, F-Dur: »Heil! dem mächt'gen, schönen Triebe«), das in seiner zweiten Fassung offensichtlich die Diktion des Chorfinales aus Beethovens *Fidelio* aufnimmt: »Heil sei dem Tag, Heil sei der Stunde«. Wie nicht selten, hatte Schubert besondere Mühe mit dem letzten Finale, in dem alle Konflikte gelöst sind, die sonst seine musikalische Phantasie beflügeln – zweimal setzte er an und verwarf es wieder: Das Finale geriet ihm zunächst zu lyrisch – erst unter dem Eindruck der Beethovenschen Oper fand er den für ihn gültigen Ton.

In den Jahren 1815/1816 hat Schubert verschiedene Singspiele geschrieben, jedoch keine Oper mehr vollendet, die mit *Des Teufels Lustschloß* vergleichbar wäre. Ambitioniert in der Konzeption war wohl die im Mai 1816 begonnene Oper *Die Bürgschaft* (D 435, Textautor unbekannt), der der Stoff von Schillers Ballade zugrunde liegt (und das wohl hat den Komponisten gereizt, der ein Dreivierteljahr zuvor auch die Ballade selbst in Musik gesetzt hatte [D 246]) – das Libretto aber ist so unzulänglich, daß Schubert vielleicht schon deshalb die bereits weitgehend fertiggestellte Oper doch nicht zu Ende komponiert hat. Umfangreichere Werke sind auch das dreiaktige Singspiel *Claudine von Villa Bella* (D 239, Text von Goethe) und das Singspiel in zwei Akten *Die Freunde von Salamanka* (D 326, Text von Mayrhofer). *Claudine von Villa Bella* steht dabei dem etablierten Typus des Singspiels am nächsten: kurze, eingängige Lieder (die zum Teil auch bekannt geworden sind, wie Lucindes Ariette »Hin und wieder fliegen die Pfeile«, Nr. 3, oder Claudines »Liebe schwärmt auf allen Wegen«, Nr. 6), kurze

Ensemblestücke (wie das Räuberlied »Mit Mädeln sich vertragen«, Nr. 7) prägen die musikalische Faktur. Leider ist von den drei Akten, die später in Josef Hüttenbrenners Besitz gelangten, nur der erste erhalten – die beiden übrigen haben mit den fehlenden Teilen von *Des Teufels Lustschloß* als Heizmaterial gedient.

Das Singspiel *Die Freunde von Salamanka* hingegen ist – was die Musik angeht – vollständig erhalten. Verloren sind hier nur – mit dem Libretto – die gesprochenen Dialoge. Die Handlung läßt sich aus den vertonten Abschnitten notdürftig rekonstruieren: Um die schöne und reiche Gräfin Olivia werben zugleich Alonso – einer von drei befreundeten Studenten – und der aufgeblasene, aber wohlhabende Graf Tormes. Mit einem fingierten Überfall erregen die Freunde Olivias Aufmerksamkeit, und nach einigem Hin und Her kommt es zum glücklichen Ende. Der für Mayrhofersche Texte ungewohnt leichte, gelegentlich auch leichtfertige Ton des Librettos und Schuberts Musik, in der Elemente des Singspiels (wie das Lied »Guerillas zieht durch Feld und Wald«, Nr. 9), der französischen Opéra comique (wie die Romanze »Es murmeln die Quellen«, Nr. 15) und der italienischen Opera buffa (die Ensembles und die beiden ausgedehnten Finales) verschmelzen, stimmen glücklich zusammen und machen dieses Werk zu einem der gelungensten Singspiele aus Schuberts frühen Jahren.

In Musik und Text vollständig erhalten sind aus dieser Zeit nur zwei einaktige Singspiele: *Fernando* (D 220), auf ein leider gänzlich mißglücktes Libretto von Schuberts Schulfreund Albert Stadler, und *Der vierjährige Posten* (D 190) auf ein Textbuch von Theodor Körner. Dieser, seit 1811 in Wien und 1813, einundzwanzigjährig, zum Hoftheaterdichter ernannt, war mit Josef von Spaun befreundet und hatte auch Schubert kennengelernt, bevor er im März 1813 zu Breslau in das Lützowsche Freikorps eintrat. Mit dem Komponisten verband ihn die gemeinsame Verehrung Glucks und die Bewunderung Anna Milders und Johann Michael Vogls. Körners Dichtungen lernte Schubert offenbar wohl erst Anfang 1815 kennen; nach der Rückkehr Napoleons von der Insel Elba vertonte er mehrere Kriegslieder (am 12. März 1815: *Trinklied vor der Schlacht, Schwertlied, Gebet während der Schlacht*, D 169–171, am 26. Mai 1815: *Jägerlied* und *Lützows wilde Jagd*, D 204, 205) – zugleich aber entstand mit dem *Vierjährigen Posten* auch ein ausgesprochenes Antikriegsstück.

Der vierjährige Posten (D190)
Singspiel in einem Akt
T: Theodor Körner

P: Walther, Dorfrichter (Baß); Käthe, seine Tochter (Sopran), verheiratet mit Düval, einem desertierten Soldaten (Tenor); Veit, ein Bauer (Tenor); der Hauptmann (Tenor); der General (Sprechrolle); Bauern und Bäuerinnen, Soldaten (Chor).

B: 2 Fl., 2 Ob., 2 Kl., 2 Fg.; 2 Hrn., 2 Trp.; Pk.; Streicher.
D: 18.–19. Mai 1815 (lt. autographer Partitur). – AGA XV/2,2; NGA II/2,1.

Zum Text: Körners 1812 unter dem Titel *Die Vedette* entstandenes Singspiel ist – das mag überraschen bei einem Autor, der vor allem als Dichter der 1814 erschienenen Kriegslieder *Leier und Schwert* bekannt geworden ist – ein Stück gegen Krieg und Soldatentum.
Der Soldat Düval war vor vier Jahren auf einer Anhöhe über einem Dorf als Wache postiert, aber dann, beim Abzug seines Regiments, vergessen worden. »Und als«, so berichtet er zu Beginn des Stückes, »ich mich herunter wagte und spät nach meinen Brüdern fragte, war von Soldaten nichts zu seh'n. Da bin ich denn zu euch [d. h. zu den Bauern ins Dorf und ins Haus des Dorfrichters Walther] gekommen, hab statt dem Schwert den Pflug genommen.« Die Anspielung auf die berühmte Bibelstelle (sie werden »ihre Schwerter zu Pflugscharen und ihre Spieße zu Sicheln machen«, Jesaja 2,4) kommt nicht von ungefähr: Sie wird nicht nur gegen Ende des Singspiels wiederholt, auch der Eingangschor setzt der unter »Kriegsgetümmel« »seufzenden Natur« die friedlich-stille Flur und die Arbeit auf dem Felde entgegen: »Wohl dem, der die Saat bestellte, eh' der Krieg ihn übereilt«.
Düval hat Käthe, die Tochter des Dorfrichters, geheiratet und ist angesehen und beliebt. Da kommt die Nachricht, sein altes Regiment kehre in das Dorf zurück. Düval hofft, sein Leben durch eine List zu retten: In seiner alten Uniform begibt er sich wieder auf den Posten und erwartet so die früheren Kameraden. Diese erkennen ihn bald, erklären ihn für verhaftet und fordern ihn auf, den Posten zu verlassen. Düval aber weigert sich: Ohne eine regelrechte Ablösung dürfe er sich nicht ergeben. Bevor man aber mit Gewalt gegen den Deserteur vorgehen kann, erscheint, ein »Deus ex machina«, der General. Als er erfährt, daß Düval nicht nur tapfer als Soldat, sondern auch als Bauer fleißig gewesen war, gibt er Pardon: »Du magst hier zufrieden und ruhig bleiben; ich störe nicht gern ein Menschenglück. Die Freude kehre euch wieder zurück.«
Zur Komposition: Schubert versteht das – durchaus in gereimten Versen, zur »Durchkomposition« geschriebene – Libretto als Vorlage für ein Singspiel im ihm vertrauten Sinne: Die Handlung entwickelt sich in gesprochenem Dialog (dessen Versform hätte ihm eine Vertonung als Rezitativ nahelegen können); Affekte und Höhepunkte der Handlung verdichten sich zu musikalischen Nummern. Selbst da, wo das Textbuch offenbar größere Formen vorsieht (s. S. 172 unten), zieht Schubert sich, anders als in *Des Teufels Lustschloß*, auf kürzere

Passagen zurück, die in sich geschlossene musikalische Formen erlauben. Diese Nummern freilich sind vielfach ungewöhnlich ausgedehnt; man erwartete sie so doch eher in einer Oper als in einem einaktigen Singspiel.

Das gilt auch für die ausgedehnte Ouvertüre (367 Takte). Auf eine langsame Einleitung (Hörner deuten auf stillen Frieden) folgt ein ausgelassenes Allegro vivace, beherrscht von einem kleingliedrigen, Unbeschwertheit signalisierenden Kehraus-Motiv – das besinnlichere, kantable Seitenthema hat dagegen fast keine Chance.

Ruhiger besingt dann in sanftem Siciliano-Rhythmus ein Chor von Bauern und Bäuerinnen das Landleben ihrer friedlichen Insel (Nr. 1, Introduktion, »Heiter strahlt der neue Morgen«). Der Satz hat den im Grunde undramatischen Charakter eines Rundgesanges (Hauptsatz, kontrastierende Episode »Draußen stürmt das Kriegsgetümmel«, verkürzte Rückkehr zum Hauptsatz, 2. Episode »Frisch zur Arbeit«, Wiederkehr des Hauptsatzes) – doch beschreibt er deutlich die Gefährdung eines Friedens, an dem man beharrlich festhalten will. Es folgt ein jubelndes Liebesduett (Nr. 2, »Du guter Heinrich!«) und dann – auf die erste Nachricht der nahenden Truppen hin – ein kurzes unbegleitetes Terzett (Nr. 3, »Mag dich die Hoffnung nicht betrügen!«, 15 Takte), das in seiner unerwarteten Schlichtheit einen gleichsam dramatischen Akzent setzt. Ein Ensemble schließt unmittelbar an (Nr. 4, Quartett, »Freund, eilet Euch zu retten«), dessen Kern ein vierstimmiger Kanon bildet – wie seit alter Zeit stehen die aufeinanderfolgenden gleichartigen Einsätze für Flucht (»Wie soll er der Gefahr entspringen«).

Käthe ist allein zurückgeblieben. In tiefer Unruhe singt sie eine große, vierteilige Arie (Nr. 5, »Gott! höre meine Stimme«). Sie beginnt in liedhaftem Gebetston (Adagio molto; man erkennt das musikalische Modell der Preghiera, des Operngebets); nach einer Fermate wird die Diktion dann drängender (Allegretto, »Soll die Hoffnung, soll der Glaube an dein Vaterherz vergehn?«) und wandelt sich schließlich in beschwörende Zuversicht (Allegro affettuoso, »Nein, nein, das kannst du nicht gebieten«).

Düval hat sich inzwischen in einen Soldaten zurückverwandelt; der folgende Dialog mit Käthe geht in ein Melodram über: Musik kündet das Nahen seines alten Regimentes an, ein Marschlied erklingt (Nr. 6, Marsch und Chor, »Lustig in den Kampf«). Der dann folgende Dialog mit Choreinwürfen sollte nach Körners Plan ursprünglich wohl mit dem Ensemble Nr. 7 (»Um Gottes willen, er ist verloren!«) eine größere musikalische Szene bilden, möglicherweise gar mit dem Auftritt des Generals ein einziges Finale – Schubert aber beschränkt sich auf den dramatischen Höhepunkt, auf die Kontrastierung der Bitte um Erbarmen (Käthe, Veit, Walther, Chor der Bauern) mit der unnachgiebigen Härte des Militärs (Hauptmann, Chor der Soldaten). Um so deutlicher hebt sich davon – nach dem Eingreifen des Generals – der Schlußgesang ab, zu dem sich alle vereinigen (Nr. 8, Finale, »Schöne Stunde, die uns blendet«). Dieser ist wie die Introduktion nach Art eines Rondos gestaltet (A–B–A'–B'–A'' mit Stretta), doch haben die Episoden ihren gefährdenden Charakter verloren. So rundet sich auch das Singspiel im ganzen – die friedliche Insel hat, zumindest vorläufig und nur für sich selbst, über das Kriegsgetümmel den Sieg davongetragen.

Bühnenerfahrungen. Die romantische Oper

Vermutlich gegen Ende des Jahres 1817 hat Schubert den damals bereits fast fünfzigjährigen Bariton Johann Michael Vogl kennengelernt, der – bis zum Dezember 1821 – an der Hofoper nicht nur als Sänger, sondern auch als Regisseur wirkte. Zwischen beiden entstand schnell eine enge, freundschaftliche Verbindung und zugleich eine Art künstlerischer Symbiose; Schubert erhoffte von ihm Unterstützung in seinen Opernplänen, Vogl seinerseits sah – und fand – in dessen Liedern ein neues Wirkungsfeld am Ende seiner Theaterkarriere. Vogl vermittelte dem Komponisten denn auch bald den ersten Opernauftrag – die Musik zu der »Posse mit Gesang« *Die Zwillingsbrüder* (D 647), auf ein Libretto des späteren Hofoperndichters Georg von Hofmann. Das im Januar 1819 entstandene Singspiel kam zwar erst im Juni 1820 im Wiener Kärntnertortheater (Hofoper) zur Aufführung (»Trotz eines Vogels ist es schwer, wider Kanaillen von Weigl, Treitschke etc. zu manövrieren. – Drum gibt man statt meiner Operette andere Ludern, wo einem die Haare zu Berge stehen«, schreibt Schubert am 19. Mai 1819 an Anselm Hüttenbrenner, Dok., S. 79); doch vermittelte sie Schubert wertvolle Bühnenerfahrungen: Die erhaltenen Rollen- und Regiebücher der Erstaufführung spiegeln dies deutlich. Das Singspiel, in dem Vogl selbst die Doppelrolle der Zwillingsbrüder sang, errang einen Achtungserfolg (»Die Komposition hat recht hübsche Sachen, ist aber ein wenig zu ernst gehalten«, notierte Mozarts Sohn Wolfgang Amadeus am Tage der Uraufführung in seinem Reisetagebuch, Dok., S. 91); daher schlossen sich weitere Aufträge zunächst an (für *Die Zauberharfe*, D 644, *Das Zauberglöckchen*, D 723, und *Rosamunde, Fürstin von Zypern*, D 797). (Siehe Tabelle S. 174 f.)

Schuberts umfangreichstes, wohl auch vom Anspruch her bedeutendstes Auftragswerk ist das Zauberspiel mit Musik *Die Zauberharfe* (D 644). Die Intendanz des Theaters an der Wien hatte sich entschieden, in der Sommer-Saison 1820 nicht wie üblich ein Stück der Winter-Saison zu wiederholen, sondern ein neues Stück zu geben, in dem Dekorationen und Bühneneffekte im Vordergrund standen und musikalisch die damals beliebte Form des Melodrams. Eine Equipe des Theaters bereitete die Aufführung vor und wandte sich an Schubert mit der Bitte, die Musik zu komponieren. Der machte sich mit Eifer ans Werk, war es doch sein erstes abendfüllendes Stück, das öffentlich auf-

Bühnenwerke 1817–1827

Deutsch-Nummer	Titel (Textdichter)	Datierung	Bemerkungen
647	Die Zwillingsbrüder (Georg von Hofmann)	Januar 1819	Singspiel in 1 Akt (Ouvert. u. 10 Nummern), Erstauff. Wien 14. 6. 1820
137	Adrast (Johann Mayrhofer)	1819/1820 (?)	Oper in drei (?) Akten (Fragment; 8 vollst. u. 5 unvollst. Nummern; Libretto verschollen)
689	Lazarus, oder: Die Feier der Auferstehung (August Hermann Niemeyer)	Februar 1820	Szenisches Oratorium in 3 Akten (Fragment; 1. Akt vollst., 2. Akt unvollst., 3. Akt nicht vertont)
644	Die Zauberharfe (Georg von Hofmann)	Sommer 1820	Zauberspiel mit Musik in 3 Akten (Ouvert. zum 1. u. 3. Akt u. 13 Nummern; Libretto mit gesprochenem Dialog verschollen); Erstauff. Wien 19. 8. 1820
701	Sakuntala (Johann Philipp Neumann)	Oktober 1820	Oper in 3 (?) Akten (Fragment; Entwürfe zu 11 Nummern aus dem 1. – 2. Akt; Libretto verschollen)
982	Ohne Titel (Textdichter unbekannt)	1821 (?)	Oper (?) (Fragment; Entwürfe für 3 Nummern)
723	Das Zauberglöckchen [La clochette ou le diable page] (Opéra comique von Louis J. F. Hérold)	Zum 20. 6. 1821	2 nachkomponierte Nummern (Duett und Arie) von Schubert, Erstauff. Wien 20. 6. 1821
732	Alfonso und Estrella (Franz von Schober)	20. 9. 1821 – 27. 2. 1822	Oper in 3 Akten (Ouvert. u. 35 Nummern)

Deutsch-Nummer	Titel (Textdichter)	Datierung	Bemerkungen
787	Die Verschworenen (Ignaz Franz Castelli)	Beendet April 1823	Singspiel in 1 Akt (unvollst. Ouvert. u. 11 Nummern)
791	Rüdiger (?) (Textdichter unbekannt)	Begonnen Mai 1823	Oper (?) (Fragment; Entwürfe für 2 Nummern)
796	Fierabras (Josef Kupelwieser)	25. 5. – 2. 10. 1823	Oper in 3 Akten (Ouvert. u. 23 Nummern)
797	Rosamunde, Fürstin von Zypern (Helmina von Chézy)	Herbst 1823	Schauspiel mit Musik (Ouvert. u. 10 Nummern)
918	Der Graf von Gleichen (Eduard von Bauernfeld)	Begonnen 19. 6. 1827	Oper in 2 Akten (Fragment; Entwürfe zu 20 Nummern)
981	Der Minnesänger (Textdichter unbekannt)	(?)	verschollen

geführt wurde. Das Echo der Kritik war für den Komponisten dann freilich enttäuschend – zwar wurde die Musik im ganzen wohlwollend aufgenommen, auch fiel das Stück nicht gerade durch (immerhin kam es zu sieben Wiederholungen), doch ließ man an dem Textbuch kein gutes Haar. Mit dem Ende der Sommer-Saison verschwand *Die Zauberharfe* von der Bühne. Inzwischen ist das Libretto verschollen; der Gang der Handlung läßt sich zwar rekonstruieren – eine szenische Aufführung verbietet sich jedoch von selbst.

Für den Komponisten bezeichnet *Die Zauberharfe* eine wichtige Etappe in seinem Bühnenschaffen. Es geht Schubert darin wesentlich um die musikalisch adäquate Darstellung szenischer Vorgänge, hinter die geschlossene musikalische Formen nicht selten zurücktreten. Nicht die Chöre der Troubadoure und Ritter, nicht die Romanze des Palmerin (das einzige Solostück des Werkes), sondern die großen Melodramen stehen im Mittelpunkt des Stückes. Es scheint, als wollte Schubert darin ein Gegenstück zu den ausgedehnten Accompagnato-Rezitativen des

Wien, Kärntnertortheater (kaiserliches Hoftheater). Kolorierter Stich

nur wenige Monate zuvor entstandenen *Lazarus* erproben. Wie im herkömmlichen Melodram und wie im Accompagnato-Rezitativ sucht Schubert hier inhaltlich hochgespannte Textabschnitte musikalisch zu illustrieren (es handelt sich vorwiegend um Partien, in denen das Irreale, die Welt des Zaubers und des Märchens, in die »historische« Welt der Ritter einbricht). Dabei führt der Komponist etwa zu Beginn des ersten Melodrams den Zuschauer in einem erregten Allegro aus der »Realität« in das Reich des Feuergeistes Sutur; als er dann gegen Ende des Melodrams in die »Realität« zurückkehrt, ist auch die Musik rückläufig: Ton für Ton – jedoch in umgekehrter Richtung (»Krebs«) – kehrt das Allegro wieder.

Die großen Melodramen, die ganzen Szenenkomplexen einer herkömmlichen Oper entsprechen, behandelt Schubert sinfonisch, sucht sie zu einem Ganzen zu verbinden und auch die einzelnen musikalischen Nummern motivisch und thematisch miteinander zu verknüpfen. Das erste große Melodram (Nr. 3) beginnt beispielsweise mit einem charakteristischen Signal, das man bereits in der Einleitung zur Ouvertüre gehört hat und das das Reich der Geister ankündigt. Dasselbe Signal bestimmt dann auch die zentralen Partien in dem korrespondierenden zweiten großen Melodram (Nr. 6) und kehrt in abgewandelter Gestalt zu Beginn des dritten Aktes (Nr. 10) noch einmal wieder. Im ersten Melodram hört man des weiteren, im Sinne einer visionären Antizipation, die Romanze des Palmerin (hier jedoch nur instrumental, von der Klarinette vorgetragen und von der »Zauberharfe« begleitet). Ebenfalls im ersten Melodram begegnet uns noch einmal der Hauptsatz des Allegros aus der Ouvertüre. Diese übrigens ist als Ouvertüre zur *Rosamunde* (D 797) bekannt, für die Schubert keine eigene Ouvertüre geschrieben hat (s. S. 190). Einleitung und Coda dieser Ouvertüre sind weitgehend identisch mit den entsprechenden Partien der Ouvertüre »im italienischen Stile« in D-Dur (D 590); doch hat Schubert der Einleitung für die *Zauberharfe* das erwähnte Signal vorangestellt.

Wenige Monate vor der Erstaufführung der *Zauberharfe*, im Februar 1820, hatte Schubert zum erstenmal ein Bühnenwerk »durchkomponiert« – das geistliche Drama *Lazarus, oder: Die Feier der Auferstehung* (D 689). Die Dichtung hat das Verfahren vorgegeben; ganz ähnlich wie in dem Singspiel *Der Vierjährige Posten* (s. S. 171) ist der »Dialog« zwischen den einzelnen »Nummern« in Versen geschrieben (hier freilich nach Klopstockschem Vorbild in freien Rhythmen und ungereimt). Wenn Schubert diesmal, anders als in dem Singspiel, dem Dichter folgt, dann wohl auch deshalb, weil gesprochener Dialog in der Schule Salieris offenbar als dem Singspiel angemessen galt, für die »heroische« oder »tragische« Oper (um so mehr noch für das geistliche Drama), auch für die in deutscher Sprache, forderte man hingegen verbindende Rezitative – und damit vom Librettisten gebundene Sprache (Ignaz Franz von Mosel, ein Schüler Salieris, zugleich ein Gönner Schuberts, hat in seinem *Versuch einer Ästhetik des dramatischen Tonsatzes*, 1813, gedruckt München 1910, Salieris Opernästhetik in gewisser Weise kodifiziert). Schubert geht im *Lazarus* freilich darüber hinaus: Er verbindet die einzelnen »Nummern« nicht nur durch Secco-Rezitative nach Art der italienischen Oper, sondern durch ausgearbeitete Accompagnati; dabei gehen Rezitativ und Arie vielfach unmerklich ineinander über. In dem ganzen Werk herrscht ein einheitlicher, hochgespannter Ton. Das Textbuch kommt dem entgegen: Die Handlung, der der Bericht im Johannes-Evangelium (11,1–45) zugrunde liegt, ist einfach, auf eine einzige poetische Idee (Tod und Auferstehung) konzentriert, jede Nebenhandlung ist vermieden.

Schubert, »Die Zwillingsbrüder« (D 647), Programmzettel der Erstaufführung

Das Werk ist Fragment; es bricht in der Mitte des zweiten Aktes unvermittelt ab. Offensichtlich sind einige Blätter des Schubertschen Manuskriptes verlorengegangen – sehr wahrscheinlich aber hat der Komponist das Werk auch nicht beendet. Angezogen hat ihn vermutlich der die beiden ersten Akte beherrschende Todesgedanke, zum dritten Akt aber, der die leibliche Auferstehung des Lazarus schildert, hat er kein Verhältnis gefunden. Mußte ihm solche Auferstehung nicht als Rücknahme jener Vollendung und Verklärung im Tode erscheinen, die er in den vorangehenden Akten geschildert hatte?

Als wären alle diese vollendeten und Fragment gebliebenen Werke (auch der im zweiten Akt abgebrochene Versuch einer Vertonung von Johann Philipp Neumanns Libretto *Sakuntala* nach dem Drama des indischen Dichters Kalidasa, um 400, Schuberts erste Annäherung an orientalische Dichtung, der bald darauf Lieder aus Goethes *West-östlichem Divan* und Rückerts *Östlichen Rosen* folgen sollten) nur Vorübungen für die angestrebte große romantische Oper, wandte sich der Komponist nun, im Herbst 1821, einem Stoff und einem Libretto zu,

das ihm sein wohl engster Freund, Franz von Schober, nahelegte: Aus
vermutlich nur vagen Kenntnissen über historische Ereignisse im Kö-
nigreich Asturien-Leon im späten 8. Jahrhundert (auf den Zusammenhang hat zuerst Hans-Günter Hoke aufmerksam gemacht) zimmerte
sich Schober das Libretto von *Alfonso und Estrella* (D 732). Er arbeitete
dazu eng mit Schubert zusammen; für einige Zeit zogen sich beide
gewissermaßen in Klausur nach St. Pölten zurück. Schober berichtet
darüber im November 1821 an Josef von Spaun: »Unser Zimmer in
St. P. [Pölten] war besonders lieb . . . Abends referierten wir immer einander, was des Tages geschehen war« (Dok., S. 139); Schubert führte
vor, was er in Musik gesetzt hatte (der Entwurf zu der Oper gedieh dort
fast bis zum Ende des zweiten Aktes), und Schober las aus seinem
Manuskript (das er in St. Pölten fast beendete). Es ist mit Sicherheit
anzunehmen, daß kaum eines der Schubertschen Bühnenwerke seinen (und Schobers) ästhetischen Überzeugungen so nahe kommt wie
dieses – auch (oder gerade) wenn es, wie Schober später meint, »in sehr
großer Unschuld des Herzens und des Geistes« geschrieben war
(Erinn., S. 485, in einem Brief an Ferdinand Schubert vom 18. März
1848, anläßlich der geplanten Uraufführung des Werkes unter Franz
Liszt in Weimar).

Alfonso und Estrella (D 732)
Oper in drei Akten
T: Franz von Schober (1798–1882)

Mauregato, König von Leon (Bariton); Estrella, seine Tochter (Sopran);
Adolfo, Feldherr (Baß); Froila, gestürzter König von Leon (Bariton);
Alfonso, sein Sohn (Tenor); Anführer der königlichen Leibwache (Tenor); ein
Mädchen (Sopran); ein Jüngling (Tenor); Landleute, Jägerinnen und Jäger,
Frauen, Diener, Krieger, Verschworene (Chor).
B: Fl. picc., 2 Fl., 2 Ob., 2 Kl., 2 Fg.; 4 Hrn., 2 Trp., 3 Pos.; Becken, Gr.
Trommel, Pk.; Harfe; Streicher.
D: 20. September 1821 bis 27. Februar 1822 (lt. autographer Partitur). – AGA
XV/5; NGA II/6.

Zur Überlieferung: Die autographe Partitur der drei Akte und der später
entstandenen Ouvertüre sind vollständig erhalten. Die Ouvertüre hat Schubert
zunächst für die Erstaufführung der *Rosamunde* (D 797, s. S. 190) verwendet,
deshalb wohl trägt sie das Datum »Decemb. 1823« – das Entstehungsdatum kann
dies nicht sein, denn ein autographer Klavierauszug der Ouvertüre (D 759 A) ist
mit November 1822 datiert. Das Autograph eines vierhändigen Klavierauszuges

(D 773, datiert 1823) ist verschollen, doch ist dieser noch zu Lebzeiten Schuberts im Druck erschienen (op. 69, im Februar 1826). Für die Erstaufführung der Ouvertüre sind Stimmen angefertigt worden, die eigenhändige Korrekturen Schuberts zeigen. Aus unbekanntem Anlaß schrieb Schubert schließlich Klavierauszüge der Arien Nr. 8 (Adolfo: »Doch im Getümmel der Schlacht«) und Nr. 13 (Alfonso: »Wenn ich dich Holde sehe«), beide gedruckt in NGA IV, 14. Schubert hat sich lange vergeblich um eine Aufführung der Oper bemüht. Er ließ sie dazu abschreiben und korrigierte sie auch (Dok., S. 158); diese autorisierte Kopie ist verschollen. Eine geplante Aufführung in Wien hat sich nach Johann Michael Vogls Pensionierung zerschlagen. Es scheint, daß Carl Maria von Weber sich – bis zu dem Zerwürfnis mit Schubert im Anschluß an die Uraufführung der *Euryanthe* in Wien im Oktober 1823 – für eine Aufführung in Dresden eingesetzt hat, die aber dann auch nicht zustande kam. Schubert schickte die Partiturkopie schließlich nach Berlin, wo sich Anna Milder für sie verwenden wollte. Zuerst aufgeführt wurde die Oper am 24. Juni 1854 unter der Leitung von Franz Liszt in Weimar; die zu diesem Zweck neu angefertigte Kopie hat sich erhalten.

Zum Text: Die Oper, so fordert Ignaz von Mosel unter Berufung auf Gluck in seinem *Versuch einer Ästhetik [...]* (s. S. 177), solle als »lyrische Poesie« vor allem »auf das Herz, auf die Leidenschaften der Zuhörer« wirken, daher dürfe die Handlung nicht zu rasch fortschreiten und den Zuhörer nicht durch komplizierte Intrigen vom Wesentlichen ablenken. Mythologie und Geschichte sollen die Stoffe liefern. Schober und Schubert, so scheint es, orientieren sich an solchen Leitsätzen: Mythologie und Geschichte verbinden sich in ihrer Oper; allerdings tritt im Sinne der Romantik an die Stelle der klassischen Mythologie eine eher märchenhafte Handlung, die in einem unbestimmten – trotz aller konkreten Bezüge wenig greifbaren – spanischen Mittelalter spielt.

Froila, der alte König von Leon, ist durch Mauregatos Verrat gestürzt worden und hat sich in ein idyllisches Felsental zurückgezogen, in dem Weisheit und Güte herrschen und das durch hohe Felsen von der Wirrnis der Welt getrennt ist. Das erste Bild des ersten Aktes zeigt uns dieses Tal; Alfonso, der Sohn des verbannten Königs, soll hinausziehen in die Welt, den verlorenen Thron der Väter zurückgewinnen. Eine Kette, Erbstück der Ahnen, soll ihn beschützen. Das zweite Bild führt uns nach Oviedo, in die Hauptstadt Leons, in die reale Welt, in der Betrug und Verrat regieren. Adolfo, Mauregatos Feldherr, ist eben von siegreichem Kampf heimgekehrt und begehrt die Hand Estrellas, der Tochter der regierenden Königs. Sie aber, die spürt, daß es ihm vor allem um den Thron geht, verweigert ihre Liebe. Mauregato lehnt daraufhin Adolfos Werbung mit dem Hinweis ab: »Nur wer die Kette Eurichs wiederbringt, die noch vom alten Königsstamme fehlt, wird mit Estrellen feierlich vermählt.«

Die antithetische Struktur des ersten Aktes wiederholt sich im zweiten. In seinem Felsental (drittes Bild) singt Froila seinem Sohn das »Lied vom Wolkenmädchen«, das den Jäger mit Schmeicheltönen zu sich auf sein Schloß lockt und, da er sie umarmen will, wie Nebel zerfließt. Das Lied ist als Warnung gemeint,

Alfonso aber versteht es als Verheißung – und trifft auf Estrella, die sich bei der Jagd in das Tal verirrt hat. Wie im ersten Bild scheint die Handlung stillzustehen; die Märchenwelt umschließt nun auch Estrella. Alfonso übergibt ihr seine Kette als Erinnerungszeichen. In Oviedo (viertes Bild) erreichen die inneren Gegensätze inzwischen ihren Höhepunkt. Adolfo hat sich gegen Mauregato verschworen und plant dessen Sturz. Der Usurpator findet sich so unversehens auf der Seite der Verfolgten. Als er an Estrella die »Kette Eurichs« erblickt, fragt er nach ihrer Herkunft, nach dem Namen des künftigen Königs. Estrella weiß ihn nicht, doch ist Mauregato von nun an Froila, seinem bisherigen Gegner, unbewußt verbunden.

Im dritten Akt lösen sich die Gegensätze. Der Kampf führt die Parteien in das Felsental, und dessen Geist bezwingt den irdischen Streit. Alfonso überwindet Adolfo, Mauregato unterwirft sich Froila; die Feinde versöhnen sich. So siegt das Märchen über die Wirklichkeit, das Wolkenschloß über Leon. Freilich: Alfonso und Estrella müssen das Tal der romantischen Utopie, der Liebe und Versöhnung verlassen, müssen hinaus in die reale Welt und die Nachfolge Froilas und Mauregatos antreten. So muß sich, auch dies wieder ganz im Sinne der Romantik, die Wirklichkeit an den Maßstäben messen, die die Utopie setzt.

Z u r K o m p o s i t i o n : Die dialektische Struktur des durchweg in Versen geschriebenen, also zur »Durchkomposition« bestimmten Librettos spiegelt sich in der Disposition der Musik. Die gleichsam statischen Szenen im Felsental vertont Schubert nach Art der Kantate; in sich geschlossene Nummern folgen aufeinander (Chorsätze und Arien im ersten Bild: Chorkantate; Arien und Duette im dritten: Kammerkantate), jeweils durch vergleichsweise kurze Accompagnato-Rezitative miteinander verbunden. Die dramatischen Szenen in Oviedo hingegen sind als große Ensemble-Sätze komponiert, in denen musikalisch sich verdichtende Sätze in locker-rezitativische unmerklich übergehen.

Die »Kantate« zu Beginn des ersten Aktes ist zweiteilig; die Nummern 1–3 zeigen als Kennzeichen der Idylle des Felsentals das Einssein von Mensch und Natur (Morgengesang, Arie an die Sonne, gemeinsames Liebesversprechen); mit Nr. 4 setzt in Duetten und Arie die Handlung ein, doch bleibt der Charakter einer Chorkantate erhalten. Diese endet freilich offen; den erwarteten Schlußchor findet man erst zu Beginn des zweiten Bildes: Als Jagdchor verweist er auf das Felsental (in dem die Jagd dann auch stattfindet), zugleich aber führt er hinein in die Intrige. Auch das zweite Bild ist in sich zweiteilig. Eine erste Szene führt Adolfo und Estrella zu- und gegeneinander (Nr. 7–9), eine zweite bildet dann die eigentliche Staatshandlung (Finale). Da am Ende das »Zur Jagd« der Nr. 7 wieder aufgegriffen wird, rundet sich im Chor das ganze zweite Bild; der Akt schließt wirklich und erlaubt es so, mit dem zweiten Akt im Felsental neu anzusetzen.

Ein Schlüsselstück der Oper ist, zu Beginn des zweiten Aktes, Froilas »Lied vom Wolkenmädchen« (Nr. 11, Rezitativ und Arie: »Der Jäger ruhte hingegossen«, Andante con moto, G-Dur). Schubert setzt es nicht als Arie, sondern nach dem Vorbild seiner kantatenhaft konzipierten Liedballaden. Eingestreute Rezitative sind dafür bezeichnend, Tempo- und Tonartwechsel auf engem Raum. Das

Mädchen führt den Jäger hinauf in ihr Wolkenschloß – die fortschreitende Entrückung spiegeln tonartliche Rückungen in die Unterterz: G-Dur – Es-Dur (»Sie lockte ihn mit Schmeicheltönen«) – H-Dur (»Er folgte ihrer Stimme Rufen«; diese Partie verwendete Schubert später für das Lied *Täuschung* aus der »*Winterreise*«, s. S. 148) – G-Dur (»Er sieht wie Nebel sie zerfließen«, Rückkehr in die Realität). Der Vater versteht solche Lockung als »Täuschung« – dem Sohn hingegen macht sie »die gewohnte Nähe, die Felsenklüfte und den Wald auf einmal neu und wunderbar«. Die Logik der inneren Dramaturgie erzwingt daher, sobald der Vater gegangen ist, Estrellas erste Erscheinung im Felsental. »Was kühn das Lied gesungen, seh' ich verwirklicht hier« – das sind Alfonsos Worte nach Estrellas erster Arie (Nr. 15, »Könnt ich ewig hier verweilen«, Andantino, a-Moll). So ist auch die »Kammerkantate« im zweiten Akt (= drittes Bild) wieder zweiteilig: Auf Froilas Lied und sein Duett mit Alfonso folgen nach dem Auftritt Estrellas abwechselnd eine Arie (Alfonso), ein Duett, eine Arie (Estrella) und ein »abschließendes« Duett – eine symmetrische, statische Konzeption. Das vierte, wieder dramatische Bild ist dem zweiten analog gebildet: Ein großer Verschwörungschor mit eingebauter Arie (Nr. 17, Adolfo: »Ja, meine Rache will ich kühlen«, Allegro agitato, h-Moll/F-Dur/H-Dur) leitet ihn ein, dann folgt ein überdimensioniertes, in fünf Nummern aufgegliedertes großes Finale (Nr. 18–22), in das zwei Arien eingebaut sind (Mauregato: »Nur bewundert von dem Neide« in Nr. 18, Allegro g-Moll, und Estrella: »Herrlich auf des Berges Höhen«, Nr. 21, Andantino A-Dur, auch im Charakter auf die Kammerkantate zurückverweisend). Dieses Finale mündet in allgemeinen Aufruhr, an dem – neben den Solisten – drei Chöre (Frauen, Männer, Verschworene) beteiligt sind, das Finale des ersten Aktes damit noch übersteigernd.

Der dritte Akt endlich, beginnend mit einer Gewittermusik (Nr. 23, Allegro, d-Moll), gestaltet sich zu einer einzigen großen Szene, die die Aufgabe hat, das »Chaos« streitender Parteien und – scheinbar – unbeteiligter Chöre (Krieger Adolfos und Mauregatos, fliehende Frauen, Jäger, dazwischen die Liebenden Alfonso und Estrella und die verfeindeten Könige Froila und Mauregato) zusammen und zur Harmonie zu führen. Dies geschieht in einem vergleichsweise kurzen Duett (Nr. 33, Mauregato und Froila: »Kein Geist, ich bin am Leben«, Andante, B-Dur), das in ein die Botschaft der Oper sentenzenhaft zusammenfassendes Allegro mündet: »Es ist die höchste Lust, wenn man an Feindes Brust sich liebevoll verzeiht«. Daran schließen sich, der Bühnenkonvention Genüge zu tun (und auch die etwas uninspirierte Musik läßt spüren, daß Schubert sich hier einer Pflichtaufgabe entledigt), die eigentlichen Schlußnummern an (Nr. 34/35, Terzett und Finale), in denen nach den inneren auch die äußeren Konflikte sich lösen.

Die Bemühungen Schuberts und seiner Freunde um eine Aufführung der Oper schienen, anfangs wenigstens, erfolgversprechend: Pressemitteilungen kündigten sie an, Wien und Dresden zeigten Interesse – das mag Schubert bewogen haben, sich neuen Opernstoffen zuzuwenden.

Auf die große romantische Oper folgt zunächst wieder ein einaktiges Singspiel, das Schubert im April 1823 beendet: *Die Verschworenen* (D 787). Wieder vertont er das Libretto eines persönlichen Bekannten, der diesmal allerdings auch ein bereits angesehener Autor ist: des Redakteurs des Wiener *Conversationsblattes* Ignaz Franz Castelli. Das Singspiel, dessen Titel auf Verlangen der Zensur in »Der häusliche Krieg« geändert werden mußte, stützt sich auf zwei Komödien des Aristophanes (*Lysistrata* und *Ekklesiazusen*), verlegt die Handlung aber, dem Zeitgeschmack entsprechend, ins Mittelalter. Es geht um ein Thema, das Schubert naheliegt, mit dem er sich bereits im *Vierjährigen Posten* auseinandergesetzt hat, um die Sehnsucht nach Frieden: »Die Verschworenen« – das sind die Frauen der Ritter; sie wenden sich gegen die unaufhörlichen Kriegs- und Kreuzzüge ihrer Männer, suchen sie zum Frieden zu zwingen mit dem Mittel des Ehe- und Liebesstreiks. Leider aber sind die Frauen – als die Ritter plötzlich heimkehren – nicht nur uneins, sie sind auch Opfer von Verrat. Die Männer erfahren von ihrem Plan und überlisten sie mit einem Trick. Darauf fügen sich die Frauen (»Auch mich macht Liebe schwach«, bekennt am Ende selbst ihre Anführerin, »ich füge mich und gebe nach, heut fei're diese ihren Sieg und morgen fort in Sturm und Krieg«) – erst dann gestehen die Ritter: »Ihr Frauen wißt: Wir wollten nie uns mehr entfernen, doch solltet ihr von uns jetzt lernen: Den Frau'n geziemet nicht, durch Widersetzlichkeit zu kriegen ...«. Die Eintracht ist wieder hergestellt – freilich auf Kosten der Frauen.

Wie bereits *Die Zwillingsbrüder* versteht Schubert auch *Die Verschworenen* als komische Oper: Die einzelnen Nummern sind breit ausgeführt, oft nur von vergleichsweise kurzen Dialogen unterbrochen, so daß sie sich – wie in den großen Opern – zu musikalischen Szenen zusammenfügen (Nr. 3, Ensemble, »Ihr habt auf Eure Burg entboten« / Nr. 4, Verschwörungschor, »Ja, wir schwören«). Dem entspricht das umfangreiche, 2 Szenen umfassende, nach Art einer italienischen Opera buffa gestaltete Finale – an die auch das ausgedehnte, in zwei Fassungen überlieferte Eingangsduett erinnert (Nr. 1: »Sie ist's! – Er ist's!«). Singspielgemäßer sind dagegen eine Romanze (Nr. 2, Helene: »Ich schleiche bang und still herum«) sowie zwei echoartig aufeinander bezogene Arietten des Grafen und der Gräfin (Nr. 9: »Ich habe gewagt und habe gestritten« / Nr. 10: »Gesetzt, Ihr habt wirklich gewagt und gestritten«). Zum erstenmal aufgeführt wurde das Werk im März 1861 (konzertant in Wien, fünf Monate später bereits szenisch in Frankfurt a. M.).

Unmittelbar nach Beendigung der *Verschworenen*, im Mai 1823, wendet sich Schubert einer neuen Oper zu, von der freilich nur Entwürfe zu zwei Nummern erhalten sind (D 791) – offenbar hat der Komponist die Arbeit daran bald aufgegeben. Über das Libretto, den Handlungsverlauf, selbst den Titel ist nichts bekannt. Da die vermutliche Hauptrolle mit »Rüdiger« bezeichnet ist, hat man angenommen, Schubert habe hier Ignaz von Mosels Libretto *Rüdiger* vertonen wollen, das seinerseits auf Metastasios *Ruggiero* zurückgeht; die Annahme hat sich aber als Irrtum herausgestellt (vgl. Pollack, S. 555 f.).

Fast zur gleichen Zeit – am 25. Mai – beginnt Schubert mit der Arbeit an seiner letzten vollständigen Oper, dem *Fierabras* (D 796). Autor des Librettos ist Josef Kupelwieser, der Bruder des mit Schubert eng befreundeten Malers Leopold Kupelwieser, in der Zeit von 1821 bis 1823 Sekretär der Hofoper. Er hatte das Textbuch im Auftrag des Pächters der Hofoper und Impresarios Domenico Barbaja geschrieben und es während Schuberts Arbeit an der Oper auch bereits von der Zensur genehmigen lassen (Bescheid vom 23. August 1823). Der Komponist konnte also darauf vertrauen, daß das Werk auch aufgeführt würde. Als aber, wenige Tage nach Beendigung der Oper, Josef Kupelwieser im Oktober seine Stelle am Theater überraschend aufgab, erwies sich auch diese Hoffnung als trügerisch. »Mit meinen 2 Opern steht es ebenfalls sehr schlecht«, schreibt Schubert am 30. November 1823 an Schober, »Kupelwieser ist vom Theater plötzlich weggegangen. Webers Euryanthe fiel schlecht aus ... Diese Umstände und eine neue Trennung zwischen [Ferdinand Graf] Pálffy [Eigentümer des Theaters an der Wien] und Barbaja lassen mich beinahe nichts für meine Oper hoffen« (Dok., S. 207). Zum erstenmal szenisch aufgeführt wurde sie am 9. Februar 1897 in Karlsruhe unter der Leitung von Felix Mottl.

Fierabras (D 796)
Oper in drei Akten
T: Josef Kupelwieser (1791–1866)

P: König Karl (Baß); Emma, seine Tochter (Sopran); Roland (Bariton); Ogier (Tenor); Eginhard (Tenor); fränkische Ritter; Boland, Fürst der Mauren (Baß); Fierabras, sein Sohn (Tenor); Florinda, seine Tochter (Sopran); Maragond, in Florindas Gefolge (Sopran); Brutamonte, maurischer Anführer (Baß); ein maurischer Hauptmann (Sprechrolle); fränkische und maurische Ritter und Krieger, Emmas Fräuleins, Volk (Chor).

B: Fl. picc., 2 Fl., 2 Ob., 2 Kl., 2 Fg.; 4 Hrn., 2 Trp., 3 Pos.; Gr. Trommel, Becken, Pk.; Streicher.
D: 25. Mai 1823 bis 2. Oktober 1823 (lt. autographer Partitur). – AGA XV/6; NGA II/8.

Zur Überlieferung: Die autographe Partitur der drei Akte und der unmittelbar im Anschluß daran entstandenen Ouvertüre (Beendigung des 3. Aktes 26. September, Datierung der Ouvertüre 2. Oktober 1823) sind vollständig erhalten; erhalten hat sich auch eine Anzahl von Skizzen und Entwürfen, die sich von der ausgeführten Fassung oft wesentlich unterscheiden, sowie der Partitur-Entwurf zu einem in der Oper dann nicht verwendeten Terzett. Von der Ouvertüre hat Schubert eine Bearbeitung für Klavier zu vier Händen angefertigt (D 798).

Zum Text: Josef Kupelwiesers Libretto verbindet die altfranzösische Chanson de geste *Fierabras* mit der in Schuberts Zeit verschiedentlich bearbeiteten Sage von der Liebe Emmas, der Tochter Karls des Großen, und dessen Kanzler Eginhard. Der daraus resultierende vielschichtige Handlungsverlauf widerspricht zwar Ignaz von Mosels (und Schuberts) Vorstellungen von der »lyrischen Poesie« auf der Bühne (s. S. 177), doch vertraute der Komponist wohl der Theatererfahrung des Autors. Die Botschaft des Stückes hingegen dürfte Schubert entgegengekommen sein: Im Zentrum der Handlung stehen weder der König noch der siegreiche Roland, sondern der besiegte Fierabras; seinem Verzicht und seiner Großherzigkeit ist es letztlich zu danken, daß Frieden wird zwischen den Völkern (und daß Eginhard und Emma ebenso zueinander finden wie Roland – dessen Gefangener er war – und seine Schwester Florinda).

Der erste Akt spielt am Hof Karls des Großen. In zwei Bildern werden private Handlung (die verbotene Liebesbeziehung der Königstochter Emma zu dem armen Ritter Eginhard: »Frauengemach im königlichen Schlosse«) und Staatsaktion (Siegesfeier: »festlicher Prunksaal im Schlosse«) einander gegenübergestellt. Im Verlauf einer Schlacht zwischen Mauren und Franken hat Roland den Sohn des Maurenfürsten, Fierabras, gefangengenommen. Die Gefangenen werden dem König vorgeführt; dieser gibt ihnen bedingte Freiheit. Am Hofe erkennt Fierabras Emma wieder: Vor langer Zeit war er mit seiner Schwester Florinda in Rom gewesen, hatte sie dort gesehen und liebt sie seither heimlich. Zur selben Zeit war auch, in Emmas Gefolge, Roland in Rom gewesen, hatte Florinda kennengelernt und Gegenliebe gefunden. Der Akt schließt mit einem großen Schlußbild (Schloßgarten), in dem private und öffentliche Handlung zusammengeführt werden: Eginhard bringt Emma ein Ständchen, muß aber, als sie entdeckt werden, fliehen. Fierabras kommt hinzu und läßt sich – als er von der Liebe der beiden erfährt – auf Befehl des Königs von dem Rivalen verhaften. Dieser aber wird – mit Roland, Ogier und einem kleinen Gefolge – an den Hof des Maurenfürsten geschickt, um die Friedensbedingungen auszuhandeln.

Zu Beginn des zweiten Aktes (»freie Gegend über der französischen Grenze«) sieht man die fränkischen Gesandten auf dem Weg zum maurischen Hof. Eginhard, von Gewissensbissen gequält, ist zurückgeblieben, wird von maurischen

Kriegern überrascht und gefangengenommen; man bringt ihn in das Schloß des Fürsten. Als dieser erfährt, daß sein Sohn im Kerker liegt, schwört er »Verderben denn und Fluch der falschen Frankenbrut!« Die übrigen Gesandten erreichen den Hof (drittes Bild: Thronsaal); der erzürnte Fürst lehnt aber Verhandlungen ab und läßt sie in einem Turm (viertes Bild) gefangensetzen. Florinda hat den Geliebten erkannt und will ihn retten; sie verwundet und verjagt den Pförtner des Turms und fordert die Ritter zur Flucht auf, die jedoch nur Eginhard gelingt.

Ging es im zweiten Akt um den Konflikt, um Schuld, Haß und Rache, so geht es im dritten um Schuldeingeständnis und Versöhnung. Er beginnt wieder »im königlichen Schlosse«. Emma gesteht ihre Liebe zu Eginhard und den Verrat an Fierabras. Da erscheint Eginhard, berichtet von der Gefangennahme der Gesandten und bittet den König, ihm »die Mutigsten« seiner Krieger zur Verfügung zu stellen, um die Freunde zu befreien. Der König willigt ein, macht aber die Befreiung zur Bedingung für Eginhards Begnadigung. Im Turm des Maurenschlosses (zweites Bild) hoffen die Ritter auf Hilfe, nur Roland fehlt. Auf ihn wartet – Florinda beobachtet es vom Turmfenster aus – der Holzstoß, das Todesurteil. Sie sucht Roland zu retten und bittet, auf dem »Platz vor dem Turme« (drittes Bild) den Vater um Gnade – vergeblich. Da erscheinen die Franken, Eginhard und Fierabras an ihrer Spitze; die Mauren werden besiegt, Roland und die Ritter befreit. Karl aber, der mit Emma und dem Hof dem Heer gefolgt ist, verzichtet auf Rache, gibt Eginhard und Emma zusammen und macht Frieden mit dem Maurenfürsten. Dieser wiederum legt »Florindas Hand in die Rolands« und nimmt es hin, daß Fierabras fortan dem Frankenheer angehört.

Zur Komposition: In seiner letzten vollendeten Oper kehrt Schubert zum Wechsel von musikalischer Nummer und gesprochenem Dialog zurück – und dies zur gleichen Zeit, da Carl Maria von Weber den Wienern mit der *Euryanthe* seine erste »durchkomponierte« Oper präsentiert. Es war Schuberts Entscheidung – das Libretto forderte sie nicht: Dort sind zwar auch musikalische Nummer und Dialog unterschieden, doch ist der Dialog nicht durchweg in Prosa verfaßt, sondern vielfach in Blankversen, fünfhebigen, reimlosen Jamben, also in gebundener Sprache, einer Versart, die das Accompagnato-Rezitativ nahelegt. Wollte Schubert also von der Position abrücken, die er mit *Lazarus* und *Alfonso und Estrella* erreicht hatte? Die musikalischen Partien der Oper sprechen eher dagegen. Während nämlich in *Alfonso und Estrella* die eigentlichen »Nummern« – Arien, Duette, geschlossene Chorsätze – in den ausgedehnten, kantatenhaften Szenen noch eine große Rolle spielen (s. o.), treten sie im *Fierabras* ganz in den Hintergrund: Sie dienen zur Eröffnung der Akte und zur Bezeichnung innerer Höhepunkte – im Vordergrund aber steht die durchkomponierte Szene. Wenn Schubert dennoch auf verbindende Rezitative verzichtet und die Dialoge sprechen läßt, dann vielleicht mit Rücksicht auf die komplizierte Handlung: Die Dialoge sind für ihr Verständnis entscheidend (sie erläutern beispielsweise anfangs die äußeren Schwierigkeiten in der Liebesbeziehung Emma–Eginhard, berichten über den Rombesuch von Fierabras und Roland).

Die einleitende Ouvertüre – sie hat schnell Anklang gefunden: Noch zu Lebzeiten Schuberts erschien eine Bearbeitung für Klavier zu vier Händen von Carl Czerny als Schuberts op. 76 bei dem Wiener Verlag Anton Diabelli & Co. – nimmt, anders als die zu *Alfonso und Estrella*, unmittelbar Bezug auf die Oper: In der langsamen Einleitung zitiert sie den vergleichsweise schlichten Chor der Gefangenen aus dem zweiten Akt (Nr. 14: »O teures Vaterland«), von dem Schubert vielleicht hoffte, er möge populär werden. Im wieder nach dem Modell des Sonatensatzes gestalteten Hauptsatz (Allegro moderato, f-Moll/F-Dur) findet offenbar die der eigentlichen Handlung vorausgehende Schlacht ihr Echo: Den ersten Themenblock prägen seufzerartige Motive und Unterwerfungsgesten, die unvermittelt in eine Art Triumphmarsch führen. Gleichsam eingeblendet ist dann, als »zweites Thema«, eine lyrische Szene, möglicherweise anspielend auf die Daheimgebliebenen, auf Emma und Eginhard, doch wandelt sich auch diese schnell wieder in marschähnliche Bewegung, die dann die kurze Durchführung, aber auch die ausgedehnte Coda beherrscht.

Der erste Akt beginnt mit einem lyrischen Bild: Zwei gleichsam konventionelle »Nummern« führen in die »private« Handlung ein. In einen anfangs heiteren Spinnerinnen-Chor (Nr. 1, Introduktion, Emma und die Jungfrauen: »Der runde Silberfaden«, Andantino, C-Dur/c-Moll) ist ein Lied eingeflochten, das Emmas Strophe ins Melancholische wendet. Eginhard tritt hinzu, es folgt ein Liebesduett (Nr. 2: »O mög auf froher Hoffnung Schwingen«, Andantino / Allegro moderato, As-Dur). Dann wandelt sich überraschend das Bild zur Staatsaktion – und zugleich gibt Schubert die Konzeption der »Nummernoper« auf; nun komponiert er dramatische Szenen (s. die Tabelle S. 188 f., im Anschluß an W. Thomas, »Bild und Aktion in ›Fierabras‹. Ein Beitrag zu Schuberts musikalischer Dramaturgie«, in: *Franz Schubert. Jahre der Krise*, S. 88 ff).

Die beiden den Akt im wesentlichen bestimmenden Bilder sind aufeinander bezogen: zwar ist die Prunksaal-Szene geschlossen (durch Wiederholung des Eingangschores), das Finale hingegen – und das entspricht der Finale-Tradition – zielgerichtet, doch sind beide dennoch analog gebaut: Sie führen die sich steigernde Aktion bis zur »Erstarrung«, zu einem spannungsgeladenen Stillstand (Abschnitt 5 in Nr. 4, *Ensemble*, Abschnitt 6 in Nr. 6 *Finale*), aus dem heraus sich das jeweilige Schlußtableau konstituiert. Und noch eines verbindet die beiden Bilder: In Abschnitt 3 des Ensembles wird ein Motiv exponiert, das den ganzen Abschnitt trägt: Der König wendet sich an Fierabras: »Wer bist du, dessen tiefgesenkter Blick die Erde sucht« – der aber antwortet nicht. An seiner Stelle spricht das Orchester:

Allegro vivace

Bsp. 29

Musik-Nummer	Titel / Textincipit	Umfang Tempo / Tonart	Beteiligte / Handlung
3	*Marsch und Chor:* »Zu hohen Ruhmespforten«	90 T. Allegro moderato, D-Dur	Frauen, Männer, Ritter; Aufzugsmarsch
	gesprochener Text		kurze Ansprache des Königs
4	*Ensemble:* »Die Beute laß, o Herr«	502 T.	Emma, Fierabras, Ogier, Eginhard, Roland, Karl, Gefangene, Chor
	(1) Rezitativ und Chor	Allegro ma non troppo, B-Dur	Eröffnung der Handlung, Vorführung der Gefangenen
	(2) Arioso und Chor	Allegro moderato, F-Dur	Karl verspricht den Gefangenen Freiheit
	(3) Rezitativ und Arioso	Allegro vivace, d-Moll/D-Dur	Karl wird auf Fierabras aufmerksam; Rolands Erzählung
	(4) Chor und Soli, kurzes Melodram	Andantino, A-Dur	Emma und ihr Gefolge treten auf, Fierabras erkennt Emma
	(5) Soli und Chor (»bewußtloser Tanz« [W. Thomas])	Allegretto, F-Dur	Ausblick: »Vor der Zukunft grauen läßt mich mein Geschick«
	(6) Marsch und Chor (Wiederholung der Musiknr. 3)	Allegro, moderato, D-Dur	Abzug, Auflösung des Bildes
	gesprochener Dialog		Vorgeschichte
5	*Duett:* »Laß uns mutvoll hoffen«	45. T. – Allegro maestoso con forza, A-Dur	Fierabras, Roland; Freundschaftsbund
6	*Finale:* »Der Abend sinkt auf stiller Flur«	873 T.	Emma, Eginhard, Fierabras, Karl, Chor
	(1) Duett	Andante, a-Moll/A-Dur	Eginhards Ständchen, Emmas Antwort
	(2) Rezitativ und Arie	Un poco più mosso / a tempo c-Moll/C-Dur	Monolog des Fierabras

Musik-Nummer	Titel / Textincipit	Umfang Tempo / Tonart	Beteiligte / Handlung
	(3) Chor und Soli	Un poco più mosso, As-Dur	Aufregung im Schloß, Fluchtversuch
	(4) Terzett	Allegro vivace, h-Moll/H-Dur	Fierabras greift ein – und deckt die Flucht
	(5) Rezitativ	Allegro, E-Dur	Überleitung
	(6) Terzett	Andante, g-Moll	Der König mit Gefolge tritt auf, Erstarrung
	(7) Quartett	Allegro vivace / Allegretto, c-Moll/Es-Dur	Fierabras' Festnahme
	(8) Quartett und Chor	Allegro vivace, C-Dur	Schlußbild

Das Motiv kehrt im Finale abgewandelt wieder. Es steht für Fierabras, bezeichnet aber nicht nur die Person, sondern wohl auch schuldhafte Verstrickung, insbesondere Eginhards. Es erscheint im Mittelteil des Monologs des Fierabras (»O schweig, betrog'nes Herz«), vor allem aber im späteren Terzett (Eginhards Flucht: »Angst und Schrecken tief erfassen«). Es beherrscht aber auch, zu Beginn des zweiten Aktes, Eginhards Arioso: »Beschlossen ist's, ich löse seine Ketten«.

Die Beobachtung deutet es an: Die folgenden Akte entsprechen in ihrer Struktur dem ersten in wesentlichen Zügen. Beide beginnen mit herkömmlichen »Nummern« (Akt 2 mit Nr. 7, Lied mit Chor: »Im jungen Morgenstrahle«, entsprechend auch Nr. 8 und 9, Ensemble und Duett; Akt 3 mit Nr. 18, Chor: »Bald tönet der Reigen«) – in beiden Akten folgen dann aber breit ausgeführte Szenen. Dabei wächst die Bedeutung der Chöre: Nicht Personen, Herrscher werden gegeneinander geführt, sondern Völker. Bezeichnend dafür ist etwa die Nr. 12 im zweiten Akt (Florinda, Roland, Fürst, Ritter, Mauren: »Im Tode sollt ihr büßen«, Allegro vivace / Allegro assai, f-Moll). Der Maurenfürst hat von der Verhaftung seines Sohnes erfahren und läßt die Abgesandten des Frankenkönigs gefangensetzen. Diese weisen vergeblich auf ihren Gesandten-Status hin (»der ist schwer zu hassen, der Wort und Ehre bricht«), Florinda bittet den Himmel um Beistand und Schutz für den Geliebten. Drei musikalische Charaktere setzt Schubert hier gegeneinander: Zwei Chöre (denen Roland und der Fürst sich zuordnen) und die im Kampf der Völker mit ihrer gleichsam »privaten« Liebe alleingelassene Florinda. Der Fürst und die Mauren deklamieren aggressiv, in kurzen Notenwerten (anfangs – ¼-Takt – punktierte Rhythmen, später – alla

breve – Viertel und Achtel); Roland und die Ritter setzen trotzige, in marschähn-
licher Bewegung vorgetragene Akkorde entgegen (anfangs in Halben und Ganzen, später in Vierteln und Halben). Zu allem kontrastiert im ersten Teil Florindas in weit ausgreifenden Bögen vorgetragenes Gebet (im zweiten Teil hingegen
fügt sie sich in den Gesang Rolands und der Ritter ein, damit musikalisch vorausweisend auf ihr späteres aktives Eingreifen).
Deutlicher noch als in *Alfonso und Estrella* stehen Ideen im Vordergrund der
Handlung, nicht das Schicksal von Individuen (auch wenn deren die Konventionen zerbrechende Liebesbeziehung in beiden Opern zum auslösenden Moment
der Handlung wird). So erklärt sich auch die Dominanz des Chores und daraus
folgend die Tendenz, die Handlung zu Tableaus erstarren zu lassen. Wohl weitet
Schubert die herkömmliche Nummer zur Szene aus – dramatische Bewegung
aber entsteht (trotz aller Differenzierung im einzelnen) erst in der Folge der
»Bilder«. So stehen Schuberts Opern in manchen Zügen dem Oratorium näher
als dem Theater; nicht Charaktere wollen sie darstellen, sondern Allgemeines
vermitteln, Gedanken von Liebe, Gnade und Versöhnung.

Noch ein weiteres Bühnenwerk entsteht im Jahre 1823: die Musik zu
Helmina von Chézys »Großem romantischem Schauspiel in vier Auf-
zügen, mit Chören, Musikbegleitung und Tänzen« *Rosamunde, Fürstin
von Zypern* (D 797). Schubert hatte zwar an Webers und Chézys kurz
zuvor uraufgeführter *Euryanthe* Kritik geübt (s. S. 180), ließ sich nun
aber von der Dichterin bewegen, für die am 20. Dezember 1823 geplante Uraufführung ihres neuen Stückes drei Zwischenaktmusiken
(Nr. 1 in h-Moll, Nr. 3a in D-Dur, Nr. 5 in B-Dur), zwei Ballettmusi-
ken (Nr. 2 und 9) und einige kleinere Nummern zu schreiben (einen
Geister-, einen Hirten- und einen Jägerchor: Nr. 4, 7, 8; eine Romanze:
Nr. 3b; eine Pastoralmusik: Nr. 6). Eine eigene Ouvertüre hat Schubert, wohl aus Zeitmangel, nicht komponiert. Für die Uraufführung
verwendete er die – in Teilen überarbeitete – Ouvertüre zu *Alfonso und
Estrella* (da er, wie Moritz von Schwind zwei Tage nach der Uraufführung an Schober schrieb, »sie für die Estrella zu ›aufhauerisch‹ findet«,
Dok., S. 213). Erst 1867 wurde die Ouvertüre zur *Zauberharfe* als
Ouvertüre zur Rosamunde gedruckt (und ist seither als solche
bekannt); es ist aber nicht auszuschließen, daß die Anregung dazu noch
von Schubert selbst ausgegangen ist. Während die Wiener Presse über
die Musik zur *Rosamunde* freundlich urteilte, erfuhr Helmina von Chézys Schauspiel eine vernichtende Kritik; es wurde auch nur ein einziges
Mal wiederholt, blieb ungedruckt und ist seither verschollen.
Der Handlungsverlauf des Stückes läßt sich aufgrund der zum Teil
ausführlichen Rezensionen in etwa rekonstruieren; über die Funktion
der musikalischen Nummern lassen sich jedoch nur Vermutungen

äußern. So scheint etwa die dritte Zwischenaktmusik (deren Hauptteil Schubert wenige Monate später für den langsamen Satz des Streichquartetts in a, D 804, wiederverwendet und den er im Dezember 1827 zum Thema für Klavier-Variationen umgestaltet hat: Impromptu in B-Dur, D 935, Nr. 3), Rosamundes Rückkehr aus den Gefährdungen und Intrigen am Hofe zu Zypern in das Land ihrer Kindheit, in ein Märchenland des Friedens und der Harmonie darzustellen. Schubert bedient sich dazu eines rhythmischen Modells, das wir als »Schreitrhythmus« aus dem Lied *Der Wanderer* (D 489) kennen (s. S. 65 f.). Die ambitionierte und umfangreiche erste Zwischenaktmusik (auf die das Ballett Nr. 2 Bezug nimmt) ist ihres sinfonischen Charakters und der gleichen Tonart wegen bei Ergänzungsversuchen zu der ein Jahr vor der *Rosamunde* entstandenen »unvollendeten« Sinfonie in h-Moll verschiedentlich als vierter Satz verwendet worden; zu Unrecht, denn ihr fehlt naturgemäß jeglicher Final-Charakter (eine Zwischenaktmusik soll nicht schließen, sondern eben hinleiten zum nächsten Akt).

Trotz seiner Mißerfolge auf dem Theater bemühte sich Schubert auch in den folgenden Jahren um Opernstoffe. Im Mai 1824 hat er (wie Schwind berichtet) ein Opernbuch von seinem Arzt J. Bernhardt bei sich, das Ernst Schulzes Verserzählung *Die bezauberte Rose* zum Sujet hat. Der Stoff gefällt ihm wohl, das Libretto aber offenbar weniger – daher bittet er ein Jahr später seinen neuen Freund Eduard von Bauernfeld um ein anderes. »Er will einen Operntext von mir«, notiert dieser im März 1825 in seinem Tagebuch, »schlug mir die *Bezauberte Rose* vor. Ich meinte, ein *Graf von Gleichen* gehe mir durch den Kopf« (Dok., S. 281). Es ist dann tatsächlich *Der Graf von Gleichen* (D 918) geworden, nach einem damals beliebten Stoff. Freilich fürchtete man von Anbeginn den Einspruch der Zensur – in der Oper geht es um Bigamie (dem während eines Kreuzzugs in Gefangenschaft geratenen Grafen gelingt die Flucht mit Hilfe Suleikas, der Tochter des Sultans; die Gräfin empfindet Freundschaft für sie; mit Erlaubnis des Papstes wird Suleika seine zweite Gemahlin). In der Tat verbietet die Zensur das Textbuch – »Schubert will sie trotzdem komponieren«, liest man in Bauernfelds Tagebuch vom Oktober 1826 (Dok., S. 381). Der Komponist, der, wie er zuvor bereits an Kupelwieser schrieb, »wieder zwei Opern umsonst komponiert« hatte (*Die Verschworenen* und *Fierabras*; Dok., S. 235), komponierte nun bewußt für die Schublade. Die neue Oper (sie ist im Entwurf bis fast zum Schluß ausgeführt) war für spätere, liberalere Zeiten bestimmt.

Kirchenmusik

Die frühen Messen. Liturgische Gebrauchsmusik

In seinen für Schumanns *Neue Zeitschrift für Musik* geschriebenen Erinnerungen an den Bruder (*Aus Franz Schubert's Leben*, 1839) berichtet Ferdinand Schubert, der junge Komponist habe frühzeitig bei Michael Holzer, dem Regens Chori der Lichtentaler Pfarrkirche, Unterricht »im Violin- und Klavierspiel so wie im Gesang« erhalten, mit elf Jahren (kurz vor seinem Eintritt in das Wiener Stadtkonvikt) »ward er 1ster Sopranist in der Lichtentaler Kirche. Schon zu dieser Zeit trug er alles mit dem angemessensten Audrucke vor.« Schuberts musikalische Ausbildung hat demnach in der Pfarrkirche seiner Heimatgemeinde begonnen – und seiner Heimatgemeinde hat Schubert die Treue

Die Pfarrkirche in der Wiener Vorstadt Lichtental, anonyme Tuschzeichnung

gehalten, auch nachdem er längst Schüler Antonio Salieris geworden war. Als er 1813 das Stadtkonvikt verließ, so berichtet Ferdinand weiter, »frequentierte er wieder jeden Sonn- und Feiertag den Lichtentaler Kirchenchor, was ihm wohl Veranlassung zur Komposition einer großen Messe gab (1814), die in Lichtental kein kleines Aufsehen machte und zehn Tage später auch in der Augustiner-Kirche in Wien aufgeführt wurde.« Das Werk, von dem Ferdinand hier spricht, war Schuberts erste vollendete *Messe in F-Dur* (D 105); es war ein Auftragswerk aus Anlaß des 100jährigen Jubiläums der Kirchweihe – und es war die erste Schubertsche Komposition, die vor großem Publikum und mit Erfolg aufgeführt worden ist. Kleinere Versuche waren wohl vorausgegangen (s. die folgende Tabelle) – hier aber war dem Komponisten zum erstenmal so etwas wie ein Durchbruch gelungen. Er konnte seither damit rechnen, daß seine größeren Kirchenkompositionen auch öffentlich aufgeführt würden. In der Tat schlossen sich weitere Aufträge an – es ist daher nur natürlich, daß Schubert die Komposition von Kirchenmusik bis zu seinem Lebensende nie aus den Augen verloren hat.

Kirchenmusik 1812–1816

Deutsch-Nummer	Titel	Entstehungszeit
24 E	Messe in F (?) (Fragment, nur Schluß d. Gloria u. Beginn des Credo erhalten)	Sommer 1812 (?)
27	Salve Regina in F	28. 6. 1812
31	Kyrie für eine Messe in d	25. 9. 1812
45	Kyrie in B	1. 3. 1813
49	Kyrie für eine Messe in d	15. 4. 1813
56	Sanctus in B	21. 4. 1813
66	Kyrie in F	12. 5. 1813
739	Tantum ergo in C, op. 45	1814
105	Messe in F (mit alternativem »Dona nobis pacem«)	17. 5. – 22. 7. 1814 (alternatives »Dona nobis pacem«: 25. – 26. 4. 1815)
106	Salve Regina in B	28. 6. – 1. 7. 1814
136	Offertorium in C (»Totus in corde langueo«), op. 46	1815 (?)

Deutsch-Nummer	Titel	Entstehungszeit
167	Messe in G	2. – 7. 3. 1815
175	Stabat mater in g	4. – 6. 4. 1815
181	Offertorium in a (»Tres sunt, qui testimonium dant in coelo«)	10. – 11. 4. 1815
184	Graduale in C (»Benedictus es, Domine«)	15. – 17. 4. 1815
223	Salve Regina in F, op. 47	5. 7. 1815
324	Messe in B, op. post. 141	begonnen 11. 11. 1815
379	Deutsches Salve Regina in F (»Sei, Mutter der Barmherzigkeit«)	21. 2. 1816
383	Stabat mater in f (»Jesus Christus schwebt am Kreuze«; Text: Klopstock)	begonnen 28. 2. 1816
386	Salve Regina in B	Anfang 1816
452	Messe in C, op. 48	Juni/Juli 1816 (alternatives Benedictus: Okt. 1828)
453	Requiem in c (Fragment aus Introitus und Kyrie)	Juli 1816
460	Tantum ergo in C	Aug. 1816
461	Tantum ergo in C	Aug. 1816
486	Magnificat in C	25. 9. 1816
488	Auguste jam coelestium	Okt. 1816

Messe in F-Dur (D 105)

Kyrie (Larghetto, F-Dur) – Gloria (Allegro vivace, C-Dur) – Credo (Andantino, F-Dur) – Sanctus (Adagio maestoso, F-Dur) – Benedictus (Andante con moto, B-Dur) – Agnus Dei / Dona nobis pacem (Adagio molto / Andante-f-Moll/F-Dur, mit Alternativfassung Allegro moderato)

B: 2 Sopr., Alt, 2 Ten., Baß, Chor. – 2 Ob., 2 Kl., 2 Fg.; 2 Hrn., 2 Trp., 3 Pos.; Pk.; Streicher; Org.
D: 17. Mai bis 22. Juli 1814 (lt. autographer Partitur). – AGA XIII/1,1; NGA I/1a.

Zur Überlieferung: Schubert schrieb die Partitur, wie zahlreiche Datierungen zu Beginn und am Ende der einzelnen Sätze zeigen, zügig nieder. Er fertigte davon auch einen kompletten Stimmensatz an (der freilich nicht vollständig erhalten ist: die Singstimmen fehlen und auch ein Teil der Bläserstimmen); dabei änderte er manches gegenüber der ursprünglichen Niederschrift wohl bereits bei der Ausschrift der Stimmen, anderes wohl auch erst bei den Proben zu den Aufführungen im Herbst 1814. Problematisch erschien ihm dabei wohl vor allem das an das Kyrie anknüpfende »Dona nobis pacem«. Eintragungen in den Stimmen lassen erkennen, daß das »Dona nobis« für einzelne Aufführungen in den Instrumentalstimmen wohl auch einmal ganz oder teilweise durch das Kyrie ersetzt wurde. Für eine zumindest geplante Aufführung im Frühjahr 1815 (für die Dokumente freilich nicht erhalten sind) hat Schubert dann am 26. April 1815 ein ganz neues »Dona nobis pacem« geschrieben, eine große Fuge, die nun mit dem Kyrie nichts mehr zu tun hat.

Z u r   K o m p o s i t i o n : Schubert beabsichtigte offenbar, mit diesem ersten für eine öffentliche Aufführung bestimmten, zugleich repräsentativen Werk eine Art Gesellenstück abzulegen, seine Kunstfertigkeit, die Beherrschung der für die Komposition einer großen Messe erforderlichen Stilmittel zu demonstrieren. Dabei knüpft er an Vorbilder an, die ihm durch seine Tätigkeit als Sängerknabe in der kaiserlichen Hofkapelle vertraut waren (vor allem an Joseph Haydns späte Messen), orientiert sich in manchem aber auch an Beethovens zwei Jahre zuvor erschienener, von Schubert sehr geschätzter C-Dur-Messe op. 86 (das gilt in erster Linie für den »sinfonischen« Charakter der Messe, für die Orchesterbehandlung). In einer großen Fuge am Ende des Gloria (»Cum Sancto Spirito«) und einem ausgedehnten Kanon (dem Benedictus), zu denen dann noch die Fuge des nachkomponierten »Dona nobis« hinzukommt, zeigt er sich als Schüler Salieris, in dessen Kontrapunktunterricht ihm die Komposition derartiger Sätze in sakralem, motettisch geprägtem »stile antico« vermittelt worden war. In der mehrfachen Wiederholung des Wortes »credo« im Verlauf des Glaubensbekenntnisses greift Schubert schließlich die Tradition der Wiener »Credo-Messe« auf. Zugleich aber lassen sich bereits in seiner ersten vollständigen Vertonung des Meßtextes charakteristische Züge der Schubertschen Meßkomposition überhaupt erkennen: Im Gloria gliedert er den Text neu, um damit eine ihm gemäße Disposition des ganzen Satzes zu erreichen; im Credo läßt er das »Et unam sanctam catholicam et apostolicam Ecclesiam« aus (das ist allerdings die einzige inhaltlich zu begründende Textauslassung in dieser Messe – offenbar Ausdruck einer Protesthaltung des der Aufsicht durch die Kirche unterworfenen Schulgehilfen Schubert, s. S. 9 u. 17).

Das traditionell dreiteilige K y r i e (Kyrie eleison – Christe eleison – Kyrie eleison«) orientiert sich am Typus der Pastoralmesse: Die Tonart F-Dur, dem Herkommen nach die Tonart der Hirten, gibt ihn vor, in einem an die Siciliana erinnernden ⁶⁄₈-Rhythmus prägt er sich aus (freilich im Tempo – Larghetto – zurückgehalten; das Andante des auf das Kyrie zurückgreifenden »Dona nobis pacem« führt später die »natürliche« Bewegung dieses Satzes vor).

Das ausgedehnte G l o r i a ist der ambitionierteste Satz der Messe. Es gliedert sich in fünf, im Autograph zum Teil durch eigene Überschriften herausgehobene Abschnitte. Mit einem jubelnd bewegten, durch lebhafte Streicherfiguren kontrapunktierten »Gloria in excelsis Deo« setzt er ein (Allegro vivace, C-Dur); dabei rundet Schubert den Kopfsatz durch eine – vom liturgischen Text nicht vorgesehene – Wiederholung des Beginns und durch eine formelle Kadenz in der Tonika: Der Satz könnte auch für sich alleine stehen. Es folgt ein lyrisch-kantables »Gratias agimus tibi« (2. Abschnitt, Andante con moto, F-Dur), ein Terzett für Sopran-, Tenor- und Baß-Solo, das wiederum zu einem formellen Schluß führt. Diesmal freilich überbrückt Schubert die Zäsur (das ausgedünnte, nur den Bläsern anvertraute Nachspiel deutet es bereits an): Überraschend schließt, von F-Dur nach d-Moll wechselnd, zunächst jedoch im gleichen Zeitmaß, das »Domine Deus, Rex coelestis« an (3. Abschnitt; zunächst geprägt von herrischen, seit der Barockzeit das Majestätische bezeichnenden punktierten Figuren). Der Komponist verbindet die inhaltlich zur Lobpreisung zählende Danksagung mit den die Bitte um Erbarmen einleitenden Rufen und überbrückt so die vom Text vorgegebenen Zäsuren. Die mit der Anrufung zwar tonartlich verbundene, in Metrum und Zeitmaß aber abgesetzte eigentliche Bitte, »Domine Deus, Agnus Dei, Filius Patris, qui tollis peccata mundi, miserere nobis« (Adagio, d-Moll), folgt einem naheliegenden deklamatorischen Modell: solistische Anrufungen, Gebet im Soloquartett, Bestätigung im Chor. Mit dem letzten Teil der Bitte, dem nur wenige Takte umfassenden »Quoniam tu solus Sanctus« (4. Abschnitt), kehrt Schubert ins Allegro und nach C-Dur zurück. Die Passage – eine Folge von breit ausgeführten Dominante-Tonika-Kadenzen, jedoch offen, in der Dominante schließend – hat Brückenfunktion: Sie führt in das eigentliche Ziel des ganzen Satzes, die das Gloria beschließende Fuge »Cum Sancto Spiritu« (5. Abschnitt, Allegro vivace, C-Dur). Diese Fuge bietet gewissermaßen das Modell für die großen »sinfonischen« Fugen Schuberts. Sie ist vierstimmig, vokal geprägt. Die Bläserstimmen, dazu Viola und Baß, verstärken die Chorstimmen, lebhafte Achtelfiguren der beiden Violinen kontrapunktieren sie. Die Fuge selbst ist zweiteilig. Der erste Teil beginnt mit einer regelrechten Fugenexposition, einer Durchführung des Themas in allen vier Stimmen (an die sich sich hier ein fünfter Themeneinsatz anschließt; er ist nötig, um die tonale Balance wiederherzustellen – nur so gelingt es Schubert, die Exposition auf die Tonika zu gründen). Es folgen, von Zwischenspielen (Amen-Melismen) unterbrochen, weitere Durchführungen, zunächst in paariger Koppelung des Themas (Sopran/Alt, Sopran/Baß, Alt/Tenor), dann in paariger Verschränkung (Engführung Alt/Tenor). Der erste Teil der Fuge mündet in eine große Fermate. Dann setzt der zweite als eigentliche Engführung ein (Stimmpaare Baß/Alt, Tenor/Sopran im Abstand von halben Takten). Er führt in eine breite, homophone Coda, die ganz natürlich, ungezwungen in den Schluß des Eingangssatzes zurückleitet: Der Satz endet mit dem »Gloria in excelsis Deo«, das so, wie zuvor den ersten Abschnitt, nun den ganzen Satz abrundet und damit auch zusammenbindet, was anfangs wie für sich allein gestellt schien.

Während Schubert viel Mühe darauf verwendet, das vielgestaltige Gloria zu einem Satz zusammenzufügen, wirkt das Credo von vornherein geschlossen, wie ein schlichtes Chorlied. Es ist dreiteilig, wie die Konvention es verlangt: Die Außenteile, geprägt durch ostinate, im kantablen Andantino vorwärtsdrängende (da akzentverschiebende) Bläserrhythmen, bezeugen die Trinität, die Göttlich-

keit von Vater, Sohn und Heiligem Geist; der Mittelteil setzt dem die Mensch-
werdung Christi entgegen. Freilich beginnt der Mittelteil nicht wie üblich mit
dem »Et incarnatus est«, sondern bereits mit dem – inhaltlich verbunden –
»Qui propter nos homines et propter nostram salutem descendit de coelis«.
Dieser Mittelteil, antiphonisch angelegt (auf ein Tenor-Solo antwortet der Chor
mit dem »Crucifixus«), ist im Instrumentalbereich auf die Außenteile bezogen:
Die Bläserrhythmen werden anfangs – wenn auch nur andeutend in einer einzelnen Oboe – fortgeführt, durchgehende Achtelfiguren in den Streichern (eingeführt bereits mit Beginn des zweiten Glaubensartikels) durchziehen den ganzen
Mittelteil. Das »Et resurrexit« kehrt dann zum Duktus des Anfangs wieder
zurück – jedoch nach Art einer Scheinreprise: Erst mit dem dritten Glaubensarti-
kel (»Et in Spiritum Sanctum«) erklingt auch die Melodie des Anfangs wieder,
verknüpft jedoch mit den Streicherfiguren des zweiten. Der scheinbar so einfache Satz ist vielschichtig strukturiert.

Das kurze S a n c t u s nimmt in manchen Einzelheiten die ganz persönliche,
eigentümlich Schubertsche Konzeption der Sanctus-Sätze in den späteren Messen vorweg: Tremolofiguren in den Streichern, mächtige Crescendi und Decre-
scendi zeichnen die Erschütterung des Menschen vor der Größe Gottes – freilich: Die in diesem Kontext vergleichsweise konventionelle Harmonik, die die
»Sanctus«-Rufe in den Rahmen einer großen, im Grunde affirmativen Kadenz
stellt (Dominante – Tonika – Tonikaparallele – Subdominante – Dominante),
führt zu deutlicher Diskrepanz zwischen Anspruch und Realisierung. Das
B e n e d i c t u s ist ein ausgedehnter Kanon für vier Solostimmen (2 Soprane,
2 Bässe) mit freier Orchesterbegleitung, die die vier Stimmeneinsätze im Grunde
zu einer Folge von vier Variationen macht.

Das A g n u s D e i schließlich – dem Herkommen nach zweiteilig – beginnt mit
einer Folge von solistisch (Sopran, Baß), im Lamento-Ton vorgetragenen Anrufungen des »Lammes«, auf die der Chor mit dem »miserere nobis« in chromatisch gespannter Deklamation antwortet. Dann folgt, im Rückgriff auf das
Kyrie, jedoch in lebhafterer, durch kontinuierliche Sechzehntelfiguration der
Streicher noch betonter Bewegung das »Dona nobis pacem« – in seinem pastora-
len Ton weniger Bitte um Frieden als Darstellung eines bereits erreichten Para-
dieses, in dem die Konflikte aufgehoben scheinen. In der Coda der nachkomponierten »Dona nobis pacem«-Fuge vom April 1815 (vier Wochen zuvor war
Napoleon von Elba nach Frankreich zurückgekehrt, hatte der Krieg wieder
begonnen) ist der pastorale Ton aufgehoben; zu den Friedens-Rufen des Chores
erklingen Kriegsfanfaren; der Satz klingt aus mit einem Fortissimo-Aufschrei
»pacem«.

Noch vor diesem zweiten »Dona nobis pacem«, in der Zeit vom 2.–7.
März 1815, hatte Schubert seine zweite *Messe* komponiert, in *G-Dur*
(D 167), diesmal nicht aus feierlichem Anlaß, sondern wohl für den
sonntäglichen Gebrauch im Gottesdienst. Es ist die kürzeste und
zugleich einfachste Messe, die Schubert geschrieben hat. Gleichwohl

erinnert sie in manchen Einzelheiten an die F-Dur-Messe: in der hier dominierenden liedhaft-homophonen Faktur etwa an die Außenpartien des Credo, in dem dreistimmigen Kanon des Benedictus jedoch auch an die kontrapunktischen Ambitionen der größeren Messe (nicht nur an das ähnlich konzipierte Benedictus). Einfach gehalten ist vor allem der Orchestersatz. Er entspricht in der autographen Partitur dem herkömmlichen Wiener »Kirchen-Trio« (2 Violinen, Baß und Orgel, neben den Singstimmen), zu dem bei Schubert jedoch noch eine Viola hinzukommt (die er möglicherweise selbst gespielt hat). Ob die vom Bruder Ferdinand im Autograph nachgetragenen Trompeten und Pauken vom Komponisten stammen oder wenigstens von ihm legitimiert sind, ist nicht sicher zu sagen. Unter den Solisten (Sopran, Tenor, Baß) tritt besonders der Sopran hervor, eine Partie, die Schubert vermutlich Therese Grob zugedacht hat. Diese, seine Jugendliebe (s. S. 21), besaß eine hohe Sopranstimme; es scheint, daß Schubert zahlreiche Sopran-Soli eigens für sie geschrieben hat.

Schuberts Engagement für die Kirchenmusik dokumentieren zahlreiche, etwa zur gleichen Zeit entstandene kleinere liturgische Kompositionen; neben einem *Offertorium »Tres sunt, qui testimonium dant«* (D 181) und einem *Graduale »Benedictus es, Domine«* (D 184), beide vermutlich für das Dreifaltigkeitsfest 1815 geschrieben, auch zwei Vertonungen von Marientexten, zu denen sich Schubert offenbar besonders hingezogen fühlt: ein *Stabat mater* (D 175) in g-Moll für Chor (von den 20 Strophen der mittelalterlichen Passions-Sequenz hat Schubert jedoch nur die ersten vier vertont) und ein *Salve Regina in F-Dur* (D 223), liedhaft und virtuos zugleich, offenbar ebenso wie das als virtuose Dacapo-Arie gestaltete *Offertorium »Totus in corde langueo«* (D 136) für Therese Grob geschrieben.

An Ende des Jahres schreibt Schubert dann wieder eine größere *Messe*, in *B-Dur* (D 324). Sie ist, obwohl ebenfalls keine »feierliche Messe«, bedeutend umfangreicher als die in G-Dur und verlangt einen größeren Orchesterapparat (außer den auch dort geforderten Instrumenten noch 2 Oboen, 2 Fagotte, Trompeten und Pauken). Die »prächtig« wirkende Messe (ungewöhnlich ist das streng imitierend, wie eine Folge von zwei zunächst jeweils auf dem Grundton, dann in der Quinte einsetzenden Kanons gesetzte »Cum Sancto Spiritu« im Gloria) fand schnell vergleichsweise große Verbreitung – bezeichnend dafür ist ein Bericht Ferdinand Schuberts über seinen Besuch in Hainburg (Niederösterreich) im Oktober 1824. Er lernte dort den Regens Chori der Stadtpfarrkirche kennen, und dieser lud ihn zum Besuch des nächsten Sonntags-Gottes- dienstes ein: »Als ich ihn fragte«, so schreibt Ferdinand dem Bruder, »was für eine Messe er machen werde, antwortete er: ›Eine sehr schöne, von einem bekannten und berühmten Tonsetzer, – nur fällt mir sein Name nicht gleich ein‹. – Und nun, was war es für eine Messe? . . . die B=Messe von – – Dir!« (Dok., S. 260). Wenn aber eine solche Auffüh- rung für beide Brüder überraschend war, dann dürfte das Stimmenma- terial der erst 1837 im Druck erschienenen Messe zumindest in Nieder- österreich von Ort zu Ort gegangen sein.

Wie gern Schuberts an den Bedürfnissen der Praxis orientierte kleinere Messen von den Kirchenchören angenommen wurden, zeigt schließlich auch die Rezeption der *C-Dur-Messe* (D 452). Diese, entstanden in den Monaten Juni/Juli 1816, war zunächst ausdrücklich für vier Solisten und Chor, aber nur für das Wiener »Kirchen-Trio« (s. S. 198, diesmal tat- sächlich auch ohne Viola) geschrieben. Sie war dem Regens Chori von Lichtental, Michael Holzer, gewidmet (ihre Bestimmung ist daher, anders als für die Messen in G und B, zweifelsfrei dokumentiert). Für spätere Aufführungen erfuhr das in seinen Ausmaßen der G-Dur-Messe entsprechende Werk (mit einem ariosen, sicher für Therese Grob bestimmten Benedictus für Solo-Sopran) verschiedene Erweiterungen: zunächst zusätzliche Stimmen für Trompeten und Pauken (die diesmal Schubert selbst in das Autograph eingetragen hat), dann (anläßlich einer Aufführung am 8. September 1825) weitere Stimmen für 2 Oboen oder Klarinetten (möglicherweise wechselte der Spieler die Instrumente von Satz zu Satz). Für diese Aufführung von 1825 brachten die Verleger Diabelli & Co. eine gedruckte Ausgabe heraus (op. 48); die Verbreitung auch dieser Messe war damit gesichert. Wie groß die Nachfrage dann tatsächlich gewesen sein dürfte, zeigt eine ergänzende Ausgabe, die knapp ein Jahr nach Schuberts Tod wiederum bei Diabelli erschienen ist: Für Kirchengemeinden, denen ein Solo-Sopran wie Therese Grob nicht zur Verfügung stand, hatte Schubert im Oktober 1828 – vom Verlag angekündigt als »letzte Arbeit des Verfassers« – ein neues, nun für vierstimmigen Chor gesetztes Benedictus geschrieben.
Die Diabelli-Ausgabe der C-Dur-Messe weist uns im übrigen noch auf einen weiteren, heute meist vergessenen Umstand hin. Schubert hat seine kleineren Messen in der Regel nicht für sich aufführen lassen, sondern ihnen kleinere liturgische Werke hinzugefügt, die er freilich selten neu komponierte, sondern aus seinem Fundus zusammenstellte.

In der Verlagsankündigung der Messe op. 48, erschienen am 6. September 1825 in der Wiener *Allgemeinen Theaterzeitung*, heißt es: »Den 8. September, als am Feste Maria Geburt, wird in der Kirche zu St. Ulrich am Platzl von einer Gesellschaft Musikfreunde um 10 Uhr eine neue Messe nebst Tantum ergo [D 739, erschienen als op. 45], Graduale [das *Offertorium* D 136, erschienen als op. 46] und Offertorium [das *Salve Regina* D 223, erschienen als op. 47] von dem genialen Tonsetzer, Hrn. Franz Schubert, aufgeführt . . . Selbe Messe samt Tantum ergo und Offertorium ist bereits gestochen« (Dok., S. 312).

Das Jahr 1816, das Jahr der C-Dur-Messe, zeigt uns Schubert freilich bereits auch auf neuen Wegen, die für ihn als Kirchenkomponisten zunehmend Bedeutung erlangen sollten: Er schreibt liturgische Musik auf deutsche Texte. Am 21. Februar entsteht ein *Deutsches Salve Regina* (»Sei, Mutter der Barmherzigkeit, sei, Königin, gegrüßet«, D 379) in schlichtem Satz für vierstimmigen Chor und Orgel; eine Woche später beginnt Schubert mit der Vertonung der Klopstockschen Paraphrase des *Stabat mater* (D 383) für Soli, Chor und Orchester, vergleichsweise breit ausgeführt nach Art eines kleinen Oratoriums. Schubert hat sich dabei vermutlich von dem berühmten *Stabat mater* des Giovanni Battista Pergolesi (1736) anregen lassen (darauf deutet bereits die Satzfolge, insbesondere die Stellung der zwei Fugen), und zwar in der Bearbeitung von Johann Adam Hiller (1774/76); dieser hatte bereits den Text der lateinischen Sequenz durch Klopstocks deutsche Fassung ersetzt, von ihm hatte Schubert offenbar den Wortlaut des Textes übernommen. Wahrscheinlich war das Werk für die Karwoche 1816 bestimmt – von einer Aufführung ist jedoch nichts bekannt; vielleicht war es für Lichtentaler Verhältnisse zu anspruchsvoll. Der Komponist dürfte es (anders als die Mehrzahl seiner größeren Jugendwerke) auch später geschätzt haben; während seines Aufenthaltes in Gmunden 1825 hat er für den Kaufmann Traweger, bei dem er eine Zeitlang gewohnt hat, wohl selbst einen Klavierauszug davon angefertigt.
Schuberts Komposition folgt dem Text in seiner grundsätzlichen Disposition (Strophe 1: Motto; Strophe 2–9 freie Paraphrase der Sequenz; Strophe 10–16: Kommentar) und in seiner Zielrichtung: Das Werk beschreibt einen Prozeß, den Weg der Erlösung durch Mitleiden. Nicht um die »mater dolorosa« geht es hier, sondern um Jesus am Kreuz, um sein Leiden und seinen Tod, dann aber um alle, die durch Mitleiden zu seinen Brüdern werden. Der erste Teil (Nr. 1–7) führt den Hörer vom Bild des Kreuzes (in der ersten Nummer auch musikalisch

nachgezeichnet) zu dem der Vollendung: »Erben sollen wir am Throne«
(musikalisch dargestellt durch eine bekräftigende Fuge). Der zweite
Teil (Nr. 8–12) geht den Weg noch einmal; er beginnt mit einer Baßarie
(»Sohn des Vaters, aber leiden, leiden müssen deine Brüder, eh' sie
droben an dem Throne, eh' sie mit dir Erben sind«) und mündet abermals in eine Fuge (»Amen«, anfangs in ruhigen Halben schreitend, dann
allmählich eilend, der Erlösung, dem »Throne« entgegen). Daß Schubert für sein großes *Stabat mater* nach dem kleinen lateinischen von
1815 nun Klopstocks deutschen, zugleich ausgeprägt protestantischen
Text wählt, ist bedenkenswert: Zentrale Schubertsche Themen sind
da angesprochen: Nicht nur Tod und Erlösung, sondern auch der
»Mensch« Jesus, dessen Brüder wir sind und dessen Leiden wir teilen.
Es ist Schuberts erstes kirchenmusikalisches Werk mit offenbarem
Bekenntnischarakter.

Die späten Messen. Kirchenmusik als Bekenntnis-Musik

Am 25. Januar 1827 lud Schuberts Freund Ferdinand Walcher den
Komponisten zu einem Konzert ein, auf dem dessen Männerquartett
mit Tenor-Solo *Nachthelle* (D 892) gesungen werden sollte. Die Einladung, scherzhaft formuliert, ist ungewöhnlich: »Credo in unum
Deum«, heißt es da zu Beginn (und die Worte sind zu den Noten des
gregorianischen Credos gesetzt), doch Walcher fährt fort: »Du nicht,
das weiß ich wohl, aber das wirst du glauben, daß Tietze heute abend
beim Vereine deine ›Nachthelle‹ singen wird« (Dok., S. 403). Ton und
Wortlaut des Billetts lassen keinen Zweifel: In dieser Weise konnte auch
ein enger Freund Schuberts nur dann an ihn schreiben, wenn der Einladung etwa eine Diskussion über Glaubensfragen vorausgegangen und
wenn er sich ganz sicher war, daß Schubert wirklich nicht »glaubte«,
wenigstens nicht im Sinne des Glaubensbekenntnisses.
Wie verträgt sich nun aber eine solche Aussage mit der Tatsache, daß
Schubert in seinen letzten Jahren zwei große, engagierte Messen und
daneben mehrere kleinere Kirchenkompositionen, auch streng liturgischer Art, geschrieben hat? – von freien geistlichen Werken (man denke
da etwa an die im März 1828 entstandene Kantate für Solo-Sopran und
Chor mit Klavierbegleitung *Mirjams Siegesgesang*, D 942) ganz abge-

sehen. Aus nur wenig früherer Zeit liest sich in Schuberts Briefen ja
manches auch etwas anders. Da schreibt der Komponist etwa im Juli
1825 aus Steyr an seine Eltern: »Auch wunderte man sich sehr über
meine Frömmigkeit, die ich in einer Hymne an die heil. Jungfrau ausge-
drückt habe [gemeint ist das berühmte *Ave Maria*, d. h. *Ellens Gesang
III* (D 839) aus den Scott-Liedern op. 52, s. S. 121 ff.], und, wie es
scheint, alle Gemüter ergreift und zur Andacht stimmt. Ich glaube, das
kommt daher, weil ich mich zur Andacht nie forciere, und, außer wenn
ich von ihr unwillkürlich übermannt werde, nie dergleichen Hymnen
oder Gebete komponiere, dann aber ist sie auch gewöhnlich die rechte
und wahre Andacht« (Dok., S. 299). Die Sätze sind genau zu lesen: Man
»wunderte« sich, heißt es da, über Schuberts Frömmigkeit, hatte sie
also nicht erwartet, und der Komponist selbst wurde von Andacht
»unwillkürlich übermannt«. Schubert war, so scheint es, im Sommer
1825 sicher religiös und wohl auch »fromm«, wenn man darunter – im
Sinne der Romantiker – eine Gefühlshaltung versteht; solche Frömmigkeit und Religiosität sind an kirchliche Dogmen nicht gebunden,
ebensowenig wie daraus erwachsende Kirchenmusik an kirchlich-litur-
gische Regeln. Ein durch irgendwelche Gremien – und sei dies auch ein
formelles Konzil – beschlossenes Bekenntnis lehnt Schubert ab, insofern gilt das »Credo in unum Deum« für ihn nicht. Glaube ist ihm etwas
ganz Persönliches, Privates; er konstituiert gleichsam die einzelne Person – und jede hat daraus zudem die eigenen Schlüsse zu ziehen: »Mit
dem Glauben«, so notiert Schubert in seinem Tagebuch vom März
1824, »tritt der Mensch in die Welt, er kommt vor Verstand und Kenntnissen weit voraus; denn um etwas zu verstehen, muß ich vorher etwas
glauben; er ist die höhere Basis, auf welche der schwache Verstand
seinen ersten Beweispfeiler aufpflanzt. Verstand ist nichts als ein analy-
sierter Glaube.« (Dok., S. 233.)
Schuberts Kirchenmusik in den Jahren 1818 bis 1828 ist gleichwohl
nicht nur persönliche Bekenntnismusik – sie ist zu einem gewissen Teil
auch Musik für seinen Bruder Ferdinand. Dieser war bereits seit 1810
als Lehr-Gehilfe am Wiener Waisenhaus tätig; an der angeschlossenen
Normal-Hauptschule war er dann seit 1816 »wirklicher Lehrer« und
hatte sich dort auch um die musikalische Ausbildung der Schüler zu
kümmern. So wurde er, wie er in seiner Autobiographie schreibt, »von
dem hochwürdigen Herrn Joh. Geo. Fallstich, damals Vize-Direktor
des k. k. Waisenhauses, ersucht, eine Trauermesse in Musik zu setzen«.
Der Bruder Franz schrieb ihm daraufhin das *Deutsche Requiem* (D 621;
»es ist Nachts halb 12 Uhr, und fertig ist Deine Trauermesse«, liest man

in Schuberts Brief an Ferdinand vom 24. August 1818, Dok., S. 63); dieser gab es als seine eigene Komposition aus und widmete sie dem Vizedirektor Fallstich – was der Bruder ihm nicht übelnahm (»Die Sünde der Zueignung war Dir schon im ersten Brief verziehen«; Brief an Ferdinand vom 29. Oktober 1818, Dok., S. 74). Er schrieb ihm vielmehr für dessen Schüler Anfang 1820 noch *Sechs Antiphonen zum Palmsonntag* (D 696), und auch die ganz ähnlich gesetzte *Deutsche Messe* von 1827 (D 872) ist letztlich wohl in diesem Zusammenhang zu denken.

Kirchenmusik 1818–1828

Deutsch-Nummer	Titel	Entstehungszeit
621	Deutsches Requiem in g (Text: F. Schmid)	Aug. 1818
676	Salve Regina in A, op. post. 153	Nov. 1819
678	Messe in As (2 Fassungen)	Nov. 1819 – Sept. 1822 (1. Fassung), 1825/26 (2. Fassung)
696	Sechs Antiphonen zum Palmsonntag, op. post. 113	zum 26. 3. 1820
730	Tantum ergo in B	16. 8. 1821
750	Tantum ergo in D	20. 3. 1822
755	Kyrie für eine Messe in a (Fragment)	Mai 1822
811	Salve Regina in C, op. post. 149	April 1824
872	Deutsche Messe in F (2 Fassungen; Text J. Ph. Neumann)	Sommer/Frühherbst 1827
948	Hymnus an den heiligen Geist (»Komm, heil'ger Geist«), op. post. 154 (2 Fassungen; Text: A. Schmidl)	Mai 1828
950	Messe in Es	begonnen Juni 1828
962	Tantum ergo in Es	Okt. 1828
963	Tenor-Arie mit Chor (»Intende voci«)	Okt. 1828

Offensichtlich unabhängig von jeglicher Vorgabe von außen entstand Schuberts fünfte, auf dem Titelblatt ausdrücklich als »Missa solemnis« bezeichnete *Messe*, die in *As-Dur* (D 678). Dafür spricht bereits die lange Entstehungszeit: Im November 1819 hatte er mit dem Entwurf zum Kyrie begonnen, arbeitete es aber erst im Frühjahr 1820 aus, skizzierte dann vermutlich das Gloria und Credo, vielleicht auch das Sanctus, und schrieb das Agnus Dei schließlich wohl im Spätsommer 1822. Ein präziser Auftrag kann da kaum vorgelegen haben. Eine vermutlich für das Frühjahr 1823 geplante erste Aufführung ist gleichwohl sicher bis zu den Proben gediehen; darauf deutet die Anfertigung von Stimmenmaterial in der Zeit zwischen Oktober 1822 und Februar 1823. Ob diese Aufführung dann auch wirklich stattgefunden hat, ist jedoch nicht mit Sicherheit zu sagen. Anders als in den früheren Messen hat Schubert auf die Ausführbarkeit seiner Gedanken nämlich wenig Rücksicht genommen; Chor und Orchester waren überfordert. So hat Schubert gut zwei Jahre später das ganze Werk revidiert – vermutlich im Zusammenhang mit seiner Bewerbung um die Vizehofkapellmeister-Stelle vom 7. April 1826. Dazu setzte er ganze Partien neu, die für den Chor zu hoch lagen, schrieb schwierige Streicherpassagen um und ersetzte vor allem die ursprünglich recht frei gestaltete Schlußfuge für das Gloria durch eine neue, die seiner inzwischen veränderten Vorstellung von der Fugenkomposition besser entsprach.

Messe in As-Dur (D 678)

(Missa solemnis)

Kyrie (Andante con moto, As-Dur) – Gloria (Allegro maestoso e vivace, E-Dur) – Credo (Allegro maestoso e vivace, C-Dur) – Sanctus (Andante/Allegro, F-Dur) – Benedictus (Andante con moto, As-Dur) – Agnus Dei / Dona nobis pacem (Adagio/ Allegretto, f-Moll/As-Dur).

B: Sopr., Alt, Ten., Baß, Chor. – Fl., 2 Ob., 2 Kl., 2 Fg.; 2 Hrn., 2 Trp., 3 Pos.; Pk.; Streicher; Org.
D: 1. Fassung: November 1819 – September 1822 (lt. autographer Partitur); 2. Fassung: Ende 1825 / Anfang 1826 (erschlossen). – AGA XIII/2,5; NGA I/3.

Zur Überlieferung: Beide Fassungen sind im wesentlichen in derselben autographen Partitur überliefert; bei der Revision hat Schubert durch Streichungen, Zusätze und Überschreibungen die neue Fassung in die alte eingetragen. Nur die erste Fassung der Fuge »Cum Sancto Spiritu« am Ende des Glorias hat er aus dem Autograph entfernt und durch die neue ersetzt. Die frühere Fassung hat sich in einer vollständigen Abschrift dieser Fassung erhalten, die Ferdinand Schubert wohl für die geplante Aufführung (s. S. 204) angefertigt hat. Auf diese Aufführung deuten Reste des Stimmenmaterials: Eine autographe Orgelstimme, Ergänzungsblätter zu den Fagottstimmen, einzelne Blätter der Chorstimmen. Auf Entwürfe, die der ersten Fassung noch vorausgehen, deuten einzelne weitere Blätter. Separat überliefert ist endlich auch eine Alternativfassung zum »Osanna« aus dem Sanctus (Allegro moderato und ¼-Takt statt Allegro und ⁶⁄₈-Takt).

Zur Komposition: Schubert hat die Messe hochgeschätzt: Er hat sie nicht nur in seinem Brief an Schott vom 21. Februar 1828 zum Höchsten seiner Kunst gezählt (s. S. 15), er hatte auch bereits am 7. Dezember 1822, nach Beendigung der ersten Fassung, in einem Brief an Josef von Spaun angekündigt: »Meine Messe ist geendiget . . ., ich habe noch die Idee, sie dem Kaiser oder der Kaiserin zu weihen, da ich sie für gelungen halte« (Dok., S. 173). Eine Widmung trägt die Messe dann freilich nicht, doch hat Schubert mit ihr – in der zweiten Fassung – drei Jahre später wohl seiner Bewerbung um die vakante Stelle des Vizehofkapellmeisters Nachdruck verleihen wollen; er übergab sie dem Hofkapellmeister Josef Eybler zur Aufführung, doch hat dieser sie Schubert zurückgegeben, vermutlich weil sie, wie Kreißle berichtet, nicht »in dem Stil komponiert« war, den der Kaiser liebte: Dieser wünschte sich Messen, die »kurz, nicht schwer auszuführen« waren (Kreißle, S. 380). Auch bei einer Bewerbung also ist Schubert keine Kompromisse eingegangen. Ihm war es darum zu tun, seine Kunstfertigkeit, seinen »Verstand für Musik« zu beweisen, zugleich aber auch eine Botschaft zu vermitteln, seinen »Schmerz« zu bekennen (s. S. 9).

Beides zeigt sich bereits in der Wahl der Tonarten. Nicht das herkömmliche Quintverhältnis – wonach auf einen Satz in As-Dur ein zweiter in Es-Dur oder Des-Dur folgen kann – bestimmt die Ordnung dieser Messe, sondern das neue, von Beethoven vielfach benutzte, erst von Schubert aber zum Prinzip erhobene System der Terzverhältnisse (das freilich das tonale Zentrum vielfach in Frage stellt). In dieser Messe steht zunächst die Tonart jedes Satzes eine große Terz tiefer als die des vorangehenden. Auf das Kyrie in As-Dur folgt das Gloria in E-Dur (eigentlich Fes-Dur, aber in dieser Tonart hätte Schubert den Satz nicht notieren können), darauf das Credo in C-Dur. Erst das Sanctus unterbricht diese Folge: Schubert kehrt noch nicht nach As-Dur zurück; er schiebt einen Satz in F-Dur ein, der zugleich auf den ersten Teil des Agnus Dei verweist (der in f-Moll steht: Moll-Parallele zu As-Dur, der Tonart des Benedictus und des abschließenden »Dona nobis pacem«). Dieses As-Dur aber hat einen spezifischen Affekt. Gustav Schilling beschreibt ihn als »frommen Sinn; auf den Wellen ihrer Klänge scheinen Geist und Seele sich hinüber zu schaukeln in die Heimat himmlischer und geistiger Wesen . . ., aber auch Gräberton: Tod, Grab, Verwesung, Gericht, die Ewigkeit mit all ihren Geheimnissen, liegen in ihrem Umfange«. Frommer Sinn, der sich ableitet aus der Erwartung von Grab, Tod und einer künftigen besseren Welt – ist das Schuberts Botschaft?

Nach alter Tradition – und so auch in den früheren Messen Schuberts – gliedert sich das Kyrie in den dreifachen Anruf »Kyrie eleison, Christe eleison, Kyrie eleison«, als Sinnbild der Trinität. In Schuberts As-Dur-Messe ist das Kyrie hingegen fünfteilig: Das »Christe eleison« wird wiederholt, und ein drittes »Kyrie eleison« beschließt den Satz. Die liturgische Ordnung muß bereits im ersten Satz dem Ausdruckswillen des Komponisten weichen. Daß es sich hier um eine sorgfältig erwogene Konzeption handelt, zeigt das Manuskript. Schubert hatte den fünfteiligen Satz zunächst, wohl aufgrund liturgischer Skrupel, durch Streichung des zweiten »Christe« normalisiert, diese Normalisierung aber noch in der ersten Fassung der Messe wieder rückgängig gemacht. Die Gründe dafür liegen wahrscheinlich in der Natur des »Christe«-Teils. Die drei »Kyrie«-Abschnitte nämlich entsprechen der Tonart der ganzen Messe in Schillings Beschreibung; sie vermitteln den Eindruck einer unbestimmten, in der Faktur völlig unbefestigten Suche nach Vollkommenheit. Im »Christe« hingegen wendet sich der Mensch (das Solistenquartett) in prononcierten Hilferufen an Jesus, den vollkommenen Menschen (»die vollendetste Schöpfung des großen Gottes« nennt Schubert Jesus in einem Brief an den Bruder Ferdinand vom 21. September 1825; Dok., S. 320). Wohl damit es deutlich werde, daß es Schubert nicht um die Trinität, daß es ihm vielmehr um die Widersprüche von ersehnter Vollkommenheit und Wirklichkeit geht, wiederholt er das »Christe«.

Den zweiten Satz, das G l o r i a, gestaltet Schubert fünfteilig, wie bereits in der F-Dur-Messe (s. S. 195 f.). Den aus zahlreichen Textpartikeln zusammengesetzten ersten Abschnitt, die eigentliche Lobpreisung, lebhaft jubelnd und zugleich doch auch feierlich deklamierend, bindet er durch einheitliche Orchesterfiguren und schließt ihn – wieder wie in der F-Dur-Messe – durch Wiederholung des Eingangsteiles ab. Es folgt die Danksagung, das »Gratias agimus tibi« (zweiter Abschnitt), ein lyrisch gehaltener Satz, dessen Eingangsteil den Solisten anvertraut ist, denen der Chor mit kräftigen kontrastierenden Figuren antwortet. Dem nun folgenden, dritten Abschnitt, dem »Domine Deus, Agnus Dei, qui tollis peccata mundi, miserere nobis« widmet Schubert in all seinen Meßkompositionen besondere Aufmerksamkeit. Hier ändert er den Text so, daß er wie eine Vorwegnahme des Agnus Dei erscheint. Er gestaltet ihn als dreifachen Anruf, jeweils vom Solisten vorgetragen, auf den der ganze Chor mit dem »miserere nobis« antwortet. Dann folgt als vierter, vermittelnder Abschnitt eine großangelegte Steigerung »Quoniam tu solus Sanctus«, die schließlich in den fünften, die Chorfuge »Cum Sancto Spiritu« mündet.

Für Schubert, der sich mit seiner Messe ja auch als Künstler ausweisen wollte, steht diese Fuge fraglos im Zentrum seiner handwerklich-musikalischen Arbeit an dem Werk. Er hat sie mindestens dreimal komponiert. Von der frühesten Fassung sind nur der Beginn und die 18 Schlußtakte überliefert; das übrige hat Schubert wahrscheinlich vernichtet; das Thema, die Konzeption waren ihm wohl nicht vokal genug. Die zweite Fassung – vollständig überliefert mit der ersten Fassung der ganzen Messe – erscheint dann zwar vokal, zugleich aber auch in Schuberts Sinne »modern«. Das Thema ist achttaktig, von fast »klassischer« Prägung. Es wird regelmäßig durchgeführt; aufgrund seiner Struktur aber, und weil der Komponist im Verlauf der Fuge die Aufmerksamkeit des Hörers nicht selten eher auf klangliche denn auf linear-kontrapunktische Momente lenkt, bemerkt nur der Kenner in dem Satz auch eine wirkliche Fuge. Dies wäre sicherlich für das Gloria ein adäquater Abschluß gewesen – aber Schubert, der wußte, daß der Kaiser »Wert auf gehörig durchgeführte Fugen« legte, war mit der Fuge so noch nicht zufrieden. Er entfernte sie aus dem Manuskript und komponierte eine dritte. Deren Thema ist wiederum vokal erfunden, diesmal sechstaktig, und vermeidet klassische Periodik. Überdies beantwortet Schubert es zum erstenmal »tonal« und vermeidet so die für seine Fugen (auch noch für die zweite Fassung dieser Messe) bisher bezeichnende tonale Instabilität in der Themenexposition. Der Ablauf der Fuge entspricht im übrigen dem uns bereits aus der F-Dur-Messe bekannten Modell.

Das Credo folgt dem ebenfalls bereits aus der F-Dur-Messe vertrauten Typus der »Credo-Messe«; dabei ist die vielfache Wiederholung des Wortes »credo« durch wiederkehrende Bläser-Fanfaren sowie gleichsam leitmotivisch wirkende Modulationsfiguren und abschließende, bestätigende Kadenzformeln des Chores unterstützt. Es ist ein Satz klarer, ungebrochener Aussagen – wobei dann freilich um so auffälliger wird, welche Sätze des Glaubensbekenntnisses Schubert nun, in seiner ersten »Bekenntnismesse« ausläßt: Es fehlt nicht nur der auf die Kirche bezogene Glaubenssatz, es fehlen auch: »Patrem omnipotentem«, »Genitum, non factum, consubstantialem Patri« und »Et exspecto resurrectionem«. So entsteht zwar kein in sich logisch-konsequentes, persönlich Schubertsches Glaubensbekenntnis, aber eines, das zeigt, wo die Gründe dafür liegen mögen, daß Ferdinand Walcher später schreiben kann: »Credo in unum Deum – Du nicht, das weiß ich wohl« (s. S. 201). Bedeutsam ist in diesem Zusammenhang, wie sehr Schubert den Mittelteil des Credo betont, der von Jesu Menschsein handelt, von seiner Geburt und seinem Sterben. Nicht zufällig setzt er ihn wieder in As-Dur. Der Chor ist geteilt; er singt achtstimmig und in einem für Schubert ganz ungewöhnlichen ½-Takt. Dabei ist das »et homo factus est« durch expressive chromatische Fortschreitungen und harte dissonante Vorhaltsbildungen herausgehoben, während das anschließende »Crucifixus« unter dem durch die Notenzeichen graphisch nachgebildeten Kreuzzeichen steht (s. Bsp. 30).

Persönliches Bekenntnis ist auch das Sanctus. Aber nicht Klage und Leid, der »Gräberton As-Dur«, stimmen hier den Komponisten »zur Andacht« – es ist der Begriff der Heiligkeit und der darin beschlossenen Unendlichkeit, der ihn erschauern läßt. Seine Tonsprache ist daher eigentümlich gespannt: Die uns aus der F-Dur-Messe vertrauten vibrierenden Streicher-Tremoli verbinden sich mit hochgespannten übermäßigen Akkorden und bewirken unerwartete chromatische Fortschreitungen, die durch Unterterz-Rückungen aufgefangen werden und doch das tonale Gefüge nicht zu sichern vermögen (F-Dur – fis-Moll, dann D-Dur – es-Moll, dann Ces-Dur – c-Moll).

Das Benedictus, nach Schuberts Gewohnheit kantabel, den Solisten anvertraut, auf die der Chor bestätigend antwortet, wendet sich wieder an den Menschen, an den, der kommt »im Namen des Herrn«; es weist in manchem auf das Kyrie zurück (Tempo, Tonart, Taktart, Diktion) und setzt sich doch auch wie-

Bsp. 30

der davon ab: in einer durchlaufenden Achtelbewegung der Streicher, die in
seltsamem Kontrast steht zu den ruhigen Halben der Sänger. Erwartung stellt
sich ein. Auf das »Benedictus« folgt die Kreuzigung, das A g n u s D e i. Dieser
Satz beginnt in der parallelen Molltonart zu As-Dur, in f-Moll (Tonart der
»grabverlangenden Sehnsucht«). Die Solisten klagen »Agnus Dei, qui tollis peccata mundi«, und der Chor antwortet in tiefer Lage, wie rezitierend, mit der
Bitte um Erbarmen, während die Streicher dazu (die Bässe in der ursprünglichen
Tonfolge, die Violinen in der Umkehrung) das »Agnus Dei« der Solisten zitieren. Der Hörer erinnert sich des Mittelteils im Gloria. Auf die dritte Klage
antwortet der Chor dann mit der Bitte um Frieden: »Dona nobis pacem«. Wieder verweisen Tonart, Tempo und Taktart auf das Kyrie. Die Solisten tragen ihre
Bitte in ruhigen Halben vor, doch die Violinen brechen die Linie auf, nehmen ihr
die Ruhe und setzen schließlich zu dem Wort »pacem« eine gleichsam stol-
pernde, ausdrücklich mit einem Akzent versehene Synkope (s. Bsp. 31).
Die verborgene Erregung führt dann zu einem unvermuteten Ausbruch: Auf die
Solisten antworten Chor und Orchester im Fortissimo, wieder unter starker
Betonung der Synkope »pacem«. Der Wechsel von Solo und Tutti, von p und f
wird immer enger; dann bricht der Satz ab und beginnt von neuem. Wieder

verdichten sich die Einwürfe von Solo und Chor, bis gegen Ende des Satzes die Synkope sich verschiebt, von »pacem« auf »dona«. Es scheint, als vermöge Schubert an Frieden nicht zu glauben.

Bsp. 31

Im Sommer 1828 wandten sich – so ist zu vermuten – spätere Mitglieder eines damals erst in der Aufbauphase befindlichen Vereins zur Pflege der Kirchenmusik an Schubert mit der Bitte um die Komposition einer Messe, die in der Dreifaltigkeitskirche der Wiener Alser-Vorstadt gesungen werden sollte. Der Komponist kam der Bitte sofort nach und begann im Juni des Jahres mit der Arbeit an dem Werk, der *Messe in Es* (D 950). Ihre Aufführung hat er nicht mehr erlebt, wohl auch nicht mehr den Beginn der Proben. Erst zur Feier des einjährigen Bestehens des Vereins am 4. Oktober 1829 wurde sie aufgeführt, unter der Leitung des Bruders Ferdinand, der der Kirchengemeinde im Alsergrund eng verbunden war. Vermutlich hat sich Schubert übrigens nicht auf die Komposition der Messe selbst beschränkt: Drei weitere, aufwendig für Chor und großes Orchester gesetzte kirchenmusikalische Werke vom Oktober 1828 lassen annehmen, daß er an ein größeres Projekt dachte, wobei vermutlich zumindest die Messe und das *Tantum ergo in Es* (D 962) für denselben Gottesdienst bestimmt waren: Das *Tantum ergo* verlangt dieselbe große Besetzung wie die Messe selbst – kaum vorstellbar für ein selbständiges Werk so knapper Dimension. Auch in der Komposition lassen sich innere Bezüge zum Agnus Dei (genauer: zum »Dona nobis pacem«) der Messe ausmachen. Immerhin zielt das *Tantum ergo* (die letzten beiden Strophen des Kreuzeshymnus »Pange lingua«, gesungen vor dem eucharistischen Segen) bereits von der liturgischen Position her auf diesen Meßsatz. Weniger sicher ist der Zusammenhang mit der *Tenor-Arie »Intende voci«* (D 963), bekannt auch unter dem Titel »Offertorium« (der Text – Psalm 5,2 – steht als Offertorium im Meßtext vom Freitag nach dem 3. Fastensonntag). Sie schließt im Autograph unmittelbar an, ist aber als freie Arie konzipiert. Der *Hymnus an den heiligen Geist* (D 948) endlich, entworfen bereits im Mai 1828, im Oktober lediglich instrumentiert (für Holz- und Blechbläser, ohne Streicher), mag zwar auch für den Kirchenmusik-Verein, kaum aber für den Vortrag im Gottesdienst bestimmt gewesen sein: Der freie geistliche Text spricht ebenso dagegen wie die von den beiden anderen Kompositionen völlig abweichende Instrumentation.

Messe in Es-Dur (D 950)

Kyrie (Andante con moto, quasi Allegretto, Es-Dur) – Gloria (Allegro moderato e maestoso, B-Dur) – Credo (Moderato, Es-Dur) – Sanctus (Adagio, Es-Dur) – Benedictus (Andante, As-Dur) – Agnus Dei / Dona nobis pacem (Andante con moto / Andante, c-Moll/Es-Dur).

B: Sopr., Alt, 2 Ten., Baß, Chor. – 2 Ob., 2 Kl., 2 Fg.; 2 Hrn., 3 Trp., 3 Pos.; Pk.; Streicher.

D: Beginn der Komposition Juni 1828 (lt. autographer Partitur). – AGA XIII/2,6; NGA I/4.

In ihrer Konzeption erinnert die Messe an die frühere in As-Dur. Wie bei dieser handelt es sich um eine »Missa solemnis«, auch wenn dies hier auf dem Titelblatt des Autographs nicht eigens vermerkt ist. Wie in der As-Dur-Messe verlangt Schubert Solisten, Chor und sinfonisches Orchester, wie dort lassen sich Züge einer »Bekenntnismesse« erkennen. In manchem freilich erscheint die neue Messe wie eine Rückwendung hin zu tradierten Modellen. Die Tonartenfolge orientiert sich wieder an den herkömmlichen Quintbeziehungen. Es-Dur ist das Zentrum, daneben findet sich die Oberquinte B-Dur (Gloria), die Unterquinte As-Dur (Benedictus) und die parallele Molltonart c-Moll (Agnus Dei, erster Teil). Das Orchester verzichtet (wie das in Schuberts Kirchenmusik sonst die Regel ist) auf die Flöte – freilich wohl auch auf die Mitwirkung der Orgel, für die Schubert im Kyrie der As-Dur-Messe noch eine Stimme selbst ausgesetzt hatte. Der Chor steht im Vordergrund; selbst gegenüber seinen frühen Messen verliert der Part der Solisten an Bedeutung (dabei mag sich Schubert allerdings an Wünsche der Auftraggeber gehalten haben). Schließlich deutet die Wahl der Grundtonart selbst – vielleicht nur scheinbar, wie zu zeigen ist – auf ein weniger gebrochenes Verhältnis zur Meßkomposition. Nicht Grab und Tod klingen da an, sondern »der Ton der Liebe, der Andacht, des traulichen Gesprächs mit Gott, durch seine drei B die heilige Trias ausdrückend« (Schubart).

Im Kyrie kehrt Schubert zur traditionellen Dreiteiligkeit zurück. Er sieht auf Knappheit und Einheitlichkeit: Auf den üblichen Wechsel von Chor und Solo verzichtet er (s. o.), der Chor aber deklamiert ruhig, bei aller frei schwingenden Melodik in gebundenem, homophonem Satz. Gebunden sind die Linien auch durch die Bewegung – zu Beginn des ersten sowie des zweiten »Kyrie« durch eine ostinate, als bedeutsam erkennbare Figur der Bässe (man erinnert sich ihrer, hört man das Baß-Ostinato zu Beginn des Agnus Dei), dann durch vorwärtsweisende Achtelfiguren der Violinen (Akzente auf dem 3. Viertel des ¾-Taktes), die sich im »Christe« in erregte Triolen verwandeln. Dieses »Christe« ist vom »Kyrie« abgesetzt, nicht wie sonst durch solistische Besetzung, wohl aber in der Diktion: kräftige Rufe bestimmen den Chorsatz, die sich in den dynamischen Zeichen spiegeln (cresc. – f – cresc. – ff: 1. und 2. Ruf; fz – fz – p – pp: 3. Ruf): Wieder wie in der As-Dur-Messe wendet sich der Mensch mit der Bitte um Erbarmen vor allem an Jesus, den Menschen.

Das Gloria folgt einem neuen Bauplan: es ist vier-, nicht fünfteilig. Dabei schließen sich die ersten drei Teile zu einem einheitlichen Satz zusammen, auf den dann als neuer Satz die große »Cum Sancto Spiritu«-Fuge folgt. – Den ersten Teil des eigentlichen Gloria bilden Lobpreisung und Danksagung gemeinsam: »Gloria in excelsis Deo« – auf eine festgefügte Intonation des unbegleiteten Chores folgt eine jubelnde Orchesterfanfare; später dominieren aus Kadenzformeln abgeleitete Figuren. Noch freier als sonst geht Schubert im folgenden, zweiten Teil mit dem überlieferten liturgischen Text um: »Domine Deus, Rex coelestis, gratias agimus tibi ...« heißt es nun bei ihm: Die Anrufungen des Vaters und des Sohnes sind in die Danksagung einbezogen. Dann kehrt das »Gloria in excelsis« wieder, mit ihm das jubelnde Orchester und die Kadenzfiguren. Es folgt eine Fermate.

In neuer Tonart (g-Moll) und neuem Tempo (Andante con moto) beginnt der Mittelteil: »Domine Deus, Agnus Dei, qui tollis peccata mundi, miserere nobis«. Die Textumstellungen haben Schubert die Möglichkeit gegeben, sich wieder ausschließlich an das »Lamm Gottes« zu wenden und zugleich abermals auf den letzten Satz der Messe vorauszuweisen. Das besondere Gewicht des Mittelteils prägt sich dabei in besonderer Setzweise aus: Schubert vertont den Text in dreifacher Brechung: Die Bläser (Fagott und Posaune zunächst) intonieren eine cantus-firmus-ähnliche Melodie in großen Notenwerten, die die vier Abschnitte des Mittelteils tonal determiniert. Diesen festen, unbeirrbaren Linien, aus denen die Welt des Gesetzes spricht, stellt Schubert durch eingestreute Pausen zerrissene, im Tremolo bebende Streicherakkorde entgegen, die menschliche Angst und Ungewißheit malen. Dazu fügt dann der Chor, zunächst nur zweistimmig, kurze, aber durch ungewöhnliche Tonschritte hochgespannte Rufe. Der vollstimmige Chor schließt dann, während das Orchester fast ganz aussetzt, im Pianissimo die eigentliche Bitte um Erbarmen an. Wieder eine Fermate. Die Textworte »Quoniam tu solus Sanctus« vertont Schubert diesmal nicht als eigenen Abschnitt; er setzt sie zur Musik des Anfangs – mit Orchesterfanfare und Kadenzfigur rundet er den Satz.

Die große Fuge »Cum Sancto Spiritu« schließt unmittelbar an. Besonders in seinem letzten Lebensjahr hat Schubert sich mit Techniken des »alten Stils«, mit Händel vor allem, auseinandergesetzt; noch im November 1828, zwei Wochen vor seinem Tode, nimmt er Unterricht bei dem berühmten Kontrapunktisten Simon Sechter (es ist freilich nur mehr zu einer einzigen Stunde gekommen) – so ist es nicht verwunderlich, daß die großen Fugen der Es-Dur-Messe die früheren an Kunstfertigkeit und innerem Anspruch überragen. In der das Gloria beschließenden Fuge zeigt sich dies in gesteigerter kontrapunktischer Dichte. Es geht um die Ausschöpfung der verschiedenen Aspekte der »Engführung«, des Ineinanderverschränkens der Themeneinsätze. In den einzelnen Durchführungen des Hauptthemas rücken diese Einsätze immer enger aneinander: erst im Abstand von zehn Takten, dann im Abstand von drei, von zwei Takten und schließlich – nach einer Generalpause wie in den übrigen großen Fugen Schuberts – von nur einem Takt. Dies ist dann an der herkömmlichen Stelle der Engführung in einer Fuge der kontrapunktische Höhepunkt.

Das Credo orientiert sich auch in Schuberts letzter Messe an dem Modell der »Credo-Messe«. Ähnlich der As-Dur-Messe gibt das »Credo in unum Deum« nicht nur den Ton an, es erscheint zudem als eine – diesmal erweiterte – Kadenz, als eine Formel, die allgemeine Zustimmung erheischt. Ein Paukenwirbel leitet sie ein und unterstreicht ihre Bedeutung. Um sie zu bekräftigen, wiederholt Schubert die Formel sogleich mit neuem Text (»factorem coeli et terrae«: das »Patrem omnipotentem« ist wie in der As-Dur-Messe ausgelassen; überhaupt entsprechen die Textänderungen im Credo durchweg denen der anderen großen »Bekenntnismesse« (s. S. 207). Die Kadenz, in der Regel verbunden mit dem Paukenwirbel, kehrt mehrfach wieder und beschließt auch den ersten Teil des Satzes, freilich chromatisch gebrochen; Schubert verbindet sie mit dem »Lamentobaß« (Es–D–Des–C–Ces–B): Die klare, affirmative Natur der Kadenzformel scheint in Frage gestellt. Der Mittelteil, das »Et incarnatus est«, ist wiederum in spezifisch Schubertscher Weise als besonders herausgehoben: Zum erstenmal ergreifen die Solisten das Wort: Die Menschen singen vom Menschen, jeder einzelne in seiner Individualität und dennoch gemeinsam: Sie singen einen Kanon. Es ist ein hymnischer Gesang, in neuem Metrum ($^{12}/_8$-Takt), in neuem Tempo (Andante), in neuer Tonart (As-Dur), die als »Gräberton« vorausweist auf Kreuz und Tod (s. Bsp. 32).

Auf den Kanon antwortet der Chor mit dem »Crucifixus«, in unterdrückter Leidenschaft (nur einmal wechselt er unvermittelt vom ppp zum fff). Der Kanon wird wiederholt und abermals das »Crucifixus«; es soll kein Zweifel bleiben, wie eng beide Abschnitte aufeinander bezogen sind. Dann kündigt ein Paukenwirbel die Wiederkehr der »Kadenzformel« an (unter dem Eindruck des Kreuz-Todes Christi sofort chromatisch gebrochen); der dritte Teil des Satzes nimmt Tempo und Tonart, vor allem aber die Diktion des ersten wieder auf und mündet in eine zweite große Fuge: »Et vitam venturi saeculi, amen«. Man erwartet von einer solchen Fuge Bestätigung – aber diese verweigert uns der Komponist. Wohl sind das Hauptthema wie seine erste Durchführung tonal eindeutig konzipiert, doch

Bsp. 32

ein Gegenthema, ein chromatisch absteigendes Vierton-Motiv, das die Lamento-
baß-Figur in Erinnerung ruft und sich zunächst nur mit dem »Amen« verbindet,
dann aber auf das »Et vitam venturi saeculi« übertragen wird, macht deutlich:
Nicht die Gewißheit des Glaubens, gar des ewigen Lebens, ist das Thema des
Satzes, sondern die Klage um den am Kreuz Gestorbenen.

Das Sanctus erinnert in seiner Faktur an das Modell der As-Dur-Messe: Auch
hier vibrierende Streichertremoli, mächtige Ausbrüche, tonale Irritationen, auch
hier der Schauer der Heiligkeit. Der Satz mündet in ein lebhaftes »Osanna«, eine
für Schubert ungewöhnlich knappe, jedoch voll ausgeführte Fuge (mit einer
verkürzten zweiten Durchführung des Themas und einer daraus abgeleiteten
Engführung). Dann folgt das Benedictus, ein kantables Andante, wie meist
bei Schubert den Solisten anvertraut, auf die der Chor in imitierend geführten
Sätzen antwortet.

Während in diesen Sätzen Kunstfertigkeit, »Verstand für Musik«, und Bekenntnis, der Ausdruck persönlichen »Schmerzes«, einander gleichsam kontrastiert
werden, verbindet sich beides in dem letzten Satz, dem Agnus Dei. Der erste
Teil, in c-Moll, stützt sich auf ein Vierton-Motiv C–H–Es–D, das ein Kreuzzeichen abbildet (Schubert verwendet es später noch einmal im *Doppelgänger* aus
dem *Schwanengesang*). Es ist in den Streichern (zunächst in den Bässen, dann
in den beiden Violinen) mit einem rhythmischen Ostinato verbunden; Schubert
verweist den Hörer auf das Kyrie. In den Singstimmen und den Bläsern wird
es breit als Fugato vorgetragen und mit einer expressiven Gegenstimme verbunden, gleichsam als wolle der Komponist in einer Art Doppelfuge mit dem Bild
des Gekreuzigten die schmerzliche Klage des leidenden Menschen verbinden
(s. Bsp. 33).

Erscheint so das Kreuz als Zeichen menschlichen Unfriedens (in seinem Brief
vom September 1825 kontrastiert Schubert die »vollendetste Schöpfung des großen Gottes« mit dem »grauenvollen Morden« des Krieges, s. S. 18), dann über-

Bsp. 33

rascht es uns nicht, wenn das »Dona nobis pacem« – ähnlich, aber deutlicher noch als in der As-Dur-Messe – zur verzweifelten Klage wird: Wieder geraten die anfangs gleichmäßig schreitenden Halben durch unerwartete Akzente ins »Stolpern«, wieder wächst »Erregung« durch den Wechsel von Chor und Solo, das immer engere Aufeinanderprallen von Forte und Piano. Und dann – vielleicht angeregt von Beethovens *Missa Solemnis* – wiederholt Schubert den ersten Teil, das »Agnus Dei«: Das Kreuz als Zeichen des Unfriedens kehrt damit wieder. Und im gleichen Pianissimo, in dem der Chor das »miserere nobis« gesungen hat, schließt dann noch einmal das »Dona nobis pacem« an. Das Dur dieses zweiten Teiles erscheint nun gebrochen, das Moll des »Agnus Dei« klingt immer von neuem an. Die letzten Takte endlich führen noch einmal in einen Ausbruch der Verzweiflung; dann verklingt der Satz in Resignation. Schubert vermag an Frieden nicht zu glauben – obwohl 1828, als die Messe in Es entstanden ist, seit 13 Jahren Frieden war in Österreich. Doch Metternichs Frieden war wohl nicht Schuberts Frieden. Nur scheinbar ist die Es-Dur-Messe konventioneller als die frühere in As-Dur – beide sind Zeugnisse seines »Schmerzes«, Dokumente der Heillosigkeit dieser Welt.

Orchestermusik

So sehr ich auch Schuberts Lieder schätze, so schätze
ich seine Instrumentalwerke doch noch höher.
Wenn alle seine Kompositionen zerstört werden
sollten bis auf zwei, so würde ich für die Rettung der
letzten beiden Sinfonien eintreten.

ANTONÍN DVOŘÁK

Sinfonien

Die Musik kennt seit alters Hierarchien in ihren Gattungen und in den
verschiedenen Arten von Stücken, auch Bestimmungen über die Verwendung welcher Musik zu welchem Zweck und zu welcher Zeit. Die
Gesellschaft in allen ihren Schichten kennt diese Ordnungen und hält
sich daran. Die Verbindlichkeit dieser Ordnungen beginnt jedoch im
18. Jahrhundert zu schwinden, und zwar als Folge der neuen Musikan-
schauung und Musik jener Zeit, die ihrerseits Folge von tiefgreifenden
Veränderungen des sozialen Feldes der Musik sind, welche man mit
einem berühmten Buchtitel als *Die Verbürgerlichung der deutschen
Kunst, Literatur und Musik im 18. Jahrhundert* (L. Balet und E. Gerhard, 1936) benennen kann: Der Adel und die Kirche geben ihre bestimmende Rolle in Kunst und Kultur, vor allem aber in der Musik, an das
Bürgertum ab; es entsteht ein neues, bürgerliches Musikleben, vor
allem ein bürgerliches Konzertwesen. Allgemein sichtbar sind die Auswirkungen dieser Veränderungen in Deutschland spätestens seit der
Zeit der Wiener Klassiker und Franz Schuberts, die freilich zugleich die
Zeit der frühen musikalischen Romantik und Carl Maria von Webers
(1786–1826) ist. Und besonders deutlich sichtbar werden die Veränderungen an der Gattung Sinfonie, die in eben jener Zeit zur obersten
Stufe in der Hierarchie der musikalischen Gattungen aufrückt.
Sinfonien – gemeint ist der viersätzige Typus der Orchestersinfonie,
den in der Mitte des 18. Jahrhunderts vor anderen »die Mannheimer«
um Johann Stamitz ausgeprägt und den Haydn und Mozart, daran
anknüpfend, fortgeführt haben – Sinfonien also führt man zu Schuberts
Zeit an ganz verschiedenen Orten auf, mit verschiedenen Gruppen von
Musikern und vor sehr verschiedenem Publikum: zunächst nach wie
vor in Adelspalästen, dann aber in öffentlichen oder halböffentlichen
Konzerten und schließlich privat in größeren Bürgerhäusern. Je nach-

dem ist der Anspruch an die Komposition und auch umgekehrt der Anspruch der Komponisten an ihr Publikum – und an sich selbst! – verschieden, nämlich im ersten und zweiten Fall hoch, im dritten weniger hoch, wenn auch keineswegs niedrig. Beethovens »*Eroica*« (op. 55), komponiert 1803, wird zum Beispiel erstmals aufgeführt in Wien im Palais Lobkowitz, dann in einem zwar privaten, aber von Berufsmusikern dargebotenen Konzert vor geladenen Gästen im Hause der Bankiers Würth und Fellner am Hohen Markt in Wien, also halböffentlich, und schließlich öffentlich am 7. April 1805 im Theater an der Wien in einer von dem Geiger Franz Clement gegebenen »Akademie«, d. h. in einem Konzert, dessen Veranstalter Clement ist, der Konzertmeister des Orchesters des Theaters an der Wien. Liebhaberorchestern oder Orchestern, die für eine bestimmte Veranstaltung ad hoc zusammengestellt werden, bleibt ein Werk wie dieses indessen verschlossen, nicht allein weil es zu umfangreich und zu schwer, sondern auch weil es mit zu hohem Anspruch verbunden ist. Für solche Ensembles steht eine reiche Literatur an weniger »anspruchsvollen« Werken der vielen Wiener Komponisten jener Zeit zur Verfügung.

Auch die sechs frühen Sinfonien Schuberts aus den Jahren 1813–1817/18 entstehen für solche, aus bürgerlichen Musikliebhabern und wenigen Professionellen sich zusammensetzenden Ensembles, die weniger anspruchsvolle Sinfonien spielen, auch einmal eine Sinfonie von Haydn, selten eine Mozartsche, kaum eine von Beethoven. Das Publikum ist das von Freunden und Angehörigen der Spieler; von Öffentlichkeit im verpflichtenden Sinne des Begriffs ist keine Rede, auch wenn man Interessierten kaum den Zutritt verweigert haben dürfte. Für diese Gelegenheiten schreibt Schubert ganz unbefangen und konventionell – so könnte man jedenfalls von der Intention her sagen, wenn nicht auch diese Sinfonien die Hand des jugendlichen Genies zeigten und allemal besser wären als alle Produktionen seiner Zeitgenossen einschließlich der C. M. von Webers –, und also kann er, als er mit der Komposition von Sinfonien auf die höhere Stufe der Hierarchie schaut, so tun, als habe er bisher überhaupt noch keine Sinfonie geschrieben (Brief an L. Kupelwieser nach Rom vom 31. März 1824, s. Dok., S. 234): »In Liedern habe ich wenig Neues gemacht, dagegen versuchte ich mich in mehreren Instrumental-Sachen, denn ich componirte 2 Quartetten für Violinen, Viola u. Violoncelle u. ein Octett, u. will noch ein Quartetto schreiben, überhaupt will ich mir auf diese Art den Weg zur großen Sinfonie bahnen. – Das Neueste in Wien ist, daß Beethoven ein Concert gibt, in welchem er seine neue Sinfonie, 3 Stücke aus der neuen Messe,

u. eine neue Ouverture produciren läßt. – Wenn Gott will, so bin auch ich gesonnen, künftiges Jahr ein ähnliches Concert zu geben.« (Beethovens Konzert fand am 7. Mai 1824 im Kärntnertor-Theater statt und bot die Uraufführung der *Neunten Sinfonie*, op. 125, Teile aus der *Missa solemnis*, op. 123, und die *Ouvertüre »Die Weihe des Hauses«*, op. 124.)

»Den Weg zur großen Sinfonie«, also zu einer anderen Art von Sinfonie als bisher, will Schubert sich 1824 bahnen. Dieser Weg nun fällt ihm schwer, wie die vier Entwürfe zu Sinfonien – und vier sind nicht eben wenig – zeigen, die die Jahre der Krise zwischen 1818 und 1823 auf ihre Weise kennzeichnen. Nur wenige Monate nach Abschluß der *Sechsten Sinfonie* (D 589) folgt der erste dieser Entwürfe (Mai 1818, für eine *Sinfonie in D-Dur*, D 615), in dem Schubert kühn ausgreift und eine langsame Einleitung schreibt, die ihm für die folgenden Sätze seinerzeit noch unerfüllbare Konsequenzen abfordert. Wahrscheinlich ist das Auseinanderfallen von Gewolltem und Erreichbarem hier für ihn so etwas wie ein Schock. Jedenfalls kann man es kaum als zufällig ansehen, daß von nun, vom Frühjahr 1818 an, auf drei Jahre hinaus nichts über weitere sinfonische Versuche verlautet. Im Frühjahr 1821 aber befindet sich Schubert, nun fast vierundzwanzigjährig, mitten im kritischsten Stadium seiner künstlerischen Entwicklung. Welche Ansprüche er an sich stellt, hat er im Vorjahr im *c-Moll-Streichquartett-Satz* (D 703) oder im Fragment des religiösen Dramas *Lazarus* (D 689) unzweideutig formuliert. Vom Zeitpunkt eines neuen sinfonischen Entwurfs, dem Frühjahr 1821 an gerechnet, setzt er, soweit wir davon wissen, innerhalb nur eines reichlichen Jahres dreimal zu einer Sinfonie an und verzichtet dreimal auf die Fertigstellung: im Frühjahr und Sommer des Jahres 1821 schnell hintereinander in zwei Entwürfen, deren zweiter zu einer *Sinfonie in E* (D 729) dadurch bekannt geworden ist, daß Mendelssohn, Sullivan und Brahms die Ergänzung dieses Fragments zwar erwogen, intelligenterweise aber nicht ausgeführt haben, daß in unserer Zeit aber mehrmals eben dieser Versuch einer Vollendung dessen, was Schubert liegen gelassen hat, gewagt worden ist. Der dritte dieser Entwürfe, vom Herbst 1822, ist nichts geringeres als das in unseren Konzertsälen so oft gespielte Werk, die sogenannte *»Unvollendete«* (D 759) – das beredte Zeugnis dafür, wieviel Vollendung im substantiellen Sinne Schubert bei »Unvollendung« im äußeren Sinne erreichen konnte (Peter Gülke).

Kann man oder muß man hier von »Scheitern« sprechen, von einem Scheitern im Schatten Beethovens und angesichts von dessen gleichzei-

tigen Arbeiten? Immerhin ist von dem jungen Schubert überliefert: »Heimlich im Stillen hoffe ich wohl selbst noch etwas aus mir machen zu können, aber wer vermag nach Beethoven noch etwas zu machen?« (Erinn., S. 150.) Doch Schubert will ja im Grunde gar nicht mehr nach Beethovens Weise arbeiten, sondern er will weitergehen, nach eigenen Vorstellungen neue Wege, wie er sie in der Komposition von Liedern bereits gegangen war und auch in diesen Jahren geht. Und so sucht er denn seinen Weg zu einer neuen Sinfonie in fleißiger Arbeit an Stücken anderer Gattungen – die als Meisterwerke dort ihresgleichen suchen –, bevor er, endlich wieder beflügelt durch Anerkennung und Erfolge, ein knappes Jahr nach jenem zitierten Brief an seinen Freund Kupelwieser, im Frühjahr 1825 eine neue große Sinfonie in Angriff nimmt und nach anderthalbjähriger, oft unterbrochener Arbeit im Herbst 1826 zu Ende bringt: die sogenannte *Große C-Dur-Sinfonie* (D 944).
Ist das nun der Durchbruch, ist diese Sinfonie das Werk einer »ganz neuen besonderen Art« (wie Haydn seinerzeit von seinen Streichquartetten op. 33, 1781, gesagt hat, »denn seit 10 Jahr' habe keine geschrieben«), also der Anfang einer neuen Reihe? Nein! Es folgt keine Sinfonie mehr. Offenbar gibt diese *C-Dur-Sinfonie* für Schubert, nach seinen eigenen Anforderungen an das Neue, den Weg nicht frei. Vielleicht sollte eine »neue Sinfonik« die Sinfonie in solcher Weise eine individuelle Schöpfung sein lassen, daß sich jedes weitere Werk als produktive Aufhebung, gleichsam als Negation des jeweils Vorangegangenen darzustellen hätte? Wenn man das so sieht, ist es kein Wunder, daß der nächste Anlauf wieder lange auf sich warten läßt: Eine weitere Skizze, *Entwürfe für eine Sinfonie in D* (D 936 A), entsteht erst im Sterbejahr 1828. Immerhin ist sie weit genug gediehen, um einiges von den Intentionen zu verraten, denen Schubert in jener Zeit im Hinblick auf die Sinfonik offensichtlich nachhing. In diesen Skizzen zeigt sich nämlich abermals ein Weg zu neuen Ufern. So sehr Schuberts *Große C-Dur-Sinfonie* nach der Zeit der gescheiterten Anläufe und nach abermaliger gewissenhafter Vorbereitung als Durchbruch erscheinen kann, so wenig doch ist sie es im Sinne eines Durchbruchs, der ein Ausbauen auf neugewonnenem Terrain erlaubt hätte.
Und die *»Unvollendete«*? Sie wird, wenn man die anderen Fragmente kennt und bedenkt, eher noch rätselhafter. Der Weg zu ihren Neuerungen führt, wie erwähnt, an zeitlich und nach der Gattung entfernt liegenden Werken vorbei. Aber das Neue, das Schubert vorwärtstreibt, ist kaum gattungs-unspezifisch, und so spüren wir in der *»Unvollendeten«* eher Züge, die sie mit Schuberts herkömmlichem sinfonischem Denken

verbinden. Schubert selbst hat sie ja offensichtlich nicht als Einlösung seines neuen Begriffs von Sinfonik verstanden, vielmehr hat er auch diesen Versuch abgebrochen und die fertigen Teile gleichsam als Bruchstücke liegen gelassen. Und wenn auch uns heute die »*Unvollendete*« als schlechthin vollendet erscheinen will, in Schuberts Sinne ist sie es nicht.

Bleiben jene *Entwürfe für eine Sinfonie in D* (D 936 A) von 1828. Lassen sie jetzt das bisher unerreichte Neue erkennen? Ja! Peter Gülke, der die Ausführung von Schuberts Skizzen versucht und das Ergebnis auf Schallplatten eingespielt hat (Eterna Edition Nr. 827394), hat es im Begleittext beschrieben: »Dieser Entwurf enthält so viel Kühnes, daß man sich vor Augen halten muß: im ersten Entwurf hat die Phantasie alle Lizenzen zum freien Herausfahren, braucht sich um Fragen der Vermittlung ins Ganze nicht zu kümmern. Welches Ganze hier entstanden wäre, läßt sich freilich nicht absehen. Was sich indessen deutlich abzeichnet, sind Intentionen, die über alle Grenzen der klassischen Sinfonik weit hinausgreifen. Noch in den Unausgeglichenheiten dieses Fragments erscheint grell beleuchtet, was insgesamt in Schuberts reifem Werk an Aufbruch steckt – und an Möglichkeiten des Anschlusses an den späten Beethoven, welche später nie mehr realisiert worden sind. Fast möchte man eine innere Stimmigkeit darin erblicken, daß es Schubert nicht mehr möglich war, dieses Wagnis des kaum noch Sagbaren zum in sich gerundeten Werk ›zurückzunehmen‹.«

* * *

Franz Schubert hat sieben Sinfonien geschrieben bzw. vollendet. Die achte ist Fragment geblieben, die »*Unvollendete*«: Ihre ersten beiden Sätze sind fertiggestellt, der dritte aber ist in einem Entwurf nur 112/16 Takte (Scherzo/Trio-Teil) weit gediehen und in der Ausarbeitung der Partitur nur 20 Takte weit. Schubert bricht dann die Arbeit in der Mitte einer begonnenen Akkolade ab, der Rest der Seite und die folgende Seite sind leer. Von einem vierten Satz ist nicht einmal etwas skizziert.

Als Johannes Brahms Schuberts Sinfonien für die Veröffentlichung in der Gesamtausgabe von Schuberts Werken (AGA; 1884–97) vorbereitete, hat er die vollendeten Sinfonien nach ihrer Entstehung chronologisch geordnet und durchgezählt von Nr. 1 bis Nr. 7. Sodann hat er die »*Unvollendete*«, die immerhin in zwei Sätzen bis zu Ende komponierte und ausgearbeitete *h-Moll-Sinfonie*, als Nr. 8 den vollendeten Sinfonien nachgestellt. Fragmente, Entwürfe, und seien sie auch weit fortge-

schritten (wie etwa der zu einer *Sinfonie in E* von 1821, D 729), und
Skizzen hat Brahms in die Reihe der gezählten Sinfonien nicht aufgenommen.

Neuerdings, nämlich im Schubert-Werkverzeichnis von Otto Erich
Deutsch und in der Neuen Schubert-Gesamtausgabe (NGA), sind die
beiden letzten Werke umgestellt bzw. umnumeriert, d. h. die *h-Moll-
Sinfonie* (D 759) wird nicht als inkomplettes Werk angesehen und deshalb den anderen Sinfonien nachgestellt, sondern sie ist in die Chrono-
logie der Sinfonien an ihrer Stelle eingereiht, so daß sie jetzt als Nr. 7
und die sogenannte *Große C-Dur-Sinfonie* (D 944) als Nr. 8 gezählt
wird.

Die in letzter Zeit weit verbreitete Zählung der Sinfonien Schuberts bis
Nr. 9 ist unsinnig, zumindest irreführend, denn sie zählt als Nr. 7 den
erwähnten Entwurf für eine *Sinfonie in E* (D 729; August 1821) mit, der
einen Anspruch als Werk im eigentlichen Sinne des Wortes nicht erhe-
ben kann. Dadurch wird dann die *h-Moll-Sinfonie* (wieder, jedoch aus
einem anderen Grunde) zur Nr. 8 und die *Große C-Dur-Sinfonie* zur
Nr. 9.

Zur sogenannten »*Gmunden-Gasteiner-Sinfonie*« vom Juni bis September 1825 (D 849): Es ist durch Briefe belegt, daß Schubert auf seiner
Sommerreise 1825 in Gmunden (Juni bis Mitte Juli) und in Gastein (von
Mitte August an etwa 3 Wochen) an einer Sinfonie gearbeitet hat. Einer
seiner Freunde, Anton Ottenwalt, schreibt im Juli 1825 an einen anderen Freund (Josef von Spaun): »Übrigens hat er in Gmunden an einer
Sinfonie gearbeitet, die im Winter in Wien aufgeführt werden soll...«,
und Moritz von Schwind schreibt am 14. August 1825 an Schubert:
»Wegen Deiner Sinfonie können wir uns gute Hoffnungen machen. Der
alte Hönig ist Dekan der juridischen Fakultät und wird als solcher eine
Akademie geben. Dies kann wohl Gelegenheit geben, vielmehr es wird
darauf gerechnet, daß sie aufgeführt wird.« (Dok., S. 309.) Nach Schuberts Tod sprechen dann Josef von Spaun und im Anschluß an ihn
Eduard von Bauernfeld von einer großen, 1825 in Bad Gastein komponierten Sinfonie, »für welche ihr Verfasser eine besondere Vorliebe
hatte« (Erinn., S. 170). Das Manuskript einer Sinfonie, das das Datum
1825 oder auch die Ortsangabe Gmunden oder Bad Gastein trägt, ist
indessen niemals bekanntgeworden; wenn es je existiert hat, muß es als
verschollen gelten. Nun ist dabei die Möglichkeit nicht auszuschließen,
daß Schubert mit der Komposition während der Reise nicht fertig
geworden ist und sie deshalb zur späteren Ausarbeitung zurückgelegt

hat. An diese Annahme knüpft sich die Vermutung, bei der »*Gmunden-Gasteiner-Sinfonie*« handle es sich um die *Sinfonie in C-Dur*, D 944. Und diese Vermutung hat sich bestätigt: Forschungen von Otto Biba im Archiv der Gesellschaft der Musikfreunde in Wien haben ergeben, daß die autographe Partitur der *Großen C-Dur-Sinfonie* gegen Ende des Jahres 1826 in den Besitz der Gesellschaft gelangt ist, außerdem, daß man alsbald, nämlich in der ersten Hälfte des Jahres 1827, Orchesterstimmen davon hat ausschreiben lassen. Dazu stimmt ein Bericht von Schuberts Freund Leopold von Sonnleithner: »Bei der Gesellschaft der Musikfreunde war die große *C-Sinfonie* bald nach ihrer Komposition in den Übungen des Konservatoriums durchprobiert, aber wegen ihrer Länge und Schwierigkeit vorläufig zurückgelegt worden. Erst am 15. Dezember 1839 wollte man dieselbe, und zwar vollständig, in einem Gesellschaftskonzerte aufführen; allein schon in der ersten Orchesterprobe weigerten sich die bezahlten Herren ›Künstler‹ die zur Einübung nötigen Wiederholungen zu leisten, wodurch das Konzertkomitee genötigt wurde, sich für diesmal auf die ersten zwei Sätze zu beschränken.« (Erinn., S. 379.) Das heißt nicht weniger und nicht mehr, als daß die Sinfonie für die Orchesterübungen des Konservatoriums zu schwer und zu umfangreich war und deshalb dort beiseite gelegt worden ist. Von einer Ablehnung der Sinfonie zu Schuberts Lebzeiten durch Orchestermusiker – wie sie immer wieder kolportiert wird – ist also keine Rede, sondern diejenigen, die die Sinfonie bei den Orchesterübungen auflegten, haben erkannt, daß sie für die Einführung in die Orchesterpraxis, wie sie dem Konservatorium zukommt, nicht geeignet ist. Eine Frage allerdings bleibt trotz dieses Tatbestandes offen, nämlich die, warum Schubert dann die autographe Partitur mit »März 1828« datiert hat, und zwar an einer Stelle des Manuskriptes und so, wie er sonst in der Regel seine Niederschriften zu datieren pflegte. Wie dem auch sei, nach dem heutigen Stand der Forschung ist anzunehmen, daß eine »*Gmunden-Gasteiner-Sinfonie*« von Schubert für sich nicht existiert hat, daß vielmehr Schuberts Arbeiten an einer Sinfonie im Jahre 1825 der *Großen C-Dur-Sinfonie* gegolten haben. Diese Feststellung ist zunächst deshalb wichtig, weil die Vermutung, eine große Sinfonie von Schubert sei verloren, dadurch hinfällig wird, vor allem aber deshalb, weil die *Große C-Dur-Sinfonie* damit aus Schuberts letztem Lebensjahr und aus der Umgebung seiner größten Komposition heraus in die Jahre 1825/26 rückt, wo sie in der Tat eher hinzugehören scheint.

Am 19. Januar 1982 fand im Süddeutschen Rundfunk Stuttgart die Ursendung, am 7. und 8. Dezember 1982 in Hannover durch das Orchester der Niedersächsischen Staatstheater Hannover unter Leitung von Generalmusikdirektor George A. Albrecht die öffentliche Uraufführung einer angeblich neu entdeckten »Symphonie in E-Dur, 1825, von Franz Schubert« statt. Das Werk ist eine glatte Fälschung, wie der Quellen- und der Überlieferungsbefund zeigen. Die Sinfonie, sie mag so gut oder so schlecht sein, wie sie will – die Urteile lauten von »herrlich« über »schwaches Potpourri« bis »Machwerk« –, ist in ihrer Faktur so ungewöhnlich für Schubert, daß wir, wäre sie wirklich von ihm, unsere Vorstellungen vom Werk des Komponisten in wesentlichen Punkten korrigieren müßten. Die langwierige Diskussion hat Walther Dürr (für die Editionsleitung der Neuen Schubert-Ausgabe) zusammengefaßt und dabei die wichtigsten Gegenargumente noch einmal vorgetragen (»Eine gefälschte Schubert-Sinfonie«, in: *Musica* 1983, S. 135–142). Daß angesichts der Wiederentdeckung eines herrlichen Werkes – und sei es auch in der vorliegenden Fassung nur die Bearbeitung eines verlorenen Originals, wie Harry Goldschmidt gemeint hat – die wissenschaftliche Diskussion, ob Fälschung oder nicht, nebensächlich sei, davon kann keine Rede sein, wenn der Name Franz Schuberts (zuletzt sogar ohne Fragezeichen) für ein bisher unbekanntes und im Nachweis unsicheres Werk in Anspruch genommen wird.

* * *

»Ganz ruhig und wenig beirrt durch das im Konvikte unvermeidliche Geplauder und Gepolter seiner Kameraden um ihn her, saß er am Schreibtischchen . . . und schrieb leicht und flüssig, ohne viele Korrekturen fort, als ob es gerad so und nicht anders sein müßte.« So beschreibt Schuberts Mitschüler Albert Stadler, der 1812 in das k. k. Stadtkonvikt in Wien eingetreten war, den komponierenden jungen Schubert (Erinn., S. 170). Das Autograph der *Ersten* (der ersten vollendeten) *Sinfonie* in D-Dur (D 82), deren Niederschrift am 28. Oktober 1813 beendet ist, scheint Stadlers Erinnerung zu bestätigen. Skizzen oder Entwürfe zu diesem Werk sind nicht überliefert, die Partitur zeigt nur wenige Spuren der Arbeit an der Komposition: Mit unbegreiflicher Sicherheit schafft der sechzehnjährige Jüngling in der Nachbarschaft Beethovens ein Werk, das Beherrschung des sinfonischen Satzes und ganz persönliche Züge aufweist. Am 10. Dezember 1814 beginnt Schubert mit der Komposition seiner *Zweiten Sinfonie* (B-Dur; D 125), die er am 24. März 1815 abschließt. Wenig später (24. Mai bis 19. Juli 1815) entsteht die *Dritte Sinfonie* (D-Dur; D 200). Auch von diesen Werken sind keine kompositorischen Vorarbeiten bekannt. – Für keine dieser Sinfonien kennen wir den Anlaß der Entstehung und Ort und Datum der ersten Aufführungen. Man hat vermutet, daß Schubert die *Erste Sinfonie*, die er noch während seiner Konviktszeit begonnen hat, dem Direktor des Stadtkonvikts, Dr. Franz Innocenz Lang, widmen wollte; ein Beleg hierfür fehlt allerdings. Ein Stimmensatz der *Zweiten Sinfonie* dagegen, kopiert im Juni/Juli 1816, trägt auf dem Umschlag folgende Dedikation von der Hand eines Kopisten: »Große Sinfonie für das ganze Orgester in Musick gesetzt und Gewiedmet dem Herrn Lang Director am Kaiserl: Convict zu Wien von Franz Schubert.« – Für die ersten Aufführungen der *Ersten* und der *Zweiten Sinfonie* kann man zwar – obwohl Schubert im Schuljahr 1813/14 bereits die Lehrer-Bildungsanstalt, die »Normal-Hauptschule St. Anna«, besucht – noch das Stadtkonvikt annehmen, dessen Orchester Schubert und einige seiner Freunde lange angehören. Aber schon für die *Zweite Sinfonie* kommt eher das aus den Streichquartett-Übungen bei Vater Schubert hervorgegangene Liebhaberorchester in Frage, das im Hause des Kaufmanns Franz Frischling in der Dorotheergasse musiziert und dort vielleicht auch Schuberts *Dritte Sinfonie* zum ersten Mal spielt. Im Herbst 1815 wird für die Proben das Haus Frischlings zu eng, so zieht man um in das Haus beim Schottenhof des Geigers (ehemals im Burgtheater-Orchester) Otto Hatwig. Dort werden wahrscheinlich Schuberts *Vierte* (c-Moll, »*Tragische Sinfonie*«, 1816; D 417), *Fünfte* (B-Dur, 1816; D 485) und *Sechste Sinfonie* (C-Dur, 1817/18; D 589) zum ersten Mal aufgeführt, also von einem Liebhaberorchester, das allerdings von Professionellen durchsetzt ist. Nach dessen wechselnder Besetzung muß sich Schubert freilich richten. In der *Fünften Sinfonie* weicht die Orchesterbesetzung zum Beispiel vom Üblichen (fünfstimmige Streicher; je 2 Flöten, Oboen, Klarinetten, Fagotte; 2 Hörner; 2 Trompeten mit Pauken) ab, und zwar zum ersten Mal erheblich: Es fehlen eine zweite Flöte, die Klarinetten und die Trompeten mit den Pauken. Der Grund hierfür liegt sicherlich in den Gegebenheiten des privaten Ensembles, aber die Auswirkung auf das Ganze ist tiefgreifend.

Merkwürdig ist, daß man in diesen sechs Sinfonien zwischen 1813 und 1817/18 weder eine Entwicklung im engeren Sinne beobachten oder jedenfalls handfest beschreiben, noch die zweifellos vorhandenen Einflüsse Haydns und Mozarts tatsächlich zeigen kann, und auch nicht

Einflüsse Beethovens, dessen Werke Schubert ja doch gleichsam im Entstehen miterlebt. Nun, man kann das auch anders sehen: Die *Fünfte* (B-Dur; D 485) hinge direkt mit Mozarts g-Moll-Sinfonie zusammen, sagt man, die *Vierte*, die »*Tragische*« (c-Moll; D 417), gar mit Beethovens c-Moll-Sinfonie. Und mit der *Sechsten* (C-Dur; D 589) verrieten sich, wahrnehmbar, Zweifel, ob und wie Schubert weiter so in jugendlicher Weise vom Fundus der Tradition würde zehren können, auch Brüche und Risse durchzögen unbestreitbar den ersten Satz, und die Nähe Rossinis spüre man ungemein – und unangenehm. Mag sein; man *kann* das vielleicht hören, aber man *muß* nicht. Schubert selbst jedenfalls nennt auch seine *Sechste Sinfonie* ganz unbefangen und selbstbewußt so, wie man damals ein großes Werk dieser Gattung eben nennt: »Große Sinfonie in C«. An der Komposition ist jedenfalls nicht nur nichts auszusetzen, sie zeigt vielmehr die Technik der Wiener Klassiker auf höchstem Niveau. Und trotzdem, wenn Schubert im März 1824 in einem Brief schreibt, er komponiere verschiedene Sachen, um sich »den Weg zur großen Sinfonie zu bahnen«, dann scheinen die sechs frühen Sinfonien wie nicht existent. So tut sich für die Nachgeborenen, die wissen, daß Schubert aus den folgenden Jahren seiner Krise 1818 bis 1823 für die Gattung Sinfonie nur eine Reihe von Fragmenten hinterlassen hat (darunter freilich die »*Unvollendete*«), eine Perspektive auf, die dem einzelnen frühen Werk ursprünglich zwar nicht zukommt, die für uns aber unvermeidlich ist. Indessen: was innerhalb von Schuberts Gesamtwerk Jugendwerke sind, sind im Rahmen der Produktion der Zeit allemal Meisterwerke – Rätsel des Genies.
Und trotzdem muß auch der folgende Einwand gelten: Die Bedeutung von Schuberts frühen Sinfonien wird in letzter Zeit wahrscheinlich überschätzt. Kein Geringerer als Johannes Brahms, der für die Gesamtausgabe (AGA, 1884–97) die Redaktion der Sinfonien übernommen hatte, war ganz anderer Meinung als wir heute. Im März 1884 schrieb er an Breitkopf & Härtel: »Die beiliegenden Druckvorlagen [zum ersten Sinfonien-Band] sind im allgemeinen gut und korrekt. Allzu ängstlich habe ich nicht revidiert, da die Sachen ungemein einfach und klar sind, und sich das Übrige während der Korrektur des Druckes findet. Daß ich keine besondere Freude habe, den Druck dieser Sinfonien zu besorgen, habe ich Ihnen nicht verhehlt. Ich meine, derartige Arbeiten oder Vorarbeiten [!] sollten nicht veröffentlicht werden, sondern nur mit Pietät bewahrt und vielleicht durch Abschriften Mehreren zugänglich gemacht werden. Eine eigentliche und schönste Freude daran hat doch nur der Künstler, der sie in ihrer Verborgenheit sieht und – mit welcher Lust – studiert! – Verzeihen Sie recht sehr; es wird mir ja im allgemeinen

widersprochen, also braucht Sie der kleine Mißklang nicht zu stören.« Und in einem Brief vom Januar 1885 schrieb Brahms an Elisabeth von Herzogenberg: »Ich versprach Ihnen den ersten Band von Schubert [AGA I/Nr. 1–4: die vier ersten Sinfonien, von Brahms selbst redigiert]. Härtels haben mir nur ein Exemplar geschickt. Kaufen Sie sie aber keinesfalls! Ich meine, man muß nicht alles haben, nicht so unnötige Sachen herumliegen lassen.« Mit dieser seiner Meinung war Brahms seinerzeit gewiß nicht allein. Wenn er von den frühen Sinfonien als von »derartigen Arbeiten oder Vorarbeiten« sprach, die man nicht veröffentlichen, geschweige denn in großen Konzerten aufführen sollte, dann hätte er gewiß Beifall und Unterstützung gefunden – nicht zuletzt bei Schubert selbst, wie der schon öfter zitierte Brief vom 31. März 1824 an seinen Freund Kupelwieser beweist (s. S. 216 f.).

Doch auch dieser Gedanke ist einzuschränken, nämlich dann, wenn er zu dem Irrtum verführt, Schubert habe seine sechs frühen Sinfonien gleichsam für die Schublade geschrieben. Sollte damit gemeint sein: ohne Hoffnung auf Aufführungen im großen Rahmen, dann mag dies zutreffen. Wenn damit aber gemeint ist, ohne Hinblick auf ein Ensemble und auf eine Aufführung im begrenzten Rahmen der Mitglieder, Angehörigen und Freunde dieses Ensembles als Zuhörer – dann trifft das nicht zu. Wie Schubert seine *Erste Sinfonie* für das Orchester des k. k. Konviktes für eine seiner Aufführungen schreibt, so schreibt er alle seine frühen Sinfonien für einen bestimmten, ihm bekannten Kreis, seine *Sechste Sinfonie* etwa für das Hatwigsche Orchester und dessen Zuhörerkreis, und eine jede dieser Sinfonien ist bei *ihrer* Gelegenheit durchaus als »Große Sinfonie« gedacht, und also ist die Nachfolge Beethovens nirgendwo, jedenfalls nicht bewußt, gemieden. Warum auch? Später freilich ändert sich die Ausgangsposition, wenn Schubert, wie gesagt, an die »Große Sinfonie« für Aufführungen in der großen Öffentlichkeit denkt, etwa für Konzerte der Wiener Gesellschaft der Musikfreunde in den Redoutensälen der Hofburg und vor großem Publikum, das Eintrittsgeld zu zahlen hat, *dann* ändert sich der Anspruch sehr wohl, und Schubert gerät dann – obwohl es früher »Große Sinfonien« waren und jetzt »Große Sinfonien« werden sollen – in erhebliche Konflikte mit sich selbst. Nun ist er nämlich in neuer Weise ein professioneller Komponist und hat an sich die Ansprüche eben des Professionellen zu stellen ...

Die Behauptung, Schuberts Sinfonien seien – nicht nur zu seinen Lebzeiten, sondern überhaupt im 19. Jahrhundert – nicht öffentlich aufgeführt und also nicht rezipiert worden, trifft *so* nicht zu, wie die folgende Zusammenstellung der Uraufführungsdaten aller Sinfonien zeigt:

Sinfonie Nr. 1, D-Dur (D 82):
5. 2. 1881, London (Crystal Palace), August Manns.

Sinfonie Nr. 2, B-Dur (D 125):
nur 2. Satz: 2. 12. 1860, Wien (Redoutensaal), Johann Herbeck; ganz:
20. 10. 1877, London (Crystal Palace), August Manns.

Sinfonie Nr. 3, D-Dur (D 200):
nur Finale: 2. 12. 1860, Wien (Redoutensaal), Johann Herbeck; ganz:
19. 2. 1881, London (Crystal Palace), August Manns.

Sinfonie Nr. 4, c-Moll (D 417):
19. 11. 1849, Leipzig, August Ferdinand Riccius.

Sinfonie Nr. 5, B-Dur (D 485):
17. 10. 1841, Wien (Theater in der Josephsstadt), Michael Leitermayer.

Sinfonie Nr. 6, C-Dur (D 589):
14. 12. 1828, Wien (Redoutensaal), Johann Baptist Schmiedel.

Sinfonie Nr. 7, h-Moll, die sogenannte *»Unvollendete«* (D 759):
17. 12. 1865, Wien (Musikvereinssaal), Johann Herbeck.

Sinfonie Nr. 8, C-Dur, die sogenannte *Große C-Dur-Sinfonie* (D 944):
21. 3. 1839, Leipzig (Gewandhaus), Felix Mendelssohn-Bartholdy.

Der erste, der alle Sinfonien Schuberts in öffentlichen Konzerten zyklisch aufgeführt hat, war August Manns, ein Freund des großen englischen Schubert-Forschers George Grove, zwischen 1877 und 1881 im Londoner Crystal Palace. Durchsetzen freilich konnten sich die Sinfonien damit nicht. Noch bis zur Mitte unseres Jahrhunderts wurde nur die *»Unvollendete«* (Nr. 7) oft gespielt, selten die *Große C-Dur-Sinfonie* (Nr. 8), hie und da einmal die *Fünfte*. Alle anderen haben den Weg in den Konzertsaal erst gefunden, als die Mode der »Gesamtaufnahmen sämtlicher ...« selbst berühmte Dirigenten veranlaßt hatte, sich doch auch den »kleineren« Sinfonien Schuberts zuzuwenden.

Gedruckt worden sind die ersten 6 Sinfonien zum ersten Mal 1884 in der Alten Gesamtausgabe der Werke Schuberts, die *h-Moll-Sinfonie* 1867 (Partitur und Stimmen), die *Große C-Dur-Sinfonie* 1840 (Stimmen) bzw. 1849 (Partitur).

Sinfonie Nr. 4 in c-Moll (»Tragische Sinfonie«) (D 417)

Adagio molto, ¾; Allegro vivace, ¼ – Andante, ²⁄₄ – Menuetto: Allegro vivace, ¾; Trio – Allegro, ¢

B: 2 Fl., 2 Ob., 2 Kl., 2 Fg.; 4 Hrn., 2 Trp., Pk; Streicher.
D: April 1816 in Wien. – AGA I,4; NGA V/2,4.

Auf der Titelseite von Schuberts autographer Kompositionspartitur (heute im Archiv der Gesellschaft der Musikfreunde in Wien) steht »Symphonie in C minor« und als Datum »April 1816« (auf der letzten Seite der Partitur, am Schluß der Sinfonie: »27. April 1816«); später ist von Schuberts Hand hinzugefügt: »Tragische«. Dieser Zusatz ist oft erörtert worden, und fast alle Überlegungen münden in den Schluß, Schubert habe mit diesem Wort wohl zu hoch gegriffen, oder: »pathetisch« wäre eher zutreffend gewesen, wie vor allem Eduard Hanslick, der bedeutende Wiener Musikkritiker und Freund von Johannes Brahms, meint. Wie dem auch sei, der Zusatz bleibt im Grunde rätselhaft, denn wenn man auch einerseits annehmen kann, daß Schubert sich etwas Bestimmtes dabei gedacht hat, so muß man andererseits zugeben, daß wir heute diese »tragische Sinfonie« nicht eigentlich als solche zu hören vermögen und daß uns der Hinweis auf Beethovens Dritte und Fünfte Sinfonie – auf die letztere wohl hauptsächlich wegen derselben Tonart c-Moll – keineswegs einleuchtet. Entweder haben Beethoven und Schubert unter »tragisch« (und wohl auch unter »pathetisch«) Verschiedenes verstanden, und *unsere* Vorstellung ist durch Beethoven geprägt; oder man versteht heute unter »tragisch« etwas anderes als damals. Allerdings bemerkt noch 1894 Antonín Dvořák (in: *The Century Magazine*, Bd. 48, Nr. 3): »Auch Schuberts *Vierte* ist eine bewundernswerte Komposition. Sie hat den Titel ›Tragische Sinfonie‹ und wurde 1816 geschaffen, als der Komponist neunzehn Jahre alt war – ein Jahr nach dem *Erlkönig*. Es setzt einen in Verwunderung, daß ein so junger Mensch die Kraft hatte, sich mit solch tiefem Pathos auszudrücken. In dem Adagio [!] finden sich Akkorde, die einen entschieden an den angstvollen Ausdruck der Aussagen Tristans gemahnen. Dies sind aber nicht die einzigen Stellen, an denen Schubert in prophetischer Art Wagnersche Harmonien voraussnimmt. Und obwohl manches sich schon bei Gluck und Mozart findet, war er einer der ersten, die Effekte erreichten, denen Wagner und neuere Komponisten einige ihrer schönsten Orchesterfarben verdanken: die Anwendung der Blechbläser nicht als ›Lärmmacher‹, sondern mit zarter Intonation zur Sicherung voller und warmer Klänge.« Die letzten Sätze Dvořáks freilich machen uns stutzig: Muß man annehmen, daß derjenige Schubert adäquat hört, der in ihm einen Vorgänger Wagners hört, und sei es auch ein Anton Dvořák? Kaum! Da scheint denn doch die Hörweise eher angebracht, die Schubert in die Nachbarschaft der Wiener Klassiker rückt und Hörhilfen von der dort zutreffenden Beschreibungsweise der musikalischen Sachverhalte erwartet, wie sie etwa Walter Riezler gibt.

Schubert ist – allen gegenteiligen Behauptungen zum Trotz – weder die Erfindung von Melodien in erster Linie wichtig noch eine besondere Harmonik.

Schon in der *Ersten Sinfonie* ist seine thematische Arbeit reich, dort allerdings noch in der Durchführung, während er dann in der Regel bereits im ersten Teil mit der Verarbeitung der Themen beginnt und dafür die Durchführungen kurz hält. Nur an der thematischen Arbeit liegt es, daß die ersten Sätze seiner frühen Sinfonien oft lang sind, ohne daß man sagen könnte, sie hätten das innere Gewicht und den Reichtum, die diese Länge rechtfertigten. Es ist nicht die vielberedete »himmlische Länge« des späteren Schubert, hier »spielt« er eher mit Motiven, wie er es aus den Sinfonien und Quartetten Haydns und Mozarts gelernt hat, aber es scheint hierbei oft die rechte innere Begründung zu fehlen, die Unterordnung des »Spiels« unter einen festen Plan der Anlage. Und so bleibt er trotz aller früh erreichten Gewandtheit manchmal eigentümlich leer und formalistisch. Daß es die Probleme der Sonate sind, die ihn vor allem beschäftigen, beweist auch die Sorgfalt, die er der Ausgestaltung des sogenannten Modulationsteils, das heißt, des Übergangs vom ersten zum zweiten Thema, widmet. Diese Sorgfalt ist um so merkwürdiger, als ja die funktionelle Bedeutung dieses Teils für die Anlage des Satzes im ganzen nun, da die Grundverhältnisse nicht mehr festgehalten sind, geringer ist als in der klassischen Sinfonie. Es ist allein deren Vorbild, das Schubert so handeln läßt, und es ist ein Zeichen erstaunlichen formalen Talents, daß ihm diese Partien so trefflich gelingen.

Besonders bemerkenswert ist dies gerade hier, in der Vierten Sinfonie, der »Tragischen«, wo ein aus dem ersten Thema stammendes Motiv verselbständigt und mit einer neuen Phrase verbunden wird, aus der sich dann das zweite Thema entwickelt. Wie dies ist noch vieles zugleich bemerkenswert und auch wieder nicht, weil in Schuberts Sinfonien und Sonaten häufig: Etwa daß die Reprise (Takt 177 ff.) nicht in der Haupttonart eintritt, nämlich hier in der Molltonart der Dominante; oder daß das Thema des zweiten Satzes zu einem in jener Zeit vor allem für Variationen häufig verwendeten, liedhaft einfachen ¾-Takt-Thementyp gehört (der rein melodische Anklang an die ersten Takte des berühmten *As-Dur-Impromptus* op. 142, 2, D 935, sollte *nicht* zu Assoziationen verleiten: dort ist der musikalische Sinn völlig verschieden); oder daß Schubert im Menuetto gegen Takt und Taktgruppenrhythmus im Fortissimo und Unisono, jedenfalls am Anfang, einen eigenen musikalischen Rhythmus durchzusetzen versucht: lang – kurz, kurz – lang ' lang – kurz, kurz – lang ', und damit einen so harten Scherzo-Charakter hervorruft, daß selbst das Trio, bei allem melodisch volkstümlichen Ansatz, auffallend herb gerät. Schon eher bemerkenswert ist da der Beginn des letzten Satzes mit einer Art von Einleitung (5 bzw. 4 Takte), die im Verlauf des Satzes in wichtiger Position wiederkehrt, denn diese knappe musikalische Geste, die an der Stelle einer langen pathetischen Einleitung steht, kennzeichnet, wie kaum etwas anderes in den frühen Sinfonien, Schuberts Versuch zu Eigenem. Man vergleiche einmal dazu einerseits die langsame Einleitung zum letzten Satz des *Oktetts* für Streicher und Bläser F-Dur (D 803) von 1824 und andererseits die »Einleitung« zum ersten Satz der *Fünften Sinfonie* (D 485) von 1816, und man wird erkennen, daß Schubert hier, jedenfalls in bestimmten wichtigen Partien, kühn experimentiert und keineswegs nur »mit schlagkräftiger Thematik in einem großflächigen Satz ein hübsches Beispiel für den kurzlebigen Einfluß des Rossini-Taumels seiner Zeit liefert«, wie man tatsächlich – aber eben unzutreffend – schon gesagt hat.

Sinfonie Nr. 5 in B-Dur (D 485)

Allegro, ¢ – Andante con moto, ⅝ – Menuetto: Allegro molto, ¾; Trio – Allegro vivace, ¾
B: 1 Fl., 2 Ob., 2 Fg.; 2 Hrn.; Streicher.
D: September bis Oktober 1816 in Wien. – AGA I,5; NGA V/2,5.

Franz Schubert wächst auf und lebt in Wien gleichsam unter den Augen Beethovens. Wenn sich auch nicht mehr feststellen läßt, ob die beiden Männer jemals ein Wort miteinander gesprochen haben – daß »der Jüngling, der von Beethovens Genie begeistert und durchdrungen war«, die Arbeit seines großen Vorbildes lernend beobachtet, daß er Glück und Gelegenheit, dabei zu sein, bewußt nutzt, ist sicher. Was Schubert bei den »Lehrstücken«, die die frühen Instrumentalwerke für ihn sind – in gewisser Weise auch noch die *Quartette* in *a-Moll* und *d-Moll* und das *Oktett*, wie der berühmte Brief vom 31. März 1824 eindrücklich belegt –, was Schubert mit aller Bewußtheit anstrebt, das ist die Beherrschung der Technik des Wiener klassischen Instrumentalsatzes, wie ihn Beethoven zuletzt und am weitesten ausgeprägt hat. Daß und was Schubert hier gelernt hat, zeigen seine frühen Sinfonien – mit Ausnahme der Fünften in B-Dur: Diese, obwohl von Schubert selbst sicherlich ebenfalls als eine Art »Lehrstück« verstanden, trägt als einzige von ihnen ganz und gar eigene Züge. Sie ist auch die bekannteste und sicherlich die bedeutendste, freilich nicht wegen ihres inneren Gewichts, sondern wegen ihrer unbeschreiblichen Leichtigkeit und Heiterkeit. Man sagt deshalb gern, sie sei in besonderer Weise von Mozart beeinflußt. Kaum! Sie ist Schubertisch wie alle. Doch offenbart sie mehr als die anderen eine Seite seines Wesens, die man heute weniger beachtet, weil sie nichts Abgründiges zeigt. Die Kenner und Liebhaber Schuberts aber wissen durchaus darum, auch wenn sie es nicht leicht erklären können. Nun, man stelle sich einmal vor, jemand höre diese Sinfonie im Radio, ohne zu wissen, welches Stück gespielt wird. Er wird kaum gleich an Schubert denken, auch wenn er wohl merkt, daß sie weder von Haydn noch von Mozart sein kann. An Beethoven, ja selbst an die Nähe zu Beethoven denkt er sowieso nicht. Und Carl Maria von Weber? Einen sinfonischen Satz von dieser Qualität hat Weber nicht geschrieben, vor allem aber ist der hier angeschlagene Ton überhaupt nicht der Ton der deutschen musikalischen Romantik. Diese Art des Leichten findet sich zwischen 1800 und 1820 tatsächlich nirgendwo – außer bei Schubert. Und nun wissen wir plötzlich von Schuberts Heiterkeit als von einer ganz besonderen: von der klassischen nämlich, wie wir sie vom Lächeln auf den Zügen griechischer Jünglingsstatuen des 6. Jahrhunderts v. Chr. kennen. Robert Schumann hat Beethovens »Vierte«

»die griechisch schlanke in B-Dur« genannt. Mir scheint, dies gelte eher für Schuberts B-Dur-Sinfonie.

Schon die Orchesterbesetzung ist kleiner als üblich (s. S. 223), wohl bedingt durch die Gegebenheiten des privaten Ensembles, für das Schubert sicherlich auch dieses Werk geschrieben hat, und durch dessen mehr oder minder zufälliger Zusammensetzung. Der Charakter des Ganzen ändert sich auf diese Weise, so daß z. B. keine langsame Einleitung für das erste Allegro mehr möglich scheint, und schon damit ist der erste Schritt zu einer knapperen Fassung des sinfonischen Gedankens getan, der Weg ins aufwendige Pathos der großen Gattung vermieden. Diese Sinfonie ist von den frühen die einzige ohne lange oder gar leere Stellen, die einzige, deren wesentliche Züge Grazie und Beschwingtheit und auch eine gewisse Natürlichkeit des Ausdrucks sind, ohne daß die ernsten Töne dadurch ausgeschlossen wären, wie das Andante zeigt. – Und in besonderer Weise genial ist die eröffnende Geste der ersten vier Takte – die Schubert am Beginn der Durchführung wiederholt und doch nicht wiederholt, sondern modulatorisch so »durchführt«, daß er später, wenn der Hörer sie erwartet, nämlich beim Eintritt der Reprise, gerade dadurch einen Effekt erzielt, daß er sie wegläßt.

Überraschend, ja verblüffend und gar ein wenig ängstigend das g-Moll und der herbe Ton des Menuetts, das einen Moment lang in der Tat an Mozart und dessen große g-Moll-Sinfonie (KV 550) denken läßt. Ähnlich überraschend freilich schon vorher, nämlich in der Coda des Andantes, das völlig unerwartet eintretende Ces-Dur (im Piano!) anstelle des erwarteten Tonika-Klangs Es-Dur (in einem gehörigen Schluß-Forte): ein »Trugschluß« ohnegleichen – und unmittelbar wiederholt, als könne Schubert sich nicht trennen von diesem Es-Dur, dem das Ces-Dur – das ja schon den Mittelteil des Satzes bestimmt hat – wie abgründig beigesellt ist. Mag man sagen: »echt Schubertisch!« Man sollte es damit aber nicht abtun. Dieser hier freilich noch kaum hörbar angeschlagene Ton ist neu in der Sinfonik, und wiederkehren wird er erst am Ende des 19. Jahrhunderts, bei Gustav Mahler.

Sinfonie Nr. 6 in C-Dur (D 589)

Adagio, ¾; Allegro (urspr. Allegro vivace), ¢ – Andante, ²⁄₄ – Scherzo: Presto, ¾; Trio: Più lento ¾ – Allegro moderato, ²⁄₄

B: 2 Fl., 2 Ob., 2 Kl., 2 Fg.; 2 Hrn., 2 Trp., Pk.; Streicher.

D: Oktober 1817 bis Februar 1818, Wien. – AGA I,6; NGA V/2,6.

Nach allgemein musikgeschichtlichem Verständnis müßten Schuberts Sinfonien zwischen denen des Wiener Klassikers Beethoven und denen der Romantiker Mendelssohn und Schumann vermitteln. Sie tun es nicht! Die Romantiker versuchen vielmehr direkt an Beethoven anzuknüpfen, wobei sie vor allem anderen die Ausstrahlungskraft, die Größe, die Mächtigkeit seiner Musik und die Vorstellung von Weltanschauung als Grundlage seines Komponierens im Auge haben, die sich u. a. in dem berühmten Satz niedergeschlagen hatte: »Ich will dem Schicksal in den Rachen greifen, ganz niederbeugen soll es mich gewiß nicht!« Für Beethovens innermusikalische Vorstellungen und für seine Kompositionstechnik zu deren Realisierung interessieren sie sich weniger. Anders Schubert, wie gerade die Sechste Sinfonie zeigt, ja geradezu lehrt. »Diese Sinfonie bereichert die durch das Schubertsche Melos erweiterte Form durch die Errungenschaften der Beethovenschen Sinfonie, deren Formprobleme auch bei Schubert nicht unbeachtet vorübergehen konnten. Die Einführung des Scherzos anstelle des Menuettes, das Durchführungsprinzip der Thementeilung, die Steigerung durch eine zusammenfassende Coda, nicht zuletzt das kammermusikalische Spiel innerhalb des sinfonischen Rahmens, das sind alles Gestaltungskräfte, deren Bedeutung sich Schubert in richtiger Erkenntnis ihrer eminenten Wichtigkeit nicht verschloß, ohne freilich in irgendein Abhängigkeitsverhältnis zu kommen. ›Die grotesken Formen‹, schreibt Schumann in seiner Besprechung von Schuberts *Siebter Sinfonie*, ›die kühnen Verhältnisse nachzuahmen, wie wir sie in Beethovens späteren Werken antreffen, vermeidet er im Bewußtsein seiner bescheideneren Kräfte; er gibt uns ein Werk in anmutvollster Form, und trotzdem in neuverschlungener Weise, nirgends zu weit vom Mittelpunkt wegführend, immer wieder zu ihm zurückkehrend.‹« So, durchaus zutreffend, eine ältere musikwissenschaftliche Einführung (Hermann Grabner zur Eulenburg-Partitur, 1925), die man vielleicht so ergänzen kann: Anders als sonst in Sinfoniesätzen bestehen das erste und das letzte Allegro dieser Sinfonie auf weite Strecken aus aneinandergereihten, schlicht periodisch gebauten Sätzchen, aus Vier- und Achttaktern mit fast formelhaften melodischen Wendungen. Daher drängt sich bei oberflächlichen Interpretationen der Eindruck einer gewissen Geschwätzigkeit à la Rossini vor. Die motivische Arbeit aber, die Variierung dieser Wendungen, ihre taktrhythmischen Umsetzungen und verschiedenen instrumental-orchestralen Besetzungen, durch die Schubert sie immer wieder neu und anders bewegt und belebt, diese kompositorische Arbeit ist als eine Art von musikalischem Filigran hinreißend schön – und in ihrem Raffinement einzigartig, weit entfernt von Rossini. Bestenfalls mag man an Joseph Haydn denken. Nun, das Andante ist dessen nicht unwürdig, wie das Scherzo Beethovens nicht unwürdig ist: Ein Trio etwa, gebaut im sogenannten »Gerüstsatz«, also gerade nicht aus volkstümlich melodischen und in schlichten Vorder- und Nachsätzchen gebauten Satzgliedern zusammengesetzt und also nicht beschaulich, nicht statisch, sondern im Grunde unruhig forttreibend, das kommt so nirgendwo sonst vor, allenfalls in ähnlicher Weise bei Beethoven. So ist diese letzte von Schuberts frühen Sinfonien keineswegs einfach oder auch nur traditionell gemacht, sie weist vielmehr, in Schuberts Sinn, durchaus nach vorn, wiewohl nicht auf »die romantische Sinfonie« hin, deren Komponisten sich ja auch nicht auf Schubert berufen, sondern ihn immer nur bewundern.

Sinfonie Nr. 7 in h-Moll (D 759)

(genannt »Die Unvollendete«, bisher Nr. 8)

Zwei Sätze (und Fragment eines dritten): Allegro moderato, ¾ – Andante, ⅜ –
(Allegro mit Trio, ¾)
B: 2 Fl., 2 Ob., 2 Kl., 2 Fg.; 2 Hrn., 3 Pos., 2 Trp., Pk.; Streicher.
D: Niederschrift der Partitur begonnen am 30. Oktober 1822. – AGA I,8;
NGA V/3,7.

Die letzte seiner sechs frühen Sinfonien überschreibt Schubert, wie gesagt, noch
ungebrochen selbstbewußt mit »Große Sinfonie in C«. Das ist im Februar 1818.
Dann bricht die Produktion, die in fünf Jahren sechs Sinfonien hervorgebracht
hat, plötzlich ab. Schuberts Krisenjahre 1818 bis 1823 lassen ihn an dem bisher
verfolgten Weg zweifeln. Von den vier Entwürfen zu Sinfonien dieser Jahre ist
freilich einer, obwohl unvollendet, Schuberts berühmtestes Werk überhaupt
geworden: das Wunder eines Torsos, von dem jeder musikalische Mensch völlig
sicher »weiß«, so und nicht anders sei er gedacht und keine Fortsetzung denkbar
– obwohl Schubert das folgende Scherzo in einer Klavierskizze 112 und in der
Partitur 20 Takte weit geschrieben hat.
Man zählt Schuberts »Unvollendete« zu den schönsten Werken der sinfonischen
Literatur. Ihre Besonderheit, Einzigartigkeit und Unvergleichlichkeit ist jedem
Hörer, der sie sich innerlich zu eigen gemacht hat, vertraut. Vertraut? Hat nicht
die »Unvollendete« auch etwas an sich, das in uns eventuell Furcht erregen kann?
Wir wissen es, aber darzustellen oder gar nachzuweisen ist dies kaum, oder nur
in eingehender, schwierig zu formulierender musikhistorischer Analyse, für die
hier nicht der Ort ist. Einiges aber, das jedermann evident werden kann, wenn es
auch nur andeutend beschrieben ist, sei hier gesagt: Die beiden Sätze der
»Unvollendeten« sind – was sich im Hinblick auf das Vollendetsein des Ganzen
eher merkwürdig ausnimmt – einander zunächst einmal sehr ähnlich, ähnlich in
der Bewegung (¾ – ⅜) und im ruhigen Bewegungscharakter (Allegro moderato –
Andante); im Ausdruck freilich sind sie ziemlich verschieden. Mögen die beiden
Sätze zudem insgesamt unkonventionell erscheinen, in der äußeren Anlage sind
sie es nicht. Der erste Satz ist so regelmäßig gebaut wie nur irgendein sinfonischer
Sonatensatz. Wo er nicht ganz der üblichen Norm folgt, wie etwa bei der Verset-
zung des zweiten Themas in die Tonart der großen Unterterz (G-Dur), da gibt es
Analoges durchaus bei Beethoven zu finden. Und die Gliederung ist so klar und
übersichtlich wie bei irgendeiner klassischen Sinfonie. Kein aufmerksamer
Hörer kann über die Grenzen der Abschnitte, über den Beginn oder das Ende
der Durchführung, über den Beginn der Coda im Unklaren sein. Der Übergang
vom ersten zum zweiten Thema etwa ist von eindringlicher Deutlichkeit, die
Themen selbst prägen sich in ihrer Gestalt dem Hörer unvergeßlich ein. Aber
was alles begibt sich innerhalb dieser sorgsam gehüteten Grenzen! Die ersten
acht Takte sind ein sinfonischer Einfall ersten Ranges: eine melodisch und harmonisch gleich ausdrucksvolle Linie der Bässe, scheinbar der Anfang einer langsamen Einleitung, von größter motivischer Bedeutung für alles Kommende. Was

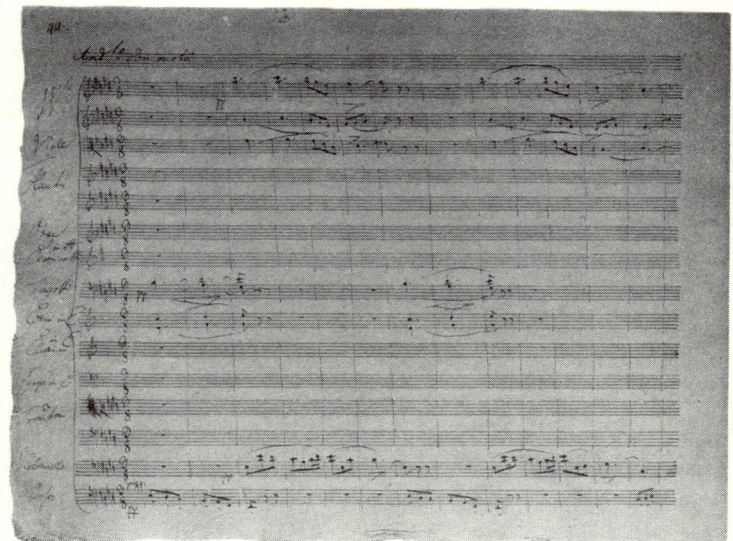

Sinfonie Nr. 7 in h-Moll (»Die Unvollendete«, D 759), Beginn des zweiten Satzes,
autographe Partitur im Archiv der Gesellschaft der Musikfreunde in Wien

folgt, ist zweifellos das »erste Thema«, aber es ist von einer völlig neuen Art: Auf
dem Grunde einer motivisch belebten Begleitung, die 27 Takte lang mit einer
einzigen Unterbrechung eine rhythmische Figur hartnäckig festhält, erklingt
eine ausgesprochen lyrische Melodie, deren tonale Kontur mit dem Forte des
sechsten Taktes eine seltsame Trübung erfährt – wie überhaupt an dieser Stelle
das Ganze merkwürdig in Verwirrung gerät, was sich auf den aufmerksamen
Hörer überträgt. Hier zum ersten Mal kann man begreifen, daß nicht alles nur
schön ist, wie man im allgemeinen annimmt. Ob nämlich die ersten beiden Sätze
der »Unvollendeten« so schön sind, wie der Liebhaber gern behauptet, ob sie in
ihrer Stimmung so lyrisch, so harmlos lyrisch sind, wie man sie gemeinhin
interpretiert, das ist zu bezweifeln. In Wirklichkeit gehören sie zum Härtesten,
zum Unbarmherzigsten, was die Wiener Klassiker und Franz Schubert hervorgebracht haben. Es gibt nur wenige Werke aus dieser Epoche, in denen alle
Vermittlung so völlig fehlt und die Idee des Stücks so konsequent und nahezu
abstrakt hervortritt. Dem berühmten zweiten Thema des ersten Satzes z. B. wird
keine Fortsetzung gegönnt, kein versöhnliches Fortspinnen, kein sorgsames
Einweben in die Faktur des Ganzen. Vielmehr verstummt es jäh – und in die
Generalpause, zu der die Musik gleichsam erstarrt, bricht das harte Fortissimo-

Sforzato des Tutti ein als c-Moll im h-Moll-Satz! Dem Zuhörer von heute kann man die Intention dieser Stelle kaum mehr nahebringen; er kann die Härte, die hier treffen soll und, unvorbereitet eintretend, alles formale Herkommen sprengt, nicht mehr nachempfinden. Man müßte etwa einen Zwölftonakkord aus dem ›Apogäum‹ von Lutoslawskis »Trauermusik« einsetzen, um heute der Wirkung nahezukommen, die Schubert beabsichtigt hat und zu seiner Zeit gewiß erzielt hätte, wäre das Werk damals aufgeführt worden (Gülke).

Unter dem Datum des 3. Juli 1822 schreibt Schubert eine allegorische Erzählung nieder, die sein Bruder Ferdinand später mit der Beischrift versieht: »Mein Traum. Franz Schubert.« Diese Erzählung ist für die Einsicht in Schuberts Leben und Denken, Psyche und Weltanschauung von höchster Wichtigkeit, sie ist mehr als bloß »ein literarischer Erguß der Phantasie eines Zeitgenossen der deutschen Romantik«, wie Otto Erich Deutsch gemeint hat. Die Erzählung enthält außerdem unverkennbar biographische Züge, und sie gewährt, richtig verstanden, tiefe Einsichten in die Entwicklung von Schuberts Schaffen in den Jahren 1818 bis 1823. Allerdings darf man die einzelnen Bilder der Erzählung nicht wörtlich nehmen, auch die Abfolge der Handlung nicht chronologisch sehen. Und dennoch verblüffen die Parallelen, die Arnold Schering hergestellt hat, nämlich die zwischen den beiden Teilen der Traumerzählung, bestimmten Ereignissen in Schuberts Leben und – der h-Moll-Sinfonie. Schering erblickt »in dieser Erzählung, die persönliches Erleben, in dichterischer Form allegorisch umkleidet, ja vielleicht durch einen wirklichen Traum des Jünglings angeregt worden ist, das *Programm* der beiden Sätze der *h-Moll-Symphonie*.« Mag die Idee, die »Unvollendete« für eine Programmsinfonie zu halten, absurd scheinen, so einfach von der Hand zu weisen ist Scherings Verdacht eines Zusammenhangs nicht, zumal die Sinfonie dann ja nicht mehr als unvollendet anzusehen und Schuberts Scheitern beim Versuch, sie doch noch fortzuführen, mit einem Mal erklärt wäre. Wohl aber ist zu bedenken, daß Schubert in dieser Sinfonie den Weg zu einer neuen Sinfonik, den er in jenen Jahren expressis verbis sucht, offenbar doch nicht gefunden zu haben glaubt, wie der bereits mehrfach zitierte Brief vom 31. März 1824 beweist. Franz Schubert als den ersten Programmusiker des 19. Jahrhunderts zu feiern, dürfte also nach wie vor nicht unbestritten möglich sein.

Schubert schickt die nicht zu Ende geschriebene Partitur, wahrscheinlich im Zusammenhang mit der Verleihung der Ehrenmitgliedschaft im Steiermärkischen Musikverein, 1823 nach Graz. Auf Umwegen kommt sie schließlich in den Besitz der Gesellschaft der Musikfreunde in Wien, deren Orchester das Werk unter Leitung von Johann Herbeck 1865 aufführt. Eduard Hanslick ist Zeuge dieser Uraufführung, und er schreibt eine hymnische (»wir zählen das neu aufgefundene Sinfonie-Fragment von Schubert zu seinen schönsten Instrumentalwerken«), aber im Grunde doch fade Kritik: »Dieser ganze Satz ist ein Melodienstrom, bei aller Kraft und Genialität so kristallhell, daß man jedes Steinchen auf dem Boden sehen kann« (E. H., *Aus dem Concertsaal*, Wien 1870, S. 350).

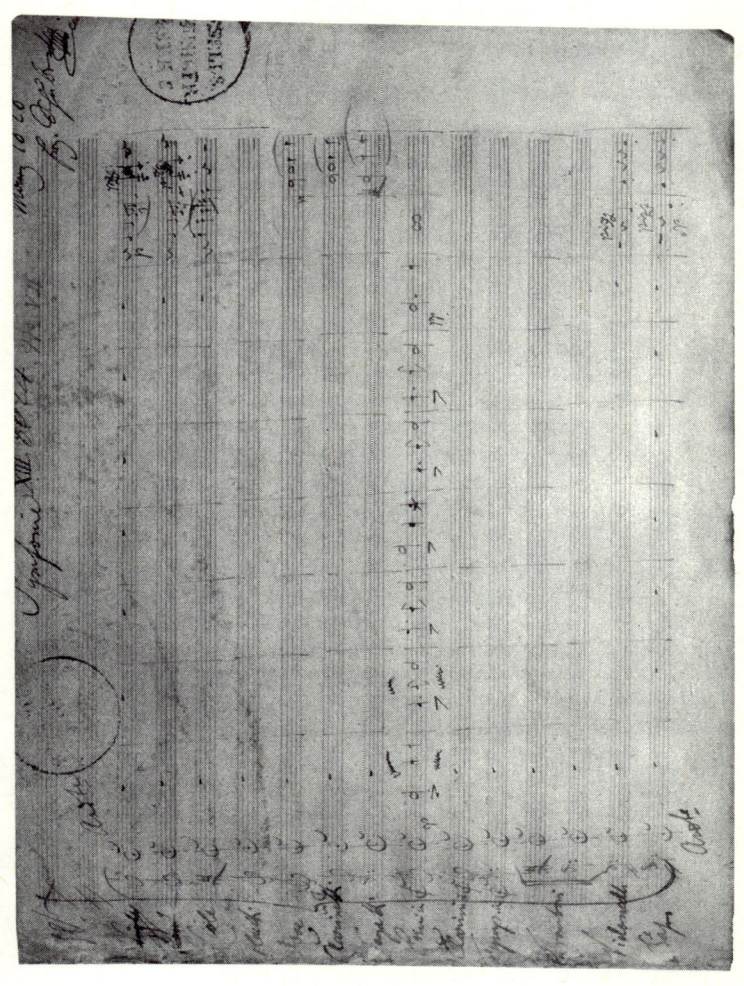

*Sinfonie Nr. 8 in C-Dur (D 944), Beginn des ersten Satzes, autographe Partitur
(datiert März 1828) im Archiv der Gesellschaft der Musikfreunde in Wien*

Sinfonie Nr. 8 in C-Dur (D 944)
(genannt »Große C-Dur-Sinfonie«, bisher Nr. 7 oder Nr. 9)

Andante, ¢; Allegro ma non troppo, ¢ – Andante con moto, ¾ – Scherzo: Allegro vivace, ¾ – Allegro vivace, ¾
B: 2 Fl., 2 Ob., 2 Kl., 2 Fg.; 2 Hrn., 3 Pos., 2 Trp., Pk.; Streicher.
D: Sommer 1825 (in Gmunden und Gastein) bis Frühjahr 1826 in Wien; Manuskript jedoch datiert »März 1828«. – AGA I,7; NGA V/3,8.

In seinem Brief vom 31. März 1824 – wir haben ihn schon zitiert – schreibt Schubert: »... überhaupt will ich mir ... den Weg zur großen Sinfonie bahnen ...« Offenbar sucht er einen neuen Weg, und hier, in der sogenannten Großen C-Dur-Sinfonie, hat er, so will es scheinen, ihn gefunden. Wirklich? Wie ist dann zu verstehen, daß diese Sinfonie doch die einzige geblieben ist, daß darauf nur noch Skizzen folgen, und zwar vom September/Oktober 1828, also aus Schuberts später Zeit und aus der Nachbarschaft der größten Werke, nämlich des Streichquintetts und der letzten Klaviersonaten, Skizzen, die musikalisch weiter ausgreifen als alles Bisherige, viel weiter auch als die Große C-Dur-Sinfonie. Wie dem auch sei, hier jedenfalls ist dennoch neues Terrain erreicht, etwa in der neuen Flächigkeit der Abläufe, die man, Schumanns Wort mißdeutend, oft als »himmlische Längen« eher toleriert als himmlisch findet. Auch ist hier, und zwar durchaus und immer noch nach dem Vorbild von Beethovens »obligatem Akkompagnement« (so Beethovens eigene Bezeichnung für seine Satztechnik), eine Art von Schichtung im Orchestersatz realisiert, die nie zuvor so extensiv auskomponiert worden ist wie hier von Schubert. Man denke nur an den Beginn des Allegros im ersten Satz, wo nicht nur Streicher und Bläser gegeneinander gesetzt sind, wo vielmehr Strukturelemente ineinandergreifen, nämlich thema-bestimmte Dreitakter mit melodischen Sprüngen und Punktierungen in den Streichern (mit Trompeten und Pauken) gegen triolisch repetierte »liegende« Akkord-Dreitakter in den Bläsern. Diese Dreitakter sind nämlich so auf verschiedenen Ebenen des Satzes verteilt, daß sie sich überschneiden und zusammen Viertaktgruppen bilden können, »Rhythmen von 4 Takten« (wie die Musiktheorie jener Zeit sagt), als handle es sich ungebrochen um Bauglieder aus Normverläufen.

Bläser (oben) und Streicher (unten) in einer Art von melodischem Vordergrund erklingend:

In einer Art von Hintergrund taktrhythmisch bindend die Grundstruktur:

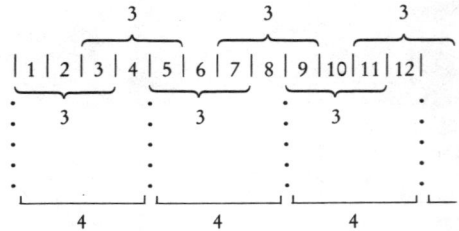

Durchaus ähnlich das Seitenthema: Man achte auf den mit allem Nachdruck versehenen »verspäteten« Einsatz der Kontrabässe (im 5. Takt auf Taktmitte) und auf die Verwirrung, die im melodisch vordergründigen »Oberbau« dadurch entsteht: Dort kommt der vorgesehene Achttakter nun nicht mehr im achten, sondern erst im neunten Takt zu Ende, in dem aber die Wiederholung des Themas schon wieder einsetzt. Und so weiter: Bewegung und Leben überall, und das auf Grund »meisterlicher Technik«, die Robert Schumann, als er in einem großen Aufsatz in seiner *Neuen Zeitschrift für Musik* 1840 von seiner Entdeckung dieser Sinfonie bei Schuberts Bruder Ferdinand in Wien berichtet und das Werk beschreibt – die Schumann denn auch als erstes hervorhebt, wenn er Schubert huldigt: »Sag ich es gleich offen: Wer diese Sinfonie nicht kennt, kennt noch wenig von Schubert, und dies mag nach dem, was Schubert bereits der Kunst geschenkt, als ein kaum glaubliches Lob angesehen werden ... Hier ist, außer meisterlicher Technik der Komposition, noch Leben in allen Fasern, Kolorit bis in die feinste Abstufung, Bedeutung überall, schärfster Ausdruck des Einzelnen, und über das Ganze endlich eine Romantik ausgegossen, wie man sie schon anders woher bei Schubert kennt. Und diese himmlische Länge der Sinfonie, wie ein dicker Roman in vier Bänden etwa von Jean Paul, der auch niemals endigen kann und aus den besten Gründen zwar, um auch den Leser hinterher nachschaffen zu lassen. Wie erlabt dies, dies Gefühl von Reichtum überall, während man bei andern immer das Ende fürchten muß und so oft betrübt wird, getäuscht zu werden ... Die Sinfonie hat denn unter uns gewirkt, wie nach den Beethoven'schen keine noch.« – Als die Sinfonie nach der Uraufführung am 21. März schon im Dezember 1839 in Leipzig zum zweiten Mal aufgeführt wird, und Schumann wieder den Proben beiwohnt, schreibt er an Clara Wieck, seine Braut: »Clara, heute war ich selig. In der Probe wurde die Sinfonie von Franz Schubert gespielt. Wärst Du da gewesen. Die ist Dir nicht zu beschreiben; das sind Menschenstimmen, alle Instrumente sind geistreich über die Maßen und diese Instrumentation trotz Beethoven – und diese Länge, diese himmlische Länge. Ich war ganz glücklich und wünschte nichts, als Du wärest meine Frau und ich könnte auch solche Sinfonien schreiben ...« Freilich, nicht alle Musiker waren oder sind so begeistert. Mendelssohn jedenfalls mußte seinen Plan, die Sinfonie 1844 in London aufzuführen, aufgeben, weil die Musiker sich sogar belustigt zeigten, vor allem über den letzten Satz, und weil sie die Längen keineswegs so kurzweilig wie die eines Romans von Jean Paul finden konnten ...

Ouvertüren und andere Orchesterwerke

Der Musikliebhaber von heute assoziiert zu »Ouvertüre« eigentlich immer »Oper«, und für die Opern-Ouvertüre nimmt er selbstverständlich an, daß sie konkret auf »ihre« Oper, deren Handlungsverlauf und Musik bezogen oder beziehbar sei. Indessen heißt Ouvertüre ursprünglich nichts anderes als: instrumentale Einleitungs- oder Eröffnungsmusik, gleichgültig ob für ein Fest, eine Folge von konzertmäßig vorzutragenden instrumentalen Sätzen (meist Tanzsätzen) oder für eine Oper. Dementsprechend sind Opern-Ouvertüren als pure Einleitungsmusiken ursprünglich keineswegs an »ihre« Opern gebunden, weswegen sie auch selbstverständlich austauschbar sind. Erst seit dem späteren 18. Jahrhundert und durchaus langsam entwickelt sich die Ouvertüre einerseits zur Opern-Ouvertüre mit direktem Bezug zum bestimmten Werk, andererseits zum eigenständigen Instrumentalwerk sinfonischen Zuschnitts. (Und im Verlauf des 19. Jahrhunderts degenerieren beide Typen, der erste zur Potpourri-Ouvertüre, der zweite zur Programm-Ouvertüre, und zwar beide so sehr, daß Wagner und Verdi dann keine Ouvertüren mehr für ihre Opern schreiben, bestenfalls noch »Vorspiele«.)

Schuberts Ouvertüren, sofern sie nicht zu Bühnenwerken gehören, sind solche einsätzigen sinfonischen Stücke allgemein musikalischen Charakters und nicht funktional gebunden, zunächst wohl Lernstücke und also an Vorbilder angelehnt, etwa an Beethovens »Leonore«-Ouvertüren (so D 12: *Ouvertüre in D-Dur*, von 1811 oder 1812), oder an Glucks Ouvertüre zu »Iphigenie in Aulis« (Fragment von 1810: D Anh. II, 1), dann aber Gebrauchsmusik – obwohl wir die Anlässe meist nicht kennen: Man könnte ein Zauberstück von Ferdinand Raimund nicht besser einleiten als mit Schuberts *D-Dur-Ouvertüre* von 1817 (D 556), meint Alfred Einstein. – Schubert schreibt in der frühen Zeit Ouvertüren übrigens auch für Streichquartett bzw. -quintett, und er bearbeitet später sechs von seinen Ouvertüren für Klavier zu vier Händen, sicherlich in erster Linie für häusliches Musizieren, aber durchaus auch für die Aufführung in kleinen öffentlichen Konzerten.

Wirklich bekannt geworden sind von Schuberts Ouvertüren eigentlich nur drei, nämlich die zwei *Ouvertüren »im italienischen Stile«* in *D-Dur* und *C-Dur* von 1817 (D 590, 591) und die als *»Rosamunde-Ouvertüre«* bekannte Ouvertüre zu dem Melodram *Die Zauberharfe* (1820; D 644). Die Bezeichnung »im italienischen Stile« stammt zwar nicht von Schubert selbst, aber sie könnte wohl von ihm sein, wenn – woran nicht zu zweifeln ist – die Entstehungsgeschichte zutrifft, die Schuberts erster großer Biograph, Kreißle von Hellborn (1865, S. 129), überliefert: »Schubert besuchte öfters das Theater, und es darf nicht Wunder nehmen, daß der liederreiche Tondichter sich von dem Melodienstrom Rossinischer Musik angeregt fühlte, wobei freilich Niemand weniger als er die schwachen Seiten des genialen Maestro übersehen konnte. Als er nun eines Abends mit mehreren Bekannten (darunter auch Herr [Josef] Doppler, der Gewährsmann dieses Geschichtchens) aus der Oper *Tancred* nach Hause wanderte, ergingen sich diese derart in Lobeserhebungen über Rossini's Musik und insbesondere über seine Opernouvertüren, daß Schubert, dem des Lobes zu viel sein mochte, zum Widerspruch gereizt, erklärte, es würde ihm ein Leichtes sein, derlei Ouvertüren, in ähnlichem Styl gehalten, binnen kürzester Zeit niederzuschreiben. Seine Begleiter nahmen ihn beim Wort, und versprachen ihrerseits die Tat durch ein Glas guten Weins zu belohnen. Schubert machte sich sogleich an die Arbeit und componirte eine Ouvertüre für Orchester, welcher später noch eine zweite folgte, und die unter dem Namen: ›Ouverturen im italienischen Styl‹ bekannt, bei seinen Lebzeiten in Concerten mit Beifall aufgeführt wurden.« In der Tat ist eine von diesen beiden Ouvertüren – die Quellen sagen nicht welche – am 1. März 1818 in Wien im Saale des Hotels »Zum römischen Kaiser« (heute Renngasse 1) aufgeführt worden: die erste öffentliche Aufführung eines weltlichen Werkes von Franz Schubert überhaupt. Und in der Tat, »italienisch« sind beide, jedenfalls im Sinne Rossinis: In der Sonatensatzanlage, jedoch ohne Durchführung, mit kurzen schlagkräftigen Themen, mit ausgedehnt flächigen Orchester-»Walzen« und mit langen lärmenden Schlüssen.

1823 reicht Helmina von Chézy, die Verfasserin des Librettos zu Carl Maria von Webers Oper »Euryanthe« (Wien 1823), der Direktion des Theaters an der Wien ein »neues Drama mit Chören« ein: *Rosamunde, Fürstin von Zypern*. Das Manuskript des ungedruckt gebliebenen romantischen Schauspiels ist verloren, man kann den Inhalt jedoch aus den Rezensionen der Erstaufführung rekonstruieren. »Die Musik hierzu ist von dem rühmlich bekannten, talentvollen Tonsetzer Hrn. Fr. Schubert«, wie die Zeitschrift *Der Sammler* am 18. Dezember 1823 berichtet. Die Komposition (D 797) besteht aus insgesamt neun Nummern, wovon vier vokal sind: eine kurze strophische Romanze für Alt-Solo und 3 Chöre. Die fünf Instrumentalstücke (keine Ouvertüre) – 3 Entre-Acts, 2 Ballette – werden zusammen mit einer Ouvertüre als

»Rosamunde-Musik« gern im Konzertsaal gespielt; sie gehören zu den bekanntesten und beliebtesten Stücken von Schuberts Instrumentalmusik überhaupt. Zur Ouvertüre, die man, aus einer auf Schuberts Zeit zurückgehenden Tradition, meist dazu aufführt und die daher den Namen *»Rosamunde-Ouvertüre«* trägt, siehe auch im Kapitel »Bühnenmusik«, S. 177 u. 190.

Dreierlei ist interessant. a) Ausgedehnte Teile seiner *Ouvertüre »im italienischen Stile« in D* (1817; D 590) hat Schubert, leicht verändert, in die Ouvertüre zum Melodram *Die Zauberharfe* (1820; D 644), die man dann *»Rosamunde-Ouvertüre«* nennen sollte, übernommen, nämlich die Einleitung und die Coda; diese Teile sind »inhaltsunabhängig«, und offenbar schienen sie ihm auch nach drei Jahren und für den höheren Zweck noch gut genug. b) Zu den Überlegungen, die merkwürdigerweise viele Musiker immer wieder anstellen, gehört die, ob man nicht aus Schuberts Werk einen anderen Satz als Schlußsatz für die *»Unvollendete«* verwenden könnte. Und da wird manchmal der erste Entre-Act h-Moll aus der Musik zu *Rosamunde* (1823; D 797) in Erwägung gezogen. c) Der erste (Dur-)Teil von Nr. 5 (Entre-Act nach dem dritten Aufzug) aus dieser Musik zu *Rosamunde* begegnet nahezu wörtlich noch zweimal bei Schubert, nämlich als Thema zu den Variationen (Nr. 3) der *Vier Impromptus* op. post. 142 (1827; D 935) und am Beginn des Andante-Satzes im *Streichquartett a-Moll* (1824; D 804).

Das Instrumentalkonzert gehört zu Schuberts Zeit zu den im öffentlichen Konzertleben wichtigen und beim Publikum beliebten Gattungen der Musik, und ausgerechnet zu dieser Gattung hat Schubert keinen Beitrag geliefert. Warum nicht, kann man nur vermuten. Vielleicht lag ihm nicht, was notwendig zum Konzertieren gehört: das Auftreten und das Zur-Schau-Stellen des virtuos instrumentalen Elementes, vielleicht war er auch persönlich zu scheu einerseits und zu anspruchsvoll andererseits. An mangelnder Technik des Spiels jedenfalls kann es nicht gelegen haben, jedenfalls nicht für das Klavier: Was Schubert in seiner Kammermusik mit Klavier an Können voraussetzt, würde für ein normales Konzert allemal genügen. Aber vielleicht kann ein musiksoziologischer Gesichtspunkt weiterführen: Schubert ist ja, anders als alle seine zeitgenössischen Kollegen, von Haus aus nicht Berufsmusiker sondern Lehrer; er geht erst später ganz zur Musik über – und ist dann, bei allem Bemühen des Professionellen um die großen Gattungen der Kirchenmusik, der Oper und der Sinfonie, doch in erster Linie ein musikalischer Repräsentant des in neuer Weise an der Musik interessierten und auch neu für die musikalische Kultur verantwortlichen Bürgertums. Und der soziale Ort für dessen Musikveranstaltungen ist zuerst das Haus(konzert), nicht aber der große Konzertsaal.

Immerhin gibt es von Schubert ein wunderhübsches und eingängiges Adagio und Rondo (»für seinen Bruder Ferdinand«) für Violine und Orchester, das in Wirklichkeit höchst diffizile *Concerto in D* (D 345) aus dem Jahre 1816, dessen Besetzung in den Bläsern wieder auf einen bestimmten Anlaß für ein bestimmtes Ensemble schließen läßt.

Eine ähnliche »Gelegenheitsarbeit« schließlich ist das *Adagio e Rondo concertante F-Dur für Klavierquartett* (D 487), ebenfalls von 1816 und gleicherweise intrikat zu spielen wie leicht zu hören, jenes Stück, das nach Therese Grobs Bericht (bei Kreißle) für ihren Bruder geschrieben und im Hause Grob aufgeführt worden ist. Aus verschiedenen Gründen ist für dieses Klavierquartett eine Mehrfach-Besetzung der drei Streicher anzunehmen, aber nicht notwendig. Es ist ein Stück von der Gefälligkeit und sanften Brillanz J. N. Hummels, mit ein paar hübschen Schubertischen Modulationen und enharmonischen Verwechslungen, wie Einstein herablassend, aber zutreffend meint.

Kammermusik

Oktett für Streicher und Bläser in F-Dur (D 803)
(op. post. 166)

Adagio; Allegro, ¼ – Adagio, ⅚ – Allegro vivace, ¾ – Thema: Andante, ¾, mit
7 Variationen – Menuetto: Allegretto, ¾ – Andante molto, ¼; Allegro, ¢
B: 2 Vl., Vla., Vc., Kb.; Kl., Horn, Fg.
D: Februar bis 1. März 1824, Wien. – AGA III,1; NGA VI/1,3.

Schubert stellt sich mit dem Oktett, wie wir aus dem zitierten Brief vom
31. März 1824 (s. S. 216) von ihm selbst wissen, eine Aufgabe – eine Aufgabe
unter den Augen Beethovens und im Bemühen um die »große Komposition«.
Um sich den Weg zu bahnen »zur großen Sinfonie« (womit kaum eine
bestimmte Sinfonie gemeint sein dürfte, sondern die Gattung), schreibt er im
Frühjahr 1824 Streichquartette und ein größeres Kammermusikwerk für Streicher und Bläser, nimmt er sich Beethoven zum Vorbild, doch wählt er als
Modell für sein Oktett keines von dessen späteren Werken, deren Entstehung
und Veröffentlichung er miterlebt, sondern das Septett op. 20 aus den Jahren
1799/1800. Sicherlich bewegt ihn dazu auch die Tatsache, daß Beethoven mit
dem Septett einen neuen Typus innerhalb der Gattung Kammermusik geschaffen und damit überaus großen Erfolg gehabt hat; vor allem aber dürfte ihn
bestimmt haben: die Einsichtigkeit des musikalischen Verfahrens. Hier nämlich, am frühen Beispiel, scheint Beethovens Technik des Satzbaus noch ganz
durchschaubar zu sein; hier wohl glaubt Schubert im Verfahren des Nach-
komponierens am ehesten lernen zu können, was ihm kompositionstechnisch
wichtig ist. Wie intensiv Schubert bei dieser Arbeit ist, schildert Moritz von
Schwind in einem Brief: »Schubert ist unmenschlich fleißig ... Jetzt schreibt
er schon lang an einem Octett mit dem größten Eifer. Wenn man unter Tags
zu ihm kommt, sagt er grüß dich Gott, wie geht's? ›gut‹ und schreibt weiter,
worauf man sich entfernt.« (Dok., S. 229.) Beethovens Septett und Schuberts
Oktett unterscheiden sich äußerlich nur in der Besetzung: Schubert fügt dem
Ensemble eine zweite Geige hinzu. Hier wie dort ist in der Anlage die Vier-
sätzigkeit überschritten, so wie es beim alten Divertimento üblich war, mit
dem auch diese Werke noch verwandt sind. Neben dem Menuett als Tanz-
satz steht ein Scherzo – man hat also damals den Unterschied im Charakter
der Bewegungsarten dieser Sätze als wesentlich empfunden! – und neben dem
langsamen Satz steht hier wie dort ein Andante mit Variationen. Innerlich
hingegen sind die Werke grundverschieden. Bei aller Tiefe weht durch Beethovens Septett Serenadencharakter, während Schuberts Oktett bei aller Heiterkeit in besonderer Weise ernsthaft erscheint. In der Tat: noch nie kam
Schubert der Idee der großen sinfonischen Form so nahe wie hier. Wer sich
nur dem Zauber der von innigster Empfindung erfüllten Melodien hingibt,

Oktett (D 803), Beginn des ersten Satzes, autographe Partitur (Februar 1824) in der Wiener Stadt- und Landesbibliothek

der wird freilich auch hier sich ganz in der Welt einer gefühlsseligen Romantik fühlen. Er wird Melodien und immer wieder Melodien hören. Damit wird man aber dem, was Schubert mit diesem Werke vorschwebt, kaum gerecht: Es ist von Anfang bis zu Ende »Gestaltung im klassischen Sinne«.

Obgleich das Oktett, wie gesagt, zunächst als ein Werk des Studiums entsteht, bietet Schubert es, zusammen mit anderen Werken, zwei Jahre später den Leipziger Verlegern Breitkopf & Härtel und Heinrich Albert Probst – erfolglos – an; er selbst hält das Werk »für durchaus gelungen«. Nun, uns heute will diese Bescheidenheit kaum einleuchten: Noch nie hat Schubert bis dahin einen langsamen Satz von solcher Konzentration, von solcher Bändigung des melodischen Überflusses geschrieben, und noch keines seiner Werke bisher ist von solchem Reichtum melodischer Polyphonie. (Angesichts dessen möchten wir heute uns eher fragen, wie Schubert noch Jahre später, 1828, kurz vor seinem Tod, meinen kann, er müsse bei dem trockenen Simon Sechter den Kontrapunkt studieren.) Auf ganz andere Weise, aber in der Intensität durchaus vergleichbar herrlich ist der Variationensatz, dessen Thema von einem harmlosen Duett aus Schuberts Singspiel *Die Freunde von Salamanca* (1815; D 326) stammt. Und das Scherzo:

in puncto Rhythmik (Rhythmus der ganzen Takte) ist es für damalige Zeit geradezu ein Stück Neuer Musik! Unter den zahlreichen Nachfolgekompositionen von Beethovens Septett ist Schuberts Oktett die einzige, die nicht nur die für die Kammermusik neuartige Besetzung und den damit in die hohe Gattung eingeführten Serenadenton übernimmt, sondern auch Beethovens selbst hier ernst gemeinte kompositorische Konstruktion in der Satzweise des »obligaten Accompagnements« (wie Beethoven selbst, gerade im Hinblick auf sein Septett, seine Kompositionsweise genannt hat).

Klavierquintett in A-Dur (D 667)

(op. post. 114; »Forellenquintett«)

Allegro vivace, ¼ – Andante, ¾ – Scherzo: Presto, ¾; Trio – Thema: Andantino ¾, mit 6 Variationen – Allegro giusto, ¾

B: Klavier, Vl., Vla., Vc., Kb.

D: 1819. – AGA VII/1,1; NGA VI/7,6.

Eine der wichtigen Personen des Schubertschen Freundeskreises ist der Sänger Johann Michael Vogl (1768–1840), der als erfahrener Künstler Schubert anregt und fördert. Vogl stammt aus Steyr in Oberösterreich, und er ist seiner Heimat eng verbunden. Die Reisen, auf die er in den Sommermonaten 1819, 1823 und 1825 Schubert mitnimmt, haben so ihr Ziel gleichsam selbstverständlich in Steyr. Vogl führt Schubert dort in die musikalischen Kreise der Stadt ein, vor allem in das Haus und den Kreis von Sylvester Paumgartner, der in jenen Jahren der Musikmäzen Steyrs ist und im »Musiksalon« seines Hauses am Stadtplatz regelmäßig Hauskonzerte veranstaltet. Über Schuberts Beziehungen zu Steyr und besonders zu Paumgartner berichtet Albert Stadler, Schuberts Freund, der selbst aus Steyr stammt; sein Bericht ist übrigens die einzige Quelle zur Entstehung des »Forellenquintetts«: »Er schrieb es auf besonderes Ersuchen meines Freundes Sylvester Paumgartner, der über das köstliche Liedchen [›Die Forelle‹] ganz entzückt war. Das Quintuor hatte nach seinem Wunsch die Gliederung und Instrumentierung des damals noch neuen Hummelschen Quintetts, recte Septuors, zu erhalten. Schubert war damit bald fertig . . .« (Erinn., S. 173.) Aus diesem Bericht geht hervor, daß das Werk nach dem Vorbild von Hummels op. 74 (das 1816 als Septett und gleichzeitig als Quintett erschienen war) entstand und daß es für einen Kreis von Liebhabern geschrieben ist. Das Letzte belegt auch die ursprüngliche Fassung, die erst vor kurzem mit der Stimmenabschrift Albert Stadlers wiederentdeckt (und in der Neuen Schubert-Gesamt-Ausgabe 1975 zum erstenmal veröffentlicht) worden ist: Sie weicht von der bekannten Fassung dadurch ab, daß sie in einigen Partien der Violine und der Viola technisch weniger anspruchsvoll ist. Allerdings geht auch der Druck, den der Verleger Josef Czerny im Frühjahr 1829 in Wien herausbringt, auf Schuberts Partitur zurück, und es ist anzunehmen, daß die Veränderungen gegenüber der ursprünglichen Fassung noch vom Komponisten selbst und nicht vom Verleger stammen.

Besonders merk-würdig und also hörens-wert – weil von der Norm für solche Stücke und also von der Hörerwartung abweichend – ist im »Forellenquintett« vieles, etwa schon die Exposition des ersten Satzes, wie Walter Riezler schön beschreibt. Das Thema, mit dem das Werk nach der motivischen »Rakete« des Klaviers beginnt, ist kein fertiges Gebilde, sondern etwas, das erst werden muß, wobei die endgültige Gestalt erst mit Takt 25 erreicht wird. Was vorausgeht, ist wie eine Einleitung, die, gleichsam tastend, vieles, sogar das Taktmaß, im Unklaren läßt. Erst danach kommt der Satz richtig und richtig aufnehmbar in Fluß. Das Thema, alsbald in einzelne Teile verkürzt, entbehrt indessen des stabilisierenden Abschlusses, es geht unmittelbar über in eine modulierende Figuration, deren Ziel E-Dur als Tonart des zweiten Themas jedoch nicht gleich erkennbar ist. Erst mit Takt 64 wird das Ziel, nein: ein Ziel erreicht, E-Dur zwar, doch keineswegs das eigentliche zweite Thema. Diesem ist vielmehr ein schwungvoll drängender Zwiegesang von Violine und Violoncello vorgeschaltet. Das zweite Thema selbst nun scheint, wie man immer wieder sagt, eine echt Schubertische reine Melodie zu sein – und ist doch ganz und gar eine *Instrumental*melodie, also keine, die man beim »Liederfürsten« als Meister der *Gesangs*melodie so ohne weiteres erwarten wird. Und danach? In schier unersättlicher Freude am virtuos figurierten instrumentalen Spiel breiten sich Schlußkadenzierungen aus: 33 Takte E-Dur-Kadenz, in die freilich fünf Takte eingesprengt sind, in denen der herrschende Septakkord über H völlig unvermittelt abgelöst wird durch ein D-Dur mit seiner Dominante, das ebenso, wie es gekommen ist, wieder spurlos verschwindet. Das ist wie ein Schein, der von außen, von einer unsichtbaren Lichtquelle hereindringt. Die Farbe scheint aber hier Selbstzweck zu sein und nicht etwas anderem, Nicht-Musikalischem, zu dienen. Eine Erklärung von der Funktion her ist jedenfalls noch weniger möglich als bei den anderen Stellen ähnlich überraschender mediantischer Wirkungen – etwa schon in der »Einleitung«, wo der »Orgelpunkt« A des Kontrabasses völlig überraschend auf F sinkt...

Das Thema des Variationensatzes ist Schuberts berühmtem Lied *Die Forelle* (D 550; nach C. F. D. Schubart; Winter 1816/17; s. S. 71 f.) entnommen, und zwar im engeren Sinne des Wortes »entnommen«, denn nicht das Lied selbst, das ja als Ganzes mit Text, Singstimme und Klavierpart eine Art von Szene musikalisch realisiert, sondern nur die Melodie der ersten Strophe ist im Quintett Gegenstand musikalischer Variation. Und damit dies auch jeder hören kann, bringt Schubert das Charakteristikum des Klaviersatzes im Lied, nämlich die zur zweiten Takthälfte auftaktig aufsteigende Sextole mit den beiden fallenden Achteln der rechten Klavierhand, im Quintett erst in der letzten Variation, so als sei sie Ergebnis der Variationsreihe und gehöre nicht schon zu dem, was es zu variieren galt.

Das »Forellenquintett« ist neben der »Unvollendeten« Schuberts bekannteste Instrumentalkomposition: Es ist populär. Damit ist nicht weniger gesagt, als daß ein schlechthin vollkommenes Kunstwerk – denn das kann man ja hier sagen, auch wenn es in Schuberts »Krisenjahren 1818–1823« entstanden ist – sich zugleich der höchsten Beliebtheit erfreut. Darin liegt freilich zugleich die Gefahr von Mißverständnissen: Nicht jedes Werk, das wir wie dieses als »einen genialen Wurf« ansehen, ist gleich vollkommen, und wenn man das »Forellenquintett« für den ganzen Schubert nehmen möchte, hat man ihn mißverstanden, und zwar nicht nur weil damit die ernsten Töne in seinem Opus überhört würden, sondern auch weil über dem Erlebnis einer gleichsam ewigen Jugendfrische dieses Stücks die Größe der reifen Werke übersehen wäre.

Streichquintett in C-Dur (D 956)
    (op. post. 163)

    Allegro ma non troppo, ¼ – Adagio, ¹²⁄₈ – Scherzo: Presto, ¾; Trio: Andante
    sostenuto, ¢ – Allegretto, ¢
    B: 2 Vl., Vla., 2 Vc.
    D: September 1828, Wien. – AGA VI; NGA VI/2,2.

Einem Brief an den Leipziger Verleger Probst vom 2. Oktober 1828 zufolge hat Schubert zu dieser Zeit »ein Quintett für 2 Violinen, 1 Viola u. 2 Violoncello verfertigt«, das aber »dieser Tage erst probirt wird«. Schubert führt in diesem Brief das Quintett zusammen mit den drei späten Klaviersonaten (D 958–960) vom September 1828 und den Heine-Liedern aus dem später so genannten »Schwanengesang«, vermutlich ebenfalls vom September 1828, auf; das Quintett dürfte daher im selben Monat entstanden sein. Zu den beiden Geigen treten hier nicht wie bei Mozarts Streichquintetten zwei Bratschen, sondern zwei Celli, was aber keineswegs eine Verdüsterung des Klangs zur Folge hat, sondern eine Intensivierung der Farbigkeit als Vertiefung des Ausdrucks, und dies in erster Linie durch die Spreizung der Violoncello-Lage in einen hohen und einen tiefen Klangbereich.

Schuberts C-Dur-Quintett ist eines der großen, eines der unbeschreiblich herrlichen Werke der abendländischen Musik. Schon der Anfang läßt Unerhörtes erwarten. Denn daß der Satz mit dem Hauptthema beginnt, kann der Hörer zunächst nicht wahrnehmen. Die ersten Akkorde schwanken seltsam zwischen C-Dur und einem verminderten Septakkord über c und klingen eher nach einer langsamen Einleitung; doch davon ist keine Rede. – Noch merkwürdiger ist der zweite Satz, vielleicht das kühnste, originellste und geheimnisvollste Stück, das Schubert geschrieben hat. Sein erster Teil hebt an in einer Art völliger Entrücktheit, und wie er begonnen hat, schließt er auch – zum Schein, denn der versunkene Hörer wird, durch einen Unisono-Triller aller fünf Instrumente mit einem Crescendo zum Fortissimo, urplötzlich in eine völlig andere Welt gerissen: Mit einer harmonisch weder unterbauten noch begründeten Rückung ist der Satz, der in E-Dur begonnen hat und schließen muß, auf einmal in f-Moll und in einer anderen Bewegungsart. Für den Leser der Noten bleiben Takt und Zeitmaß zwar gleich – der Hörer aber glaubt schon bei den ersten heftigen Synkopen eine Art von Allegro zu vernehmen, zumal wenn im tiefen Cello die Sechzehntel-Triolen unheimlich grollen. Darüber erhebt sich dann eine leidenschaftliche Melodie, wohl die leidenschaftlichste, die bis dahin überhaupt ein Instrument gesungen hat. Und dann folgt auf diesen kaum zu fassenden fessellosen, schwerblütigen Ausbruch (nach einer »Überleitung«, bei der man fürchten muß, die Musik bleibe stehen) noch einmal der entrückte E-Dur-Teil, taktgetreu und in den Mittelstimmen unverändert. Aber Wiederholung ist in guten Kompositionen niemals die Wiederkehr des Gleichen: Hier hat die Zeit wirklich – und wirklich musikalisch – nur *eine* Dimension; der Durchgang durch das Chaos, wie man vielleicht sagen kann, und die Art von »Schwerelosigkeit« in diesem Satz, sie sind irreversibel. Und nun, auf der neuen Stufe eines entrückten »Canto trasfigurato« sind die Töne zwar dieselben, aber der Sinn ist neu: *dieser* »Gesang« ist nun die erinnerte Vision seiner selbst; gleichsam erst im Innewerden des Gewesenseins findet er zu seiner eigenen höchsten Gestalt.

Was Schubert im Adagio des Quintetts im Bewußtmachen und Umkreisen von Zeit gestaltet, ist einerseits antizipierte Todeserfahrung, ein visionärer Ausblick in das Drüben, das er so oft in Liedern beschworen hat, andererseits ein Wissen um die geschichtliche Stunde seiner Existenz: Schuberts Leben und Schaffen fällt in den Aufgang des »historischen Zeitalters«, das die Musik mehr als die anderen Künste treffen sollte. Beethoven war es noch vergönnt, in seiner letzten Sinfonie sich an die »ganze Welt« zu wenden, auch im Molto adagio seines Streichquartetts op. 132 einen »Heiligen Dankgesang eines Genesenen an die Gottheit in der lidischen Tonart« zu singen und ihn »Mit innigster Empfindung« zu beschließen. Schubert indessen muß sich gleichsam auf die Suche nach der verlorenen Zeit begeben, indem er sie in der versehrenden Schönheit einer Idee beschwört. Der junge Schubert hat einmal gesagt: »Wer vermag nach Beethoven noch etwas zu machen?« Damals hat er wohl kaum schon die geschichtsmächtige Relevanz seiner Worte geahnt. Im letzten Teil und im Schluß seines Adagios im Quintett aber beleuchtet Schubert das (ihm vielleicht nicht einmal hell bewußte Wissen um das) Ende seiner Epoche: Der Zeitpuls scheint erloschen; in den am Rande des Abgrunds leuchtenden Medianten scheint sich ein dem Sog nach unten standhaltender, fast feierlicher Klangwechsel ohne intendierte, jedenfalls ohne wahrnehmbare Zeit zu vollziehen: ein Vergegenwärtigen des Vorbei, ein gefaßtes Abschiednehmen von der Zeit der Wiener Klassiker, transzendiertes Gedächtnis. So gesehen hat das Adagio des Quintetts seinen einmaligen, ja seinen notwendigen geschichtlichen Ort: Die Frage »Wer vermag nach Beethoven noch etwas zu machen?« gewinnt damit die Schlüssigkeit der musikhistorischen und geistesgeschichtlichen Faktizität. (W. Thomas, »Die fast verlorene Zeit ...«, S. 137.)

Dieser zweite Satz ist so unsäglich tief und schön, daß man den Eindruck hat, Schubert müsse mit dem Scherzo sich und den Hörer wieder zurückholen. Unter allen seinen Scherzi gebührt diesem gewiß der erste Rang.

Der letzte Satz gehört zu jenen Schlußsätzen, die auf der Höhe der übrigen Sätze bleiben, und er ist trotz der Ausbreitung einzelner Teile der knappste unter den großen Schlußsätzen Schuberts – wie denn überhaupt bei diesem Werk der gegen Schubert oft erhobene Vorwurf übergroßer Länge am wenigsten gerechtfertigt ist.

Was Schubert bewogen haben kann, seinen drei großen Quartetten ein Quintett folgen zu lassen, ist strittig. – Die erste öffentliche Aufführung des Quintetts findet erst 1850 in Wien in einem Konzert der Gesellschaft der Musikfreunde statt, und zwar durch das Quartett Josef Hellmesbergers mit Josef Stransky als zweitem Cellisten. – Merkwürdig ist, daß das Werk erst in letzter Zeit im Konzertsaal heimisch werden konnte. Sollte gerade die neueste Zeit dafür Neigung und Verständnis gewinnen? Es spräche für sie!

Streichquartett in Es-Dur (D 87)
(op. post. 125,1)

Allegro più moderato, ¼ – Scherzo: Prestissimo, ¾, mit Trio – Adagio, ⁶⁄₈ – Allegro, ¾
D: November 1813, Wien. – AGA V,10; NGA VI/4.

Die Streichquartette aus der frühesten Jugend Schuberts – soweit sie überhaupt überliefert sind – entstehen in stetiger Reihenfolge in den Jahren 1812 bis 1813, etwa alle zwei bis drei Monate eines. Das Es-Dur-Quartett ist in dieser Reihe das letzte, als Schubert im November 1813 gerade das Stadtkonvikt verlassen und die »Laufbahn« als Volksschullehrer mit der Ausbildung an der Hauptschule in der Annagasse begonnen hat. Die *Erste Sinfonie* (D-Dur; D 82) ist abgeschlossen, das erste Singspiel *Des Teufels Lustschloß* (D 84) begonnen. Während diese beiden Werke, wie auch die vielen Lieder des Jahres 1813 nach Texten von Schiller, höhere Ambitionen des Sechzehnjährigen zeigen, sind die Quartette wohl eher bescheiden gedacht, nämlich für das Privatquartett im Hause des Vaters, höchstens noch für den Kreis der Mitschüler. Dort werden Pleyel, Rosetti und natürlich Haydn und Mozart gespielt. Schon darum sind Schuberts Beiträge kaum ohne die Absicht geschrieben, hier zu bestehen. Aber vielleicht war die Devise auch, durch Neues aufzufallen. Wie die vorangehenden Quartette zeigen, sind nämlich Experimente – etwa mit der Sonatenanlage – durchaus nicht ausgeschlossen, so daß die »Normalität« des Es-Dur-Werks vom November 1813 schon fast verwundert. Das bezieht sich auf das Ausgeprägte im Verhältnis der Haupt- und Seitenthemen in den beiden Sonatensätzen (dem ersten und dem vierten), auf deren Tonstufenverhältnisse und Reprisen und ebenso auf die charakteristisch kurzen Durchführungen. Ähnliches gilt für die Gestalt der Themen selbst: auffällig unauffällig, etwa im ersten Satz. Im dritten Satz scheint Schubert wie zum ersten Mal zu versuchen, das Charakteristische eines Adagio-Satzes für ein Quartett zu treffen; vielleicht ist die Zurückhaltung in der Wahl der Mittel daher zu erklären: zu heikel sind ihm die Ausbrüche, die ihm sonst für die kontrastierenden Mittelteile in der Gangart der Andante-Sätze leicht von der

Hand gehen. Und Zurückhaltung kennzeichnet auch das Scherzo: kurz und bündig eine deftige Rahmenhandlung zu einem reizenden Trio, dessen etwas umschatteter c-Moll-Reigen über dem Bordun des Violoncellos und den schweifenden Viola-Vierteln schwebend erklingt. Daß dies herrliche Kammermusik ist, ideen- und figurenreich, wird durch den serenadenhaften Seitensatz auch im Finale unterstrichen, das im übrigen freilich zum Bravourstück mit stark orchesterhaften Zügen abdriftet. Aber daran hat dem Sechzehnjährigen wohl auch gelegen, blieb er doch nicht ungerührt von dem, was in Mode war oder gerade in Mode kam. (W. Aderhold)

Streichquartett in c-Moll (D 703)
(»Quartettsatz c-Moll«)

Allegro assai, $^6/_8$ – Fragment, nicht zu Ende komponiert (41 Takte):
Andante, $^3/_4$
D: Dezember 1820, Wien. – AGA V,12 u. Rev.-Ber.; NGA VI/5,13 u. Anh.

Die Komposition dieses sogenannten Quartettsatzes in c-Moll im Dezember 1820 unterbricht eine mehrjährige Pause in Schuberts Streichquartettschaffen. 1816 hatte er mit dem E-Dur-Quartett (D 353 – op. post. 125,2) das letzte Werk dieser Besetzung fertiggestellt und an einem weiteren geschrieben, das aber möglicherweise auch nur eine Vorarbeit zur Orchester-Ouvertüre in B-Dur (Fragment; D 470) war; bis zu den Streichquartetten in a-Moll und d-Moll, zwei der großen letzten, im Februar und März 1824, ist es noch lange hin. Ist das E-Dur-Quartett von 1816 wohl als Abschluß einer ganzen Reihe von Jugendquartetten anzusehen, in denen Schubert durchaus zu formaler Straffung gelangt, so rückt der c-Moll-Satz nun eher an die berühmten Quartette von 1824 bis 1826 heran, damit an Werke, die von vornherein nicht mehr auf Anregung häuslicher Musizierkreise hin, sondern für ein Publikum, für Aufführungen durch das – besonders aus dem Umkreis Beethovens bekannte – Schuppanzigh-Quartett, gedacht sind.

Daß der »Quartettsatz« als erster Satz eines viersätzigen Quartetts geplant ist, verraten die Überschrift »Quartetto« im Autograph und der angefangene zweite Satz, ein As-Dur-Andante in zunächst leichtflüssiger Gangart, das Schubert in einem sehr figurativen Mittelteil nach der Modulation aus Ces-Dur und dann f-Moll nach dem 41. Takt abbricht. Es mag sein, daß diesem Quartett das Ungleichgewicht früherer Zyklen gedroht hätte, daß nämlich dem spannungsgeladenen ersten ein nach seiner Meinung zu leichtgewichtiger zweiter Satz gefolgt wäre und daß Schubert die Arbeit deshalb nicht weiter verfolgt hat: Wir sehen, wie Schubert in den letzten drei Quartetten gerade hierin eine Veränderung herbeiführt und dem zweiten Satz jeweils besonderes Gewicht verleiht.

Der c-Moll-Satz erinnert in manchem an den ersten Satz von Beethovens »Quartetto serioso« op. 95 von 1810, das 1816 gedruckt vorliegt. Wie dort werden wir bald nach dem furiosen Beginn durch den Wechsel in ein anderes harmonisches

Zentrum (beide Male die Untermediante) überrascht, das durch ein ausgesprochen gesangliches Thema gekennzeichnet ist. Der Unterschied zu Beethovens Satz beruht jedoch vor allem auf der ganz verschiedenen Handhabung motivischer Arbeit (in den Eckteilen wie in der Durchführung): Schuberts Satz durchwebt die ⅜-Bewegung, in die schon zu Beginn der tremolierende Gang bald gekleidet war; diese ist auch das einheitstiftende Moment bei allen harmonischen Wechseln und bleibt bei allen Themen wie bei allen Fortspinnungspartien präsent. Beethoven dagegen gewinnt schon aus den kürzesten gegensätzlichen Wendungen (bereits im 1. Hauptsatz) Stoff für den Fortgang des Satzes aus gleichrangig bestehenbleibenden motivischen Einheiten, deren Kraft sich an harmonischen Zuspitzungen eher zu messen scheint, als daß sie zur Verknüpfung beitrüge. (W. Aderhold)

Streichquartett in a-Moll (D 804)

(op. 29)

Allegro ma non troppo, ¼ – Andante, ¢ – Menuetto: Allegretto, ¾, mit Trio – Allegro moderato, ¾
D: Februar bis März 1824. – AGA V,13; NGA VI/5,14.

Es scheint, als befände sich Schubert im März 1824 in einer Art Schaffensrausch. »Wenn man unter Tags zu ihm kommt«, berichtet Moritz von Schwind dem beiderseitigen Freund Franz von Schober, »sagt er grüß dich Gott, wie geht's?, ›gut‹ und schreibt weiter, worauf man sich entfernt.« Worum es Schubert damals geht: Er will sich »den Weg zur großen Sinfonie bahnen«, und komponiert dazu neben dem Oktett zwei Streichquartette, das in a-Moll und das in d-Moll (D 804, D 810). Das Quartett in a-Moll erscheint bald darauf bei Sauer & Leidesdorf in Wien im Druck. (Im Gegensatz dazu hält Schubert das d-Moll-Quartett vorläufig zurück. Erst aus dem Jahre 1826 wird berichtet, daß man das Quartett probt und daß Schubert dabei noch Korrekturen anbringt. Es erscheint 1831, gut zwei Jahre nach dem Tode des Komponisten.)
Im Juli 1824 schreibt Schubert aus Zseliz an seinen Bruder Ferdinand: »Über Deine Quartetten-Gesellschaft wundere ich mich umsomehr, da Du den *Ignaz!!!* dazu zu bewegen vermochtest. Aber besser wird es sein, wenn Ihr Euch an andere Quartetten als die meinigen haltet, denn es ist nichts daran, außer daß sie vielleicht Dir gefallen, dem alles von mir gefällt.« Nimmt Schubert selbst seine Werke so wenig wichtig? Man kann es sich fast nicht denken – und schließt deshalb in der Regel auf einen geradezu verheerenden Mangel an Selbstbewußtsein bei Schubert. Das aber ist, wie aus vielen anderen Zeugnissen hervorgeht, auch nicht der Fall. Wie dem auch sei, mit dem a-Moll-Quartett jedenfalls sehen wir Schubert in der Quartettkomposition auf einem neuen Wege. (Trotzdem kann man nicht sagen, dieses Quartett sei überhaupt das erste »Schubertische«. Man denke nur an das frühe und rätselhaft schöne in Es-Dur (D 87) von 1813 (s. S. 248 f.). Und wo man lesen muß, das a-Moll-Quartett nehme in Schuberts

Schaffen eine ähnliche Stellung ein wie die Quartette op. 59 in Beethovens Schaffen, wenn es sich auch an innerem Wert mit diesen in keiner Weise messen könne, da sollte man nicht weiterlesen: das ist vermessene Musikwissenschaft! Die zeitgenössische Kritik jedenfalls scheint gehört zu haben, daß hier neue Töne angeschlagen sind (Leipziger *Allgemeine Musikalische Zeitung* vom 27. März 1824): »Neues Quartett von Schubert. Diese Komposition muß man öfter hören, um dieselbe gründlich beurteilen zu können.« Und auch die Freunde registrieren etwas Neues (Schwind an Schober): »Das Quartett von Schubert wurde aufgeführt, nach seiner Meinung etwas langsam, aber sehr rein und zart. Es ist im ganzen sehr weich, aber von der Art, daß einem Melodie bleibt wie von Liedern, ganz Empfindung und ganz ausgesprochen.« (Dok., S. 230.) Damit scheint mir die Eigenart des Werks schön umschrieben.

Seine außergewöhnliche Beliebtheit – bei einem solchen Werk keinesfalls selbstverständlich – verdankt das a-Moll-Quartett vor allem seinem Andante-Satz, den Schubert über sein eigenes Thema aus der ersten Zwischenaktmusik zur »Rosamunde« (1823; D 797) arbeitet. Dabei ist wirklich meisterhaft, wie dieses geschlossene Gebilde von instrumental-melodischem Charakter den ganzen ausgereiften Satz aufbaut, stets neu verändert, immer wieder wie von einer anderen Seite betrachtet und dennoch im Grundzug unverändert bleibt. Dabei handelt es sich keineswegs um jenes vage »Zusammentreffen von Poesie und Stimmung«, von der die aus falscher Romantik genährte Schubert-Literatur so gerne schwärmt, sondern um das überlegt und musikalisch scharf denkende Ausarbeiten eines brillanten Einfalls. Vollendete Einfachheit im Gestus, die sich geradezu zwingend in eine Art von Variationenkette aus thematischer Arbeit öffnet.

Die Popularität des »Rosamunde«-Themas (das ja auch im B-Dur-Impromptu aus op. post. 142, D 935, erscheint) löst indessen den zweiten Satz nicht aus dem Ganzen des Quartetts, vielmehr steht dieser wie zwingend im Zentrum des Werks. Tatsächlich lassen sich von hier aus ebenso Fäden zum ersten Allegro spannen wie zum Allegretto des Menuetts und auch zum Schlußsatz (in Rondo-Anlage mit Sonatensatz-Elementen).

Streichquartett in d-Moll (D 810)
(»Der Tod und das Mädchen«)

Allegro, ¼ – Andante con moto, ₵, mit 4 Variationen und Epilog – Scherzo: Allegro molto, ¾, mit Trio; Presto, ⁶/₈
D: März 1824. – AGA V,14; NGA VI/5,15.

Das d-Moll-Quartett ist eines von Schuberts düsteren Werken; sämtliche Sätze stehen in Moll, nur der langsame mit den Variationen hat einen geradezu versöhnlich scheinenden Dur-Schluß. Aber die Düsternis ist verbunden mit einer Kraft, die an Beethoven gemahnt; der Anfang von Beethovens c-Moll-Sinfonie ist kaum mächtiger als das Motiv, mit dem Schubert das Quartett beginnt. Freilich zeigen schon die auf die erste Aufstellung des Motivs folgenden Takte, die

sich nicht zum Hauptthema verdichten, sich im Piano ausbreiten und im Halbschluß Kommendes vorbereiten, daß die Struktur des Ganzen sehr anderer Art
ist. – Das Thema des Variationensatzes ist nur mittelbar ein vokales; es entstammt zwar dem sieben Jahre zuvor entstandenen Lied *Der Tod und das Mädchen* (nach Claudius; op. 7,3; D 531), Schubert entnimmt es aber allein der Klavierstimme: er benutzt zunächst das Klaviervorspiel; dieses bildet den ersten Teil
des Themas; dann folgt ein Mittelteil, den Schubert für das Quartett neu erfindet;
und Schubert schließt mit der Klavierbegleitung zu den letzten 8 Takten: »Sei
gutes Muts! ich bin nicht wild, sollst sanft in meinen Armen schlafen.« Das
Klaviernachspiel des Liedes fehlt wiederum, deshalb betont die erste Violine den
Schluß mit einer kleinen Doppelschlag-Figur. Anders als die Variationen zur
»Wandererfantasie« (D 760; 1822) sind die des Streichquartetts am Modell der
Figural-Variation orientiert; jede einzelne von ihnen – den Epilog ausgenommen
– erhält Gesicht und Rahmen durch Melodie und Harmonieverlauf des Themas.
Hier freilich hat die enge Bindung an das Thema wohl auch einen besonderen
Sinn: Was der Tod im Lied gleichsam orakelhaft verkündet, ist unabänderlich;
Variation geschieht also in der Auseinandersetzung mit der Botschaft; es scheint,
als ob in den einzelnen Quartettstimmen wie in »Gegenstimmen« der Mensch –
»das Mädchen« –, der den Weg nicht wagt, sich darstelle. Der Satz endet wie das
Lied in Dur. Schubert übernimmt dazu jetzt aus dem Lied das Klaviernachspiel,
betont das Dur jedoch im vorletzten Takt durch eben jene Floskel der ersten
Violine, die aus dem Thema vertraut ist. Die erste Violine, die – als einzige – in
keiner der Variationen am Thema selbst beteiligt war, gliedert sich zum Schluß
ein – so als zeige sie Zustimmung.
Düster ist selbst das Scherzo (Allegro molto), und trotzig dazu. Man kennt
diesen Satztyp übrigens von Mozarts g-Moll-Sinfonie (KV 550). Ähnlich wie
dort ist auch hier der – uns für ein Menuett oder Scherzo eigentlich befremdlich anmutende – Mollcharakter mit eigenartigen Synkopen verbunden und mit
merkwürdig irritierenden Taktgruppenrhythmen, vor allem im zweiten
Teil, der dadurch Züge wie von einer Durchführung zu bekommen scheint.
Das Trio dagegen ein lieblicher Gesang? Man wagt kaum diesem D-Dur zu
glauben . . .
Als Schubert seine Quartette in a-Moll und d-Moll schreibt (s. auch S. 250 f.),
arbeitet Beethoven ebenfalls an Streichquartetten. Und Schubert denkt, wie man
weiß, bei seiner Arbeit an Beethoven – beim letzten Satz vielleicht an die Kreutzer-Sonate (A-Dur, op. 47). Auch deren Schlußsatz jagt als Presto im ⁶⁄₈-Takt
dahin – und ist doch so ganz anders in seinem Ernst. Schuberts Ernst, hat Alfred
Einstein gesagt, ist frei von Pathos, er ist unwillkürlicher, er geht tiefer, er
verzichtet auf die optimistische oder triumphale Schlußwendung Beethovens.
Wohl, aber dafür kennt er – man möchte sagen – den Schrecken, die Angst, die
nicht zu unterdrücken ist: Kaum gibt es Unheimlicheres als das immer wiederkehrende Unisono in diesem Satz. – Wie in kaum einem anderen Werk fällt im d-
Moll-Quartett die Substanzgemeinschaft des musikalischen Materials ins Ohr,
durch welche die vier Sätze eigentümlich zueinandergerückt, ja miteinander

verbunden zu sein scheinen. Vielleicht liegt hier etwas von dem Neuen, das Schubert in dieser Schaffensperiode sucht, von dem man aber nicht sicher ist, ob er es weiterverfolgen wollte.

Streichquartett in G-Dur (D 887)

(op. post. 161)

Allegro molto moderato, ¾ – Andante un poco mosso, ¢ – Scherzo: Allegro vivace, ¾, mit Trio: Allegretto, ¾ – Allegro assai, ⁶⁄₈
D: Juni 1826, Wien. – AGA V,15; NGA VI/5,15.

In eben den Wochen, in denen Beethoven die Arbeit an seinem cis-Moll-Quartett op. 131 abschließt, schreibt Schubert in elf Tagen sein letztes Quartett, das in G-Dur. Die eilige, bisweilen flüchtige Niederschrift deutet auf keinerlei Skizzierung, während sich zu Beethovens Quartett ein umfangreiches Konvolut von Entwürfen erhalten hat. Der unterschiedliche Prozeß der Ausreifung macht erstaunen über die Gleichrangigkeit, mit der beide Werke als Annäherungen an die Grenze dessen erscheinen, was die Musik als Quartett-Kunst vermag. Was der 29jährige – gerafft auch in der kürzeren Dauer seiner Entwicklung – ansteuert, sucht er nicht in der Erweiterung des zyklischen Rahmens, im Gewinnen satzübergreifender Rhetorik, sondern in der Bewältigung der ihm brüchig gewordenen thematischen Substanz. Der Prozeß, aus widerstreitenden Ansätzen zu Gestalten zu kommen, hat teil an der Konstitution des Satzbaus und verbindet als übergreifendes Moment alle vier Sätze. Dafür sinnfällig ist der, vor allem den Ecksätzen eigene, Wechsel von Dur- und Moll-Terz. Schubert stützt sich im ersten und letzten Satz auf die Sonatenanlage, handhabt diese jedoch nicht im Sinne eines Wettstreits gegensätzlicher Charaktere, sondern als Nebeneinander sich ergänzender Aktionsräume. Darin reiht sich Block auf Block einander ablösender Varianten. Variierte Reihung kennzeichnet auch den zweiten Satz, dessen ausgedehnt singende Cello-Melodien wohl Beruhigung, gar Frieden auszustrahlen vermöchten, wäre ihnen nicht der Affekt der Ruhelosigkeit in den Oberstimmenfiguren beigegeben. Mit den zweimaligen Ausbrüchen der Mittelteile – Affektentladungen in einer Chromatik, die jeder »geregelten« Modulation spottet – gerät alles aus den Fugen. Ähnliche Stürme hat Schubert nur noch im zweiten Satz der späten A-Dur-Klaviersonate (D 959) entfacht. Beide Erfindungen sind nicht einfach des Kontrastes wegen erdacht, sie sollen vielmehr die äußersten Zeichen der Bedrohung dort setzen, wo die Kunst, über dem Vorschein eines im Gesang vorgestellten Glücks, menschliche Not zu verraten in der Lage ist. Im Satz von Schuberts G-Dur-Quartett bricht sich indessen das Versöhnende dieses Vorscheins Bahn, in der E-Dur-Wendung der Anfangsmelodie nicht nur, sondern auch in der ganz anderen Gewandung der begleitenden, hier zumeist mitgehenden Stimmen. (W. Aderhold)

Streichtrio in B-Dur (D 471)

(Fragment)

Allegro, ¼ – Andante, ¾: Komposition nach 39 Takten abbrechend
B: Vl., Vla., Vc.
D: September 1816, Wien. – AGA VI und Rev.-Ber.; NGA VI/6,1 u. Anh.

Mit diesem Streichtrio-Satz liefert Schubert ein durch schlichte und knappe Formeln bestechendes Beispiel seiner Beherrschung der überkommenen Kompositionsart. Nichts von der bisweilen verlegenen Problematisierung des Sonatensatzes ist zu spüren, die viele der frühen Streichquartette kennzeichnet; die Übersichtlichkeit ist dienstbar einem heiter gestimmten Spielwitz und der Ablösung blockartiger Rollenverteilung (im Bereich des Hauptthemas) durch imitatorische Finesse (beim Seitensatz). Der Satz ist geplant als erster Satz eines sicherlich viersätzigen Werkes, wie es Schubert in der Gattung Streichtrio nur ein einziges Mal, im Jahre darauf, mit dem Trio in B (D 581) gelingen sollte. Immerhin hat er hier, im vorausgehenden Versuch, noch den zweiten Satz angefangen; die 39 Takte eines Andante-Satzes – ebenso wie der erste von Haydn inspiriert, hier aber wohl in noch engerem Sinne vom zweiten Satz im Streichquartett op. 76,4 – schließen vor einem zu erwartenden Mittelteil mit neuer thematischer Bildung. Wahrscheinlich hat Schubert hier weiterschreiben wollen, die Arbeit aber über den vielen im selben Monat entstehenden Liedern und der Niederschrift der B-Dur-Sinfonie (Nr. 5; D 485) einfach vergessen (Aderhold). Schubert hat das Werk übrigens – wahrscheinlich noch im Herbst 1817 – überarbeitet und in der zweiten Fassung manches von der Kleingliedrigkeit der Figuren zurückgenommen. Das Filigranwerk in weiten Teilen ist jedoch unverändert geblieben, reizvoll vielleicht für alle an Beethovens Trios geschulten Ensembles, sich hier der andersartigen Aufgabe zu Präzision und Plastizität zu unterziehen, reizvoll vielleicht für den Zuhörenden, indem ihn Schubert aufs Neue verblüfft mit der Vielseitigkeit entlegen scheinender Stilmittel.

Streichtrio in B-Dur (D 581)

Allegro moderato, ¼ – Andante, ⅜ – Menuetto: Allegretto, ¾, mit Trio – Rondo: Allegretto, ¾
B: Vl., Vla., Vc.
D: September 1817, Wien. – AGA XXI,5; NGA VI/6,2.

Dieses viersätzige Streichtrio in B-Dur paßt nicht leicht in unsere Hörerwartung solcher Art von Kammermusik und auch nicht leicht in unsere gewöhnlichen Konzertprogramme. Zu sehr noch divertimentohaft, scheint es einerseits der frühen Kammermusik etwa Joseph Haydns verpflichtet und strebt doch andererseits mit einer gewissen figurativen Überladenheit in die Richtung des modernen »Trio brillant« von der Art eines Rodolphe Kreutzer (dem Verfasser der nach ihm benannten Violin-Etüden). Mit diesem letzten Zug unterscheidet es sich stark von dem ein Jahr zuvor entstandenen Trio-Fragment ebenfalls in B-Dur (D 471), dessen ersten, einzig vollständig ausgeführten Satz man öfter einmal hören kann. – Erstaunlich ist die Distanz beider Trios zu Schuberts frühen Streichquartetten: Nirgends scheint deren großflächige, zur Monothematik neigende Faktur wirksam, und auch die Experimentierlust mit der formalen Anlage weicht in den Trios größerer Übersichtlichkeit. Nun scheint im Jahr 1817 des viersätzigen Trios die Zeit der frühen Experimente ohnehin vorbei, die Pause angebrochen, in der Schubert bis zum Versuch mit dem Streichquartett-Fragment in c-Moll von 1820 (»Quartettsatz«, D 703; s. S. 249) überhaupt zögert, den Weg mit Kompositionen für kleine Streicherbesetzung weiterzugehen. Daraus ist die eigentlich für Schubert ungewöhnliche Anpassung an vorgegebene stilistische Prägungen im Trio vielleicht erklärlich.

Figurative Dichte bis an die Grenze brillant virtuoser Zergliederung betrifft durchgehend den Part der Violine; ausgenommen ist davon das leicht schwebende Menuett mit dem in ländlerhafter Musizierlaune singenden Bratschensolo im Trio; ausgenommen von solch einseitiger Rollenverteilung sind auch der Mittelteil des Andantes mit den kanonischen Oberstimmen über einer ostinaten Drehbewegung des Violoncellos aus f-Moll und zwei Abschnitte im letzten Satz, jeweils vor der Rückleitung ins Rondo-Thema, wo auch die Unterstimmen gleichsam virtuos angesteckt werden.

Klaviertrio in Es-Dur (D 929)

(op. 100)

Allegro, ¾ – Andante con moto, ¾ – Scherzando: Allegro moderato, ¾, mit Trio – Allegro moderato, ⁶⁄₈
B: Klavier, Vl., Vc.
D: begonnen im November 1827 in Wien. – AGA VII/2,4; NGA VI/7,2.

Am 26. März 1828, am Jahrestag von Beethovens Tod, gibt Schubert sein erstes und einziges großes Konzert mit ausschließlich eigenen Werken; es ist »bei gedrängt vollem Saal« ein großer Erfolg: »Ungeheurer Beifall, gute Einnahme«. Das Echo auf das Konzert in der Presse ist gering wegen des Paganini-Rummels, der Wien in diesen Wochen des Frühjahrs 1828 beherrscht. Die Leipziger *Allgemeine Musikalische Zeitung* hingegen berichtet am 7. Mai eingehend aus Wien und unter anderem von Schuberts Konzert – und rückt unseren Komponisten sogleich in die Nähe Beethovens.

In der Anlage des Es-Dur-Trios hält Schubert sich an das Vorbild Beethovenscher Kammermusikwerke und ändert nichts grundsätzlich. Auch sein Trio hat vier Sätze in der üblichen Reihenfolge: Allegro als Sonatensatz – langsamer Satz mehr melodisch-variativen Charakters – Scherzo als zweiteiliger, im Charakter an den Tanz erinnernder Satz – Finale mit Rondo-Charakter und stärker virtuos instrumentalen Zügen. Auch Schuberts erster Satz folgt dem Anlageschema der Sonatenhauptsatzform; und in ähnlicher Weise scheinen die weiteren Sätze auf den ersten Blick typisch zu sein. Aber Schubert weitet und erweitert das Modell faktisch derart, daß seine Sätze zu Charakterstücken auszuwachsen und Teile der Sätze sich zu verselbständigen scheinen. Dabei bekommt das Ganze einen Zug ins musikalisch Weite, der an die instrumentale Fantasie denken läßt.

Beethovens Sonatentypus in Schuberts neuer Form: Wie der einzelne Satz musikalische Dialektik und instrumental Fantasiehaftes höchst konzentriert und zugleich schweifend verbindet, sind die Sätze untereinander verbunden, zwar nur selten so wie hier, daß im letzten Satz das Thema des langsamen wörtlich zitiert wird – hier übrigens ein schwedisches Volkslied »Se solen sjunker« (»Sieh die Sonne sinken«), das Schubert kurz zuvor im Hause der Geschwister Fröhlich von einem jungen schwedischen Sänger gehört hat –, aber oft so, daß das musikalische Material der Sätze verwandt zu sein scheint, und das wiederum selten melodisch, öfter im Bereich des Rhythmisch-Metrischen und der Bewegung; man denke an die »Wandererfantasie«. Auch in unserem Trio wirken solche Brücken rhythmischer Elemente, etwa zwischen dem zweiten Thema des ersten Satzes und dem nach der Generalpause einsetzenden Motiv im zweiten Teil des Trios im Scherzo. Bei solchen Übernahmen kommt es freilich weniger auf das direkte Zitat oder auf die einfache Assoziation an als vielmehr auf ein aktiv Einheit stiftendes Moment für die Komposition, das seine Wirkung auf die hörende Realisierung des Ganzen ausübt: Das musikalische Ganze entsteht als Einheit der Apperzeption, und der Komponist rechnet damit. Freilich liegt hier ein Problem, und Schubert selbst hat es gesehen und im Brief vom 10. Mai 1828 an den Leipziger Verleger Probst, als er ihm das Trio anbietet, ganz einfach formuliert: »Lassen Sie es ja von tüchtigen Leuten das erstemal produciren, und sehen Sie besonders im letzten Stück bei Veränderung des Taktes auf fortwährend gleichmäßiges Tempo.« (Dok., S. 516.) Hier im letzten Satz etwa hilft, in der scheinbar unzusammenhängenden Vielfalt der Teile und bei der Länge in ihrem Nacheinander, das Themenzitat (das schwedische Volkslied) aus dem zweiten Satz, obwohl herüberkommend aus einem so anderen Satztyp und Bewegungsablauf. Seine Wirkung ist hier zugleich unheimlich fremd und zwingend verbindend, ja zusammenschweißend, allerdings ohne daß sich mit diesem und durch diesen »Fremdkörper« im Satz die Komposition rundete oder gar »zu einem guten Abschluß« käme: sein Dur-Ton für den Schluß ist trügerisch . . . An diesem Themenzitat zerschellt die schlechte Interpretation, mit ihm gelingt die gute, wenn sie die Einheit des ganzen Werks trotz der Vielheit zu erzwingen vermag, d. h., um es mit Theodor W. Adorno zu formulieren, den *fragmentarischen Charakter* dieser Musik – gegen das Vorurteil immerfort strömender Melodik in »himmlischer Länge« – zu konstatieren statt zu leugnen. »Sie wissen selbst«, schreibt Schubert im Januar 1823, »wie es mit der Aufnahme der spätern Quartetten [gemeint sind hier Vokalquartette] stand; die Leute haben es genug. Es könnte mir freilich vielleicht gelingen, eine neue Form zu erfinden, doch kann man auf so etwas nicht sicher rechnen. Da mir aber mein künftiges Schicksal doch etwas am Herzen liegt, so werden Sie . . . wohl selbst gestehen müssen, daß ich mit Sicherheit vorwärts gehen muß.« (Dok., S. 182.) Nicht zum ersten Mal in seinem letzten Lebensjahr, aber wie hier in einem Werk besonderen inneren Gewichts, hat Schubert seine »neue Form« verwirklicht, ist er »vorwärts gegangen« – das letzte Stück Wegs im Zeitalter Beethovens, ein erstes daraus hinaus.

Es scheint, daß bei Aufführungen des Es-Dur-Trios in Schuberts Freundeskreis Stimmen laut geworden sind, das Stück sei zu lang. Jedenfalls trägt Schubert in die Kopie, die er nach Leipzig schickt (sie ist leider verloren), Kürzungen von zweimal 50 Takten ein, auf die er im Begleitbrief besonders hinweist: »Die im letzten Stücke [Satze] angezeigten Abkürzungen sind aufs genaueste zu beobachten.« Da alle späteren gedruckten Ausgaben einschließlich der Alten Schubert-Gesamtausgabe auf den Erstdruck von Probst zurückgehen, ist Schuberts ursprüngliche Fassung des Werks bis zum Erscheinen 1975 in der Neuen Schubert-Gesamtausgabe unbekannt geblieben: hier ist das Werk zum erstenmal so gedruckt, wie es konzipiert ist.

Klaviertrio in B-Dur (D 898)
(op. 99)

Allegro moderato, ¼ – Andante un poco mosso, ⅚ – Scherzo: Allegro, ¾, mit Trio – Rondo: Allegro vivace, ⅔
D: 1828 (?) – AGA VII,2,3; NGA VI/7,3.

Das Es-Dur-Trio (op. 100; D 929) hatte Schubert im November 1827 begonnen (s. S. 255); sowohl der Partiturentwurf als auch Schuberts Autograph sind so datiert; es erscheint im Herbst 1828, kurz nach Schuberts Tod, bei H. A. Probst in Leipzig als op. 100. Das B-Dur-Trio (D 898) trägt die Opus-Zahl 99; es erscheint aber erst 1836 bei A. Diabelli & Co. in Wien; das Autograph ist verschollen; über die Entstehung weiß man nichts; allein aus der früheren Opus-Zahl hat man geschlossen, das Werk sei vor dem Es-Dur-Trio entstanden. Dem ist aber nicht so. Die Indizien sprechen eindeutig für die Annahme, daß Schubert das B-Dur-Trio in der zweiten Aprilhälfte und im Mai 1828 kurz entschlossen und wahrscheinlich in Eile komponiert hat, um die Gelegenheit, die sich ihm überraschend bot, nämlich gleich *zwei* Trios verlegt zu bekommen, nicht ungenützt vorübergehen zu lassen. Das Werk ist also, von der Situation des Komponisten her gesehen, das, was man gemeinhin einen Wurf nennt. Merkt man ihm das an? Die Frage ist offen, obwohl die beiden Klaviertrios immer wieder miteinander verglichen worden sind, verglichen gerade im Hinblick auf ihre je eigenartige Charakteristik. Von diesen Vergleichen ist der schönste der von Robert Schumann aus dem Jahre 1836; er steht in einer Sammelbesprechung damals neu erschienener Trios als letzter Absatz: »Ein Blick auf das Trio von Schubert – und das erbärmliche Menschentreiben flieht zurück und die Welt glänzt wieder frisch. Ging doch schon vor etwa zehn Jahren ein Schubertsches Trio wie eine zürnende Himmelserscheinung über das damalige Musiktreiben hinweg; es war gerade sein hundertstes Werk, und kurz darauf, im November 1828, starb er.

Das neuerschienene Trio scheint ein älteres. Im Stil verrät es durchaus *keine* frühere Periode und mag kurz vor dem bekannten in Es-Dur geschrieben sein. Innerlich unterscheiden sie sich aber wesentlich voneinander. Der erste Satz, der dort tiefer Zorn und wiederum überschwengliche Sehnsucht, ist in unserm anmutig, vertrauend, jungfräulich; das Adagio [!] das dort ein Seufzer, der sich bis zur Herzensangst steigern möchte, ist hier ein seliges Träumen, ein Auf- und Niederwallen schön menschlicher Empfindung. Die Scherzos ähneln sich; doch gebe ich dem im früher erschienenen zweiten Trio den Vorzug. Über die letzten Sätze entscheid ich nicht. Mit einem Worte, das Trio in Es-Dur ist mehr handelnd, männlich, dramatisch, unseres dagegen leidend, weiblich, lyrisch. Sei uns das hinterlassene Werk ein teures Vermächtnis! Die Zeit, so zahllos und Schönes sie gebiert, einen Schubert bringt sie so bald nicht wieder.«

Klaviertrio in Es-Dur (D 897)

(op. post. 148; »Nocturne« oder »Notturno«)

Adagio, ¢

D: 1828 (?) – AGA VII/2,5; NGA VI/7,4.

Bezeichnenderweise ist über diesen (vermutlich im Mai) 1846 bei Diabelli & Co. als »Nocturne« im Druck erschienenen Satz (der Titel stammt sicherlich vom Verleger) ebensowenig bekannt wie über das B-Dur-Trio op. 99 (D 898; s. S. 257). Man nimmt allgemein an, es handle sich um einen verworfenen, um einen ausgeschiedenen Satz aus diesem Trio, zumindest aber aus einem größeren Werk. Für diese Annahme spricht, daß das Autograph weder signiert noch datiert ist (daß die Bezeichnung »Adagio« wie eine Überschrift über der Partitur steht, ist auch für einen Satz aus einem mehrsätzigen Werk nicht ungewöhnlich und spricht deshalb nicht dagegen). Eine gewisse Verwandtschaft mit dem Andante molto der Fantasie in C für Violine und Klavier (op. post. 159; D 934) vom Dezember 1827 und mit dem Andante sostenuto der letzten der drei großen Klaviersonaten (B-Dur, D 960) vom September 1828 mag die Annahme stützen, das Werk sei im Jahre 1828 und im Zusammenhang mit dem großen Trio in B entstanden. Wie dem auch sei, das faszinierende Stück mit der eigenartig ruhigen und zugleich gespannten Bewegungsart (Alla breve-Takt im Adagio-Tempo mit zunächst nur schwacher Unterteilung der Hauptnotenwerte) und dem aufgeregten E-Dur-Teil im ¾-Takt, der später noch einmal in C-Dur/Es-Dur wiederkehrt, ist vielleicht durch seine erste Vortragsbezeichnung am schönsten charakterisiert: »appassionato«.

Drei Sonaten für Violine und Klavier
(op. post. 137)

D: März und April 1816, Wien. – AGA VIII,2–4; NGA VI/8, 1–3 u. Anh.

Sonate in D-Dur (D 384)
Allegro molto, ¢ – Andante, ¾ – Allegro vivace, ⁶⁄₈

Sonate in a-Moll (D 385)
Allegro moderato, ¼ – Andante, ¾ – Menuetto: Allegro, ¾, mit Trio – Allegro, ¾

Sonate in g-Moll (D 408)
Allegro giusto, ¾ – Andante, ¾ – Menuetto, ¾, mit Trio – Allegro moderato, ¾

Die drei als »Sonatinen« bekannten Werke bezeichnet Schubert selbst natürlich als Sonaten. Zu »Sonatinen« werden sie erst in der lange nach Schuberts Tod bei Anton Diabelli & Co. in Wien erscheinenden Erstausgabe (1836). Mit diesem Titel scheint der einfachen Faktur Rechnung getragen, die diese Kompositionen etwa von den Klaviersonaten – auch den frühen der Jahre 1815 bis 1817 – aber auch von der anspruchsvolleren Violinsonate in A-Dur vom August 1817 (op. post. 162; D 574) unterscheiden. »Sonaten« sind sie jedoch allemal im Sinne der 1778 und 1781 erschienenen Violinsonaten op. 1 und op. 2 von W. A. Mozart (KV 301–306, 296 und 376–380), mit denen sie formal und bis hin zu Ähnlichkeiten der Themen und deren Behandlung viel verbindet.

Diabellis Ausgabe weist in den beiden ersten Sonaten, D 384 und D 385, gegenüber den überlieferten Autographen Varianten auf, die sich teilweise in einer Orchesterbearbeitung einzelner Sätze von Schuberts Bruder Ferdinand wiederfinden. Schubert selbst hat diese Bearbeitung im Manuskript ergänzt (und übrigens die ursprüngliche Überschrift »Synphonie« in »Sonate« geändert – ein weiterer Beleg für den von Diabellis Ausgabe abweichenden Originaltitel). Insofern dürften die Varianten nicht auf eine Eigenmächtigkeit des Verlegers, sondern auf eine zweite Fassung, zumindest auf eine zweite Niederschrift Schuberts deuten, deren Manuskript allerdings verlorengegangen ist. In der D-Dur-Sonate betreffen die Differenzen vor allem Abschnitte der Violinstimme im letzten Satz: Passagen aus gebrochenen Akkorden erscheinen darin in Umkehrungen, Sequenzen sind an anderen Stellen rhythmisch und damit auch in der harmonischen Abfolge gegenüber den entsprechenden Stellen des Autographs verschoben. Vielleicht hat eine Korrektur des ganzen ersten Satzes in der Klavierstimme den Anstoß zur Neufassung auch des Violinparts gegeben: Der erste Satz ist im Autograph vollständig durchgestrichen, nachdem Schubert zunächst den Klavierpart abschnittsweise verbessert hatte (andere Begleitungen beim ersten Hauptsatz); dem Manuskript liegen zwei Blätter mit der Neufassung nur des Klavierparts für den ersten Satz bei, der allerdings mit der ursprünglichen mit ausgestrichenen Violinstimme an keiner Stelle kollidiert. – Wie einfach diese Sonaten auch seien, als Spielmusiken nehmen sie, vor allem mit ihrer sprechenden Thematik, ganz für sich ein – und so einfach, daß kaum ein renommierter Geiger sie mehr im Konzertsaal zu spielen wagt, sind sie, jedenfalls musikalisch, nun doch nicht!

Sonate für Violine und Klavier in A-Dur (D 574)

(op. post. 162)

Allegro moderato, ¼ – Scherzo: Presto, ¾, mit Trio – Andantino, ⅜ – Allegro vivace, ¾

D: August 1817, Wien. – AGA VIII,6; NGA VI/8,4.

Die A-Dur-Sonate bekundet in manchem die Differenz – fast einen Sprung – zu den kleineren, als »Sonatinen« bekannten drei Sonaten op. 137 vom Vorjahr. Da wirkt bereits der Anfang als neue Art des Ensemble-Spiels: über einem wiegenden Baßthema, das wie eine Art von Ostinato-Grund vorangestellt ist, schleicht sich die Kantilene der Violine im fünften Takt unauffällig ein, um alsbald weiter und weiter auszugreifen und den andersartigen Klavierpart mit großer Geste zu überspannen. Die Rollen sind so verteilt, daß die Violine sich und »ihren« Part und also ihr instrumental besonderes Vermögen einbringen darf. Das gilt nun in unterschiedlichen Nuancen für die anderen Sätze auch, am wenigsten vielleicht für den letzten, in dem die melodisch-thematischen Partien häufiger zwischen beiden Instrumenten ausgetauscht werden. Im ersten Satz begegnet diese aus den Mozartschen und Beethovenschen Vorbildern geläufige Übung nur in einzelnen Passagen und im Bereich des Seitensatzes, im Andantino bei der ausgezierten Wiederholung des Anfangs und sonst nur im imitatorischen Mittelteil aus As, im Scherzo und Trio aber an keinem einzigen Abschnitt. Wo im letzten Satz die Melodieführung hin und her geht, erinnern Figuren und allgemeine Faktur an die beschaulichere Gangart der kleinen, früheren Sonaten. Mit dem Scherzo ist indes der zweite spezifisch geigerische Zug des Werks ins Licht gebracht: Das kleine Feuerwerk wirbelt mit allerlei explosivem Effekt nach der Art der damals gerade in Mode kommenden Salonstückchen unbekümmert, sorglos der virtuosen Pose gegenüber, weil hübsch und wunderbar abgezirkelt. Darin kommt die Sonate auf den Ton der um diese Jahre häufigen Gelegenheitskompositionen für Solovioline mit kleiner Orchesterbegleitung, zumeist für den ambitioniert geigenden Bruder Ferdinand geschrieben – des »Concerto« (D 345), des Rondo in A-Dur (D 438), schließlich noch der Polonaise in B-Dur (D 580). Anspruchsvoller gleichwohl als diese nimmt die A-Dur-Sonate einen guten Teil dessen voraus, was Jahre später zu der wundervollen Synthese aus instrumentengerechter Virtuosität und gesanglicher Tiefe führen sollte: im November 1824 zur Arpeggione-Sonate, 1826/27 dann erneut zu Violinstücken, dem h-Moll-Rondo (D 895) und der C-Dur-Fantasie (»Sei mir gegrüßt«; D 934).

Rondo für Violine und Klavier in h-Moll (D 895)
(op. 70; »Rondeau brillant«)

Andante, ¾ – Allegro, ¢
D: Oktober 1826. – AGA VIII,1; NGA VI/8,7.

Von allen Kammermusikwerken Schuberts für Klavier und ein anderes Instrument erscheint nur dieses Rondo zu seinen Lebzeiten im Druck, und zwar 1827 bei dem Wiener Verleger Artaria, in dessen Haus es Anfang dieses Jahres durch den Geiger Josef Slawjk und Karl Maria von Bocklet in Anwesenheit Schuberts wohl zum ersten Mal aufgeführt wird. Ein Jahr später, am 7. Juni 1828, erscheint eine erste ausführliche Rezension des Werkes in der Wiener *Mode-Zeitschrift*: »Das großartige Talent des rühmlich bekannten Lieder- und Romanzen-Kompositeurs ist vielseitig und versucht sich in allen Fächern, wie alle Geister von einer wahren, aufwärts strebenden Kraft. Das vorliegende Werk zeigt den kühnen Meister in der Harmonie . . . Eine feurige Phantasie belebt dieses Tonstück . . . Obwohl das Ganze brillant ist, so verdankt es doch nicht seine Existenz den bloßen Figuren, die uns aus mancher Komposition in tausendfältigen Verrenkungen angrinsen und die Seele ermüden. Der Geist des Erfinders hat hier oft recht kräftig seinen Fittich geschwungen und uns mit ihm erhoben. Sowohl das Pianoforte als die Geige braucht einen geübten Spieler, der sich auf Perioden [= größere Teile des Ganzen] gefaßt machen muß, die nicht durch unzähligen Gebrauch etwa ihr Bürgerrecht erlangt haben, sondern die eine neue und begeisterte Ideenfolge kund tun. Der Spieler wird sich durch schönen Harmonienwechsel auf eine interessante Art angezogen fühlen.«

Fantasie für Violine und Klavier in C-Dur (D 934)
(op. post. 159)

Andante molto, ⁶⁄₈ – Allegretto, ¾ – Andantino, ¾ – Tempo primo, ⁶⁄₈ – Allegro vivace, ¢
D: November 1827, Wien. – AGA VIII,5; NGA VI/8,8.

Im Zentrum der Komposition steht ein Andantino mit Variationen über eine kurzgefaßte Version des Liedes *Sei mir gegrüßt* nach Friedrich Rückert (D 741). Schubert hatte dieses schon 1823 im Liederheft op. 20 veröffentlicht und konnte wohl auch mit dessen Bekanntheit rechnen. Es ist in der Fantasie nun zubereitet für alle geigerischen Entfaltungsmöglichkeiten, für sanft weittragendes Legato-Spiel ebenso wie für virtuose Brillanz der alle Saiten nutzenden Arpeggien und Springbogen-Passagen in den Variationen. Um diesen Variationensatz herum gruppiert Schubert Charaktersätze oder -abschnitte, die durch Verzahnung und späteres Wiederanknüpfen ein weiteres Mal die Möglichkeit für Variantenbildung und Umspielungen geben. Das Werk ist für das Duo Josef Slawjk / Karl Maria von Bocklet geschrieben, das es in Slawjks Privatkonzert am 20. Januar 1828 im Landständischen Saal in Wien zum ersten Mal spielt. Die Rezensenten, von virtuosem Raffinement gewiß längst nicht mehr abzuschrecken, nehmen die Fantasie mit Befremden auf; alle Kritiken sind schlecht. Vielleicht ist das der Grund dafür, daß die Fantasie in der Erstausgabe von 1850 mit vereinfachten Arpeggien und Akkorden herauskommt. Ob die Bearbeitung von Slawjk oder von einem anderen Geiger stammt – vielleicht noch mit Billigung Schuberts –, das weiß man nicht. Jedenfalls ist bis heute diese bearbeitete Fassung die verbreitete und nicht die, allerdings auch vertrackte, Originalfassung.

Sonate für Arpeggione und Klavier in a-Moll (D 821)

Allegro moderato, $\frac{1}{4}$ – Adagio, $\frac{3}{4}$ – Allegretto, $\frac{2}{4}$
B: »Arpeggione« (bzw. bearb. für Vc. oder Vl. oder auch Vla.) und Klavier
D: November 1824. – AGA VIII,8; NGA VI/8,6.

Das mit »Sonate« überschriebene Duo für »Arpeggione« und Klavier besteht aus drei Sätzen. Einem durch reiche Modulation schon in der Exposition und durch eine breit angelegte Durchführung gekennzeichneten ersten Satz schließt sich ein zunächst ausgesprochen elegisches Adagio an; dessen weit ausladende Melodik im wiederholten Vorder- und Nachsatz wird jedoch nach dem zweiten Satzabschnitt nicht wiederaufgenommen, der unversehens in den rondo-artigen Schlußsatz (Allegretto) überleitet. Insofern bleibt dem langsamen Satz die symmetrische Abgeschlossenheit vorenthalten, die man nach dem Beginn erwarten möchte – vielleicht eine Beschränkung, die auf das subtilere Ausdrucksvermögen des Melodie-Instruments Rücksicht nimmt, wie es in dem Figurenreichtum der Ecksätze reichlich zum Tragen kommt (der Adagio-Abschnitt scheint eher für ein Violoncello geschrieben als für den Gitarre-Abkömmling).

Schuberts Vielseitigkeit hat sich hier auf ein Instrument eingestellt, das um 1824 in Wien unter dem Namen »Guitarre d'amour« offenbar erst kurze Zeit bekannt war. Es finden sich 1823 bis 1826 auch andere Bezeichnungen (»Bogenguitarre«, »Violoncellguitarre«) für das von dem Wiener Instrumentenmacher Johann Georg Staufer (und wahrscheinlich gleichzeitig oder gar früher in Budapest) entwickelte Streichinstrument mit sechs Saiten (in Gitarrestimmung E–A–d–g–h–e') und mit gitarreähnlichen Metallbünden, das zwischen den Knien zu halten war wie die Gamben, das Baryton und – zu dieser Zeit wohl auch noch allgemein üblich – das Violoncello. Die Bezeichnung »Arpeggione« findet sich nur bei Schubert in seinem Autograph und dann im Erstdruck von 1871; dort wird in einem erläuternden Vorwort die Identität des »Arpeggione« mit dem zu dieser Zeit längst vergessenen Instrument Staufers behauptet, die sich allerdings auch aus der Faktur der Sonate ergibt, etwa der verschiedenen Akkorde wegen, welche die Gitarrenstimmung voraussetzen. Warum Schubert eine in seiner Zeit offenbar wenig oder überhaupt nicht übliche Bezeichnung gewählt hat, ist rätselhaft.

Die Ausgabe von 1871 tituliert im übrigen das Werk bereits als »Sonate für Arpeggione oder Violoncello und Pianoforte«; außerdem ist ihr eine eigene

Stimme für das Violoncello beigegeben und eine weitere für die Violine, natürlich dann mit nicht unerheblichen Änderungen vor allem für solche Akkordfolgen, die auf den viersaitigen, anders gestimmten Instrumenten nicht darzustellen sind – eine frühe Grundlegung für die heute übliche, wenn auch nicht ganz unproblematische Ausführung durch das Violoncello. Im Vorwort der Ausgabe erfahren wir jedoch auch, daß Schubert das Werk für Vinzenz Schuster, den späteren Verfasser einer »Anleitung zur Erlernung des von Herrn Georg Staufer neu erfundenen Guitarre-Violoncells« (1825) geschrieben und es durch diesen »bald darauf«, also wohl Ende des Jahres 1824, in Wien zur Aufführung gebracht habe. Zwar sind von dieser Aufführung keine Rezensionen überliefert, wohl aber welche aus späteren Jahren. Darin wird, in der Regel ohne auf die vorgetragenen Stücke einzugehen, über die Eigenart des Instruments und die Spielweise seiner Virtuosen in weitgehender Übereinstimmung berichtet (daran hat möglicherweise die gemeinsame Quelle mitgewirkt, Schusters »Anleitung« von 1825), zum Beispiel in der Leipziger *Allgemeinen Musikalischen Zeitung* 1826: »In dem 6ten Abonnement-Concerte . . . machte uns Hr. Kammermusikus Birnbach mit der neuerfundenen Bogenguitarre (Chitarra col arco) bekannt: sie hat den Ton eines englischen Hornes, ist jedoch zarter und hat vor allen Saiteninstrumenten den Vorzug, daß man drey Töne zugleich darauf aushalten, die chromatischen Scalen mit der reinsten Intonation behandeln und sechsstimmige Arpeggiaturen anwenden kann.«

Allein schon aus diesem Bericht ist die heutige Not der Wiedergabe durch Violoncellisten zu erkennen: Weniger die zu ändernden Akkorde oder die gelegentlichen Passagen sind dafür ein Hindernis als vielmehr die Versuchung, wiederholte spielerisch gemeinte Figuren mit oder ohne Saitenwechsel auf dem größeren Instrument mit den freier liegenden Saiten zu vergröbern oder ihnen ein virtuoses Gewicht zu geben, das ihnen nicht zukommt. Problematisch sind auch zahlreiche Abschnitte in sehr hoher Lage des Violoncellos, etwa der ganze Bereich des 2. Hauptsatzes im ersten Satz (C-Dur bzw. A-Dur in der Reprise) mitsamt den (jeweils vier überaus melodiösen) dazu überleitenden Takten oder der episodische E-Dur-Abschnitt im letzten Satz nach der ersten Wiederaufnahme des Rondothemas: Sie geraten nur mit Mühe so zart und in der Verhaltenheit dem Englischhorn-Klang so verwandt, wie es der Bericht von 1826 dem Instrument als allgemeines Charakteristikum zuspricht. Schuberts Werk ist in der Beschränkung oder Spezifizierung gleichwohl jedem Cellisten eine lohnende Aufgabe, dem die Eigenart des einstigen Außenseiters unter den Streichinstrumenten nicht gleichgültig ist – so wie sie auch den Komponisten weniger eingeschränkt als inspiriert zu haben scheint.

Variationen für Flöte und Klavier in e-Moll
über das Lied »Trockne Blumen« (D 802)

(op. post. 160)

Introduktion: Andante, ¼ – Thema: Andantino, ¾, mit sieben Variationen
(die letzte: Allegro, ¾)
D: Januar 1824, Wien. – AGA VIII,7; NGA VI/8,5.

Die Meinung, Schubert habe die meisten seiner Werke aus der unmittelbaren
Eingebung für sich selbst geschrieben, ohne besonderen Anlaß oder konkret
gestellten Auftrag, sozusagen für die Schublade, läßt sich, so verbreitet sie ist,
nicht halten. Etwa für das »Forellenquintett« (D 667) von 1819 und eine ganze
Reihe kammermusikalischer Kompositionen aus den Jahren nach 1823 sind die
zahlreichen engen Kontakte zu Musikern und Musikfreunden seiner Zeit bewie-
sen, die Schubert angeregt haben, wenn diese nicht gar als Auftraggeber oder
Adressaten jener Werke anzusehen sind: so die Flötenvariationen über des Lied
Trockne Blumen aus der *Schönen Müllerin*, die dem Kanzlisten der Hofkammer
Ferdinand Bogner zu danken sind, der seit 1821 Professor für Flötenspiel am
Wiener Konservatorium war.

Etwas anderes ist in diesem Zusammenhang bemerkenswert. Schubert neigt
offensichtlich dazu, als Themen für instrumentale Variationen eigene Lieder zu
verwenden, und zwar solche, die durch Ausgaben bereits verbreitet und bekannt
sind – es sei denn, die Auftraggeber der Kompositionen hätten mit dem Auftrag
zugleich den Wunsch nach Variationen über ein bestimmtes Thema geäußert,
wie es durch Albert Stadlers Bericht gerade für das »Forellenquintett« (1819)
tatsächlich belegt ist. Doch das eine schließt das andere ja auch eher ein als aus.
Allerdings ist dabei zu bedenken, daß Schubert über solche Gefälligkeits- oder
Gelegenheitskompositionen in den Verruf des Modekomponisten geraten sein
könnte, waren doch zu seiner Zeit Variationenzyklen über bekannte Lieder –
»Allerweltsstücke«, ja »Schlager« – vor allem in Virtuosenkreisen gang und gäbe.
Schließlich ist Schuberts Zeit auch die Zeit Paganinis und Hummels und Mosche-
les'. Also haben wir es, so wäre dann zu fragen, bei den Flötenvariationen mit
einem Werk zu tun, bei dem das künstlerische Konzept einem geringeren
Anspruch folgt, das darum ein Werk zweiter Garnitur ist, eines, bei dem sich
Schubert »verkomponiert« habe, wie es die Leipziger *Allgemeine Musikalische
Zeitung* von der verwandten Fantasie für Violine und Klavier in C (D 934) anläßlich der Uraufführung auch tatsächlich behauptet hat? Nun, uns Heutigen sind
in der Tat die Salon- und Virtuosenstücke des 19. Jahrhunderts noch immer fast
ungenießbar; dem knappen, womöglich ganz unverfälschten Procedere fühlen
wir uns näher als der Ausführlichkeit, in die Schubert die knappe Form des
Liedes bei den Variationen gießt. Daher wird das Werk manchen befremden,
vielleicht auch Staunen erregen oder besserenfalls Neugierde, wenn es schon
nicht die Verzauberung hervorbringen kann, die eigentlich gedacht ist. Schubert
hat es darin nämlich unternommen, für die Musiker seiner Zeit zu schreiben und
gleichwohl – auf die ihm wichtigen Gedanken aus früheren Werken zurückzugrei-

fend – nichts an den Zeitgeist zu »verspielen«; brillante Musik zu erfinden, ohne die Mitte seiner musikalischen Poesie zu vergessen. Das originelle Lied aus der *Schönen Müllerin* wird gerade *nicht* Objekt der Zersplitterung im Figurenwerk des Bravourflötisten und -pianisten, es ist *nicht* verhunzt im Zierat erfindungsreichen Versteckspiels – das ist übrigens auch kaum je der Fall gewesen bei Liedvariationen der Instrumentalmusik, und schon gar nicht in den liedhaften Andante-Sätzen mit Variationen der Wiener Klassiker, in deren Tradition Schuberts Flötenstück ja zweifellos noch steht. Das Konzept verrät vielmehr die Absicht, das in der Vorlage Angelegte ausdrucksvoll zu vertiefen, nämlich durch die Erfindung von Figuren und Veränderungen nicht nur zu verzieren, sondern durchaus zu verdeutlichen. Die Kritik Alfred Einsteins in seiner berühmten Schubert-Biographie (1952, S. 282) scheint uns also nicht richtig: »Es betrübt den Verehrer Schuberts, ein Lied so einziger Innigkeit und Verhaltenheit überhaupt einer virtuosen Behandlung ausgesetzt zu sehen und schließlich verwandelt in einen triumphalen Marsch [die letzte E-Dur-Variation] – ein Sakrileg, das sich niemand anders gestatten durfte als Schubert selbst.« Unüberhörbar ist hier eine Art von Verteidigung eines »Originals« gegen seine »Bearbeitung«, einer »inneren Größe« gegen die virtuose Befrachtung und Entfremdung. Bei Einsteins Verdikt fällt ein Wort auf, das ein Stichwort zu sein scheint: »Verhaltenheit«. Dieses Merkmal jedoch ist für beide Werke eigentlich unzutreffend, weil es sowohl von der Essenz des Liedes als von der des Variationenwerks und schon ganz von dessen Übergang in die Apotheose absieht. Und dabei wird nicht nur eine eklatante Unschärfe der Beschreibung sichtbar, sondern die über den Gegenstand hinaus zielende Tendenz, Schuberts Werk als Produkt des einsamen, mit der Welt im Hader liegenden und diesen Hader fortwährend verinnerlichenden Genius zu werten. Diese Tendenz aber ist nicht richtig. Niemand wird den Variationen dasselbe oder ein ähnliches Gewicht geben wollen wie dem Liederzyklus *Die schöne Müllerin*. Daß an wenigen der ganz großen Würfe des Komponisten alle kleineren Werke gemessen werden, ist wohl auch kaum abzuwenden. Was aber zu tun ist: Blindheit für verschiedenartige kompositorische Ansätze aufzuheben und zu verhindern, daß inhaltliches Gewicht und die Bindung an die Vorlage allein deshalb gering angesetzt werden, weil bei den verschiedenen Werken konkrete praktische Anlässe gegeben waren, wie bei den Flötenvariationen das (im übrigen zu Schuberts Zeit noch nicht morbide oder von oberflächlicher Brillanz überflutete und kompromittierte) Bedarfsfeld der Virtuosen. Wie die Zeit selbst darüber dachte, hat Moritz von Schwind, Schuberts Freund, also ein Zeuge aus dem Alltag dieser Zeit, in einem Brief vom 2./13. Februar 1824 (Dok., S. 226) beschrieben: »Schubert hält jetzt ein vierzehntägiges Fasten und Zuhausebleiben. Er sieht viel besser aus und ist sehr heiter, ist sehr komisch hungrig und macht Quartetten und Deutsche und Variationen ohne Zahl.« Als Drittes ist also zu bedenken, daß Schubert hier keineswegs nur einen Tribut an das Virtuosentum zollen, sondern sein Lied offensichtlich instrumental überhöhen will. (W. Aderhold)

Klaviermusik

Die frühen Klaviersonaten (1815–1817)

Schuberts 1825 entstandene große Sonate in a-Moll (D 845 – op. 42), die Anfang 1826 als »Première Grande Sonate pour le Piano-Forte« erschienen war, bewege sich – so heißt es in einer umfangreichen Rezension in der Leipziger *Allgemeinen Musikalischen Zeitung* vom 1. März des Jahres – »in den abgesteckten Grenzen«, d. h. im Rahmen des vorgegebenen Formmodells, »so frei und eigen, so keck und mitunter auch so sonderbar«, daß sie »nicht mit Unrecht Phantasie heißen könnte. In dieser letzten Hinsicht kann [sie] wohl nur mit den größesten und freiesten Sonaten Beethovens verglichen werden« (Dok., S. 348). Der Vergleich mit Beethoven, der in Rezensionen anderer Klaviersonaten wiederkehrt, ist bezeichnend. Nirgendwo sonst scheint Schuberts Nähe zu ihm, aber auch der Versuch, unabhängig von ihm immer wieder auch eigene Wege zu gehen, so deutlich wie in dieser musikalischen Gattung. Besonderheiten in der Frühgeschichte seiner Klaviermusik weisen bereits darauf hin.

Schuberts erstes vollständig erhaltenes Werk überhaupt ist eine im April 1810 entstandene umfangreiche, dreisätzige *Fantasie für Klavier zu vier Händen in G-Dur* (D 1: Adagio/Allegro ... [zahlreiche kurze Abschnitte in verschiedenen Tempi und Tonarten], Presto, Finale); ihr folgen in vergleichsweise kurzer Zeit eine einsätzige *Fantasie in c-Moll für Klavier* zu zwei Händen (D 2 E, 1811) und zwei weitere, wieder mehrsätzige *Fantasien für Klavier zu vier Händen* in g-Moll und c-Moll (D 9, 20. Sept. 1811, und D 48, April–Juni 1813). Es scheint, als suche Schubert, der sich zur gleichen Zeit an der Komposition von Streichquartetten übt, in großen Klavierkompositionen die freie Form zu erobern (zu den Werken für Klavier zu vier Händen siehe im übrigen das Kapitel »Gesellschaftsmusik«, S. 320 ff.) – dann aber tritt die Klaviermusik unerwartet in den Hintergrund; Schubert wendet sich anderen Gattungen zu: der Sinfonie, der Oper, der Messe; daneben schreibt er weiter Streichquartette und Lieder. Das überrascht, wenn man bedenkt, daß Klavierunterricht – nach dem Violinspiel – von Anfang an zur musikalischen Ausbildung des jungen Komponisten gehörte. »An Franzen«, schreibt Ferdinand Schubert in seiner Biographie des Bruders, »nahm der Vater, der früher auch Ignaz und Ferdinand, dann auch dem Franz selbst den ersten Unterricht im Violinspiele erteilt, schon in früher Kindheit sehr viel Talent zur Musik wahr. Dieser gute Franz erhielt nun von seinem Bruder Ignaz auch im Klavierspiel Lektion. Im Violin- und Klavierspiel sowie im Gesang unterrichtete ihn später der Regenschori Michael Holzer ...« (Erinn., S. 44). Schubert verstand sich auch von Anfang an – zunächst in zweiter Linie, später vornehmlich, als Klavierspieler; wenn er überhaupt je öffentlich auftrat, dann als Begleiter am Flügel.

Auf die Gründe für Schuberts Zurückhaltung in der Komposition von Klavierwerken nach doch so eindrücklichem Beginn mag ein Detail aus der erwähnten *Klavierfantasie in c-Moll* von 1811 (D 2 E) deuten: Der Komponist zitiert dort eine Passage aus Mozarts großer, ebenfalls in c-Moll gesetzter Fantasie für Klavier (KV 475) – ein Zeichen dafür, daß er sich in seinen frühen Fantasien an dem Modell der Mozartschen orientiert –, so wie in seinen frühen Quartetten und Sinfonien Haydnsche und Mozartsche Vorbilder ihm Maß und Ziel gegeben haben. Es ist denkbar, daß er dann jedoch bald Beethovens Klaviersonaten kennengelernt hat. Dessen Beispiel mag ihn irritiert haben. Solche Klaviersonaten eignen sich weniger zur Formvorlage als Mozartsche oder Haydnsche Streichquartette und Sinfonien, selbst als Beethovensche Sinfonien. So wagt Schubert sich nur zögernd an die Komposition von Sonaten: Am 11. Februar 1815 setzt er zu einer *Sonate in E-Dur* an (D 154), bricht aber nach 118 Takten bereits ab, greift die Komposition eine Woche später wieder auf (D 157, begonnen am 18. Februar), arbeitet sie wesentlich um, führt sie aber vermutlich auch nicht zu Ende. Nur drei Sätze sind überliefert: ein Allegro ma non troppo (E-Dur), ein Andante (e-Moll) und ein Menuett mit Trio (H-Dur/G-Dur) – die Tonart dieses dritten Satzes zeigt, daß das Menuett nicht als letzter Satz der Sonate gedacht sein kann. Ähnliches gilt für eine im September desselben Jahres entstandene weitere *Sonate in C-Dur* (D 279). Wieder sind nur drei Sätze erhalten: ein Allegro moderato (C-Dur), ein Andante (F-Dur) und ein Menuett mit Trio (a-Moll/A-Dur); wieder weicht die Tonart des dritten Satzes von der Grundtonart der Sonate ab. Ein knappes Jahr später, im August 1816, setzt Schubert abermals zur Komposition einer *Sonate* an (D 459, *E-Dur*), die er vermutlich bereits im zweiten Satz (Allegro, E-Dur) abbricht. Dieser Satz ist freilich auch vollständig erhalten, als Scherzo in einer Folge von Klavierstücken (erschienen 1843 als *Fünf Clavierstücke* bei Klemm in Leipzig), hinter denen man später eine vollständige, fünfsätzige Sonate vermutet hat. Wahrscheinlicher ist jedoch, daß der Verleger Klemm die beiden Sonatensätze (D 459) und drei einzelne *Klavierstücke* (D 459 A) zu einem Zyklus von Klavierstükken neu zusammengestellt hat.

In den Jahren bis 1816 – in denen er immerhin 5 vollständige Sinfonien, 4 vollständige Messen, 5 vollständige Opern und Singspiele, 14 Streichquartette und etwa die Hälfte seiner Lieder geschrieben hat – hat Schubert somit nur drei, zudem wahrscheinlich jeweils Fragment gebliebene Klaviersonaten und nach den erwähnten Fantasien nur ein größeres Klavierstück (die *10 Variationen in F-Dur*, D 156, s. S. 296) komponiert. Mit Beginn des Jahres 1817 hingegen wendet sich das Blatt: In schneller Folge entstehen acht teils Fragment gebliebene, teils vollendete Sonaten. Nun erst wagt Schubert die Auseinandersetzung mit Beethoven – vielleicht spielt da auch das Ende des Kompositionsunterrichts bei Salieri eine Rolle, der seine Schüler eindringlich vor dessen »Bizarrerie« gewarnt hatte.

Es scheint, daß Schubert im Jahre 1817 für den Bereich der Klaviermusik nachholen will, was er 1810–1813 auf dem des Streichquartetts, 1813–1816 auf dem der Sinfonie geleistet hat: Aufarbeitung und Aneignung formaler und satztechnischer Traditionen, Ausbildung einer eigenen Tonsprache. Den experimentellen Charakter dieser Klaviersonaten dokumentieren verschiedene Fragmente: Gelegentlich (so z. B. in den Sonaten in C-Dur und f-Moll, D 613 und D 625) genügt es Schubert vielleicht, einen Sonatensatz bis zum Beginn der Reprise zu entwerfen – die Probleme, um die es ihm ging, hatte er damit offenbar gelöst (in anderen Fällen, so etwa in der *Sonate in fis-Moll*, D 570/571, hat er einen Versuch wohl auch als gescheitert angesehen). Manche dreisätzige Sonate hingegen ist offenbar als vollständig anzusehen – so die beliebte *Sonate in a* (D 537), ohne Menuett zwar, aber, entgegen gelegentlich geäußerten Vermutungen, sicherlich so vollständig (die handschriftliche Überlieferung läßt keinen Raum für einen weiteren Satz), anderen fehlt, wie den früheren Sonaten, wohl das Finale (z. B. der dreisätzigen *Sonate in As-Dur*, D 557). Unter all diesen Sonaten hat vermutlich Schubert selbst zwei als herausragend angesehen: die große *Sonate in Es-Dur* (D 568), die der Komponist später überarbeitet und wohl noch selbst zum Druck gegeben hat (s. S. 271) und die *Sonate in H-Dur* (D 575), für die er ausführliche Entwürfe für alle vier Sätze angefertigt hat.

Klaviermusik 1811–1818

(ohne die Werke für Klavier zu 4 Händen und ohne die Tänze; s. dazu S. 320–333 im Kapitel »Gesellschaftsmusik«)

Deutsch-Nummer	Titel Klaviersonate	Titel Klavierstück	Entstehungszeit
2 E		Fantasie in c	1811
29		Andante in C	9. 9. 1812
24 B		Fuge in G (evtl. für Orgel)	Sommer – Herbst 1812 (?)
24 A		Fuge in C (evtl. für Orgel)	Sommer – Herbst 1812 (?)
24 D		Fuge in C (Fragment)	Sommer 1812 (?)
24 C		Fuge in d (evtl. für Orgel)	1812–1813 (?)
13		Fuge in d	1812–1813 (?)
347		Allegro moderato in C (Fragment)	1813 (?)
41 A		Fuge in e (Fragment)	1813
71 B		Fuge in e (Fragment)	Juli 1813
600		Menuett in cis (ohne Trio)	Anfang 1814 (?)
154	Sonate in E (Fragment)		11. 2. 1815
156		Zehn Variationen in F	15. 2. 1815
157	Sonate in E (unvollst. ?, ohne Finale?)		18. 2. 1815
178		Adagio in G (2 Fassungen, 2. Fassung Fragment)	8. 4. 1815
277 A		Menuett in a	Sept. 1815 (?)
279	Sonate in C		Sept. 1815
334		Menuett in A	vor Herbst 1815
346		Allegretto in C (Fragment)	1815 oder 1816 (?)

Deutsch-Nummer	Titel Klaviersonate	Titel Klavierstück	Entstehungszeit
348		Andantino in C (Fragment)	1816 (?)
349		Adagio in C (Fragment)	1816 (?)
459	Sonate in E (Fragment)		Aug. 1816
459 A		Drei Klavierstücke	1816 (?)
506		Rondo in E (bezeichnet als »Sonate«)	Juni 1817 (?)
537	Sonate in a		März 1817
557	Sonate in As (ohne Finale ?)		Mai 1817
566	Sonate in e (ohne Finale?)		Juni 1817
568	Sonate in Es (1. Fassung in Des), op. post. 122		Juni 1817
570	Scherzo in D und Allegro in fis (gehören vermutlich zu D 571)		Juli 1817 (?)
571	Sonate in fis (nur 1. Satz, Fragment)		Juli 1817
575	Sonate in H, op. post. 147		Aug. 1817
576		13 Variationen über ein Thema von Anselm Hüttenbrenner	Aug. 1817
593		Zwei Scherzi	Nov. 1817
604		Klavierstück in A	1816 oder Juli 1817
605 A		Fantasie in C (»Grazer Fantasie«)	1818 (?)
606		Marsch in E	1818 (?)
612		Adagio in E	April 1818
613	Sonate in C (nur 2 fragmentarische Sätze)		April 1818
625/505	Sonate in f (1. u. 4. Satz Fragment)	Adagio in Des (D 505) = 2. Satz	Sept. 1818

Sonate in Es-Dur (D 568)

(op. post. 122)

Allegro moderato, ¾ – Andante molto, ¾ – Menuetto: Allegretto, ¾, mit Trio
– Allegro moderato, ⁶⁄₈

D: Juni 1817 (lt. Autograph der 1. Fassung in Des-Dur). – AGA X,7 (1. Fassung: XXI,9); NGA VII/2,1.

Zur Überlieferung: Die Sonate ist in zwei Fassungen überliefert. Die erste in Des-Dur ist unvollständig erhalten (in der autographen Reinschrift fehlt der Schluß des Finales); sie war offenbar nur dreisätzig geplant, noch ohne Menuett (Allegro moderato, ¾ – Andante molto, ¾ – Allegretto, ⁶⁄₈, nur bis Takt 167 überliefert). Eine nicht ganz zu Ende geführte Zwischenfassung des langsamen Satzes hat Schubert auf den Rückseiten eines Beethoven-Autographs (mit dessen Lied »Ich liebe dich, so wie du mich«, WoO 123) notiert, das in seinen Besitz gelangt war. Wohl erst gegen Ende seines Lebens und für eine geplante Veröffentlichung (erschienen im Mai 1829 bei dem Wiener Verleger Anton Pennauer) hat Schubert die Sonate umgearbeitet und sie dazu, vielleicht nur auf Wunsch des Verlegers, in die leichter lesbare Tonart Es-Dur übertragen. Das Manuskript dieser Fassung ist verschollen.

Zur Komposition: Bereits in der Des-Dur-Fassung dieser Sonate, deutlicher noch in der Es-Dur-Fassung, auf die sich das folgende bezieht, scheint Schubert sein am Studium Beethovens neu entwickeltes Modell der Sonate vorstellen zu wollen (Ähnliches gilt dann – wenn auch mit anderer Zielrichtung – für die Sonate in H-Dur, s. S. 274 f.). Er bewahrt die überkommene Grunddisposition des Sonatenhauptsatzes und verändert sie doch zugleich in charakteristisch Schubertscher Weise. Bereits an dem 16taktigen Hauptthema läßt sich dies zeigen:

Allegro moderato

Bsp. 34

Einem Grundtypus klassischer Hauptthemen in Sonatensätzen entsprechend, gliedert es sich in einander antwortende Taktgruppen: Es beginnt, wie häufig bei Schubert, mit einem nach Art einer Frage offenen Unisono, einem zerlegten Es-

Dur-Dreiklang, der in die Quintlage führt; es folgen antwortende Akkordschläge, die die Tonart definieren. Zwischen den beiden Zweitaktern übernimmt
ein einzelner Ton, das mit einem Akzent versehene b, Scharnierfunktion – es ist
einerseits in das Unisono mit einbezogen, die auftaktige metrische Gliederung
und der Akzent weisen es andererseits der »Antwort« zu. Die so zusammenge-
fügten ersten vier Takte enden offen, auf der Dominante; der nächste, diesmal in
drei Abschnitte sich gliedernde Viertakter steht wieder in »antwortender« Beziehung zum Vorangehenden: Er setzt kantable Melodik gegen Fanfare und
Akkordschläge; wie gewaltsam unterbrechen sie synkopische Akkordschläge,
die abermals zu offenem Ende auf der Dominante führen. Dann wiederholt
Schubert die beiden Viertakter in höherer Lage, schließt aber in Takt 16 regelrecht mit der Tonika.
Der Satz ist geschlossen, könnte so enden. Um ihn weiterzuführen, bringt Schubert ein neues Motiv ein (ein Überleitungsmotiv, das im klassischen Sonatenmo-
dell die Dominant-Tonart vorbereitet); zweimal in diesem Abschnitt scheint der
Komponist auch zur Modulation anzusetzen und kehrt doch beide Male in die
Grundtonart zurück. Ein neuer Abschnitt beginnt wieder auf Es, jedoch in es-
Moll; die Fanfaren des Beginns werden gewissermaßen »durchgeführt«: Schubert hat aus dem geschlossenen Eingangsthema ein Fortspinnungsmotiv gewonnen, gestaltet damit einen Abschnitt, der nun tatsächlich in die Dominante überleitet. Das Seitenthema, regulär in B-Dur, schließt sich an. Die Tabelle auf Seite
273 zeigt den Ablauf des Satzes.
Die Hauptteile des Satzes lassen jene »abgesteckten Grenzen« des überkommenen Formmodells erkennen, von denen die zu Beginn des Kapitels zitierte
Rezension in der Leipziger *Allgemeinen Musikalischen Zeitung* gesprochen hat:
Die Anordnung der Satzabschnitte, die Tonartenfolge, selbst der Charakter der
einzelnen »Themen« (spannungsgeladen das »Hauptthema«, lyrisch-kantabel
das »Seitenthema«, bestätigend-kadenzierend die »Schlußgruppe«). Innerhalb
dieser »Grenzen« aber verfährt Schubert frei: Das gilt zunächst für die Proportionen: Das Verhältnis der drei Hauptteile Exposition – Durchführung – Reprise
(112+47+100 Takte) entspricht in etwa dem klassischen Modell; in den Unter-
abschnitten aber nehmen die »Fortspinnungs«-Teile und die »Schlußgruppe«
unverhältnismäßig viel Raum ein (in der Exposition 79 von 112 Takten). Es gilt
auch für die Funktion der einzelnen Teile. Das »Hauptthema« öffnet sich nicht,
sondern schließt. Darauf setzt Schubert zu einer »Fortspinnung« an, die aber zu
nichts führt – erst in einer zweiten »Fortspinnung«, die nun aber eher Durchführungscharakter hat und modulatorisch weit ausgreift, gelangt er in die Dominanttonart. An das »Seitenthema« schließt sich eine ausgedehnte weitere »Fortspinnung« an, wieder mit Durchführungscharakter – ähnliches gilt endlich für
die Schlußgruppe. Da überrascht es nicht, wenn die eigentliche Durchführung
(die sich zwar bereits in der zeitgenössischen Praxis, noch nicht aber in der
Theorie etabliert hatte) mit neuem motivischem Material einsetzt und sich
gleichsam nur im Untergrund auf die Exposition zurückbezieht: »Durchgeführt« hatte Schubert seine Themen ja bereits dort, und er wiederholt dies dann

Takt	Satzabschnitt	Bemerkung
Exposition		
1	Hauptthema	Es-Dur
17		Fortspinnung H 1 (frei, Es-Dur)
28		Fortspinnung H 2 (aus Hauptthema, Es-Dur – B-Dur)
41	Seitenthema	B-Dur
59		Fortspinnung S (dem Seitenthema verwandt, modulierend: f–Des–c–B)
88	Schlußgruppe	Abschnitt I (aus Fortspinnung H 2, breit kadenzierend, B-Dur)
99		Abschnitt II (aus Fortspinnung S, breit kadenzierend, B-Dur)
Durchführung		
113	modulatorischer Abschnitt, c–As–Es–Ges	neues Motiv, entwickelt aus Sechzehntelfigur im Abschnitt II der Schlußgruppe in Verbindung mit Vorhaltsmotiv
147	Rückleitung, B-Dur	abgeleitet aus Fortspinnung S
Reprise		
159	Hauptthema, variiert	Es-Dur
174		Fortspinnung H 1 (variiert, Es-Dur)
186	Seitenthema	Es-Dur
203		Fortspinnung S (es–Ges–f–Es)
233	Schlußgruppe	Abschnitt I (Es-Dur)
		Abschnitt II (Es-Dur)

auch unbekümmert in der Reprise. Es zeigt sich daran: Schubert geht es bei motivisch-thematischer Arbeit nicht so sehr um Entwicklung, um die Erreichung eines Zieles, als um Variation. Insofern unterscheidet sich der eigentliche »Sonatenhauptsatz« nicht grundsätzlich, allenfalls in der Komplexität seiner Anlage von den übrigen Sätzen. In der Es-Dur-Sonate sind dies: ein pathetisch-expressives, zweiteiliges Andante molto, dessen zweiter Teil nach Haydnschem Vorbild eine durch Variation intensivierte Wiederholung des ersten darstellt; ein später eingefügtes Menuett, dessen Thema auf den ersten Satz zurückverweist, während das Trio aus dem im November 1817 entstandenen Scherzo in Des-Dur (D 593,2) übernommen ist; ein Finale, Allegro moderato, das, obwohl wieder als Sonatensatz angelegt, den tänzerisch-beschwingten Charakter mancher Schubertschen Rondos zeigt.

Sonate in H-Dur (D 575)
   (op. post. 147)

   Allegro ma non troppo, ¼ – Andante, ¾ – Scherzo: Allegretto, ¾, mit Trio –
   Allegro giusto, ⅜
   D: August 1817. – AGA X,7; NGA VII/2,1.

Die im August 1817, zwei Monate nach der Sonate in Es-Dur (D 568) entstandene *Sonate in H-Dur* ist im doppelten Sinne des Wortes ein Gegenstück zu
jener: Was eigentümlich Schubertisch ist an jener, findet man auch in dieser, wo
jene hingegen der Konvention folgt, geht diese vielfach neue Wege: Bereits das
Hauptthema des – im Vergleich zu anderen Schubertschen Klaviersonaten –
ungewöhnlich knappen ersten Satzes unterscheidet sich wesentlich von dem der
Es-Dur-Sonate. War dieses gerundet, in sich geschlossen, so ist das neue Thema
offen, deutet Entwicklungen an. Es ist zweiteilig: Auf einen aufsteigenden, fanfarenartigen, tendenziell im unisono vorgetragenen (und darin dem der Es-Dur-
Sonate ähnlichen) ersten Teil (Takt 1–3) antwortet ein akkordisch begleiteter,
vorwiegend chromatisch absteigender zweiter (Takt 4–5):

Allegro ma non troppo

Bsp. 35

Anders als in der Es-Dur-Sonate stabilisiert das Thema die Haupttonart nicht –
es stellt sie in Frage: Noch bevor eine Kadenz die Tonart H-Dur überhaupt
definieren kann, moduliert Schubert nach cis-Moll und trübt selbst die abschließende Kadenz durch ein unerwartetes e-Moll (Moll-Subdominante). Der Unterschied der Themen könnte mit dem unterschiedlichen Affekt der gewählten
Tonarten zusammenhängen. Es-Dur – der »Ton der Liebe, der Andacht« (Schubart) – verlangt Sicherheit und Geschlossenheit, H-Dur – Tonart »wilder Leidenschaft« – läßt Ausbrüche erwarten. So führt denn auch die erste Fortspinnung des Themas, die Fanfaren des Beginns aufgreifend, zunächst nach C-Dur,
dann nach G-Dur, in weit entfernte Tonarten.
Dies nun hat Auswirkungen auf den weiteren Verlauf des Satzes. Dessen Disposition entspricht – wie die fast aller Schubertschen Sonaten – dem Modell der Es-

Dur-Sonate in der Art seiner Teile, nicht aber in ihrer tonartlichen Ordnung. Nicht mehr das Spannungsfeld Tonika–Dominante prägt den Satz, sondern eine Folge von Terzverwandtschaften, genauer: von Terzfällen. Dabei hat sich Schubert vielleicht von Beethoven anregen lassen, in dessen Sonatensätzen Terzbeziehungen gelegentlich eine Rolle spielen (etwa im ersten Satz der Sonate in G-Dur, op. 31,1), freilich geht Schubert weit über Beethoven hinaus: Der vom Hauptthema bestimmte Teil seiner Exposition führt zunächst nach G-Dur (große Unterterz), dann nach E-Dur (kleine Unterterz) in die Tonart des Seitensatzes (dieser steht damit in der »Subdominante« statt in der »Dominante«). Die »klassische« Zieltonart der Exposition aber, die Dominante, hier Fis-Dur, erreicht Schubert erst in der »Schlußgruppe«. In der Durchführung geht es dann um Zirkel von Terzbeziehungen. Bestimmte Terzabfall die Exposition (und dann entsprechend die Reprise), so beherrscht kontinuierlicher Aufstieg in Terzen (h–d–f–as–h) die Durchführung. Die Reprise endlich setzt, wie in einigen anderen Schubertschen Sonatensätzen auch, in der Subdominante ein, statt in der Grundtonart. So kann er die Modulationsfolge der Exposition getreu bewahren und gelangt dennoch am Ende des Satzes in die Grundstufe zurück.

Schuberts Bestreben, die herkömmliche Polarität von Tonika und Dominante durch Terzbeziehungen zu ersetzen, zeigt sich auch in der Folge der übrigen Sätze: Der zweite Satz steht in E-Dur, der dritte in G-Dur (kleine Oberterz zu E-Dur), der vierte in H-Dur (große Oberterz) – der tonale Kreis der Exposition des ersten Satzes hat sich also umgekehrt (Exposition: H–G–E–H; Satzfolge: H–E–G–H). Neben dem Versuch Schuberts, in der H-Dur-Sonate die tonalen Verhältnisse neu zu regeln, scheint ein anderes Moment bedeutsam, das an ihrem ersten Satz zu beobachten ist: die innere musikalische Verknüpfung der einzelnen Abschnitte.

Zum tragenden Prinzip wird dies dann in einer Sonate, die Schubert allerdings nicht vollendet hat, die gleichwohl nicht selten gespielt wird: der *Sonate in f-Moll* (D 625). Das Fragment ist vergleichsweise weit gediehen: Der langsame Satz (er wird auch als einzelnes Klavierstück gespielt [D 505], gelegentlich selbst als Einleitung zu dem *Rondo in E-Dur* [D 506]: so verbunden hatte der Verleger Diabelli die beiden Sätze zuerst herausgebracht) und das Scherzo sind jeweils zu Ende komponiert, den ersten Satz hat Schubert bis zum Beginn der Reprise geführt, das Finale schließlich ist vollständig entworfen, auf weite Strecken freilich nur einstimmig oder in unvollständigen Akkorden. So war es möglich, die Sonate durch Ergänzung der fehlenden Teile für die Praxis zu erschließen (ergänzte Ausgaben liegen vor z. B. von Walter Rehberg, Erwin Ratz und Paul Badura-Skoda).

Am problematischsten ist dabei die Ergänzung der Reprise des ersten Satzes aufgrund der Exposition. Es ist ja gerade dieser Satz, der Schubert auf neuen Wegen zeigt: Hauptthema und Seitenthema sind nicht nur, wie in der H-Dur-Sonate, aufeinander bezogen; das eine ist vielmehr aus dem anderen abgeleitet. Dabei gerät Schubert der größte Teil der Exposition zu einer Art Durchführung des aus dem Anfangsmotiv des Hauptthemas entwickelten Seitenthemas, wobei ein Triller als charakteristisches Zeichen zunehmend in den Vordergrund rückt. Bei solch freier Anlage ist es dann nicht leicht zu entscheiden, ob wirklich eine nur tonartlich verschobene einfache Wiederholung der Exposition Schuberts Vorstellung vom Schlußteil der Sonate gerecht wird. Seine letzten Noten deuten jedenfalls einen komplizierteren Fortgang an. Wollte man aber bei dem Versuch einer »Vollendung« der Sonate solchen Andeutungen nachkommen, müßte man im Grunde das Werk selbst zu Ende komponieren – eine reine »Ergänzung« wäre das nicht mehr. Diese kann daher kaum mehr als ein Vorschlag für den Ausführenden sein.

Die Klaviersonaten 1819–1828

Setzte das Jahr 1817 einen ersten Schwerpunkt in Schuberts Bemühen um die Klaviersonate, so tritt die Gattung in den folgenden Jahren wieder deutlich in den Hintergrund. Sieht man von der *Sonate in A-Dur* (D 664) ab, deren Datierung ungewiß ist (s. S. 279), dann entsteht bis 1823 nur ein Fragment für den ersten Satz einer *Sonate in cis-Moll* (D 655), dazu vielleicht ein weiteres für eine *Sonate in e-Moll* (D 769 A; eine Datierung läßt sich hier nur vage aus den Schriftzügen und dem benutzten Papier erschließen). Selbst die vollendete *Sonate in a-Moll* (D 784) vom Februar 1823 bleibt zunächst ein Einzelfall – erst vom Frühjahr 1825 an schreibt Schubert Klaviersonaten wieder in regelmäßiger Folge. Diese aber haben für ihn wohl auch eine neue Qualität: Er gibt sie jeweils unmittelbar nach dem Entstehen zum Druck und läßt sie bei ihrem Erscheinen auch zählen: als »Première Grande Sonate« die *in a-Moll* (D 845 – op. 42), als »Seconde Grande Sonate« die *in D-Dur* (D 850 – op. 53), als »Troisième Grande Sonate« die zwar erst postum erschienene, aber sicherlich noch von Schubert selbst zum Druck gegebene *in Es-Dur* (D 568, s. S. 271 ff.) – und auf dem Titelblatt des Autographs zur *Sonate in G-Dur* (D 894) findet sich die Angabe »IV. Sonate fürs Pianoforte allein«.

Klaviermusik 1819–1828

(ohne die Werke für Klavier zu 4 Händen und ohne die Tänze)

Deutsch-Nummer	Titel Klaviersonate	Titel Klavierstück	Entstehungszeit
655	Sonate in cis (Fragment des 1. Satzes)		April 1819
664	Sonate in A, op. post. 120		1819 oder 1825
718		Variation in c über einen Walzer von Anton Diabelli	Mai 1821
605		Fantasie in C (?) (Fragment)	zwischen 1821 und 1823
760		Fantasie in C, op. 15 (»Wandererfantasie«)	Nov. 1822
900		Allegretto in c (Fragment)	1822–1823 (?)
769 A	Sonate in e (Fragment des 1. Satzes)		ca. 1823
780		Moments Musicaux, op. 94 (Nr. 3: »Air russe«, Nr. 6: »Plaintes d'un Troubadour«)	1823–1828
784	Sonate in a, op. post. 143		Febr. 1823
817		Ungarische Melodie	2. Sept. 1824
840	Sonate in C (3. u. 4. Satz Fragment)		April 1825
845	Sonate in a, op. 42		vor Ende Mai 1825
850	Sonate in D, op. 53		Aug. 1825
894	Sonate in G, op. 78		Okt. 1826
915		Allegretto in c	26. 4. 1827
916 B		Klavierstück in C (Fragment)	Sommer–Herbst 1827 (?)
916 C		Klavierstück in c (Fragment, möglicherweise eines Sonatensatzes)	Sommer–Herbst 1827 (?)

Deutsch-Nummer	Titel Klaviersonate	Titel Klavierstück	Entstehungszeit
899		Vier Impromptus, op. 90	Sommer–Herbst 1827 (?)
935		Vier Impromptus, op. post. 142	Dez. 1827
946		Drei Klavierstücke	Mai 1828
958	Sonate in c		Sept. 1828
959	Sonate in A		Sept. 1828
960	Sonate in B		Sept. 1828

Dem Einbruch nach den Sonaten von 1817 entspricht ein ähnlicher für die Sinfonien und die Streichquartette (zwischen 1818 und 1824 entstehen nur Fragmente, s. hierzu S. 217) – es scheint, als suchte Schubert, nachdem er zunächst gegebene Modelle übernommen, sich dann mit formalen Lösungen auseinandergesetzt hatte, die er bei Beethoven gefunden hatte, nun nach einem neuen, eigenen, inhaltlichen Konzept. Es ging ihm dabei zunächst wohl um die Sinfonie – den Weg dazu wollte er sich mit der Komposition von Streichquartetten und dem Oktett bahnen (Brief an Leopold Kupelwieser, s. S. 216); zur selben Zeit allerdings, als Schubert dann konkret an der Großen C-Dur-Sinfonie (D 944) arbeitet, schreibt er auch drei große Klaviersonaten (in C-Dur, a-Moll und D-Dur), von denen die erste freilich wieder unvollendet geblieben ist. Das inhaltliche Konzept, nach dem er sucht, läßt sich vielleicht mit dem Begriff »poetische Idee« umschreiben, der in der Beethoven-Literatur eine gewisse Rolle spielt (eingeführt durch Beethovens Adlatus Anton Schindler, der auch zu Schuberts Freundeskreis gehört hat) – dazu allerdings ist dieser Begriff weiter zu fassen als üblich: Er umfaßt nicht nur Inhaltliches, Semantisches im engeren Sinne (Illustratives oder »Programm-Musik«), eine »poetische Idee« läßt sich auch mit spezifisch musikalischen Mitteln verwirklichen, mit verknüpfender Motivik oder Thematik, mit charakteristischen Bewegungsmodellen (Ansätze dazu begegneten uns bereits in früheren Sonaten). So gewinnt der Begriff »Zyklus« in der Klaviersonate eine neue Dimension. Will Schubert hingegen solch enge zyklische Bindung vermeiden, dann schreibt er hinfort lockere Folgen von Klavierstücken, von »Impromptus«.

Mit den Sonaten von 1825 hat nun allerdings die »kleine«, vielleicht bereits 1819, vielleicht aber auch erst 1825 entstandene *Sonate in A-Dur* (D 664 – op. 120) wenig gemein. Sie ist knapp gehalten und folgt in allen ihren Teilen dem Modell der klassischen Klaviersonate. Der erste Satz ist ein Sonatenhauptsatz, in dem sich Haupt- und Seitenthema freilich weniger im Ausdruck als in der Gestalt voneinander abheben (Hauptthema: weit ausschwingende Phrasen; Seitenthema: stark gegliederte, eintaktige Figuren). Der zweite Satz erscheint wie ein verhaltenes Lied in drei Strophen. Der dritte ist ein leicht dahinfließendes Finale, wiederum nach dem Modell des Sonatenhauptsatzes gestaltet.

Dem klassischen Modell nahe steht auch die – zwar ausgedehntere, aber im Vergleich mit den späteren immer noch knappe – dreisätzige *Sonate in a-Moll* (D 784). In ihrem ersten Satz (Allegro giusto, ¼) ist dem auf Fortspinnung drängenden, wieder antithetisch konzipierten Hauptthema (auf eine gleichsam »sprechende« Frage im Unisono folgt eine akkordisch angelegte Antwort) ein kantables, aus einem einfachen harmonischen Modell abgeleitetes Seitenthema gegenübergestellt, das durch fortdauernde Reduktion schließlich in sich zusammenbricht. Eine Durchführung schließt sich an, die sich ausschließlich auf das Hauptthema und eine Figur in punktierten Rhythmen stützt; dann kehrt, mit der Reprise, der Anfangsteil leicht verändert wieder. Der zweite Satz – eine zweiteilige Ariette (Andante, F-Dur, ₵) – entwickelt sich aus einem wieder linearen, quasi unisono vorgetragenen Thema in weitgeschwungenen Melodiebögen, die im zweiten Teil in hoher Lage umspielt werden. Im dritten Satz endlich (Allegro vivace, ¾) verbinden sich die charakteristischen Merkmale eines Scherzos mit Trio mit denen eines abschließenden Rondos, ähnlich manchen Finales »in tempo di Minuetto«, wie wir sie etwa von Haydn kennen – hier aber ins Virtuose gesteigert. Der Hauptsatz, in perlenden Terzenketten mit den charakteristischen Akzentverschiebungen des Scherzos, kehrt (die Coda mitgerechnet) viermal verändert wieder; in dreifacher Variation erklingt auch der ländlerartige Seitensatz (das »Trio«). Der ganze Satz ist ein brillanter Abschluß für Schuberts letzte, ungebrochene »Hommage« an den Geist der Wiener Klassik.

Ganz anders die unvollendet gebliebene, als »Reliquie« bekanntgewordene *Sonate in C-Dur* (D 840) vom April 1825. Nicht ohne Grund hat bereits Robert Schumann auf sie aufmerksam gemacht (1839 in seiner *Neuen Zeitschrift für Musik*). Ihrer Anlage und auch ihren Dimensionen nach gehört sie in einen Zusammenhang mit den bald darauf folgen-

Schuberts Zimmer in der Wipplingerstraße (1821).
Federzeichung von Schuberts Freund Moritz von Schwind
(1804–1871)

den Sonaten in a-Moll und D-Dur. Die beiden ersten Sätze dieser Sonate sind vollständig; das Menuett des dritten bricht kurz vor dem Ende ab (das Trio ist wieder ganz ausgeschrieben), das Finale in der Mitte des Satzes. Aber auch die Niederschrift der beiden vollständigen Sätze hat Schubert offenbar als Entwurf betrachtet: In Artikulation und Dynamik ist das Manuskript oft nur flüchtig bezeichnet. Im ersten Satz (Moderato, ¼) entwickelt der Komponist das gesamte Material aus dem Kopfthema; dieses beginnt wieder einstimmig, linear, dabei jedoch – angesichts der Tonart C-Dur – unerwartet lyrisch, fast elegisch. Es folgt, wir erwarten das nun bereits, eine akkordisch gehaltene Antwort und schließlich eine Wiederholung des Modells (Unisono-Beginn / akkordische Antwort), jedoch melodisch und rhythmisch völlig verändert. Daraus gewinnt Schubert für das Folgende rhythmische Belebung, vor allem aber jene synkopische Figur, die dann dem Seitenthema Konturen gibt.

Der zweite Satz (Andante, ⁶⁄₈) lehnt sich, wie zahlreiche langsame Sätze Schuberts, an die zweiteilige Arienform an. Er steht in c-Moll, einer ungewöhnlichen Tonart für den zweiten Satz einer Sonate in C-Dur. Es scheint, als spiele Schubert mit diesem Dur-Moll-Wechsel: Bereits das Thema das Satzes will er von Moll nach Dur zurückführen (gibt den Versuch aber wieder auf); dann notiert er gar das Seitenthema in der Reprise überhaupt in C-Dur – und kehrt doch wieder nach c-Moll zurück, diese Tonart am Ende der Coda durch wiederholte Akkord-schläge noch wie gewaltsam bestätigend. Das Thema des Menuetts in As-Dur (Unterterz-Beziehung!) weist in seiner Anlage auf das Haupt-thema des ersten Satzes zurück; im Verhältnis zum Trio in gis-Moll (= as-Moll) spiegelt sich das des ersten Satzes zum zweiten. In solcher-lei mehrfachen, thematisch-inhaltlichen Beziehungen (das Spiel mit den Tongeschlechtern hat für Schubert zweifellos den Charakter einer »poetischen Idee«: am ausgeprägtesten realisiert wohl in dem ein gutes Jahr später entstandenen Streichquartett in G-Dur, D 887, s. S. 253) bildet sich ein zyklisches Prinzip aus, das freilich der letzte Satz nicht bestätigt: Er zeigt, wie oft, Rondo-Charakter, ist aber vermutlich als »Sonatenhauptsatz« angelegt, geprägt von dem Gegensatz spielerischer Lauffiguren (Hauptthema) und eher akkordischem Satz (Seitenthema). Er bricht mitten in der Durchführung ab – über die geplante Gestalt des Satzes läßt sich daher wenig sagen.

Die einen Monat später entstandene *Sonate in a-Moll* (D 845) hat für Schuberts Klavierschaffen zentrale Bedeutung. Es ist nicht nur die erste Klaviersonate, die er zum Druck gibt, die erwähnte »Première Grande Sonate« (s. S. 276), er widmet sie auch weder einem seiner Freunde noch einem Auftraggeber, sondern einem Mitglied des Kaiserhauses (man denke an Schuberts Vorhaben, die *Messe in As* »dem Kaiser oder der Kaiserin zu weihen«, s. S. 205), dem Erzherzog Rudolf – und weiß zugleich, daß dieser, ein Schüler Beethovens, das Werk auch zu würdi-gen vermag.

Sonate in a-Moll (D 845)
(op. 42)

Moderato, ¢ – Andante, poco mosso, ³⁄₈ – Scherzo: Allegro vivace, ³⁄₄, mit Trio: Un poco più lento – Rondo: Allegro vivace, ²⁄₄
D: vor Ende Mai 1825 (aus Korrespondenz erschlossen). – AGA X,9; NGA VII/2,2.

Das Hauptthema des ersten Satzes folgt dem vertrauten Modell: Auf einen linearen, im Unisono vorgetragenen, hier gleichsam rezitierenden Abschnitt von zwei Takten antwortet ein akkordischer in entgegengesetzter Richtung. Der erste Teil untergliedert sich dabei noch in zwei Motive, ein durch Ziernoten ausdrücklich als melodisch charakterisiertes erstes (1.–4. Note) und ein zweites als rhythmisch geschärften Oktavabfall. Das Ganze wird wiederholt – so entsteht ein reguläres achttaktiges, freilich in eine Dissonanz mündendes und damit nach Fortführung verlangendes Thema:

Moderato

Bsp. 36

Die Disposition des Satzes folgt – sieht man nur auf die einzelnen Abschnitte und ihre Funktion – dem Modell, das sich Schubert 1817 aus der »klassischen« Sonate abgeleitet hatte: Zwei voneinander unabhängige Partien führen das Hauptthema weiter, eine andere bildet gleichsam ein Scharnier zwischen Seitenthema und wieder zweiteiliger Schlußgruppe (vgl. die Übersicht S. 273 und die dort verwendeten Begriffe). Die Tonartenfolge freilich und die Art der Verknüpfung der einzelnen Abschnitte ist neu. Die ganze Sonate kreist um die Tonart a-Moll und ihre Dur-Parallele (C-Dur). Diese allerdings ist nicht wie in der »klassischen« Sonate, soweit sie in einer Molltonart steht, »Zieltonart« der Exposition. Bereits das Seitenthema, das diese Tonart eigentlich exponieren sollte, neigt immer wieder dazu, in die Haupttonart zurückzuweichen. Und die Schlußgruppe setzt Schubert zwar in C, führt diese aber mit dem letzten Akkord (Rückung nach E-Dur) in die Dominante der Haupttonart und setzt daher in der Durchführung konsequent auch in a-Moll ein, als beginne hier schon die Reprise. In der Tat spart er dann in der wirklichen Reprise das Hauptthema aus und beginnt sofort, wieder in a-Moll, mit dessen Fortspinnung. Wäre nicht die Durchführung mit einer Ausdehnung von 74 Takten nur wenig kürzer als die Exposition (90 Takte) und die Reprise (ohne Coda 81 Takte) – man wäre fast versucht, von einer nach Art der älteren Sonate zweiteiligen Anlage zu sprechen.

Die einzelnen Teile sind aufeinander bezogen, und zwar im Sinne nicht nur motivischer Verwandtschaft, sondern fast schon thematischer Variation. Es ist, als wollte Schubert sein Hauptthema ganz ausschöpfen. So beginnt etwa das Seitenthema mit einem Zitat des Hauptgedankens; während dort aber an den

Themenkopf eine akkordische Antwort sich anschließt, erscheint diese hier als
Begleitungsfigur und verwandelt sich erst in der »Fortspinnung« in eine regelrecht abgesetzte Antwort:

Bsp. 37

Man ist daher auch keineswegs überrascht, das Hauptthema immer wieder auch
in der Originalgestalt zu hören (in Abschnitt I der Schlußgruppe, sowie mannigfach in der Durchführung) oder nur leicht abgewandelt und verkürzt (in
Abschnitt II der Schlußgruppe und in der Coda). Was sich in den Sonaten von
1817 bereits angedeutet hatte – nicht um das dialektische Spiel der Gegensätze
geht es Schubert, sondern um die spielerische Verkettung verschiedener, aus
einer Keimzelle, einem Grundgedanken gewonnener Elemente –, wird hier
manifest in einem im Grunde (wie bereits in der unvollendeten f-Moll-Sonate,
D 625) monothematisch angelegten Satz. Schubert hat so zweifellos eine neue
Form gefunden. Das alte Modell ist nur noch Gerüst, entstanden ist ein »Klavierstück«, an dem – wie der Rezensent in der Leipziger *Allgemeinen musikalischen
Zeitung* schrieb (s. S. 266) – »die Phantasie ganz offenbar den größten und ent-
scheidensten Anteil hat«.

Der zweite Satz ist ein Variationensatz (Thema und 5 Variationen mit Coda) nach dem Muster der Figuralvariationen. Schubert hat den Satz auch für sich gespielt (1825 während seiner Reise nach Oberösterreich) – er könnte daher gleichsam als unabhängiges Klavierstück gelten, hätte er nicht eine besondere Funktion im zyklischen Verband der Sonate: Er bringt die Tonart C-Dur, die im ersten als Parallele der Haupttonart eine Rolle spielte, nun unabhängig zur Geltung und deutet zugleich (mit der vierten Variation in As-Dur) auf die für Schubert sonst so charakteristische Unterterz-Beziehung. Der dritte Satz – ein Scherzo – gliedert sein Thema entsprechend dem Hauptthema des ersten Satzes in zwei Abschnitte, einen linear-melodischen und einen akkordischen, der erste gleitend, von Ton zu Ton fortschreitend, der andere bestätigend, statisch, Akkord neben Akkord setzend. Der ganze Satz ist nun fortlaufendes Spiel mit beiden Möglichkeiten, bis es sich im Trio vorübergehend beruhigt, Lineares und Akkordisches miteinander verbindend. Scherzo und Trio sind so mit dem ersten Satz thematisch verbunden (nicht so sehr von der äußeren Gestalt seines Themas her, als von seiner Struktur), mit dem zweiten durch die Wiederkehr der Unterterz-Beziehung (hier im Verhältnis von Scherzo und Trio: a/F).

Der vierte Satz endlich, das abschließende Rondo, beginnt mit einem leicht dahinfließenden Thema, das mit allem Bisherigen offenbar wenig zu tun hat. Es ist ein charakteristisch Schubertisches Rondothema, das jede Schwere abzuschütteln scheint. Diesem wird dann jedoch ein zweites Thema gegenübergestellt, dessen Ähnlichkeit mit dem Hauptthema des ersten Satzes (insbesondere in der variierten Gestalt des Abschnittes II der Schlußgruppe) offen zutage liegt. Im folgenden werden dann das Hauptthema des Rondos und sein aus den vorigen Sätzen abgeleiteter Widerpart so miteinander verkoppelt, daß es scheint, als wollte dieser das Hauptthema zurückzwingen in die vergangenen Sätze. Er unterbricht den Fluß des ersten Themas beständig, scheint schließlich gar den Platz zu behaupten. Daß Schubert dann gegen Ende der Coda des Rondos die Akkordschläge aus der Coda des ersten Satzes fast wörtlich zitiert, erweist sich fast als zwingender Schluß. Er hat so in dieser Sonate nicht nur eine neue Form für den Sonaten-Hauptsatz gefunden, er hat auch einen echten Zyklus geschaffen.

Während seiner Reise nach Oberösterreich und in das Salzkammergut, auf der er mit den Variationen aus dieser *a-Moll-Sonate* so viel Anklang fand, hat Schubert im August 1825 in Bad Gastein seine zweite »große« Sonate geschrieben, die *in D-Dur* (D 850). Wie die erste gab er auch diese unmittelbar nach ihrem Entstehen zum Druck (freilich einem anderen Verleger, von dem er sich einen korrekteren Stich erhoffte: Matthias Artaria); sie erschien einen Monat nach der in a-Moll, im April 1826, und ist dem Schubert nahestehenden Wiener Klaviervirtuosen Karl Maria von Bocklet gewidmet.

Sonate in D-Dur (D 850)

(op. 53)

Allegro vivace, ¢ – Con moto, ¾ – Scherzo: Allegro vivace, ¾, mit Trio –
Rondo: Allegro moderato, ¼
D: August 1825 (lt. Autograph). – AGA X,11; NGA VII/2,2.

Die Sonate ist in mancherlei Hinsicht ein Gegenstück zu der in a-Moll (D 845).
Wie dort sind alle Teile des Sonatenhauptsatzes aufeinander bezogen, auch wenn
das variative Prinzip in der neuen Sonate weniger ausgeprägt ist (Einheitlichkeit –
nicht »Monothematik« – resultiert hier vor allem aus in allen Abschnitten wiederkehrenden Figuren). Wie dort sind die einzelnen Sätze zyklisch gebunden.
Freilich: war die frühere Sonate eher lyrisch, so erscheint die neue stürmisch,
anfangs auch zielstrebig. In der Folge der einzelnen Abschnitte wird diesem
Eindruck jedoch widersprochen. Es ist, als ob sich jemand zwar feurig auf den
Weg mache, dann aber über verschiedene Stationen doch letztlich im Kreis
geführt wird. Die Anlage des Hauptthemas ist dafür bereits bezeichnend: Es
setzt in D-Dur ein mit einer rhythmisch geprägten Folge von Akkordschlägen
(Achtel- und Viertel-Bewegung), die dann in eilende Triolen übergeht (und diese
Triolenfiguren binden die einzelnen Formteile zu einem Satz). Das Thema setzt
neu ein, diesmal in d-Moll, und führt über g-Moll nach F-Dur (Terzbeziehung
zur Grundtonart: Obermediante). Sich steigernde Figurenwiederholungen
bereiten eine Rückung nach Cis-Dur vor (= Des-Dur, Untermediante vom F),
doch all diese Rückungen führen nicht weiter: Unvermittelt ist man wieder in D-
Dur; das Thema wird zitiert; es entwickelt sich ein neuer Fortspinnungsabschnitt, der dann regelrecht in die Dominante mündet. Der Seitensatz besteht
eigentlich aus zwei »Themen«: einem aus dem Hauptthema unmittelbar abgeleiteten, das als Scharnier dient und für die Schlußgruppe von Bedeutung ist, und
einem wirklich neuen, liedhaften und doch vorwärtsdrängenden. Dieser Seitensatz beginnt dann zwar auch in der Dominante, rückt aber in seiner »Fortspinnung«, durch eine neue Tempovorschrift als bedeutsam herausgehoben, unerwartet nach G- und C-Dur und kehrt endlich ebenso unerwartet in die Dominanttonart A-Dur zurück. Diese scheint sich in der Schlußgruppe zu bestätigen –
doch in den letzten Takten der Exposition moduliert sie (ähnlich wie in der
a-Moll-Sonate) wieder nach D-Dur, erreicht die Tonart freilich nicht, sondern setzt mit der Durchführung in B-Dur ein (Unterterz-Beziehung). Unter-
terz-Beziehungen und Ganztonrückungen scheinen so Gefährdungen vorzu-
führen, denen, wer unterwegs ist, sich unvermittelt ausgesetzt sieht, die sich aber
ebenso unvermittelt immer wieder aufheben.

Die beiden Mittelsätze sind ungewöhnlich breit angelegt. Der zweite Satz
erscheint dabei wie eine Art Ballade, zweiteilig (mit Coda), wie die Mehrzahl der
»langsamen Sätze« Schuberts. Jeder Teil besteht aus zwei kontrastierend angelegten Abschnitten (einfach singend der erste, synkopisch drängend und mächtig
sich steigernd der zweite), die doch melodisch – und im weiteren Verlauf auch
rhythmisch – miteinander verbunden sind. Der erste Teil führt (im Quintenzir-

kel ab- und wieder aufsteigend: A–D–G–C–D–F [! Terzbeziehung] –A) gleichsam in die Tiefe – und gelangt dann doch wieder zu seinem Ausgangspunkt, der
zweite setzt daher zu solchen Ausflügen nur mehr an, scheut aber dann vor allzu
tiefem Abstieg zurück. Der dritte Satz ist das ausgedehnteste Scherzo, das Schubert je für Klavier geschrieben hat, stürmisch auch dies, in manchem auf den
ersten Satz anspielend: in Triolenfiguren, die das Thema fortspinnen, in einer
überraschenden Rückung nach B-Dur, mit der die »Durchführung« einsetzt
(Unterterz zur Haupttonart D-Dur). Im Anschluß daran demonstriert das
lyrisch singende Trio extensiv Möglichkeiten der Terzverwandtschaften (D–Fis,
C–Es–Ges, G–H–G).

Zeigten die ersten drei Sätze gleichsam jemanden, der unterwegs ist, stürmisch
nach Zielen sucht, ohne sie jedoch zu finden, so scheint dieser in dem abschließenden Rondo zur Ruhe gekommen: Wohl geht er noch, aber eher schlendernd, gelassen, wie abgehoben von den Wirren der Welt. Zwar erinnern die
»Episoden« an überstandene Gefährdungen (die zweite nimmt auch motivisch
Bezug auf den ersten Satz, damit den zyklischen Zusammenhang bestätigend),
doch scheint ihn das nicht anzufechten: Zu seinem ruhigen Gang kehrt er
immer wieder zurück, spielt wohl in das Thema variierenden Sechzehntelfiguren auf die Episoden an, nimmt ihnen aber gerade dadurch jede Dramatik. So
kann der Satz – und damit auch der Zyklus – in immer ruhigerer Bewegung
sanft verklingen.

Sonate in G-Dur (D 894)
(op. 78)

> Molto moderato e cantabile, $^{12}/_8$ – Andante, $^3/_8$ – Menuetto: Allegro moderato,
> $^3/_4$, mit Trio – Allegretto, $\mathbb{C}$
> D: Oktober 1826 (lt. Autograph). – AGA X,12; NGA VII/2,3.

Zur Überlieferung: Gut ein Jahr nach der Sonate in D-Dur (D 850 – inzwischen wohl hatte Schubert die Es-Dur-Sonate D 568 überarbeitet, s. S. 271)
schrieb der Komponist eine weitere Sonate, die jener, schaut man nur auf ihren
Plan, aufs Haar gleicht und die dennoch Welten von ihr entfernt zu sein scheint:
die Sonate in G vom Oktober 1826.

Gibt es unter Schuberts Klaviersonaten kaum eine stürmischere, feurigere als die
in D-Dur, so gibt es auch kaum eine, die lyrischer wäre als die in G. Ihr Kopfsatz
mutet so wenig »sonatenhaft« an, daß Tobias Haslinger, der die Sonate bereits
ein halbes Jahr nach ihrer Entstehung als Schuberts op. 78 herausbrachte, sich
berechtigt glaubte, sie als »Fantasie oder: Sonate« bezeichnen zu können (so der
»Kopftitel« über dem Beginn des ersten Satzes) und sie – wohl weil er dies für
verkaufsfördernd hielt – auf dem Titelblatt überhaupt als eine Folge von Klavierstücken erscheinen zu lassen: »Fantasie, Andante, Menuett und Allegretto für
das Piano-Forte allein«. Das Kompositionsmanuskript allerdings, das Haslinger
als Vorlage diente, trägt den Titel »IV. Sonate fürs Pianoforte allein«.

Zur Komposition: Nicht nur ein mäßiges Tempo fordert Schubert für den ersten Satz – auch »cantabile« soll er sein, doch nicht als »singende« Melodie formt er sein Hauptthema, sondern als eine Folge im ¹²⁄₈-Takt »schwingender«, in betonter Terzlage zugleich schwebender Akkorde:

Molto moderato e cantabile

Bsp. 38

Es ist ein in sich geschlossenes, nach je zwei Takten immer wieder neu ansetzendes Thema, das sich nach dem Modell einer breitangelegten, aber klaren Kadenz strukturiert (Tonika – Dominante – Tonikaparallele – Subdominante – Dominante – Tonika). Wenn das Thema überhaupt zur Weiterführung auffordert, dann weil es – wie es begann – auch in Terzlage schließt. So folgt denn auch eine erste, rhythmisch intensivierte, aber dynamisch vom pp noch zum ppp zurückgenommene Fortspinnung, die Terz betonend (h-Moll, H-Dur), doch – nach dem uns bereits bekannten Muster – am Ende in die Grundtonart zurückführend. Anstelle einer zweiten Fortspinnung kehrt das Hauptthema wieder, moduliert aber diesmal in die Dominanttonart und führt unmittelbar in das Seitenthema. Dieses verbindet eine nun tatsächlich »singende« Melodie mit Begleitungsfiguren, deren tänzerischer Charakter aus den rhythmischen Figuren der ersten Fortspinnung gewonnen ist. Die Anlage des Satzes entspricht im folgenden weitgehend der der D-Dur-Sonate, wobei freilich die breit dimensionierte Durchführung, in der Gegenüberstellung der Themen, den Charakter des Hauptthemas umkehrt: Plötzlich gewinnt es Dramatik, setzt an zu mächtigen Steigerungen, die in Akkordstürme führen (im ff und fff), so daß das wie verschüchtert, gleichwohl prononciert tänzerisch einsetzende Seitenthema zunächst immer wieder in sich zusammenbricht, bis dann doch der Komponist aus ihm den Weg zurück in die Reprise findet.

Der zweite Satz, ein wieder zweiteilig angelegtes Andante, folgt deutlicher noch als der erste dem Muster der D-Dur-Sonate. Einem liedhaften Hauptsatz (in D) ist ein Seitensatz (in h) entgegengesetzt, der nach anfangs mächtigen, polternden Akkordschlägen in eine ganz zurückgenommene, gleichwohl arios-intensive Melodie mündet. Der zweite Teil zeigt den Hauptsatz variiert (den Seitensatz transponiert, nach d) und schließt mit einer Wiederaufnahme des Eingangsthe-

mas. Das Menuett spielt mit dynamischen Kontrasten: Heftige, einer sich über-
stürzenden Rede gleichende Rhythmen verwandeln sich unversehens in graziös
tänzerische, aus denen sich – im Trio – gleichsam visionäre Figuren bilden. Das
abschließende Rondo endlich ist noch breiter angelegt als das der D-Dur-Sonate
(der erste Hauptsatz allein zählt 55 Takte). Dabei sind der pastoral anmutende
Hauptsatz und die tänzerisch beschwingte erste Episode durch gleichbleibende
Achtelbewegung ebenso miteinander verbunden wie die weit ausholende, zweite
(in die freilich ein kontrastierendes »cantabile« eingelagert ist). Ein engerer
zyklischer Bezug der einzelnen Sätze untereinander und vor allem zum ersten ist
nicht zu erkennen – hat Schubert vielleicht deshalb der Publikation als Folge von
Klavierstücken, gewissermaßen einer Folge von »Impromptus« nicht widersprochen?

Jedenfalls schreibt er nun – nimmt man zwei vermutlich im Sommer
oder Herbst 1827 entstandene, aber unvollendet gebliebene *Klavierstücke* aus (D 916 B und D 916 C), von denen zumindest eines, das *Klavierstück in c-Moll* (D 916 C), an einen bis zum Beginn der Reprise
ausgeführten Sonatenhauptsatz erinnert – für geraume Zeit keine Sonaten, wendet sich vielmehr dezidiert der Komposition von Einzelstücken
zu, die er zu Sammlungen von *Moments musicaux* oder eben von
Impromptus vereinigt. Erst gegen Ende seines Lebens entstehen noch
einmal drei Klaviersonaten, die er unverzüglich dem Leipziger Verleger
H. A. Probst anbietet: »Ich habe unter andern 3 Sonaten für's Piano-
forte allein komponiert, welche ich [Johann Nepomuk] Hummel dedi-
zieren möchte . . . Die Sonaten habe ich an mehreren Orten mit vielem
Beifall gespielt« (Brief vom 2. Oktober; Dok., S. 540). Die Widmung an
Hummel ist bezeichnend: Wieder denkt Schubert dabei an einen (auch
als Komponist berühmten, ihm zugleich nahestehenden) Klaviervirtuosen. Der Verleger freilich nimmt das Angebot nicht wahr; die Sonaten
erscheinen erst im April 1839 bei Diabelli & Co. in Wien, nun mit einer
Widmung an Robert Schumann.

Drei Sonaten (D 958–960)

D: September 1828 (lt. Autograph). – AGA X, 13–15; NGA VII/2,3

Sonate in c-Moll (D 958)
Allegro, ¾ – Adagio, ¾ – Menuetto: Allegro, ¾, mit Trio – Allegro, ⁶⁄₈

Sonate in A-Dur (D 959)
Allegro, ⁴⁄₄ – Andantino, ³⁄₈ – Scherzo: Allegro vivace, ¾, mit Trio: Un poco
più lento – Rondo: Allegretto, ⁴⁄₄

Sonate in B-Dur (D 960)

Molto moderato, ¼ – Andante sostenuto, ¾ – Scherzo: Allegro vivace, ¾, mit Trio – Allegro ma non troppo, ¾

Zur Überlieferung: Für alle drei Sonaten sind umfangreiche Entwürfe erhalten, die möglicherweise bis in das Frühjahr 1828 zurückreichen. In den ausgeführten Niederschriften sind die einzelnen Sonaten – ungeachtet der Zählung der früheren (s. S. 276) – als »Sonate I« (bzw. II, III) bezeichnet; die Zusammengehörigkeit als Gruppe ist auf diese Weise kenntlich gemacht. Die Erstausgabe von 1839 ist ohne Opuszahl unter dem Titel *Franz Schubert's allerletzte Composition. Drei große Sonaten für das Pianoforte* erschienen.

Zur Komposition: Die drei Sonaten mögen in gewisser Weise als Resümee einer lebenslangen Auseinandersetzung Schuberts mit Beethoven gelten. Dabei ist die erste, die *Sonate in c-Moll*, wohl gleichsam als Reverenz vor dem (geht man von der Entstehungszeit der Entwürfe aus) ein Jahr zuvor verstorbenen Komponisten zu verstehen. Ein »pathetisches« erstes Thema läßt an manche seiner c-Moll-Sätze denken, nicht weniger ein gesanglicher, mit neuem thematischem Material arbeitender, aber doch vorwärtsdrängender zweiter Fortspinnungsabschnitt (wieder in c-Moll) und ein breit ausgeführter Seitensatz (in Es-Dur), zunächst homophon gesetzt, dann durch triolische Begleitungsfiguren auf Beethovensche Manier in Bewegung gebracht (man denkt da etwa an den Seitensatz aus Beethovens Sonate in C-Dur op. 53, der sogenannten »Waldsteinsonate«). Selbst das Figurenwerk der Durchführung erinnert an das große Vorbild. Für den langsamen Satz in As-Dur lassen sich gar konkrete Modelle benennen: Er beginnt fast mit einem Zitat des Themas aus dem langsamen Satz von Beethovens Klaviersonate in c-Moll op. 10,1 und knüpft in der Ausführung offensichtlich an den langsamen Satz der »Pathétique« (op. 13) an. Das lebhafte, in Akzentballungen drängende Menuett, wieder in c-Moll, und das tänzerische Trio in As-Dur spiegeln das Tonartenverhältnis der beiden vorigen Sätze auf ihre Weise. Dann folgt ein nun ganz Schubertisches Rondo, in scheinbar ausgelassenem ⅜-Takt – wäre nicht die Tonart c-Moll, die, was sich so heiter gibt, in bittere Ironie verkehrt. Daher führt dann auch etwa die erste Episode von cis-Moll nach es-Moll, in eine Tonart »der schwärzesten Schwermut« (Schubart), während die zweite ihr einen Gesang in visionärem H-Dur entgegenstellt.

Der erste Satz der *A-Dur-Sonate* beginnt scheinbar konventionell: Das Thema wirkt affirmativ; es ist eine große, breit ausgesponnene Kadenz (die freilich zugleich virtuos ausgeweitet ist: darin zeigt sich, daß Schubert bei der Komposition vielleicht schon an Johann Nepomuk Hummel dachte, dem er dann die drei Sonaten ja widmen wollte, s. S. 288):

Allegro

Bsp. 39

Was so in sich geschlossen erscheint, ist dennoch auf Entwicklung angelegt: Darauf deutet der unregelmäßige Periodenbau, deutet auch die Kombination von drei Motiven (einer charakteristischen Bewegungsfigur im Baß, einer kontrastierenden, in gewisser Weise statischen Legatofigur und eingeschobenen, im folgenden vielfach fortgesponnenen Triolen), die die Keimzelle für den ganzen Satz bilden. Aus ihnen leiten sich zunächst vor allem die Fortspinnungsabschnitte des Hauptthemas ab, jedoch auch – nach einem kantablen Seitensatz in E-Dur – die »Schlußgruppe«, eine ausgedehnte Durchführung kleiner, aus den Fortspinnungsabschnitten wie aus dem Seitensatz entwickelter Motive, die schließlich in eine Wiederholung des ganzen Seitenthemas mündet. Daran nun kann sich keine eigentliche Durchführung mehr anschließen. Schubert schiebt einen eigenen Mittelteil ein, in C-Dur (Oberterz), das er wie eine neue Tonart vorschreibt. Dieser Mittelteil – obwohl melodisch abgeleitet aus dem Seitenthema – ist in seiner Bewegungsart, in seinem beharrlichen Kreisen um die Achse C-Dur, ein eigenes, unabhängiges »Klavierstück«, eingebaut in das Gefüge eines Schubertschen Sonatensatzes wie der Mittelteil eines Impromptus.

Der zweite Satz der Sonate (dreiteilig: lyrisch-kantabel die Außenteile, bei der Wiederholung mit veränderten Außenstimmen wie in einem Quartettsatz, stürmisch der Mittelteil) ist ein reines Klavierstück. Armin Knab nennt es ein »Nachtstück« und vergleicht es mit Chopins Nocturne in cis-Moll op. 27. Es könnte auch für sich stehen, gewönne es nicht besonderes Gewicht gerade durch den Bezug zur Durchführung des ersten Satzes. Das Scherzo orientiert sich – selbst in der Themengestaltung – an dem Scherzo aus Beethovens früher Sonate in A-Dur op. 2,2, greift im Trio aber auf die Setzweise der Reprise des zweiten Satzes zurück. Im letzten Satz schließlich, einem zwar wieder breit ausgeführten, jedoch (wie etwa auch in der G-Dur-Sonate) vergleichsweise einheitlich gestalteten Rondo, zitiert Schubert zu Beginn das Thema des zweiten Satzes der im März 1817 entstandenen a-Moll-Sonate (D 537). Er verbindet dies aber mit Figurenwerk aus dem ersten Satz unserer A-Dur-Sonate und leitet die erste Episode des Rondos ganz aus dessen Seitenthema ab. So erscheint es nur folgerichtig, wenn er das Rondo mit einem Zitat aus dem Hauptthema des ersten Satzes abschließt – den zyklischen Charakter der Sonate so noch einmal deutlich betonend.

Die dritte und bekannteste der drei Sonaten, die *Sonate in B-Dur*, beginnt mit einem breit ausgesponnenen, kantablen Thema in ruhigem Tempo (Molto moderato), das eher an den Beginn eines langsamen als eines Sonatenhauptsatzes denken läßt. Es bewegt sich behaglich schlendernd zu laufenden Achtelfiguren und kommt doch kaum von der Stelle, den Grundton b melodisch umkreisend. Und tatsächlich wird solche »Behaglichkeit« bereits im achten Takt jäh gestört: Ein tiefer Triller im Baß, auf Ges (Unterterz) beunruhigt:

Bsp. 40

Das Thema wird wieder aufgenommen und zu Ende geführt – es mündet jedoch wiederum in einen Baßtriller, der nun überleitet nach Ges-Dur, der Tonart, die der erste Triller angegeben hatte. Das Thema erklingt nun abermals (Fortspinnung H1), doch nicht mehr ruhig, sondern zwielichtig abgründig: Der gewohnte sichere Boden, auf dem man sich anfangs zu befinden glaubte, ist verlassen, der Tonart der »Erwartung«, B-Dur, folgte eine verwandte, in der bei aller Hoffnung doch Düsternis und Bangigkeit noch mitschwingt (Schilling).

Das zwielichtige Tonartenverhältnis spiegelt sich auch im Verhältnis von Haupt- und (diesem verwandten) Seitenthema: B-Dur/fis-Moll (= ges-Moll, ein »finsterer Ton«, der nach der »Ruhe von A-Dur schmachtet«); der versteckt-düstere Aspekt des Ges-Dur tritt nun klar zutage und berührt doch am Ende das ersehnte A-Dur, das sich gleichwohl nicht befestigt: Die Fortspinnung des Seitenthemas schwankt unruhig zwischen A-Dur und h-Moll, führt aber dann, in entschiedener Rückung, in die Dominanttonart F-Dur, die erwartete Tonart der Schlußgruppe. Diese nun leitet in ihrem ersten Abschnitt eine ganz neue Bewegung ein, eine heitere, fast ausgelassene Triolenfigur, kontrapunktiert von hier noch bedeutungslos erscheinenden Staccato-Akkorden: Die Düsternis ist verflogen, will man glauben – doch zu Unrecht: Die munteren Triolen geraten ins Stocken, Pausen unterbrechen den Fluß, und unversehens verwandelt sich Heiterkeit in Gebetston. Choralartig setzt der zweite Abschnitt ein, doch ist es ein zögerndes, fragendes Gebet (Schlüsse in Terz- und Quintlage), von modulierenden Passagen und langen Pausen unterbrochen, zwar in F-Dur endend, doch in der Überleitung zur Durchführung überraschend nach cis-Moll verrückt. F-Dur/cis-Moll (= des-Moll) – darin spiegelt sich das Unterterz-Verhältnis von Hauptthema und Seitenthema.

In cis-Moll beginnt auch die Durchführung, die zunächst das Hauptthema neu vorstellt, und zwar in einer Weise verwandelt, daß Motive des Seitenthemas sich ganz natürlich anschließen – die innere Nähe beider Themen so neu bestätigend. Dann aber folgt ein Abschnitt, in dem sich die »heiteren« Triolenfiguren aus der Schlußgruppe mit einem Motiv verbinden, das zwar aus den »Staccato-Akkorden« abgeleitet ist, doch ein ganz neues, dramatisches Gesicht erhält, modulierend und dabei jeweils sich steigernd vom p zum f. Dabei treten die Triolenfiguren immer mehr zurück, weichen endlich pochenden, mit Portato-Zeichen versehenen und so als bedeutsam ausgewiesenen Achtelketten, die bedrohlich wirken (man denkt etwa an die repetierten Achtel aus dem *Wegweiser* der *Winterreise*, s. S. 148). So entwickelt sich endlich aus der ursprünglich so heiter scheinenden Schlußgruppe ein klagendes, fünftaktiges Thema, in d-Moll vorgetragen, das in den Baß-Triller aus dem Hauptthema mündet. Dieser kündigt tatsächlich das Hauptthema an, mit dem Schubert in die Reprise zurückleitet, auf dem Wege dahin immer wieder von dem Triller unterbrochen, der nun, wie zu Beginn, auch wieder die Unterterz, das Ges betont. Und in einen solchen Triller auf Ges führt dann auch der auf die Reprise folgende Epilog, bevor einige, scheinbar harmlose Schlußakkorde den Satz beenden, der einst ebenso harmlos zu beginnen schien.

Takt	Satzabschnitt	Bemerkung

Exposition

1	Hauptthema	B-Dur
19		Fortspinnung H 1 (Wiederholung des Themas, Weiterspinnung; Ges)
36		Fortspinnung H 2 (Wiederholung des Themas, B–fis)
49	Seitenthema	fis-Moll
59		Fortspinnung S (aus S abgeleitet, zwischen A und h schwankend)
80	Schlußgruppe	Abschnitt I (neues Thema, F)
99		Abschnitt II (Motivzerstückelung, F)

Durchführung

118	Durchführung von Haupt- und Seitenthema	cis-Moll
131	neues Thema	Gegenthema zur Triolenfigur aus Abschnitt I der Schlußgruppe (modulierend: A, gis, H, b)
151		dasselbe Thema mit Achtelbewegung (modulierend: Des, E, C–d)
174		dasselbe Thema (d)
188	Rückleitung	Variante des Hauptthemas bei weitergeführter Achtelbewegung (d–f)

Reprise

216	Hauptthema	B-Dur
234		Fortspinnung H 1 (Ges)
255		Fortspinnung H 2 (B–h)
268	Seitenthema	h-Moll
278		Fortspinnung S (D–e)
299	Schlußgruppe	Abschnitt I (B)
318		Abschnitt II (B)
345	Coda	verkürztes Hauptthema (B)

Der zweite Satz, in cis-Moll (»Bußklage«), wie der Beginn der Durchführung des ersten Satzes, ist wieder ein dreiteiliges »Klavierstück«. In den Außenteilen hören wir ein ruhig dahinströmendes Lied, dessen Melodie jedoch – ähnlich dem Adagio des gleichzeitig entstandenen Streichquintetts in C-Dur (D 956) – in den Mittelstimmen liegt, während die Außenstimmen den Satz umspielen. Der Mittelteil in A-Dur verbindet einen choralartigen Gesang mit Sechzehntelfiguren, die »Aufbruch« andeuten. Dann kehrt nach einer Generalpause der erste Teil wieder, in den Außenstimmen durch variierte Figuren belebt, anfangs wieder in cis-Moll, dann nach Cis-Dur aufgehellt, als wolle der »Sänger« eine ferne Erscheinung vorstellen. Das Thema des Scherzos knüpft, wie so oft bei Schubert, an das Hauptthema des ersten Satzes an, angepaßt einem leicht fließenden Dreierrhythmus und in der Bewegung gesteigert. Ihm ist ein getragenes Trio gegenübergestellt, das mit Akzentverschiebungen, dem Wechsel von ¾-Takten und einem ½-Takt, spielt.

Der letzte Satz, ein Rondo (wie in den übrigen späten Sonaten), gibt sich leicht und unbeschwert, wie es das Formmodell nahelegt, und ist doch ambivalent, wie der erste Satz: Er beginnt mit einem eröffnenden Oktavschlag auf G, der Dominante von C, und setzt dann auch in c-Moll ein, wendet das Thema aber schnell nach B-Dur:

Bsp. 41

Die Fortspinnung führt uns nach g-Moll; dann beginnt das Thema von neuem in c-Moll. So pendelt der Hauptsatz des Rondos beständig zwischen den Tonarten – und damit gerät die tonale Ordnung der ganzen Sonate ins Zwielicht: Es ist, als wollte Schubert noch einmal zeigen, daß was so leicht sich ausnimmt, auf durchaus unsicherem Fundament ruht. Zwar erscheint die erste Episode wie ein breit ausgesponnener Gesang in F-Dur (Dominante der Haupttonart), doch folgt darauf eine neue, stürmische Episode in f-Moll, die unvermittelt in wieder ganz leicht anmutende Rhythmen übergeht, anfangs in F-Dur, dann in B-Dur, und die schließlich doch wieder, alle Leichtigkeit abstreifend, beharrlich auf G insistierend (man denkt an das um ein Motiv kreisende Insistieren in der Durchführung des ersten Satzes), nach c-Moll weist. Erst in der Coda des Rondos, die – nach einem fragend in einer Generalpause endenden Pianissimo – gewaltsam, in gesteigertem Tempo und im Forte ausbricht, bestätigt Schubert, wie in trotzigem »Dennoch«, die Haupttonart B-Dur, die Tonart der Erwartung, der Hoffnung. Seinen Sinn erhält dies freilich erst im Zusammenhang aller vier Sätze, in Schuberts im Zyklus sich aussprechender »poetischer« Idee. Ob der Komponist dabei an ein »Programm« im engeren Sinne dachte, ist wohl kaum zu sagen; daß sich aber in dem ungewissen tonalen Grund, dem wiederholten »Absturz« in die Untermediante, in Stockungen und Pausen, in gewaltsamen Eingriffen die Abgründigkeit einer Epoche unter der glatten Oberfläche des Biedermeier spiegelt, scheint unbezweifelbar.

Die Klavierstücke

Sein ganzes Leben hindurch hat Schubert »Stücke« für Klavier geschrieben, zu zwei und zu vier Händen: Fantasien, Variationen, Rondos und Scherzos, einzeln und zu Gruppen zusammengefaßt. Eine der frühesten Klavierkompositionen überhaupt ist seine *Fantasie in c-Moll* (D 2 E) vom Jahre 1811 – nur eine vierhändige *Klavierfantasie* ging ihr voraus (D 1, s. S. 266); zu seinen letzten gehören die *Drei Klavierstücke* vom Mai 1828 (D 946), ein halbes Jahr vor seinem Tod entstanden. Freilich: Diese Werke sind recht unterschiedlicher Art. Schuberts frühere Klavierstücke sind – mit Ausnahme der großen Variationenzyklen – vorwiegend Gelegenheits- und Nebenwerke; nicht selten stehen sie in lockerem Zusammenhang mit geplanten, vielleicht auch weitgehend ausgeführten Klavierwerken – man denke an das *Menuett in a-Moll* (D 277 A), an die *Drei Klavierstücke* (D 459 A), an das *Rondo in E-Dur* (D 506), an die *Zwei Scherzi* (D 593) (s. die Tabelle S. 269 f.). Die späteren Klavierstücke hingegen sind – in ihrer Gesamtheit – gleichen Ranges wie die großen Klaviersonaten, andere mögliche Ausformungen ähnlicher Absichten.

Eine besondere Stellung nehmen die beiden Variationenzyklen ein. Schubert schrieb sie vermutlich zunächst zu Studienzwecken, zum eigenen Training – aber in beiden Fällen geht er hier wohl auch darüber hinaus: Die *Zehn Variationen in F-Dur* (D 156) vom Februar 1815 sind in einer Reinschrift mit kalligraphischem Titelblatt überliefert – mit französischem Titel zudem, wie er in Drucken von Instrumentalwerken üblich war; dachte Schubert vielleicht insgeheim bereits an eine Veröffentlichung? Und von den *Dreizehn Variationen über ein Thema von Anselm Hüttenbrenner* (D 576), geschrieben im August 1817, hat der Freund Hüttenbrenner sich selbst eine sorgfältige Abschrift angefertigt, den Eigenwert der Komposition derart bestätigend.

Die *Zehn Variationen in F-Dur* (D 156) über ein eigenes Thema folgen dem Modell der Figuralvariation des 18. Jahrhunderts. Verschiedenartige »Figuren« umspielen ein meist liedhaftes Thema in zunächst sich steigernder Bewegung (Sechzehntel-Triolen, Zweiunddreißigstel); eine Variation in Moll wird eingeschoben, ebenso eine im Adagio. Der Zyklus mündet in ein lebhaftes Finale, an dessen Ende das Thema wiederkehrt. Schubert schöpft dieses Modell ganz aus. – Das Thema der erwähnten *Dreizehn Variationen* ... (D 576) entstammt dem Andantino von Hüttenbrenners kurz zuvor entstandenem Streichquartett in E-Dur, op. 3. Nur vergleichsweise selten hat Schubert fremde Themen variiert. (Abgesehen von der *Variation in c über einen Walzer von Anton Diabelli*, D 718, einem Auftragswerk [für jenes berühmte nationale Monument, den »Vaterländischen Künstlerverein«, für das Beethoven seine Variationen op. 120 und 50 weitere Komponisten je eine Variation beigesteuert haben], gilt dies nur noch für zwei Werke für Klavier zu vier Händen: die Beethoven gewidmeten *Acht Variationen über ein französisches Lied in e-Moll*, D 624, und die *Acht Variationen über ein Thema aus der Oper »Marie« von Hérold*, D 908.) Hüttenbrenners Thema, offensichtlich inspiriert vom zweiten Satz aus Beethovens Siebter Sinfonie, ist getragen von jenem daktylischen Schreit-Rhythmus, der seit der Entstehung des Liedes *Der Wanderer* (D 489, s. S. 65 f.) für Schubert besondere Bedeutung gewonnen hatte. Das offenbar hat ihn fasziniert: In seinen Variationen erschließt er sich, gleichsam spielerisch, die Möglichkeiten, die der Rhythmus dem Komponisten bietet.

Etwa um das Jahr 1818 entsteht eine große *Fantasie in C-Dur* (D 605 A), ein mehrteiliges Werk virtuosen Charakters, das nach dem Fundort der einzigen bekannten Quelle, einer für Josef Hüttenbrenner angefertigten

Abschrift, auch »Grazer Fantasie« genannt wird. Es stellt gewissermaßen eine Brücke zwischen Schuberts an Modellen des 18. Jahrhunderts orientierten freien Fantasien der Jugendzeit und späteren Werken
dar, in denen das Formprinzip der Sonate spürbar ist: Die einzelnen
Abschnitte (darunter ein am Ende wiederkehrender langsamer Kopfsatz, eine Polonaise, ein rauschendes Finale) sind bei aller Unabhängig-
keit motivisch miteinander verbunden. Die Echtheit dieses erst 1969
entdeckten Werkes ist angezweifelt worden (J. P. Vogel, »Die ›Grazer
Fantasie‹ von Franz Schubert«, in: *Die Musikforschung* 24, 1971,
S. 168–172) – in der Tat wirkt manches daran erstaunlich (die virtuosen
Elemente, einige Übergänge, ein gewisser Mangel an Inspiration), doch
findet man gelegentliche Parallelen dazu auch in anderen Werken Schuberts aus der angegebenen Zeit. Die Überlieferung jedenfalls gibt zu
Zweifeln keinen Anlaß.

Im November 1822 schrieb Schubert eine neue Fantasie, wieder in
C-Dur (D 760 / op. 15, berühmt geworden als *»Wandererfantasie«*),
und zwar für einen Schüler des Klaviervirtuosen Johann Nepomuk
Hummel, den »reichen Particulier« (so Schubert, Dok., S. 172) Ema-
nuel Karl Edler von Liebenberg de Zsittin.

Fantasie in C-Dur (D 760)

(op. 15; »Wandererfantasie«)

Allegro con fuoco ma non troppo, ¼ – Adagio, ¢ – Presto, ¾ – Allegro, ¼
D: November 1822 (lt. Autograph). – AGA XI,1; NGA VII/2,5.

Zur Überlieferung: Schubert hat die Fantasie unmittelbar nach ihrer Entstehung zum Druck gegeben, als sein erstes größeres Klavierwerk, das er der Veröffentlichung für würdig hielt. »Wandererfantasie« heißt das Werk übrigens erst
seit relativ junger Zeit. Zum erstenmal klingt der Titel offenbar in einem Brief
Franz Liszts vom 2. Dezember 1868 an Siegmund Lebert an (er bezeichnet die
Fantasie, die er auch als Konzert für Klavier und Orchester bearbeitet hat, als
»den prächtigen ›Wanderer‹-Dithyrambus«).
Zur Komposition: Zentrum der nach Art einer Sonate viersätzigen Fantasie
ist der zweite Satz, ein Adagio mit Variationen über einen Abschnitt aus dem
Lied *Der Wanderer* (D 489). Es sind einige Takte aus der Mitte des Liedes mit
dem Text: »Die Sonne dünkt mich hier so kalt, die Blüte welk, das Leben alt, und
was sie reden leerer Schall, ich bin ein Fremdling überall.« Schubert verbindet
diese Verse mit jenem eigentümlichen daktylischen Schreitrhythmus, den er
seitdem häufig verwendet und der ihm gewissermaßen zum Zeichen für Grenz-

überschreitung, für die »Wanderung« in die Fremde geworden ist (s. S. 65 f.). In dem Adagio der Fantasie verwandelt sich das dem Lied entnommene Thema. Die Melodiestimme streift Formeln, Floskeln, Ornamente ab, läßt den Schreitrhythmus hervortreten; der Satz erinnert an eine Art »Marcia funebre«:

Adagio

Die Son — ne dünkt mich hier so kalt, die Blü — te welk,   das   Le — ben alt...

Bsp. 42

Entgegen allem Herkommen ist das Thema nicht geschlossen, sondern offen, einen Weg angebend: Von cis-Moll ausgehend, der Grundtonart des Liedes wie des Adagios, führt es nach E-Dur, aber nicht wieder zurück. Abgerundet wird es erst durch die erste Variation, die wie ein Nachsatz zum Thema erscheint. Der Komponist zeigt uns, daß ihm das Modell der »Figural-Variation«, dem er sonst so erkennbar folgt, hier wenig bedeutet, daß es ihm um etwas anderes geht: offenbar um den tonalen Kontrast cis-Moll/E-Dur. Die Tonarten sind im Lied vermutlich semantisch festgelegt: cis-Moll steht für die Fremde, für die Realität der Sprachlosigkeit, E-Dur für das gesuchte Land, die Illusion. Wenn das Thema so aus der Realität in die Illusion führte, dann bringt uns die erste Variation in die Düsternis der Fremde zurück.

Umgreift das eigentliche Thema des Satzes dieses selbst und seine erste Variation, dann kann auch die Variationenfolge, die daraus erwächst, nur so frei und ungewöhnlich sein wie das Thema selbst. Die zweite Variation bezeugt dies: Zehn Takte umfaßt sie statt acht, und von dem Thema bleibt nur die Erinnerung an den Schreitrhythmus gegenwärtig; der harmonische wie der melodische Verlauf hingegen sind ganz neu. Standen Thema und erste Variation im Zeichen des tonalen Kontrastes, so betont die zweite Variation das Element des Suchens, des Wanderns. Die dritte hingegen kehrt zum »Thema« zurück: Kraß stellt sie Dur und Moll, Illusion und Realität gegeneinander. Die vierte nimmt denselben Gedanken wieder auf. Zugleich steigert sich die Intensität der Bewegung: Die wiegenden Sechzehntel der ersten Variation führen in der zweiten zu scharf skandierten Sechzehntel-Zweiunddreißigstel-Figuren, in der dritten zu Sechzehntel-Triolen, in der vierten zu Zweiunddreißigsteln. Eine solche Steigerung muß zu einem

Höhepunkt führen, zu virtuosen Figuren und Passagen in nochmals verdoppel-
ter Bewegung, einem Ausbruch schließlich auch in geballten Akkorden, hinter
denen das Thema ganz verschwindet. Erst in einem Epilog kehrt dieses wieder,
nun völlig gebrochen. Takte der Moll- und solche der Dur-Variante folgen
unvermittelt aufeinander in schillernden Harmonien; Realität und Illusion sind

Fantasie in C-Dur für Klavier op. 15 (»Wandererfantasie«, D 760),
Titelseite der Erstausgabe (erschienen Februar 1823)

nicht mehr zu unterscheiden. Wohl dominiert am Ende E-Dur (wie im Lied),
doch mündet der Satz im letzten Takt in einen Dominantseptakkord auf E, eine
neue Tonart (a-Moll) ankündend. Diese allerdings bleibt aus: In überraschender
Rückung nach As-Dur (= Gis-Dur, Oberterz-Beziehung) beginnt ein neuer
Satz, ein veritables Scherzo mit »ländlerischem«, allerdings nicht eigens bezeich-
netem Trio in Des-Dur. In diesem Scherzo verwandelt sich der Schreitrhythmus
in stürmische, doppeltaktige Gesten, die Aufbruch eher signalisieren als darstellen. Dabei greift der Komponist verschiedentlich Passagen auf, die er bereits im
Eingangssatz vorgestellt hatte.
Dieser erste Satz beginnt wie ein Sonatenhauptsatz. Ein Thema, dessen erstes
Motiv den Schreitrhythmus der Kernzelle wohl aufnimmt, aber in eilendes
Drängen umgestaltet und mit einer Geste des Aufschwungs beantwortet, wird
fortgesponnen und führt in ein kantables Seitenthema in E-Dur (große Oberterz), kehrt in der Grundtonart C-Dur (Schlußgruppe) wieder und wird durch-

Allegro con fuoco ma non troppo

Bsp. 43

geführt, nun zu kontinuierlichem Vorwärtsdrängen sich befestigend. Aus einem dabei entstehenden, zunächst unscheinbaren Motiv entwickelt sich ein neues, kantables Thema in Es-Dur (kleine Oberterz), das den Mittelteil der »Durchführung« beherrscht, an die sich eine dramatische Steigerung und schließlich eine Art »Rückleitung« anschließt. Zu einer Reprise aber kommt es nicht; die »Rückleitung« führt in das Adagio, das eigentliche Thema – nicht des Hauptsatzes, wohl aber, wie gesagt, der ganzen Fantasie. Das Anfangsmotiv des Hauptthemas aus dem ersten Satz kehrt freilich am Ende doch wieder: Aus ihm entwickelt Schubert das Thema des letzten Satzes, ein Fugenthema, das nun lebhaft, aber zielsicher ausschreitet. Und in der Folge der einzelnen Fugeneinsätze scheint es, als ob eine Menschenmenge sich aufmache, in immer heftigerer Bewegung einer rauschenden Apotheose entgegen. So erscheint als konkrete Verheißung, was im Variationensatz als ferne Illusion sich ankündigte: das Land des Glücks.

In den folgenden Jahren schreibt Schubert nur gelegentlich kleine »Klavierstücke«, Einzelsätze, die freilich nicht mehr, wie oft in früherer Zeit, wie ausgeschiedene Sätze einer Sonate anmuten, sondern wie musikalische Impressionen, Augenblickseingebungen. So entstehen vermutlich in den Jahren 1823 und 1824 ein *Air russe* in f-Moll (D 780,3; Schubert bezieht sich damit auf eine seit dem Ende des 18. Jahrhunderts beliebte Gattung von Tanz- und Charakterstücken) und ein menuett-ähnlicher Satz *Plaintes d'un Troubadour* in As-Dur (D 780,6) sowie eine *Ungarische Melodie* in h-Moll (D 817). Die ersten beiden fügt er, ohne ihre Überschriften, vermutlich 1828 in eine Sammlung von insgesamt sechs musikalischen Miniaturen ein, die unter dem Titel *Moments musicaux* erschienen sind (D 780). Es sind (wie dann auch, in erweiterter Gestalt, die *Drei Klavierstücke*, D 946) »Bagatellen«, die sich –

wie das erwähnte As-Dur-Stück – meist am Modell des Tanzsatzes mit Trio orientieren (Nr. 1, 2, 4, 6). Von wem der Titel der Sammlung stammt – ob von Schubert oder dem Verleger Leidesdorf – ist nicht zu klären.

Anderer Art ist eine Folge von Klavierstücken, der Schubert sich in der zweiten Hälfte des Jahres 1827 dezidiert zuwendet. Es sind acht einzelne Sätze, die *Impromptus* D 899 und D 935, niedergeschrieben in zwei Gruppen zu je vier Stücken und so auch als op. 90 bei Haslinger und als op. 142 bei Diabelli in Wien erschienen. Nur die ersten beiden (D 899,1–2 = op. 90,1–2) sind jedoch noch zu Schuberts Lebzeiten herausgekommen, im Dezember 1827, unmittelbar nach ihrer Entstehung. Die vier Impromptus D 935 (= op. 142) folgten dann 1838 (von dem Verleger Diabelli mit einer Widmung an Franz Liszt versehen), die beiden noch fehlenden der ersten Gruppe (D 899,3–4 = op. 90,3–4) schließlich im Dezember 1857. Der erhoffte Erfolg hatte sich wohl nicht eingestellt: »Diese Werke«, so schrieben B. Schotts Söhne aus Mainz an den Komponisten (der ihnen die vier Impromptus D 935 im Februar 1828 vergeblich angeboten hatte), sind »als Kleinigkeiten zu schwer« (Dok., S. 498). So legte wohl auch Haslinger die bereits erworbenen Stücke zunächst zurück und überließ seinem Sohn ihre Veröffentlichung mit dreißigjähriger Verzögerung.

Acht Impromptus (D 899 und D 935)
(op. 90 und op. post. 142)

Erste Gruppe (D 899,1–4)
Nr. 1 in c-Moll: Allegro molto moderato, ¼. – Nr. 2 in Es-Dur: Allegro, ¾. – Nr. 3 in Ges-Dur: Andante, ½ alla breve. – Nr. 4 in As-Dur: Allegretto, ¾.
Zweite Gruppe (D 935,1–4)
Nr. 1 in f-Moll: Allegro moderato, ¼. – Nr. 2 in As-Dur: Allegretto, ¾, mit Trio in Des-Dur. – Nr. 3 in B-Dur: Andante, ¢. – Nr. 4 in f-Moll: Allegro scherzando, ⅜.
D: für D 899 Sommer bis Herbst 1827 (?; erschlossen); für D 935 Dezember 1827 (lt. Autograph). – AGA XI,2–3; NGA VII/2,5.

Zur Überlieferung: Die acht Impromptus liegen in zwei Manuskripten vor. Die einzelnen Sätze waren darin zunächst als Nr. I–VIII durchgezählt; sie galten Schubert also ursprünglich als Einheit – und zwar noch zu der Zeit, als die Impromptus I–II bereits im Stich, vielleicht auch schon erschienen waren (die zweite Gruppe ist ja erst im Dezember 1827 entstanden). Das Autograph der vier Impromptus D 899 trägt weder eine Überschrift noch eine Datierung (vielleicht hatte Schubert dafür ein eigenes Blatt vorgesehen), doch hat der Verleger Tobias Haslinger für die Drucklegung der Nr. 1 den Titel »Impromptu« hinzugefügt. Es ist also denkbar, daß diese Bezeichnung auf den Verleger zurückgeht – Schubert aber hat sie sich dann zu eigen gemacht, denn das Autograph der zweiten Gruppe ist von seiner Hand mit »Vier Impromptu's« überschrieben.

Zur Komposition: Die acht oder zweimal vier Stücke sind zwar als einzelne entstanden, man hat sie aber immer wieder doch als Zyklus, als versteckte Sonaten verstanden: In seiner Rezension der vier Impromptus D 935, der ersten im Zusammenhang erschienenen Gruppe, hat Robert Schumann darauf hingewiesen: »Doch glaub' ich kaum, daß Schubert diese Sätze wirklich ›Impromptus‹ überschrieben; der erste ist so offenbar der erste Satz einer Sonate, so vollkommen ausgeführt und abgeschlossen, daß gar kein Zweifel aufkommen kann. Das zweite Impromptu halte ich für den zweiten Satz derselben Sonate . . . man könnte vielleicht das vierte Impromptu als Finale betrachten . . . .« (*Neue Zeitschrift für Musik*, 1838). Eine gewisse Nähe zu Satztypen, die Schubert andernorts zu Sonatenzyklen verbindet, ist jedenfalls unverkennbar – und gerade daran zeigt sich auch, worum es Schubert ging: Um die Möglichkeit, freie Stücke zu schreiben, die keine »Kleinigkeiten«, keine »Bagatellen« waren, sondern in ihrem Gewicht dem Sonatensatz vergleichbar (auch was die vom Spieler verlangte Fertigkeit anlangt: nicht ohne Grund sind die Impromptus D 935 Franz Liszt gewidmet). Damit befreite sich der Komponist nicht nur von den Konventionen des Sonatensatzes, sondern auch von dem Anspruch, den er in späterer Zeit an den zyklischen Verband stellte.

Das *Impromptu in c-Moll* (D 899,1 – op. 90,1) beginnt mit einem Forte-Schlag, so, als ob ein Vorhang geöffnet würde, den Blick freigebend auf eine noch leere Bühne. Dann hört man ein erstes Thema, das jenen sehr ähnlich ist, die Schuberts Sonatenhauptsätze eröffnen: Frage und Antwort, jeweils vier Takte umfassend; die Frage einstimmig gestellt, in liedhafter Deklamation offen endend, die Antwort in akkordischem Satz, bestätigend, schließend (s. Bsp. 44).

Das Thema ist sich dann freilich selbst genug. Es wird viermal vorgetragen, in immer neuer Beleuchtung – erweitert, harmonisch in Frage gestellt, aber prinzipiell unverändert. Dann folgt ein zweites Thema (in As-Dur, Unterterz), jedoch nicht als Kontrast zum ersten, sondern (wie in Schuberts sogenannten »monothematischen« Sonatensätzen) aus diesem abgeleitet, dabei den bereits liedhaften Charakter des ersten durch kunstvolle Dehnungen noch verstärkend. Dieses »Seitenthema«, variabler als das erste, wird wieder mehrfach wiederholt, in immer gesteigerter Emphase. Schließlich endet der ganze Abschnitt in Formeln und verkürzten Passagen aus beiden Themen (einer Art Schlußgruppe). Das also könnte eine »Exposition« gewesen sein. Nun aber kehrt das erste Thema wieder, und zwar in der Grundtonart, in der Grundgestalt, und abermals mehrfach wiederholt. Das ist keine »Durchführung«, allenfalls eine »Reprise«, die aber durch Steigerung der Bewegung einen gewissen Durchführungscharakter besitzt. Man spürt: Die Anlage des Sonatenhauptsatzes hat dieses Impromptu möglicherweise inspiriert, im Grunde aber geht es eigene Wege.

Allegro molto moderato

Bsp. 44

Deutlicher noch als im »monothematischen« Sonatensatz kann Schubert in einem solchen Klavierstück realisieren, worum es ihm vor allen Dingen zu tun ist: Um das Ausschöpfen, Variieren eines Gedankens, eines Themas, nicht um »Entwicklung«, sondern um Bewahrung durch allerlei Fährnisse hindurch. Das Thema wird gleichsam in immer neue Szenerien gestellt. Dabei geht es zunächst um Steigerung der Bewegung. Das Stück beginnt ruhig (Allegro molto moderato). Mit dem Einsatz des zweiten Themas gesellt sich zu der Themenmelodie eine arpeggierende Begleitung in Achteltriolen, nicht unähnlich einer Liedbegleitung. Dann verwandeln sich die fließenden Triolen in hämmernde Akkordschläge, die sich zu grellen Signalen steigern. Die Bewegung nimmt noch weiter zu: Die Achteltriolen werden zu wieder fließenden Sechzehnteln, die schließlich – bei zurückgenommener Bewegung, aber nochmals erhöhter Intensität – in scharf herausgeschlagene Achtelakkorde übergehen. Dann geht Schubert seinen Weg zurück. Die Sechzehntel werden zu Achteltriolen, zunächst zu Akkordschlägen, schließlich nur noch zu in Triolen repetierten einzelnen Tönen. Am Ende hört man die Linien wieder einstimmig oder einfache Akkorde. Dabei ist allerdings mit dem – in seiner Gestalt sonst unveränderten – Thema etwas geschehen: Beim Übergang von der Sechzehntel- in die Triolenbewegung wechselt Schubert von c-Moll nach C-Dur. Das Thema selbst erklingt zunächst zwar weiter in Moll, kadenziert aber schließlich in Dur und wird – ein einziges Mal – in reinem Dur vorgetragen. Danach trübt es sich wieder ein, bis hin zu den Themenfragmenten, die zum Schluß führen, doch endet das Stück in Dur-Akkorden. Die Frage wird zwar noch in Moll gestellt, die Antwort aber erklingt in Dur. Ein Zeichen der Hoffnung?

Mit Sonatensätzen haben auch wiederum die folgenden Stücke der ersten Gruppe etwas zu tun: Die *Impromptus in Es-Dur* und *As-Dur* (D 899, Nr. 2 und 4) orientieren sich an der Folge Scherzo–Trio. Auf einen virtuosen ersten Teil mit brillantem Figurenwerk im ¾-Takt folgt ein kontrastierender Mittelteil (»Trio«, jedoch nicht als solches bezeichnet) und danach, als »Da Capo« wieder der Anfangsteil. Beide Teile, Anfangsteil und »Trio«, sind selbst wieder zweiteilig, ohne daß diese Zweiteiligkeit wie im Scherzo der Sonate durch Wiederholungen markiert wäre. Die tonale Disposition der Teile weicht freilich grundsätzlich von der eines Scherzos ab: Die Haupttonart wird an keiner Stelle in Frage gestellt – darin zeigt sich der Charakter des Klavierstücks und die innere Verwandtschaft mit dem ersten Impromptu. Vor allem aber: Während das Trio eines Scherzos in der Regel gegenüber dem Hauptteil zurückgenommen, beruhigt ist, steigert sich in den »Trios« der Impromptus die musikalische Intensität. An die Stelle perlender Figurenketten treten markante, rhythmisch und harmonisch bewegte Linien.

Das *Impromptu in Ges-Dur* (D 899,3) ist trotz seiner ungewöhnlichen Notierungsweise im doppelten Alla-breve-Takt, ½ (in der Erstausgabe hat man es dem Spieler durch Transposition von Ges-Dur nach G-Dur und durch Halbierung der Takte leichter machen wollen) ein typischer »langsamer Satz«. Er ist, wie viele dieser Sätze, in einer Art Rundform angelegt, in der ein Anfangsteil nach einem erregteren, geschärfteren Mittelteil wiederholt wird und zum Schluß führt. Der Kontrast zwischen Mittelteil und Hauptteil ist hier freilich schwach ausgeprägt; beide Teile sind voneinander abgeleitet, Ergebnis sich steigernder Fortspinnung aus einem Anfangsmotiv in jenem langsamen Schreitrhythmus, den Schubert so liebt, den er aber hier hinter wogenden Begleitfiguren verdeckt. Ein Bild könnte entstehen wie das einer Prozession, die sich langsam durch dichten Nebel bewegt.

Sind so zwar die einzelnen Impromptus der ersten Gruppe den verschiedenen Satztypen einer Sonate verwandt – einen Zyklus hat Schubert nicht gestalten wollen: Die Tonartenfolge schließt das aus. Kaum denkbar erscheint der Sprung von Ges-Dur nach As-Dur (3.–4. »Satz«), noch weniger, daß überhaupt eine c-Moll-Sonate in As-Dur schließt. Anders verhält es sich mit der zweiten Gruppe. Dort stehen erster und letzter »Satz« jeweils in der Grundtonart (f-Moll), die Mittel»sätze« in der Paralleltonart (As-Dur) sowie in der Dur-Subdominante (B-Dur). Das erste Stück, das *Impromptu in f-Moll* (D 935,1 – op. 142,1), steht dem Modell des Sonatenhauptsatzes zudem noch näher als das in c-Moll. Es ist zweiteilig. Der erste Teil entspricht in jedem Abschnitt der »Exposition« eines Sonatenhauptsatzes, und zwar nicht nur (wie in dem c-Moll-Impromptu) nach der Zahl seiner Teile, sondern auch nach ihrem Charakter. Der zweite Teil des Satzes erscheint dann wie eine regelrechte »Reprise« (eine eigentliche »Durchführung« fehlt ebenso wie in dem c-Moll-Impromptu: die Satzdisposition weist hier im Grunde auf das Modell der Ouvertüre).

Die übrigen Impromptus der zweiten Gruppe sind »Sonatensätze« ähnlich denen der ersten. Das *Impromptu in As-Dur* (D 935,2) zeigt in allen seinen Teilen die Herkunft vom Menuett (eher noch als von dem des Scherzos), freilich wieder mit bewegtem, nicht zurückgenommenem »Trio«. Das *Impromptu in B-Dur* (D 935,3) ist wieder ein langsamer Satz. Schubert wählte dabei jene Form, die dem monothematischen Prinzip der Klavierstücke am weitesten entgegenkommt: den Variationensatz. Er schrieb fünf Variationen über ein Thema, das er bereits mehrfach bearbeitet hatte: in der Zwischenaktmusik nach dem dritten Akt aus »Rosamunde« (D 797, s. S. 190) und in dem Streichquartett in a-Moll (D 804). Es sind – wie in Schuberts frühen Klavierstücken – typische Figuralvariationen: Das Thema verwandelt sich durch Umspielung und Auffächerung, durch Eintrübung und Aufhellung, und bleibt sich doch selbst immer gleich, so daß es in einer Coda in seiner Originalgestalt noch einmal zitiert werden kann. Das abschließende *Impromptu in f-Moll* (D 935,4) endlich ist – wie die Mehrzahl der Finalsätze in Schuberts späten Sonaten – ein ausgedehntes Rondo, hier fast zu ausgedehnt, mit stark »ungarischem« Einschlag, in dem Taktwechsel eine große Rolle spielen (zwei ⅜-Takte werden, wie in einem Passepied des frühen 18. Jahrhunderts, in einen ¾-Takt verwandelt).

Dem Charakter und der Anordnung ihrer Sätze nach könnte diese zweite Gruppe demnach gut als »Sonate« gelten. In den Jahren 1817–1818 hätte wohl auch Schubert eine derartige »f-Moll-Sonate« so bezeichnet. Wenn der Komponist 1827 dennoch nicht nur eine solche Klassifikation vermeidet, sondern ausdrücklich darauf hinweist, daß »jedes einzeln oder alle vier zusammen erscheinen« (und noch viel eher vorgetragen werden) »können«, dann deshalb, weil 1827 für ihn zu einer Sonate mehr gehörte, als eine bestimmte Satz- und Tonartenfolge: eine übergeordnete, den Zyklus verbindende Idee. Fehlte diese, dann zog er es vor, »Klavierstücke« zu schreiben.

Gesellschaftsmusik

Zahlreiche von Schuberts Werken entstanden für das gemeinsame Musizieren im Freundeskreis, einige von ihnen auch für besondere Gelegenheiten wie etwa Geburtstage, Jubiläen oder ähnliche Anlässe. Diese Kompositionen erfüllten meist eine bestimmte Funktion, die sich mit dem Begriff »Gesellschaftsmusik« umschreiben läßt. Dazu sind – mit nur wenigen Ausnahmen – ein Großteil der mehrstimmigen Gesänge und der vierhändigen Klaviermusik, manche kleinere Klavierstücke sowie das große Œuvre der Klaviertänze zu zählen. Ein wesentliches Moment bei der Aufführung solcher »Gesellschaftsmusik« war die Improvisation. So sind viele der von Schubert überlieferten Tanzmanuskripte in erster Linie als Notizen bzw. Gedächtnisstützen zum »Tanzmusikmachen« anzusehen, aus denen er sich, je nach Bedarf, immer wieder andere Zyklen von Tänzen zusammenstellte. Für die Drucklegung hat er dann Tanzstücke aus verschiedenen Manuskripten vereinigt und neu geordnet. Improvisatorische Momente spielten auch bei der Aufführung von mehrstimmigen Gesängen eine große Rolle, deren Besetzung (solistisch oder chorisch, mit oder ohne Begleitung) von den jeweiligen Gegebenheiten abhing. Schubert schrieb diese Werke nicht für Berufssänger, sondern in erster Linie für eine sangesfreudige Runde von Freunden, in der jeder, wenn er dazu gerade Lust hatte, mitsingen konnte. Die Begleitung war von der Verfügbarkeit eines entsprechenden Instrumentes (meist Klavier oder Gitarre) abhängig und wurde häufig dazu improvisiert. Auch hier hat Schubert seine Kompositionen oft erst für die Drucklegung oder für ein Konzert entsprechend eingerichtet und den noch fehlenden Instrumentalpart zu Papier gebracht.

Die Gelegenheiten für die Aufführung von »Gesellschaftsmusik« waren ebenso zahlreich wie vielfältig. Sie ergaben sich bei der Pflege von Hausmusik, welche zu Beginn des 19. Jahrhunderts mit dem Einzug des Klaviers in die bürgerlichen Salons großen Aufschwung genommen hatte. Man betrieb Musik zum Selbstzweck und erfreute sich daran beim geselligen Beisammensein. Wie wir von Schuberts Freund Anselm Hüttenbrenner erfahren, konnten solche musikalische Treffen im Freundeskreis auch ohne Zuhörer stattfinden: »Schubert, Aßmayr, Mozatti und ich verabredeten uns, jeden Donnerstag abends ein neues, von uns komponiertes Männerquartett bei dem uns dann freundlich bewirtenden Mozatti zu singen. – Einmal kam Schubert ohne Quartett, schrieb aber, da er von uns einen kleinen Verweis erhielt, sogleich eines in unserer Gegenwart; Schubert achtete dieser Gelegenheitsstücklein sehr wenig« (Erinn., S. 206).

Als ernstzunehmende musikalische Gattung wurden Schuberts mehrstimmige Gesänge erst seit den ab 1818 regelmäßig stattfindenden »Abendunterhaltungen« der Gesellschaft der Musikfreunde in Wien angesehen. In den Statuten dieses Vereins waren als Grundsätze der »Selbstbetrieb und Genuß der Musik« sowie »die Beförderung der Geselligkeit unter den Kunstliebhabern« festgelegt worden. Die dort veranstalteten Konzerte waren zunächst nur für Mitglieder, später auch öffentlich zugänglich. Sie begannen im allgemeinen mit Instrumentalstücken und wurden fast immer von einem Vokalensemble beschlossen. Einige von Schuberts mehrstimmigen Gesängen gelangten dort mehrfach zur Aufführung, was zu ihrer Verbreitung und späteren Drucklegung wesentlich beigetragen hat.

Am häufigsten wurde Schuberts »Gesellschaftsmusik« jedoch bei den im Freundeskreis stattfindenden »Schubertiaden« aufgeführt. Beschrieben finden wir eine solche Veranstaltung erstmals in einem Brief Josef Hubers, eines Mitgliedes des Schubertkreises, im Januar 1821: »Vergangenen Freitag [den 26.] habe ich mich recht gut unterhalten, da die [Sophie von] Schober in St. Pölten war, hat Franz [von Schober] den Schubert Abends eingeladen und 14 seiner guten Bekannten. Da wurden eine Menge herrlicher Lieder Schuberts von ihm selbst gespielt und gesungen, was bis nach 10 Uhr Abends dauerte. Hernach wurde Punsch getrunken, den einer aus der Gesellschaft gab, und da er sehr gut und in Menge da war, wurde die ohnedies schon fröhlich gestimmte Gesellschaft noch lustiger, so wurde es 3 Uhr Morgens als wir auseinander gingen« (Dok., S. 115). Gesellige Abende dieser Art, bei denen ausschließlich Musik von Schubert gespielt wurde, fanden in der Folge bei zahlreichen mit Schubert befreundeten Familien statt. Meistens waren dabei auch Damen anwesend; nach dem gemeinsamen Musizieren wurde häufig ein Imbiß gereicht, anschließend wurden Gesellschaftsspiele betrieben oder es wurde getanzt. Als Pianist betätigte sich dabei neben Schubert auch dessen Freund Josef von Gahy, welcher »die Tänze mit solchem Feuer zu spielen« wußte, »daß die Tanzenden dadurch ganz elektrisiert wurden« (Erinn., S. 156). Schubert selbst tanzte nicht, mußte aber für seine Freunde immer wieder »Walzer spielen« (vgl. Dok., S. 343).

»Ein Schubert-Abend bei Joseph von Spaun«. Sepiazeichnung
(1868) von Schuberts Freund Moritz von Schwind (1804–1871).
Schubert am Klavier, links von ihm J. M. Vogl, rechts
J. v. Spaun, auf dem Bild an der Wand Karoline Esterházy

Die Familien, bei denen solche Gesellschaftsabende veranstaltet wurden, gehörten in der Mehrzahl dem höheren Beamtenstand an. Viele waren ausübende Mitglieder der Gesellschaft der Musikfreunde in Wien; allen gemeinsam waren ausgeprägte kulturelle Interessen und ein hoher Bildungsgrad. Charakteristisch für die Zusammensetzung der Gesellschaft bei den »Schubertiaden« war eine Mischung von Dilettanten und Künstlern, die sich hier zum gemeinsamen Musizieren und geselligen Beisammensein trafen. Der Linzer Jurist Franz von Hartmann hat seine Eindrücke von einer solchen »Schubertiade« in seinem Tagebuch folgendermaßen festgehalten: »15. Dezember 1826: Ich gehe zu [Josef von] Spaun, wo eine große Schubertiade ist . . . Die Gesellschaft ist ungeheuer. Das Arnethische, Witteczekische, Kurzrockische, Pompische Ehepaar, die Mutter der Frau des Hof- und Staatskanzleikonzipisten Witteczek, die Doktorin Watteroth, Betty Wanderer, der Maler Kupelwieser und seine Frau, Grillparzer, Schober, Schwind, Mayrhofer und sein Hausherr Huber, der lange Huber, Derffel, Bauernfeld, Gahy (der herrlich mit Schubert à 4 mains spielte), Vogl, der fast 30 herrliche Lieder sang, Baron Schlechta und andere Hofkonzipisten und -sekretärs waren da . . . Nachdem das Musizieren aus ist, wird herrlich schnabeliert und dann gtanzt . . .« (Dok., S. 388).

Mehrstimmige Gesänge

Mit der Komposition von mehrstimmigen Vokalensembles hat sich Schubert schon während seiner Schulzeit im Wiener Stadtkonvikt befaßt. Die meisten dieser Werke – hauptsächlich Kanons, Terzette und Quartette für Männerstimmen a cappella – entstanden als Kompositionsstudien für seinen Unterricht bei Antonio Salieri oder als Gelegenheitskompositionen für Schüleraufführungen (so zum Beispiel das komische Terzett *Die Advokaten*, D 37). Salieri hat ihm dafür großteils die zu vertonenden Texte vorgegeben, als »Pflichtübungen« meistens solche des italienischen Hofdichters Pietro Metastasio, daneben aber auch zahlreiche von Friedrich Schiller, von dem Salieri selbst einige Gedichte in Musik gesetzt hat und mit dem er möglicherweise sogar persönlich in Verbindung stand. Schuberts eigenhändiger Vermerk »Imitatio ad Haydni consuetudinem« am Ende des fragmentarisch überlieferten Terzetts *Dreifach ist der Schritt der Zeit* (D 70) ist wahrscheinlich ein Hinweis darauf, daß Salieri ihm als Vorbild für diese Kompositionen neben seinen eigenen auch Michael Haydns *Gesänge für vier Männerstimmen ohne Instrumentalbegleitung* nahegelegt hat. Obwohl Schubert, wie sein Freund Josef von Spaun zu berichten weiß, offenbar mit diesen und anderen »klassischen Werken großer Meister ... höchst vertraut« war (Erinn., S. 34), hat er diese in seinen eigenen Kompositionen im engeren Sinne dennoch nicht nachzuahmen versucht. Sie dienten ihm lediglich als Form-Modelle und Muster, die er mit neuem Inhalt zu erfüllen wußte. In späteren Jahren komponierte er seine mehrstimmigen Gesänge vorwiegend für seinen Freundeskreis oder als Gelegenheits- bzw. Auftragskompositionen.

Wie die folgende Tabelle zeigt, finden wir darunter zahlreiche musikalische Formen mit verschiedenen Besetzungsmöglichkeiten: Neben den besonders häufigen Chorliedern (meist durchkomponiert, drei- oder vierstimmig, mit oder ohne Vorsänger besetzt) und Strophenliedern nimmt die Kantate einen wichtigen Platz ein; ihre Besetzung kann wechseln, von drei Solostimmen mit Begleitung eines Instrumentes bis zu mehreren Solostimmen, Chor und Orchesterbegleitung. Als Sonderform sei hier noch die szenische Kantate erwähnt, bei der eine dramatische Handlung im Mittelpunkt des musikalischen Geschehens steht (so zum Beispiel bei den Kompositionen *Die Advokaten*, D 37, und *Der Hochzeitsbraten*, D 930). Die Tabelle enthält eine Auswahl von Schuberts wichtigsten mehrstimmigen Gesängen, jedoch ohne seine rund 60 A-cappella-Kompositionen, die hier aus Platzgründen unberücksichtigt geblieben sind.

Das Dörfchen (D 598)

(op. 11,1; D-Dur; Quartett für 2 Tenöre und 2 Bässe mit Klavier)

T: Gottfried August Bürger. – D: Dezember 1817. – AGA XVI,46 und 4; NGA III/3.

Zur Überlieferung : Von Schuberts Hand ist zu dieser Komposition nur ein Entwurf der vier Singstimmen ohne Klavierpart überliefert. Bezeichnenderweise korrigierte Schubert dort den endgültigen Titel aus der Bezeichnung »Ständchen«, welche dem Inhalt dieses Werkes entspricht. Das Autograph einer zweiten Fassung der vollständig ausgeführten Vertonung ist verschollen, muß aber der bereits 1822 in Stimmen erschienenen Erstausgabe als Vorlage gedient haben.

Mehrstimmige Gesänge mit Begleitung (Auswahl)

Deutsch-Nummer	Titel	Entstehungszeit	Textdichter
37	Die Advokaten, op. 74 200 T. (TTB mit Klav.) – Szene	25. – 27. 12. 1812	Baron Engelhart
75	Trinklied 61 T.; Baß und Chor (TTB) mit Klav. – Strophenlied	29. 8. 1813	F. Schäffer
80	Zur Namensfeier meines Vaters 88 T. (TTB mit Git.) – Kantate	27. 9. 1813	Franz Schubert
148	Trinklied, op. post. 131,2 28 T.; Tenor und Chor (TTB) mit Klav. – Chorlied	Febr. 1815	I. F. Castelli
232	Hymne an den Unendlichen, op. post. 112,3 14 T. (SATB mit Klav.) – Strophenlied	11. 7. 1815	Schiller
267	Trinklied 16 T. (TTBB mit Klav.)	25. 8. 1815	unbekannt
268	Bergknappenlied 17 T. (TTBB mit Klav.)	25. 8. 1815	unbekannt
277	Punschlied 16 T. (TTB mit Klav.)	29. 8. 1815	Schiller
294	Namensfeier 117 T.; Sopran, Tenor, Baß und Chor (STB) mit 2 Ob., 2 Fg., 2 Hrn. und Str. – Kantate	27. 9. 1815	unbekannt
352	Licht und Liebe 76 T. (ST mit Klav.) – Lied	1816 (?)	M. v. Collin
439	An die Sonne 122 T. (SATB mit Klav.) – Chorlied	Juni 1816	J. P. Uz
407	Beitrag zur fünfzigjährigen Jubelfeier des Herrn von Salieri 44 (27) + 46 + 20 T. (TTBB mit Klav.) – Kantate	zum 16. 6. 1816	Franz Schubert

Deutsch-Nummer	Titel	Entstehungs-zeit	Textdichter
472	Kantate zu Ehren von Josef Spendou, op. post. 128 75 + 137 + 65 + 76 T.; 2 Soprane, Tenor, Baß und Chor (SATB) mit 2 Ob., 2 Fg., 2 Hrn., 2 Trp., Pk. und Str.	Sept. 1816	J. Hoheisel
598	Das Dörfchen, op. 11,1 2 Fassungen: 158/132 T. (TTBB mit Klav.) – Kantate	Dez. 1817	G. A. Bürger
609	Die Geselligkeit 38 T. (SATB mit Klav.) – Chorlied	Jan. 1818	J. K. Unger
666	Kantate zum Geburtstag des Sängers Johann Michael Vogl 54 + 122 + 47 T. (STB mit Klav.)	zum 10. 8. 1819	Albert Stadler
706	Der 23. Psalm, op. post. 132 86 T. (SSAA mit Klav.) – Chorlied	Dez. 1820	Übers. Moses Mendelssohn
714	Gesang der Geister über den Wassern, op. post. 167 172 T.; 4 Tenöre, 4 Bässe mit Str. (2 Vla., 2 Vc. und Kb.)	Febr. 1821	Goethe
710	Im Gegenwärtigen Vergangenes 155 T. (TTBB mit Klav.) – Kantate	März 1821 (?)	Goethe
724	Die Nachtigall, op. 11,2 139 T. (TTBB mit Klav.) – Chorlied	April 1821 (?)	J. K. Unger
422	Naturgenuß, op. 16,2 83 T. (TTBB mit Klav.)	1822 (?)	Matthisson
740	Frühlingsgesang, op. 16,1 155 T. (TTBB mit Klav.) – Chorlied	zwischen Jan. und April 1822	Schober
747	Geist der Liebe, op. 11,3 90 T. (TTBB mit Klav.)	Jan. 1822	Matthisson

Deutsch-Nummer	Titel	Entstehungszeit	Textdichter
748	Am Geburtstage des Kaisers, op. post. 157 21 T.; Sopran, Alt, Tenor, Baß und Chor (SATB) mit 2 Fl., 2 Ob., 2 Kl., 2 Fg., 2 Hrn., 2 Trp., Pk. und Str. – Strophenlied	Jan. 1822	J. L. von Deinhardstein
757	Gott in der Natur, op. post. 133 118 T. (SSAA mit Klav.) – Chorlied	Aug. 1822	E. v. Kleist
763	Des Tages Weihe, op. post. 146 92 T. (SATB mit Klav.)	22. 11. 1822	unbekannt
809	Gondelfahrer, op. 28 71 T. (TTBB mit Klav.)	März 1824	Mayrhofer
815	Gebet, op. post. 139 209 T. (SATB mit Klav.) – Kantate	Sept. 1824	de la Motte Fouqué
835	Bootgesang, op. 52,3 34 T. (TTBB mit Klav.)	1825	W. Scott
836	Coronach, op. 52,4 17 T. (SSA mit Klav.)	1825	W. Scott
875	Mondenschein, op. 102 93 T. (TTBBB mit Klav.) – Chorlied	Jan. 1826	Schober
892	Nachthelle, op. post. 134 158 T.; Tenor-Solo mit Chor (TTBB) und Klav.	Sept. 1826	J. G. Seidl
903	Zur guten Nacht, op. 81,3 25 T.; Solo mit Chor (TTBB) und Klav.	Jan. 1827	J. F. Rochlitz
913	Nachtgesang im Walde, op. post. 139 204 T. (TTBB mit 4 Hrn.) – Chorlied	April 1827	J. G. Seidl
920	Ständchen, op. post. 135 2 Fassungen: 88/86 T.; Alt mit Chor (TTBB/SSAA) und Klav. – Kantate	Juli 1827	Grillparzer

Deutsch-Nummer	Titel	Entstehungs-zeit	Textdichter
930	Der Hochzeitsbraten, op. post. 104 434 T. (STB mit Klav.) – Szene	Nov. 1827	Schober
936	Kantate für Irene Kiesewetter 96 T.; 2 Tenöre, 2 Bässe mit Chor (SATB) und Klav. zu 4 Händen	26. 12. 1827	unbekannt
826	Der Tanz 26 T. (SATB mit Klav.)	Anfang 1828	K. v. Meerau (?)
942	Mirjams Siegesgesang, op. post. 136 486 T.; Sopran-Solo mit Chor (SATB) und Klav. – Kantate	März 1828	Grillparzer
865	Widerspruch, op. 105,1 133 T. (TTBB mit Klav.) – Chorlied	vor Aug. 1828	J. G. Seidl
954	Glaube, Hoffnung und Liebe 21 T.; 2 Tenöre, 2 Bässe mit Chor (SATB) und 2 Ob., 2 Kl., 2 Fg., 2 Hrn., 2 Pos. oder Klav. – Strophenlied	zum 2. 9. 1828	J. A. Reil
985	Gott im Ungewitter, op. post. 112,1 108 T. (SATB mit Klav.)	?	J. P. Uz
986	Gott der Weltschöpfer, op. post. 112,2 54 T. (SATB mit Klav.)	?	J. P. Uz

Zum Text: Gottfried August Bürger hat sein 1771 geschriebenes Gedicht einem französischen Vorbild von Pierre Joseph Bernard nachempfunden (die Dichtung trägt dort den Titel *Le Hameau* und beginnt mit den Worten: »Rien n'est si beau que mon hameau«). Schubert entnahm die Textvorlage zu seiner Komposition vermutlich einer 1815 in Wien erschienenen Ausgabe von Bürgers Gedichten. Von den insgesamt 137 Versen vertonte er in dem Entwurf die Verse 1–6, 11–74 und 120–125. In der vollständig ausgeführten Vertonung eliminierte er dann noch zusätzlich die Verse 51–74.

Der Text schildert eine biedermeierliche Idylle, die von folgender Feststellung ihren Ausgang nimmt: »Ich rühme mir mein Dörfchen hier, denn schön're Auen als ringsumher die Blicke schauen blüh'n nirgends mehr.« Darauf folgt eine ausgedehnte Naturbeschreibung, in deren Mittelpunkt der Bach mit seinen

Fischen steht. Abschließend wird die aus dieser Idylle erwachsende Seligkeit gepriesen und mit der Bitte verbunden: »daß doch die Zeit dich nie zerstöre, ... mir frisches Blut und frohen Mut stets neu gewähre«.

Zur Komposition: Schubert hat dem Quartett die Form einer Kantate gegeben: Drei Teile sind in verschiedenen Tonarten, mit unterschiedlichen Takt- und Tempobezeichnungen abschnittsweise aneinandergereiht. Der erste Teil (Allegretto D-Dur, ¾) ist weitgehend als homophoner Chor gestaltet, bei dem die einzelnen Verse durch Fermaten deutlich voneinander abgesetzt sind. Beschauliche Gemütlichkeit vermittelt der zweite Teil (Andantino A-Dur, ⅜); bei der Beschreibung von einzelnen Naturbildern setzt Schubert hier »redende« Figuren ein. Diese lassen sich vor allem bei der Schilderung des Fischgewimmels und dessen raschen Bewegungen deutlich erkennen; so wird zum Beispiel die Textstelle: »ihr schneller Lauf geht bald hernieder, bald herauf zur Fläche wieder« musikalisch genau nachgezeichnet (der »schnelle Lauf« wird durch eine rasche Sechzehntelbewegung dargestellt, welche zunächst kreisend nach unten und dann stufenweise »zur Fläche« aufsteigend nach oben führt). Wie mehrfach in ähnlichen Kompositionen schließt Schubert mit einem Kanon (Andante con moto, D-Dur, ₵), der in eine breit ausgeführte Kadenz mündet. – *Das Dörfchen* war das erste Vokalquartett Schuberts, welches am 7. März 1821 bei einer »großen musikalischen Akademie mit Deklamation und Gemälde-Darstellungen« im Kärntnertortheater öffentlich aufgeführt wurde.

Der 23. Psalm (D 706)

(op. post. 132; As-Dur; Quartett für 2 Soprane und 2 Alte mit Klavier)

T: Psalm 23, dt. von Moses Mendelssohn. – D: Dezember 1820. – AGA XVIII,2; NGA III/3.

Zur Überlieferung: Schubert hat dieses Vokalensemble für Schülerinnen der Gesangsklasse von Anna Fröhlich am Wiener Konservatorium der Gesellschaft der Musikfreunde komponiert. Die von seiner Hand überlieferte Partitur ist mit Dezember 1820 datiert. Das Werk wurde am 30. August 1821 bei einem Schülerkonzert im Konservatorium uraufgeführt; auch in den folgenden Jahren scheint es dort in den Programmen der Konzerte immer wieder auf.

Zum Text: Vorlagen aus der Bibel hat Schubert für seine Vokalkompositionen nur selten herangezogen. Neben dem hier vorliegenden Werk kennen wir noch Vertonungen des 13. Psalms (D 663, als Lied komponiert), des 92. Psalms (D 953, eine Komposition für Bariton-Solo, Solistenquartett und a-cappella-Chor) sowie der Verse 55–58 aus dem sechsten Kapitel des Evangeliums nach Johannes (D 607, ein Lied für Singstimme und bezifferten Baß). Die Textvorlagen zu den drei Psalmenvertonungen entnahm Schubert einer deutschen Übersetzung von Moses Mendelssohn (hier Ps. 23: »Gott ist mein Hirt, mir wird nichts mangeln.«)

Zur Komposition: Das Stück beginnt mit einer kurzen Klaviereinleitung, aus der sich bereits seine Grundstimmung entnehmen läßt: Schubert hat es wie eine »Engelsmusik« komponiert, die sich aus dem Nichts entwickelt und am Ende wieder dorthin entschwindet (das im pp gehaltene Vorspiel kehrt am Schluß als verkürztes Nachspiel wieder). Der ziemlich hoch liegende Vokalsatz zeigt meist homophone Gestaltung; eine großangelegte Steigerung gibt es bei der Textstelle: »Er führt mich auf gerechtem Steige zu seines Namens Ruhm«, bei der auch gewichtige Akkordostinati in der Begleitung zum Einsatz kommen. Insgesamt dominiert aber die ruhige und abgeklärte Grundstimmung der Einleitungstakte, mit welcher wohl die Zuversicht des Menschen auf ein ewiges Leben zum Ausdruck gebracht werden soll.

Gesang der Geister über den Wassern (D 714)

(op. post. 167; C-Dur; Oktett)

B: 4 Tenöre, 4 Bässe und Streicher: 2 Vla., 2 Vc., Kb.
T: Johann Wolfgang Goethe. – D: Februar 1821. – AGA XVI,45 und 3; NGA III/1.

Zur Überlieferung: Die hier vorzustellende Komposition ist Schuberts vierte Bearbeitung dieses Textes von Johann Wolfgang von Goethe. Seine erste Vertonung stammt aus dem Jahr 1816 und wurde als Lied konzipiert (D 484); wir kennen davon allerdings nur ein Fragment von 64 Takten aus der Mitte der Komposition. Im März 1817 hat Schubert den Text dann ein zweites Mal komponiert, als unbegleitetes Vokalquartett (D 538, für zwei Tenöre und zwei Bässe). Ein weiterer Entwurf, ebenfalls für Männerquartett, diesmal allerdings mit Klavierbegleitung, vom Dezember 1820 (D 705), steht in Zusammenhang mit den Vorarbeiten für die vierte Bearbeitung, deren vollständig ausgeführte Partitur mit Februar 1821 datiert ist. Auch zu dieser letzten Fassung gibt es noch eine Vorstufe, nämlich ein Fragment, welches in voller Ausführung jedoch nur die Takte 1–21 enthält und anschließend als Entwurf weitergeführt ist. Aus seiner Notierungsweise kann man Schlüsse auf den Kompositionsprozeß ziehen: Die Akkoladen-Klammern am Beginn sind ein deutlicher Hinweis darauf, daß Schubert zuerst ein unbegleitetes Oktett geplant und die Streicherstimmen erst nachträglich eingefügt hat.

Zum Text: Goethes Gedicht beschreibt in sechs Strophen den Lauf eines Wasserfalls (im Lauterbrunner Tal in der Schweiz), der mit jenem des menschlichen Lebens verglichen wird: »Des Menschen Seele gleicht dem Wasser« lautet der Beginn der ersten Strophe, an den als Begründung eine Fülle von vergleichenden Naturbildern anschließt. Am Schluß kehrt der Dichter nochmals zum Anfang zurück, um seine eingangs getroffene Feststellung zu bestätigen: »Seele des Menschen, wie gleichst du dem Wasser! Schicksal des Menschen, wie gleichst du dem Wind!«

Zur Komposition: Entsprechend dem Inhalt der einzelnen Strophen hat Schubert seine Vertonung abschnittsweise durchkomponiert und ihr die Form einer Kantate gegeben. Der erste Teil beginnt mit einer instrumentalen Einleitung, die – gleichsam aus dem Nichts kommend – in einem Schreitrhythmus den Weg des Menschen bezeichnet (vgl. dazu S. 65 f.). Ihre Motive werden im letzten Abschnitt als Bestätigung (»Seele des Menschen, wie gleichst du dem Wasser!«) wieder aufgegriffen. Auf den ruhigen, meist homophon gestalteten Einleitungsteil folgt ein bewegter zweiter Abschnitt, in dem der Wasserfall in seinem oberen Verlauf beschrieben wird (charakteristisch ist hier die Gegenüberstellung von hohen und tiefen Stimmen). Der dritte Teil wird zunächst von fugierten Einsätzen bestimmt (»ragen Klippen dem Sturz entgegen«); nach der Textstelle: »schäumt er unmutig stufenweise zum Abgrund«, welche den Sturz des Wasserfalls in die Tiefe beschreibt und die Schubert mit wilden Bewegungen in den tiefen Stimmen und Streichern vertont hat, setzt allmählich Beruhigung ein. Im vierten Abschnitt dominiert nochmals eine bewegte Stimmführung (»Wind ist der Welle lieblicher Buhler«), wonach das musikalische Geschehen bei Tempo primo im fünften und letzten Abschnitt endgültig zur Ruhe kommt.

Gebet (D 815)

(op. post. 139; As-Dur; Quartett für Sopran, Alt, Tenor und Baß mit Klavier)

T: Friedrich de la Motte Fouqué. – D: September 1824. – AGA XVII,10; NGA III/2.

Zur Überlieferung: Über die Entstehung dieses Werkes auf dem Landgut der Familie Esterházy in Zseliz, wo sich Schubert während der Sommermonate des Jahres 1824 als Musiklehrer aufhielt, berichtet Karl von Schönstein, ein Freund der Familie, in seinen Erinnerungen: »Eines Morgens im September ... forderte die Gräfin Esterházy während des gemeinschaftlichen Frühstücks Meister Schubert auf, ein Gedicht, welches ihr so gut gefiel, für unsere vier Stimmen in Musik zu setzen [der Graf sang Baß, die Gräfin und deren jüngere Tochter Karoline Alt, die ältere Tochter Marie Sopran und Schönstein selbst Bariton], es war obiges Gebet. Schubert las es, lächelte in sich hinein, wie er meist zu tun pflegte, wenn ihn etwas angesprochen, nahm das Buch und entfernte sich alsbald, um zu dichten. Am Abend desselben Tages probierten wir bereits das fertige Gesangsstück am Klavier aus dem Manuskript.« Schönstein schreibt weiter, daß dieses Werk »damals im Publikum nicht bekannt« wurde, »da es für die Familie E[sterházy] geschrieben und das Manuskript unter der Bedingnis der Nichtherausgabe von Schubert erstanden ward« (Erinn., S. 119). Die Erstausgabe der Komposition erschien erst Anfang 1840.

Zur Komposition: Nach dem Wunsch der Gräfin hat Schubert hier ein kantatenhaftes Vokalensemble für das gemeinsame Musizieren im Familienkreis geschrieben, das an die Ausführenden beachtliche Anforderungen stellt. Inhaltlich geht es um den bedingungslosen Glauben an Gott und um die Bereitschaft des Menschen, sich den Gesetzen Gottes unterzuordnen. Die über 200 Takte umfassende Komposition gliedert sich in zwei große Teile mit verschiedenen Tempo- und Taktbezeichnungen (Adagio, ¢ für den ersten Teil, Andantino, ¾ für den zweiten Teil). Nach einer kurzen Instrumentaleinleitung setzen die vier Singstimmen mit einem choralartigen Satz ein, in dem Gott als »Urquell aller Güte« und »Urquell aller Macht« gepriesen wird. Darauf folgt nach einer kurzen Überleitung ein zweiter Abschnitt, der von solistischen Partien der einzelnen Stimmen beherrscht wird. Der dritte Abschnitt, in dem sich die Stimmen bei der Textstelle »dein Wollen sei vollbracht« im homophonen Satz vereinen, entspricht musikalisch wörtlich dem Eröffnungsteil. Nach einem Halbschluß, dem durch eine Fermate noch zusätzlich Zäsurwirkung verliehen wird, folgt ein ausgedehnter Schlußteil, in dem die letzte Strophe des Gedichtes durchgehend zweimal vertont wird. »Wohin du mich willst haben, mein Herr, ich steh bereit« lauten die Worte des Vorsängers, die vom Chor wiederholt werden. Die Komposition verklingt schließlich im ppp und verdeutlicht damit den letzten Satz der Dichtung: ». . . ruh ich auf alle Weise einst im Himmel aus!«

Ständchen (D 920)
(op. post. 135; F-Dur; Chor mit Alt-Solo und Klavier)

T: Franz Grillparzer. – D: Juli 1827. – AGA XVI, 14 (1. Fassung) und XVIII, 4 (2. Fassung); NGA III/3.

Zur Überlieferung: Diese Komposition wurde von Anna Fröhlich zum Geburtstag ihrer Klavierschülerin Louise Gosmar bei Schubert bestellt. Über die Entstehung der beiden überlieferten Fassungen berichtet Gerhard von Breuning nach Anna Fröhlichs Erzählung: ». . . schon am dritten Tag [nach der Bestellung] hat er [Schubert] es mir fertig gebracht, und zwar für einen Mezzosopran (für die Schwester Pepi [= Josefine] nämlich) und für vier Männerstimmen. Da sagte ich ihm: ›Nein, Schubert, so kann ich es nicht brauchen, denn es soll eine Ovation lediglich von Freundinnen der Gosmar sein. Sie müssen mir den Chor für Frauenstimmen machen!‹ . . . Bald aber brachte er es mir für die Stimme der Pepi und den Frauenchor, wie es jetzt ist« (Erinn., S. 288). Das Werk wurde am 11. August 1827 bei einer Nachtmusik im Garten der Gefeierten erstmals aufgeführt und soll in dieser »schönen Sommernacht im Freien« die herrlichste Wirkung gehabt haben (vgl. Erinn., S. 130).

Zum Text: Gerhard von Breuning berichtet, daß Anna Fröhlich den mit ihr befreundeten Franz Grillparzer zum Geburts- oder Namenstag ihrer Schülerin Louise Gosmar immer wieder um ein Gedicht gebeten hat. Den von ihr im Sommer 1827 bestellten Text hat sie Schubert persönlich zur Vertonung überbracht. Breuning schildert diese Begegnung nach den Erinnerungen Anna Fröhlichs: »Ans Klavier gelehnt, es wiederholt durchlesend, rief er ein- über das anderemal aus: ›Aber, wie das schön ist – das ist schön!‹ Er sah so eine Weile auf das Blatt und sagte endlich: ›So, es ist schon fertig, ich hab's schon.‹« (Erinn., S. 288).

Zur Komposition: Schubert hat der Vertonung dieses Textes eine ABA-Form gegeben und ihr damit eine geschlossene Wirkung verliehen. Der erste Teil wird von einer kurzen Instrumentaleinleitung eröffnet, deren Charakter gezupften Begleitfiguren auf der Gitarre nachempfunden ist. Angeführt von einer Vorsängerin, schleichen sich die Gratulanten an das Geburtstagskind heran; ihre Stimmen vereinen sich zu einer ersten Steigerung bei der Stelle: »Schlaf du nicht, wenn der Neigung Stimme spricht!« Im zweiten Teil wird die Freundschaft besungen, wobei die musikalische Gestaltung von fugierten Einsätzen der Singstimmen und alternierenden Akkorden in der Begleitung beherrscht wird. Der dritte Teil, an dessen Ende sich die Gratulanten wieder zurückziehen, um die Gefeierte in Ruhe schlafen zu lassen, entspricht weitgehend dem ersten (er wird ebenso wie der erste vom Wechsel zwischen solistischen und chorischen Partien bestimmt).

Der Hochzeitsbraten (D 930)

(op. post. 104; G-Dur; Terzett für Sopran, Tenor und Baß mit Klavier)

T: Franz von Schober. – D: November 1827. – AGA XIX,2; NGA III/2.

Zur Überlieferung: Wahrscheinlich hat Schubert dieses Werk für seinen Freundeskreis geschrieben, in dem es möglicherweise im Fasching 1828 bei Josef von Spaun aufgeführt wurde (vgl. Dok., S. 496); den umfangreichen Text dazu hat der Komponist wohl von seinem Freund Schober persönlich im Autograph erhalten. Die mit November 1827 datierte Handschrift der Komposition bietet für ihre Entstehungsgeschichte keine weiteren Anhaltspunkte.

Zur Komposition: Dieses ausgedehnte Vokalensemble (434 Takte!) ist in fünf aneinandergereihte Teile gegliedert; ihrem Inhalt nach könnte man sie folgendermaßen bezeichnen: Introduktion – Die Treibjagd – Die Überführung der Diebe – Die Vergebung – Finale mit »lieto fine«. Schubert hat hier eine kleine Szene mit dramatischer Handlung geschrieben, die er später allerdings nur als »komisches Terzett« bezeichnete (vgl. Schuberts Brief an den Verlag Schott in Mainz vom 21. Februar 1828, Dok., S. 495).

Das Stück beginnt mit einer beschwingten Instrumentaleinleitung, die das singspielhafte Thema des ersten Teiles vorwegnimmt. Anschließend lernt man Therese (Sopran) und Theobald (Tenor) kennen, die einander versprochen sind und am nächsten Tag heiraten wollen. Zum Hochzeitsfest fehlt ihnen nur noch der Braten, den Theobald im nahen Wald erjagen will. Therese versucht mit allen Mitteln, ihn vom Wildern abzubringen; als ihr dies nicht gelingt, beschließt sie, wenigstens als Treiberin an der Jagd teilzunehmen. Die Schilderung der Treibjagd hat Schubert als Melodram gestaltet: Kreisende Figuren im Instrumentalpart und Zischlaute der Therese symbolisieren das Vorantreiben der Beute. Das Erlegen des »Hochzeitsbratens« (eines Hasen) wird am Klavier als Akkordzerlegung nach oben (für den Steinwurf) mit einem anschließenden tiefen Ton im ff (für den Treffer) dargestellt. Inzwischen haben Therese und Theobald jedoch durch ihr Treiben die Aufmerksamkeit des Jägers Caspar (Baß) erregt, der nun im dritten Teil der Komposition mit polternder Dramatik über die beiden herfällt. Alle flehentlichen Bitten und Bestechungsversuche des Brautpaares scheinen zunächst vergebens (Theobald: »Mit Most will ich Euch reich versehn«, Therese: »Und ich, ich strick' euch einen Beutel«); Thereses Schönheit und die finanzielle Nachhilfe Theobalds lassen den grimmigen Caspar schließlich aber doch weich werden. So wendet sich im vierten Teil des Ensembles alles zum Guten, und Caspar verspricht sogar, zur Hochzeit zu kommen und für einen entsprechenden Braten sorgen zu wollen. Nach einer durch eine Fermate deutlich markierten Zäsur folgt ein von alpenländischer Melodik bestimmtes Finale, in dem Therese und Theobald ihrer Freude auf die bevorstehende Hochzeit Ausdruck verleihen, Caspar aber meint: »Ich wäre fast der Bräut'gam lieber als der Gast, sie ist kein schlechter Braten, der Kerl ist gut beraten!«

Werke für Klavier zu vier Händen

Schubert hat seine vierhändigen Klavierwerke in erster Linie als Gebrauchsmusik für das häusliche Musizieren und das gesellige Beisammensein im Freundeskreis geschrieben. Unmittelbarer Anlaß für die Entstehung zahlreicher Kompositionen war Schuberts Engagement als Musiklehrer im Haus Esterházy. 1818 und 1824 hielt er sich für längere Zeit in Zseliz, der Sommerresidenz der Esterházys auf, wo er den Komtessen Marie und Karoline, Töchter des Grafen Johann Karl Esterházy, Musikunterricht erteilte. Die vermutlich für den Klavierunterricht geschriebenen vierhändigen Werke zeigen beachtliche Ansprüche an das pianistische Können der beiden Schülerinnen. Einige davon weisen allerdings weit über den Rahmen reiner Gebrauchsmusik hinaus: So zum Beispiel die *Sonate in C-Dur* (genannt »Grand Duo«, D 812), die *Fantasie in f-Moll* (D 940) oder das *Allegro in a-Moll* (genannt »Lebensstürme«, D 947), alles Kompositionen, die sich aufgrund ihrer umfangreichen Dimensionen und dem ihnen eigenen »orchestralen Stil« von den übrigen Werken abheben. Mit dem Großteil seiner vierhändigen Klaviermusik entspricht Schubert jedoch dem Zeitgeschmack und der großen Nachfrage nach solchen Kompositionen. Als Gesellschafts- und Unterhaltungsmusik waren vierhändige Werke ein gesuchter Verlagsartikel; dies geht unter anderem aus einem Brief des deutschen Verlegers Probst an Schubert vom Sommer 1826 hervor, in dem es diesbezüglich heißt: »Nicht zu schwierige Pianoforte-Kompositionen à 2 und 4 mains, angenehm und leicht verständlich gehalten, würden mir passend scheinen, Ihren Zweck und meinen Wunsch zu erreichen« (Dok., S. 374).

Schuberts erste Kompositionen für Klavier zu vier Händen waren drei Fantasien (D 1, D 9 und D 48; vgl. dazu auch das Kapitel »Klaviermusik«, S. 266), geschrieben in den Jahren 1810, 1811 und 1813. Eine vierte, die *Fantasie in f-Moll* (D 940, s. o.), stammt aus dem Jahr 1828. – Die meisten vierhändigen Werke entstanden ab 1817, nach einer größeren Pause, in rascher Folge: Sechs Ouvertüren (meist Bearbeitungen von Orchesterfassungen), mehrere Folgen von Märschen, Polonaisen und Variationen. Neben zwei Sonaten (D 617 und D 812) und zwei »Divertissements« (D 818 und D 823) gibt es an größeren Kompositionen noch zwei Rondos (D 608 und D 951) sowie einen fantasieähnlichen Sonatensatz (*Allegro in a-Moll*, D 947).

Werke für Klavier zu vier Händen (Auswahl)

Deutsch-Nummer	Titel	Entstehungs-zeit
1	Fantasie in G	8. 4. – 1. 5. 1810
9	Fantasie in g	20. 9. 1811
48	Fantasie in c	April – 10. 6. 1813
597	Ouvertüre im »italienischen Stile« in C	Nov. oder Dez. 1817
592	Ouvertüre im »italienischen Stile« in D	Dez. 1817
602	Trois Marches Héroiques, op. 27	1818 oder 1824
819	Six Grandes Marches, op. 40	1818 oder 1824
608	Rondo in D, op. post. 138	Jan. 1818
599	Vier Polonaisen, op. 75	Juli 1818
617	Sonate in B, op. 30	Sommer – Herbst (?) 1818
733	Trois Marches Militaires, op. 51	Sommer – Herbst 1818 (?)
624	Acht Variationen über ein französisches Lied in e, op. 10	Sept. 1818
668	Ouvertüre in g	Okt. 1819
675	Ouvertüre in F, op. 34	Nov. 1819 (?)

Deutsch-Nummer	Titel	Entstehungszeit
773	Ouvertüre zu der Oper »Alfonso und Estrella«, op. 69	1823
813	Acht Variationen über ein eigenes Thema in As, op. 35	Mai – Juli 1824
812	Sonate in C (»Grand Duo«), op. post. 140	Juni 1824
818	Divertissement à la hongroise in g, op. 54	Herbst 1824 (?)
859	Grande Marche Funèbre in c, op. 55	1. 12. 1825
885	Grande Marche Héroique in a, op. 66	Dez./Jan. 1825/1826
824	Sechs Polonaisen, op. 61	April 1826
823	Divertissement sur des motifs originaux français in e, op. 63 und op. 84	1. Satz: erschienen als op. 63 am 17. 6. 1826 2. und 3. Satz: erschienen als op. 84 am 6. 7. 1827
798	Ouvertüre zu der Oper »Fierabras«	zwischen September 1826 und Mai 1827
908	Acht Variationen über ein Thema aus der Oper »Marie« von Hérold, op. 82,1	Febr. 1827
928	Marsch in G (»Kindermarsch«)	12. 10. 1827
940	Fantasie in f, op. 103	Jan. – April 1828
947	Allegro in a (»Lebensstürme«) op. post. 144	Mai 1828
951	Rondo in A, op. 107	Juni 1828
968 B	Deux Marches Caractéristiques in C, op. post. 121	?

Märsche

Sämtliche Autographe zu Schuberts vierhändigen Märschen sind verschollen; es läßt sich daher nicht mit Sicherheit feststellen, wann diese Werke komponiert wurden. Die drei großen Marschzyklen D 602 (*Trois Marches Héroiques*), D 819 (*Six Grandes Marches*) und D 733 (*Trois Marches Militaires*) sind in den Erstausgaben von 1824, 1825 und 1826 überliefert. Ein Brief Anton Ottenwalts an Josef von Spaun aus dem Jahr 1821 enthält jedoch einen Hinweis, daß einige dieser Märsche schon vor ihrer Drucklegung im Freundeskreis verbreitet waren: »Marie [die Schwester Josef von Spauns] übt sich neben mir, die Schubertschen Märsche zu spielen. Obgleich es nur der Baß ist und auf dem Klavier der Tante, hab ich doch Mühe, mich der anmutigen Störung zu erwehren; meine Schreibfinger wollen sogar den wechselnden Takten folgen« (Dok., S. 125). – Zu den undatierbaren Werken Schuberts zählen auch die *Deux Marches Caractéristiques* (D 968 B). Möglicherweise bezieht sich eine Äußerung Franz von Schobers an Eduard von Bauernfeld im Sommer 1826 auf diese Kompositionen: »Schubert hat vierhändige Märsche gemacht, die wieder sehr schön sein sollen« (Dok., S. 363); ihre Erstausgabe erschien erst postum 1829.

Zwei Märsche entstanden möglicherweise (vielleicht auf Anregung ihres späteren Verlegers) für bestimmte Anlässe, wobei allerdings unsicher ist, ob Schubert dabei nicht auf zuvor geschriebene Werke zurückgegriffen hat: Die *Grande Marche Funèbre in c* (D 859) wurde im Februar 1826 anläßlich des Todes von Zar Alexander I. veröffentlicht; zur Krönung seines Nachfolgers, Zar Nikolaus I., erschien dann im September desselben Jahres zeitgerecht eine *Grande Marche Héroique in a* (D 885). Der Krönungsmarsch für Zar Nikolaus I. ist übrigens als einziger mit zwei Trios (in e-Moll und F-Dur als Kontrast zum Hauptteil in a-Moll) ausgestattet. Bei den übrigen Märschen stehen die Triosätze häufig in einer zum Hauptsatz terz- oder quintverwandten Tonart.

Variationen

Neben den Märschen und Polonaisen sind unter Schuberts vierhändigen Klavierwerken vor allem die vier Variationenzyklen der Sparte »Gebrauchsmusik« zuzuordnen. Als Themen dafür wählte Schubert zweimal Zitate aus der zeitgenössischen Oper *Marie* von Louis Joseph Hérold (für D 908 und D 968 A), einem Werk, welches im Dezember 1826 in einer deutschen Übersetzung von Ignaz Franz Castelli nur wenige Monate nach seiner Pariser Uraufführung in Wien gespielt wurde. Ein Autograph von Schuberts Hand hat sich nur zu der umfangreicheren der beiden Kompositionen, den *Acht Variationen op. 82,1* (D 908) erhalten; es ist mit Februar 1827 datiert und diente der bereits im September 1827 erschienenen Erstausgabe als Stichvorlage. Wie sich aus zwei Briefen des Leipziger Musikverlegers Heinrich Albert Probst aus dem Jahr 1828 entnehmen läßt, muß Schubert mit diesen Variationen offenbar genau dem Wunsch des Publikums nach »leicht faßlichen« und unterhaltenden Kompositionen entsprochen haben (vgl. Dok., S. 492 und 542). Zuvor hatte er schon im September 1818 in Zseliz *Acht Variationen über ein französisches Lied in e-Moll* (D 624, op. 10) komponiert, deren Erstausgabe er 1822 dem von ihm verehrten Ludwig van Beethoven widmete. Ob Schubert mit Beethoven anläßlich dieser Widmung selbst zusammentraf, ist umstritten; Beethoven scheint das Werk jedenfalls geschätzt zu haben, da er es angeblich häufig spielte. Zwischen Mai und Juli 1824 entstanden während Schuberts zweitem Aufenthalt in Zseliz dann noch *Acht Variationen über ein eigenes Thema in As* (D 813, op. 35), welche vermutlich ebenso wie die erwähnten *Acht Variationen* op. 10 für den Musikunterricht der Komtessen Esterházy bestimmt waren.

Sonate in C (D 812)
(op. post. 140; genannt »Grand Duo«)

Allegro moderato, ¢ – Andante, ⅜ – Scherzo: Allegro vivace, ¾, mit Trio – Allegro vivace, ¾
D: Juni 1824. – AGA IX/2,12; NGA VII/1,2,1.

Zur Überlieferung: Das Autograph des Werkes wurde in Zseliz niedergeschrieben und trägt die Datierung: »Juni 1824«. Wahrscheinlich ist diese Komposition für den Klavierunterricht der Komtessen Marie und Karoline von Esterházy entstanden. Die Sonate wurde zu Schuberts Lebzeiten nicht veröffentlicht, was auf ihre umfangreichen Ausmaße einerseits und ihre hohen Ansprüche an das pianistische Können der beiden Spieler andererseits zurückzuführen sein dürfte. Robert Schumann hielt das Werk für das Klavierarrangement einer Symphonie und äußerte sich dahingehend in der *Neuen Zeitschrift für Musik* (5. 6. 1838): »Wer so viel schreibt wie Schubert, macht mit Titeln am Ende nicht viel Federlesens, und so überschrieb er sein Werk in der Eile vielleicht Sonate, während es als Sinfonie in seinem Kopfe fertig stand ... Mit seinem Stil, der Art seiner Behandlung des Klaviers vertraut, dieses Werk mit seinen andern Sonaten vergleichend, in denen sich der reinste Klaviercharakter ausspricht, kann ich mir es nur als Orchesterstück auslegen. Man hört Saiten- und Blasinstrumente, Tutti, einzelne Soli, Paukenwirbel ...«. Man muß Schumanns Meinung entgegenhalten, daß der von ihm angesprochene »orchestrale Stil« gerade eine der typischen Eigentümlichkeiten des Schubertschen Klaviersatzes ist (symphonische Effekte sind auch in anderen vierhändigen Kompositionen Schuberts zu finden). Dennoch hat – Schumanns Anregung folgend – Joseph Joachim das

Werk später instrumentiert; ihm und Brahms galt es als »Schubertsche Sinfonie«. Da Schuberts Bezeichnung »Sonate« um 1830 für kommerzielle Zwecke bereits abgenützt war, wählte der Verleger Anton Diabelli für die Erstausgabe des Werkes im Jahr 1837 den Titel »Grand Duo«.

Zur Komposition: Das Werk ist viersätzig angelegt und entspricht damit dem gängigen Sonatentypus seiner Zeit. Der erste Satz beginnt mit einem kantablen Thema, welches von Primo und Secondo im Unisono vorgetragen wird. Der interessanteste Abschnitt dieses breit auskomponierten Satzes ist zweifellos die Coda; sie wird für Schubert zum harmonischen Experimentierfeld, in welchem er die Hörerwartungen seiner Zuhörerschaft auf die Probe stellt. Kleingliedrige Motivik und dichte Setzweise kennzeichnen den zweiten Satz; die Gleichberechtigung der beiden Parte wird hier durch den häufigen Wechsel thematischer Passagen zwischen Primo und Secondo besonders deutlich. Das Scherzo ist sehr effektvoll; es wird von schwierigen Oktaven-Ostinati und rhythmischen Verzahnungen beherrscht. Einen krassen Gegensatz dazu bietet das Ruhe ausströmende Trio mit seinen übergebundenen Haltetönen im Baß. Hohe Anforderungen an das pianistische Können stellt schließlich das weitläufige Finale, in dem rhythmische Verschiebungen zwischen Primo und Secondo dominieren. Der Satz endet mit einem fröhlichen Kehraus in Form einer schwungvollen Stretta.

Divertissement à la hongroise (D 818)
(op. 54; g-Moll)

Andante, ¼ – Marcia: Andante con moto, ²⁄₄, mit Trio – Allegretto, ²⁄₄
D: Herbst 1824. – AGA IX/3,19; NGA VII/1,2,3.

Zur Überlieferung: Das Autograph zu diesem Werk ist verschollen. Karl von Schönstein beschreibt in seinen Erinnerungen, wie Schubert 1824 während seines zweiten Aufenthaltes in Zseliz zu dieser Komposition inspiriert wurde: »Das Thema zu dem Divertissement à la Hongroise (Opus 54), ... ein ungarisches Lied, holte sich Schubert zu Zseliz in der Küche des Grafen Esterházy, woselbst es eine ungarische Küchenmagd sang, und Schubert, welcher eben mit mir von einem Spaziergang nach Hause kam, es im Vorübergehen hörte. Wir lauschten längere Zeit dem Gesang, Schubert hatte offenbar Wohlgefallen an dem Liede, brummte es lange noch im Weitergehen vor sich hin, und siehe da, im nächsten Winter erschien es als Thema im erwähnten Opus 54, eines seiner herrlichsten Klavierstücke« (Erinn., S. 119 f.). Aus Schönsteins Erinnerungen geht zwar nicht hervor, welches Thema der drei Sätze damit gemeint ist; wahrscheinlich ist seine Äußerung aber auf den letzten Satz zu beziehen. Diese Vermutung wird durch einen Hinweis Anselm Hüttenbrenners unterstützt; Hüttenbrenner schreibt nämlich, daß Schubert in Zseliz »den Stoff für das späterhin erschienene, ziemlich gedehnte ungarische Rondo« gesammelt habe (vgl. Erinn., S. 78). Die von Hüttenbrenner angesprochene Rondoform finden wir im letzten

Satz des Werkes wieder. Von diesem Rondo gibt es übrigens auch eine kürzere, zweihändige Fassung; sie entstand im September 1824 und wurde von Schubert selbst als *Ungarische Melodie* (D 817) bezeichnet. Bisher ist es allerdings noch nicht gelungen, das Thema der *Ungarischen Melodie* oder andere Themen aus dem *Divertissement à la hongroise* zu identifizieren. Es ist durchaus denkbar, daß es sich dabei um Schubertsche Melodien handelt, die der Komponist im »ungarischen Stil« erfunden hat.

Zur Komposition: Hinter dem Titel »Divertissement« verbirgt sich hier ein dreisätziges Werk, dessen erster und dritter Satz weitgehend freie Formen aufweisen. Der erste Satz zeigt sich als fantasieähnliches Gebilde mit folkloristischen Elementen, welche in einer Folge von lose aneinandergereihten Abschnitten verarbeitet werden. Das zu Beginn des Satzes vorgestellte Hauptthema wird dabei – gleichsam als Erinnerung – immer wieder zum Anklingen gebracht. Äußerst streng und knapp ist im Gegensatz dazu der zweite Satz gehalten (Marsch mit Trio), an den sich als Schlußsatz das von Hüttenbrenner erwähnte »ziemlich gedehnte ungarische Rondo« anschließt. Es stellt vor allem wegen seiner rhythmischen Verschiebungen hohe Anforderungen an das pianistische Können der beiden Spieler.

Fantasie in f (D 940)
(op. 103)

D: Januar bis April 1828. – AGA IX/3,24; NGA VII/1,3.

Zur Überlieferung: Zu dieser Komposition gibt es einen mit »Januar 1828« datierten Entwurf von Schuberts Hand, welcher anstelle des in der Endfassung überlieferten Triosatzes (ab T. 273) einen Marsch enthält; nach 34 Takten bricht diese Handschrift allerdings mitten im Marsch ab. Schuberts Reinschrift dieses Werkes ist mit »April 1828« datiert. Nachdem er es aber bereits am 21. Februar dem Verlag Schott in Mainz als »vorräthige Composition« angeboten hatte (vgl. Dok., S. 495), muß angenommen werden, daß es zu diesem Zeitpunkt schon in wesentlichen Zügen fertig komponiert war. Schubert widmete es seiner Klavierschülerin Karoline Komtesse Esterházy, was wiederum auf die häufige Bestimmung seiner vierhändigen Kompositionen für den Unterricht und das gemeinsame Musizieren hinweist.

Zur Komposition: Der musikalische Aufbau dieses Werkes läßt als Vorbild die Sonatenform erkennen: Vier kontrastierend gestaltete Abschnitte zeichnen sich deutlich ab (Allegro moderato – Largo – Allegro vivace – Finale), zwischen denen die festen Konturen und Grenzen nur oberflächlich verwischt sind. Das Hauptthema, welches im Finale wieder aufgenommen wird, gehört einem von harmonischen Begleitfiguren abhängigen, rein instrumentalen Thementypus an. Es wird im ersten Abschnitt ständig umkreist, ohne wirklich verarbeitet zu werden. Ein kühner harmonischer Umschwung von F-Dur nach fis-Moll leitet ein Largo in barocker Tradition mit komplizierten rhythmischen Strukturen ein.

Durchführungsarbeit kennzeichnet das anschließende fis-Moll-Scherzo; unbeschwerte Heiterkeit strahlt das dazugehörige Trio in D-Dur aus (»Con delicatezza«). Das Finale nimmt das Hauptthema der Komposition wieder auf und verarbeitet es zu einer Schlußfuge, die durch eine Generalpause abrupt beendet wird. Eine resignative Coda, in der das Hauptthema nochmals anklingt, beschließt das Werk.

Allegro in a (D 947)
(op. post. 144; genannt »Lebensstürme«)

D: Mai 1828. – AGA IX/3,23; NGA VII/1,3.

Zur Überlieferung: Als handschriftliche Quelle zu diesem Werk ist nur eine Abschrift aus Schuberts Freundeskreis überliefert, welche den Titel »Duo« trägt und mit »Mai 1828« datiert ist. Der englische Schubert-Forscher Maurice Brown glaubt, daß Schubert dieses Stück und das ebenfalls 1828 komponierte *Rondo in A-Dur* (D 951) möglicherweise als Sätze für eine vierhändige Sonate konzipiert hat. Die ausgedehnten Dimensionen und der fantasiehafte Charakter der Komposition scheinen einer solchen Annahme aber eher zu widersprechen. Den Titel »Lebensstürme« erhielt das Werk erst von den Verlegern Diabelli & Co., bei denen es 1840 als »characteristisches Allegro« erschien.

Zur Komposition: Das Werk zeigt eine dreiteilige Form, die in etwa einem Sonatensatz entspricht. Drei Themen sind für dieses eckig und kantig anmutende Stück bestimmend; kräftige Akkordschläge als trotziges Aufbäumen charakterisieren das erste Thema, welches als offene Frage endet. Als Antwort schließt sich daran ein im Piano und eher resignativ gehaltener zweiter Themenkomplex an. Am Ende des ersten Teiles erklingt nach einer dramatischen Wiederaufnahme des ersten Themas eine choralartige Passage, in der das dritte Thema vorgestellt wird. Die Melodie wird hier in sehr hohen Lagen geführt, wodurch sich im Zusammenspiel mit den ostinaten Baßfiguren äußerst reizvolle Klangwirkungen ergeben. Im Mittelteil werden nur die beiden ersten Themen verarbeitet; es dominiert das Hauptmotiv, mit dem das Stück begonnen hatte. Als bohrender Gedanke beherrscht es auch den Schlußteil, in dem noch einmal das Choralthema aufgenommen wird. Eine kurze Coda, in der erstes und zweites Thema einander zum letzten Mal gegenübergestellt werden, beschließt die Komposition. – Ungewöhnliche Effekte (Tremoli, donnernde Unisoni, aber auch polyrhythmische Strukturen und die extreme Lagennutzung) sind möglicherweise ein Hinweis darauf, daß Schubert bei seiner Komposition an ein Werk für Orchester gedacht hat.

Tänze für Klavier zu zwei Händen

Unter den in diesem Kapitel beschriebenen musikalischen Gattungen erfüllen die rund 500 von Schubert überlieferten Klaviertänze wohl am besten die Funktion der »Gesellschaftsmusik«. Im Gegensatz zu der Tanzmusik seiner Zeitgenossen Michael Pamer, Josef Lanner und Johann Strauß (Vater) war die von Schubert nicht für die großen Ballsäle, sondern für den bürgerlichen Wohnbereich seines Freundeskreises bestimmt, in dem die sonst übliche Musikkapelle durch einen Klavierspieler ersetzt wurde. Charakter und Form der ausgeführten Tänze wurden hier besonders von den räumlichen Gegebenheiten bestimmt; man bevorzugte dabei Figurentänze und Tanzspiele, die beinahe zu allen von Schubert komponierten Tänzen ausgeführt werden konnten.

Wie schon erwähnt, entstanden Schuberts Tänze vielfach aus der Improvisation und als Gefälligkeit für Freunde (s. S. 306). Unter seinen Tanzmanuskripten gibt es zahlreiche, die ihm offenbar als Notizen bzw. Gedächtnisstützen für das Aufspielen zum Tanz dienten (solche Tanzfolgen zeigen häufig einen »unfertigen« Charakter, es fehlt ihnen eine Einleitung oder Coda, und sie brechen oft ohne irgendeine Schlußwirkung völlig unvermittelt ab; ihre Niederschriften sind meist undatiert). Ähnlich verhält es sich mit Tänzen, die Schubert nach seinen Improvisationen zu Papier gebracht hat. Leopold von Sonnleithner erinnert sich daran, daß Schubert im Freundeskreis stets dazu bereit war, »sich ans Klavier zu setzen, wo er stundenlang die schönsten Walzer improvisierte; jene, die ihm gefielen, wiederholte er, um sie zu behalten und in der Folge aufzuschreiben« (Erinn., S. 141). »Werkcharakter« zeigen dann im Gegensatz dazu vor allem jene Tänze und Tanzfolgen, die Schubert später selbst zu Tanzsammlungen zusammengestellt hat und mit deren Drucklegung er eine breitere Öffentlichkeit zu erreichen hoffte. Als Sonderfall müssen noch musikalische Albumblätter mit Tänzen erwähnt werden, die der Komponist seinen Freunden oft mit sehr humorvollen Worten widmete: »Hüpfen Sie mit diesem Eccossaise froh durch jedes Ach und Weh!« schrieb er zum Beispiel auf ein Albumblatt mit der *Ecossaise in gis* (D 145, Ecossaise Nr. 8) für Seraphine Schellmann, oder: »Tanzen Sie stets bey diesem Walzer; werden Sie Russe oder gar Pfalzer« auf eines mit dem *Deutschen* D 365, Nr. 3, für Claude Etienne. – Durch ihre häufige Entstehung aus der Improvisation kommt es immer wieder vor, daß einzelne Tänze in verschiedenen Manuskripten mehrfach aufscheinen (meist in veränderter Gestalt). Der englische Schubert-Forscher Maurice Brown hat zur leichteren Identifizierung alle Tanzmanuskripte von Schubert soweit als möglich chronologisch geordnet und durchnumeriert; bei der Behandlung einzelner Kompositionen wird daher Browns Manuskriptnummer meistens mit angeführt.

Zahlreiche von Schuberts Tanzmanuskripten sind durchnumeriert; die Anzahl der in einem Manuskript vereinigten Tänze ist unterschiedlich: sie variiert zwischen einer und bis zu dreißig Kompositionen. Ein Manuskript mit 30 Tänzen war natürlich nicht als Ganzes für eine zusammenhängende Aufführung bestimmt; Schubert stellte sich daraus je nach Bedarf eine Folge von mehreren Tänzen erst zu einem Zyklus zusammen. Dieses Prinzip sollte auch heute für Aufführungen der von Schubert selbst für den Druck zusammengestellten, meist sehr umfangreichen Tanzsammlungen angewendet werden. Gelegentlich kann man aber auch von Schubert notierte Folgen aufgrund von Wiederholungsvorschriften, fallweise aufscheinenden Introduktionen und Code sowie einer planvollen Aufeinanderfolge der Tonarten der einzelnen Tänze als fertige Zyklen erkennen. Als Beispiel für eine solche Tonartenfolge sei hier die der *Zwölf Ecossaisen* D 781 angeführt: D, Ges (terzverwandte Tonart: Ges=Fis), D, Ges, Es, As, Ges, h, D, H, H, D (die aus dem Rahmen fallende Rückung von As- nach Ges-Dur bezeichnet die Mitte des Zyklus). – Im Gegensatz dazu gibt es auch Gruppen von Tänzen, die in ein und derselben Tonart komponiert wurden; ob auch sie für eine zyklische Ausführung gedacht sind, kann nicht mit Sicherheit gesagt werden.

Bei der Komposition von Tanzmusik folgte Schubert den Modeströmungen seiner Zeit: Er schrieb Menuette, Ländler, deutsche Tänze, Walzer, Ecossaisen, Märsche, Galoppe und einen Cotillon. Der Hauptanteil seiner Tänze kommt den sogenannten »Deutschen« zu; ihnen folgen die Ländler und die Ecossaisen. Die Menuette und Galoppe haben unter den von Schubert gebrauchten Tanzformen einen vergleichsweise geringen Anteil. Die Bezeichnung »Walzer« erscheint in den Tanzmanuskripten nur einmal, wird aber von den Freunden immer wieder für Tänze von Schubert verwendet. Der Komponist selbst hat es mit den Bezeichnungen seiner Tänze nicht so genau genommen; so taucht gelegentlich ein und derselbe Tanz in verschiedenen Niederschriften einmal als Ländler, dann wieder als »Deutscher« auf (so z. B. D 365, Nr. 2 und 3, wie auch D 366, Nr. 4).

Einige von Schuberts Tänzen erschienen in Sammeldrucken mit Tanz-

stücken verschiedener Komponisten zum ersten Mal. Solche Tanzsammlungen waren zu Beginn des 19. Jahrhunderts sehr beliebt und
waren als Gebrauchsmusik für die Hausbälle des Bürgertums gedacht.
Sie enthielten zumeist eine Auswahl repräsentativer und leicht auszu-
führender Tanzstücke. Als Beispiel für einen solchen Sammeldruck mit
Tänzen verschiedener Art sei hier eine Sammlung aus dem Jahr 1825
erwähnt, welche im Verlag von Sauer & Leidesdorf unter folgendem
Titel erschien: »Ernst und Tändeley. Eine Sammlung verschiedener
Gesellschaftstänze für den Carneval enthaltend 6 Menuetten, 6 Qua-
drillen, 6 Ecossaisen, 8 Cotillons, 6 Galoppes« (vgl. Dok., S. 330;
Schubert ist in dieser Sammlung mit dem Cotillon D 976 vertreten).
Schubert hat sich zwischen 1823 und 1828 an insgesamt zehn solchen
Sammeldrucken mit Originalbeiträgen beteiligt.

Siebzehn Deutsche
(Brown, Ms. 45: D 779, Nr. 8 und 9; D 146, Nr. 2; D 146, Nr. 20 mit
Trio; D 779, Nr. 12; D 146, Nr. 14; D 779, Nr. 14; D 783, Deutsche
Nr. 6 und 7; D 146, Nr. 12, 13, 19, 15, 16, 17 und 18)
D: Februar 1823. – NGA VII/2,6 (32).

Zur Überlieferung: Die Tänze sind in einem mit dem Titel »Deutsche«
bezeichneten und mit »Februar 1823« datierten Autograph von Schuberts Hand
überliefert. Sie sind fortlaufend durchnumeriert; die meisten von ihnen dienten
später für die bei A. Diabelli & Co. erschienenen Hefte op. 50 und op. post. 127
als Stichvorlage. Man kann hier besonders deutlich sehen, wie Schubert seine
Tänze für den Druck geordnet hat: Von den insgesamt 17 Deutschen wählte er
nur die Nummern 1, 2, 6 und 8 aus, um sie mit Stücken aus anderen Manuskripten zu einer Druckvorlage für seine *Vierunddreißig »Valses sentimentales«*
(D 779 – op. 50) zusammenzustellen. Die Erstausgabe des zweiten bei Diabelli &
Co. erschienenen Heftes op. post. 127 (D 146) trägt den Titel: *Franz Schubert's
letzte Walzer*; die darin enthaltene Tanzfolge wurde postum von den Verlegern
arrangiert.
Zur Komposition: 13 der *Siebzehn Deutschen* sind zweiteilig komponiert
(zweimal je acht Takte, die wiederholt werden); bei einem davon (D 779, Nr. 12)
hat Schubert die erste Wiederholung ausgeschrieben (dies ist in seinen Tanzmanuskripten nur selten zu beobachten). Die übrigen Tänze zeigen eine dreiteilige
Form, deren Einzelteile aus je acht Takten bestehen und die folgendermaßen
wiederholt werden: |: a :||: b + a [oder a'] :|. Die Vereinigung von zwei- und drei-
teiligen Formen in einem Manuskript – wie auch später im Druck – ist bei
Schuberts »Deutschen« und Walzern durchaus üblich. Auffallend ist bei diesen
»Deutschen« die Ähnlichkeit einiger melodischer Gestalten, welche an Improvisationen über einen bestimmten Thementyp denken läßt:

Bsp. 45

Zwölf Walzer, siebzehn Ländler und neun Ecossaisen (D 145)

(op. 18)

D: Februar 1823 (nach dem Erscheinungsdatum der Erstausgabe). –
AGA XII,2; NGA VII/2,7 (2).

Zur Überlieferung: Schubert hat die in dieser Sammlung enthaltenen Tänze
aus verschiedenen Manuskripten zusammengestellt, deren Entstehung die Zeit-
spanne von 1815 bis Juni 1821 umfaßt. Einige der Walzer kommen in diesen
Manuskripten mehrfach vor (die Walzer Nr. 2 und 5 je dreimal, der Walzer Nr. 8
zweimal). Die Erstausgabe der Tanzsammlung erschien bei den Wiener Verlegern Cappi und Diabelli im Februar 1823 in zwei Heften (die Walzer und sechs
der neun Ecossaisen in Heft 1, die Ländler und die drei restlichen Ecossaisen in
Heft 2). Wie man einem Brief Schuberts an Diabelli vom 24. Februar 1823 entnehmen kann, muß diese Aufteilung ohne sein Einverständnis erfolgt sein, da es
dort heißt: »Die Erscheinung der 2 Hefte Walzer etc. hat mich etwas befremdet,
indem sie nicht ganz der Abrede gemäß erschienen sind. Eine angemessene
Vergütung wäre ganz an seinem Platz« (Dok., S. 185). Wahrscheinlich hätte die
Sammlung mit den drei verschiedenen Tanztypen nach Schuberts Vorstellungen
geschlossen in einem Heft erscheinen sollen, und der Komponist war von seinen
Verlegern im vorhinein für diese Erscheinungsart abgefunden worden.
Zur Komposition: Wie sich aus folgenden Charakteristika ableiten läßt, sind
die zwölf Walzer offenbar für eine zyklische Ausführung bestimmt: 1. Sie begin-

nen und enden in derselben Tonart; 2. die Aufeinanderfolge ihrer Tonarten (E, H, a, cis, G, h, Es, Ges, fis, h, H, E) vollzieht sich hauptsächlich durch ein Fortschreiten im Quinten-Zirkel oder durch Terzverwandtschaft; 3. nachträglich eingefügte Anschlußtakte (besonders deutlich bei Walzer Nr. 2) stellen am Ende einzelner Tänze nahtlose Übergänge zu den darauffolgenden her. Ähnlich wie die *Siebzehn Deutschen* (s. S. 330) haben auch diese Walzer unterschiedliche Umfänge und Formen; es gibt darunter sowohl zweiteilige (mit 16, 32 und 48 Takten) als auch dreiteilige (24 Takte). – Zweiteiligkeit dominiert hingegen bei den darauf folgenden 17 Ländlern. Ihr volkstümlicher Charakter wird durch einfachen Satz, sprunghafte Melodik und Dreiklangsmotivik hervorgerufen. Außer einer Folge von neun Ländlern in derselben Tonart (Nummer 4–12 in Des-Dur) und mit ähnlicher Thematik gibt es hier keinerlei Hinweise auf innere Zusammenhänge zwischen den einzelnen Stücken. – Die neun Ecossaisen bilden zwei deutlich voneinander unterschiedene Gruppen zu sechs und drei Tänzen (wahrscheinlich wurden sie auch deshalb vom Verleger auf die beiden Hefte aufgeteilt). Ihre Form ist streng zweigeteilt, die beiden wiederholten Einzelteile umfassen jeweils vier oder acht Takte. Während sich die Ecossaisen 1–6 in den Tonarten As, As, h/d, G, H, As mit Viertel- und Achtelnoten bewegen, sind für die Ecossaisen 7–9 die Tonarten H, h/D, G und Sechzehntelfiguren (in jeweils vier statt acht Takten pro Einzelteil) bestimmend. Der unter Schuberts Ecossaisen häufiger anzutreffende Typ wird durch die erste Gruppe repräsentiert.

Walzer in As (D 365, Nr. 2)

(op. 9,2; genannt »Trauerwalzer«)

D: 1816. – AGA XII/1; NGA VII/2,6 (17, 19) und VII/2,7 (1).

Zur Überlieferung: Keiner von Schuberts Tänzen erlangte eine so große Popularität und eine solche Verbreitung wie dieser Walzer, der unter dem Titel »Trauerwalzer« bekannt wurde. Seine erste Niederschrift stammt aus dem Jahr 1816 und ist heute verschollen; in Schuberts Freundeskreis war er offenbar schon kurz nach seiner Entstehung ebenso bekannt wie beliebt. Der Komponist schrieb ihn jedenfalls für seine Freunde Ignaz Aßmayr und Anselm Hüttenbrenner jeweils mit einer humorvollen Widmung nochmals im März 1818 als Albumblatt nieder. Wie es scheint, dürfte die Bezeichnung »Trauerwalzer« nicht auf Schubert selbst zurückgehen. Darauf bezieht sich folgende Bemerkung seines Freundes Josef von Spaun: »Die Titel zu Schuberts Tänzen haben immer die Verleger, ohne Schubert zu fragen, gewählt. Als Schubert einmal von dem so allgemein beliebten ›Trauerwalzer‹ hörte, fragte er, welcher Esel denn einen Trauerwalzer komponiert habe« (Erinn., S. 422). Trotzdem fand der Tanz über den engeren Freundeskreis hinaus unter dieser Bezeichnung so weite Verbreitung, daß er bereits vor seiner Drucklegung im November 1821 zwei anderen Komponisten als Thema für Variationen dienen konnte. Am 15. Januar 1821 wurden *Variationen für das Piano-Forte über den beliebten Trauer-Walzer* als op. 11 eines gewissen Johann Pensel in der *Wiener Zeitung* angekündigt. Der

Walzer zeigt dort Abweichungen gegenüber dem von Schubert in den hand-schriftlichen Quellen überlieferten Satz und auch gegenüber der in op. 9 gedruckten Version. Das zweite Variationenwerk stammt von Karl Czerny und trägt in seiner ersten Auflage den Titel: *Variationen über einen beliebten Wiener-Walzer für das Piano-Forte*; es erschien als Czernys op. 12 bei dem Wiener Verleger Steiner und Comp. im Oktober 1821. Auch bei Czerny zeigt der Wal-zer in seiner musikalischen Gestalt Abweichungen gegenüber den von Schubert überlieferten Autographen und der Originalausgabe von op. 9. Sowohl Pensels als auch Czernys Version scheinen nicht auf originale Quellen von Schubert zurückzugehen; wie sich schon aus ihren Titeln schließen läßt, dürften beide aufgrund »mündlicher«, d. h. musikalischer Überlieferung niedergeschrieben worden sein.

Die Verwirrung um die Autorschaft von Schuberts »Trauerwalzer« beginnt im Jahr 1826, in welchem er (mit D 972, Nr. 2 als Trio) als *»Sehnsuchtswalzer«* von Beethoven erschien. Anselm Hüttenbrenner berichtet, daß Beethoven, zur Autorschaft des »Sehnsuchtswalzers« befragt, dieselbe bestritten habe (vgl. Erinn., S. 211 f.). Schubert hingegen hat, soweit wir wissen, gegen eine Zuschreibung seines Walzers an den von ihm verehrten Komponisten nicht ausdrücklich protestiert. 1827 wurde der »Sehnsuchtswalzer« – weiterhin als Komposition Beethovens – schließlich mit unterlegtem Text bei Schott in Mainz verlegt. Anton Schindler, dem diese Version in die Hände kam, schrieb am 29. September 1827 einen erbosten Brief an das Verlagshaus Schott, in dem er die Autorschaft der beiden Walzer richtigzustellen versuchte und damit aber nur noch mehr Verwirrung anrichtete, da er den ersten Walzer einem J. [!] Schubert, den zweiten aber Johann Nepomuk Hummel zuschrieb. So ging der Streit um die Autorschaft dieser Komposition im frühen 19. Jahrhundert unvermindert wei-ter, obwohl Schuberts »Trauerwalzer« inzwischen längst in seinem op. 9 im Druck erschienen war und die zweite Auflage von Czernys Variationen Schubert als Autor des Walzers anführt.

Zur Komposition: Während die erste Fassung dieses Tanzes in Schuberts Autograph die Überschrift »Ländler« trägt, sind seine beiden späteren Fassun-gen als »Deutsche« bezeichnet. In der 1821 erschienenen Erstausgabe ist er schließlich als Walzer überliefert. Diese Tatsache zeigt einmal mehr, daß Schu-bert zwischen den erwähnten Tanzformen nicht genau unterschieden hat (vgl. dazu auch S. 329) und daß sich diese Formen daher auch schwer voneinander abgrenzen lassen. Es kann dennoch gesagt werden, daß es sich bei der vorliegen-den Komposition um einen unter Schuberts Walzern häufig anzutreffenden Typus handelt, der aus zwei wiederholten Teilen zu jeweils acht Takten besteht. Charakteristisch für Schuberts Stil sind die Modulationen im zweiten Teil, wel-che von einem Wechsel in die gleichnamige Molltonart (as-Moll, T. 9–10) und dem Spiel mit Terzverwandtschaften geprägt sind (derartig reiche Modulationen sind sonst in Schuberts Tänzen eher selten). Die komplizierte harmonische Struktur hat jedenfalls nicht verhindert, daß die Melodie dieses Tanzes nach ihrer Verwendung in Heinrich Bertés Operette *Das Dreimäderlhaus* zum Schlager werden konnte.

Anhang

Bemerkungen zu Schuberts Werken auf Schallplatten

Man sollte meinen, von Schubert gäbe es alles auf Platten, und das seit jeher. Mitnichten! Zwar gibt es von allen berühmten Werken viele Aufnahmen, aber solche von weniger berühmten sind selten, und viele Werke sind gar nicht auf Tonträger aufgenommen. Darüber darf man sich nicht täuschen lassen, auch nicht von – um mit Schubert zu reden – »aufhauerischen« Titeln. Wenn auf einer Plattenkassette zum Beispiel steht: »Sämtliche Streichquartette«, so ist damit nicht schon gesagt, daß auch tatsächlich alle Streichquartette Schuberts eingespielt sind; wahrscheinlicher ist, daß alle Quartette einer bestimmten Notenausgabe enthalten sind. Und eine Kassettenausgabe, die mit dem Titel »Schubert. Die Lieder« suggeriert, hier seien alle Lieder aufgenommen, enthält eventuell nur die Lieder für eine Männerstimme, ohne daß auf diese Einschränkung hingewiesen würde. Umgekehrt gibt es Kassetten mit 10 Sinfonien Schuberts ohne sichtbaren Hinweis, daß unter diesen zehn sich sinfonische Fragmente Schuberts befinden, die irgend jemand »vollendet« oder gar »rekonstruiert« hat. Nun, einerseits erwartet und verlangt das Käufer-Publikum von Schallplatten offenbar immer dasselbe, andererseits versuchen Industrie und Handel mit immer neuen Zusammenstellungen (seltener mit wirklich neuen »Titeln«) die Kauflust anzuregen. Ob sich bei diesem Verhältnis von Nachfrage und Angebot für Schuberts Werk etwas positiv ändern kann, etwa im Hinblick auf ein anderes Verständnis der Zusammengehörigkeit von Liedergruppen – was für die Programmgestaltung von Liederabenden eine große Rolle spielt –, ist schwer auszumachen, keineswegs aber ganz auszuschließen. Ein wichtiger Faktor kommt nämlich hinzu: die Mode, und die Mode zum Beispiel, wenn irgend möglich, »Sämtliche . . .« zu kaufen, hat viele Werke Schuberts auf den Plattenmarkt und damit unter die Leute gebracht, die zuvor kaum jemand gekannt hat.
Die vielen verschiedenen Aufnahmen eines und desselben Werkes, die auf dem heutigen Plattenmarkt – jedenfalls für die bekanntesten Kompositionen – angeboten werden, verleiten zu Vergleichen, die über den persönlichen Geschmack hinaus meist verhältnismäßig wenig ergeben. Gewiß, es verwundert, daß die Dauern verschiedener Aufnahmen, vor allem großer sinfonischer und oratorischer Werke, manchmal erheblich differieren. Doch über die Qualität der Aufführung sagen diese Differenzen an sich nichts aus und schon gar nicht, ob eine Aufführung »richtig«, eine andere »falsch« ist. Die Tempoangaben Schuberts (aber nicht nur Schuberts) sind meist von solcher Art, daß man daraus nicht »das einzig richtige Tempo« ableiten kann. Ähnliches gilt für die anderen Parameter einer musikalischen Aufführung. Ein Beispiel: Sicherlich sind Lieder Schuberts, in historischer Aufführungsweise, nämlich auf einem Flügel und in der Stimmtonhöhe der Schubert-Zeit und in der Originallage der Singstimme vorgetragen, von hohem Reiz. Aber sie sind, wenn die Interpretation sonst nicht stimmt oder

gar mangelhaft ist, einer Aufnahme unter neuen Bedingungen nicht eo ipso vorzuziehen. Mag das Instrument auch »alt« sein, der Spieler, der Sänger und der Hörer sind es ja nicht, und über die Gültigkeit einer Interpretation entscheidet allemal zuerst das Hier und Jetzt und erst in zweiter Linie die sogenannte historische Treue – und sei die Absicht auch noch so gut. Aus diesem Grunde sind historische Aufnahmen auf Tonträgern zwar für die Zeit, aus der sie stammen, und also für den Historiker interessant, für das Musikleben der Gegenwart sind sie jedoch so gut wie irrelevant. Denn Schallplatten lassen die Zeitgebundenheit von Musikaufführungen überdeutlich erkennen: Welcher Musikfreund wüßte nicht, daß er sich von manchem Werk nach einigen Jahren eine neue Aufnahme kaufen muß, weil er sich für die alte fragt: »Wie konnte ich damals meinen, das sei die einzig wahre Aufführung; wie konnte mir das damals überhaupt gefallen?« Kein Wunder auch, daß große Künstler im Laufe ihres Lebens dieselben Werke wiederholt aufnehmen, und nicht nur, weil sie mit den älteren Aufnahmen technisch nicht mehr zufrieden sind oder weil sie einen künstlerischen Reifeprozeß dokumentiert haben wollen, sondern weil man – um es einfach auszudrücken – die alten Aufnahmen nicht mehr hören kann. Dies ist übrigens auch gleichsam historisch belegt: Es gibt als Schallplattenkassette eine Sammlung Schubertscher Lieder, deren Aufnahmen zwischen 1898 und 1952 entstanden sind. Die größten Künstler jener Zeit sind da vertreten, von denen man weiß, daß sie damals den Interpretationsstil geprägt haben, ja von denen man glauben möchte, dieser müsse auch heute noch seine Gültigkeit haben und man könne davon lernen. Kaum! Nahezu alles wirkt veraltet, manches fast komisch. Warum? Weil der Zeitstil sich geändert hat – wie die Mode, von der man auch nicht weiß warum . . . (*Schubert Lieder on Records 1898–1952. A unique anthology featuring 64 great singers*, compiled from the EMI international archives, EMI HLM 7241–48, [o. J.] limited edition.)

Rezeptionsgeschichtlich interessant ist indessen, daß sich unter den zunächst ja nicht sehr zahlreichen Werken, die man um die Jahrhundertwende auf die damals neuen Tonträger aufgenommen hat, ziemlich viele Lieder, Bearbeitungen von Liedern und Klavierkompositionen von Franz Schubert finden. In welchem Verhältnis diese aber rein zahlenmäßig zu anderen Komponisten und zu vergleichbaren Kompositionen stehen, und *ob* und, wenn ja, *wie* sich dieses Verhältnis in den folgenden Jahrzehnten bis in unsere Zeit verändert hat, das weiß man nicht: die Rezeptionsgeschichte der Werke Franz Schuberts ist erst noch zu schreiben.

Eines allerdings ist trotzdem sicher: Für die Rezeption von Schuberts Werken ist die Tatsache von entscheidender Bedeutung, daß Schubert zwischen den musikgeschichtlichen Epochen steht, zwischen Wiener Klassik und musikalischer Romantik; daß er einerseits dieser zuneigt, andererseits jener; daß viele seiner Lieder und viele seiner Klavierwerke und alle seine Opern allgemein und ganz selbstverständlich zum Schatz der sogenannten romantischen Musik gehören, daß aber andererseits auch viele Lieder und viele Klavier- und Kammermusikwerke – und zwar sowohl aus seiner frühen als auch aus seiner späteren Zeit –

nicht zu jenem Schatz gehören, weil sie nach ihrer Grundintention nicht hinein-
passen und sich dementsprechend auch dem Erwartungshorizont des Publikums
für das Zeitalter der musikalischen Romantik nicht fügen. Dazu drei rezeptionsgeschichtlich interessante Beispiele: Das Lied *Letzte Hoffnung* (»Hie und da ist
an den Bäumen noch ein buntes Blatt zu sehn«) aus der *Winterreise* konnte Alban
Berg noch 1930 in einer Sendung des Wiener Rundfunks »Was ist atonal?« als
Beispiel für ein klassisches Werk am Rande der Tonalität verwenden, aber das
wohl kaum, weil es im Ton ein besonders romantisches Lied ist. – Um die drei
letzten Klaviersonaten (c-Moll, D 958; A-Dur, D 959; B-Dur, D 960) machen
erst in jüngster Zeit die großen Pianisten keinen Bogen mehr. Artur Rubinstein
(1887–1982) hatte keine Klaviersonate von Schubert in seinem Repertoire. In
dem berühmten, seit 1958 alljährlich ausgetragenen Tschaikowsky-Klavierwett-
bewerb hat Ende der 1980er Jahre zum ersten Mal ein Bewerber eine Schubert-
Klaviersonate gespielt. Als Artur Schnabel (1882–1951) nach dem ersten Welt-
krieg und Eduard Erdmann (1896–1958) wenig später begannen, außer den
Impromptus (als Zugaben) und der »Wandererfantasie« auch andere Klavierkompositionen Schuberts im Konzertsaal zu spielen, nämlich Klaviersonaten, da
erregten sie Aufsehen, wie wenn sie sich für einen jungen und unbekannten
modernen Komponisten einsetzten, und bis sie Nachfolger gefunden hatten, hat
es noch bis in die 1960er Jahre gedauert. – Schließlich ein Drittes: Im Jahre 1856
hat der damals berühmte Sänger Julius Stockhausen Schuberts *Die schöne Müllerin* zum ersten Mal als ganzen Zyklus vorgetragen. Aber noch in den 1930er
Jahren, in der Zeit der großen Liedersänger Leo Slezak (1873–1946), Karl Erb
(1877–1958), Emmi Leisner (1885–1958) und Heinrich Schlusnus (1888–1952),
um nur die wahrscheinlich wichtigsten zu nennen, war es ganz und gar nicht
üblich, einen der Schubertschen Liederzyklen ganz zu singen, wohl aber, einzelne Lieder daraus innerhalb eines sogenannten gemischten Programms vorzutragen. Heute ist es umgekehrt: Kaum ein Sänger wagt mehr, ein Lied aus einem
Zyklus herauszunehmen und es als Einzellied vorzutragen. Wenn trotzdem
einmal ein Sänger ein einzelnes Lied aus einem der Zyklen singt, dann als
Zugabe und eines, dessen Text und Musik in gewisser Weise volkstümlich sind,
oder das Schubert in die Nähe von Schumann und Brahms rückt – als deren
Vorläufer . . .
Von um so größerer Bedeutung sind deshalb die Unternehmungen der großen
Plattenfirmen seit den ausgehenden 1960er Jahren, zusammen mit ihren berühm-
testen Interpreten *alle* Werke Schuberts für eine bestimmte Gattung in Platten-
kassetten bzw. -alben vorzulegen, und zwar in hervorragend guten, der Intention nach: in mustergültigen Aufnahmen. Aus diesen frühen Gesamtaufnahmen
seien hervorgehoben die 1967 entstandene der Sinfonien (mit den beiden italieni-
schen Ouvertüren) durch Wolfgang Sawallisch und die Dresdner Staatskapelle
(Philips, Nr. 802 797–802 801 LY; 5 LP), die 1969 begonnene Aufnahme aller
Klavierlieder für eine Männerstimme durch Dietrich Fischer-Dieskau und
Gerald Moore (Deutsche Grammophon-Gesellschaft, Nr. 2720 022; 13 LP)
und die 1973 entstandene der Klaviersonaten durch Walter Klier (FSM,
Nr. VxDS 110; 10 LP).

Literaturhinweise

AGA   *Alte Gesamtausgabe*   Franz Schubert's Werke. Kritisch durchgesehene Gesammtausgabe. Hrsg. von Johannes Brahms [u. a.]. Ser. I–XXI in 40 Bdn. Leipzig: Breitkopf & Härtel, 1884–97.

NGA   *Neue Gesamtausgabe*   Franz Schubert. Neue Ausgabe sämtlicher Werke. Ser. I–VIII in 74 Bdn. Kassel [u. a.]: Bärenreiter, 1964 ff.

D   Otto Erich Deutsch: Franz Schubert. Thematisches Verzeichnis seiner Werke in chronologischer Folge. Neuausgabe in deutscher Sprache. Bearb. und hrsg. von der Editionsleitung der Neuen Schubert-Ausgabe und Werner Aderhold. Kassel [u. a.]: Bärenreiter, 1978. (NGA VIII,4.)

Dok.   Schubert. Die Dokumente seines Lebens. Gesammelt und erläutert von Otto Erich Deutsch. Kassel [u. a.]: Bärenreiter, 1964. (NGA VIII,5.)

Erinn.   Schubert. Die Erinnerungen seiner Freunde. Gesammelt und hrsg. von Otto Erich Deutsch. Leipzig: VEB Breitkopf & Härtel, ²1966.

1. Biographien und allgemeine Literatur

Biba, Otto: Franz Schubert und die Gesellschaft der Musikfreunde in Wien. In: Schubert-Kongreß Wien 1978 [s. Nr. 2]. S. 23–36.

Brown, Maurice J. E.: Essays on Schubert. London / New York, 1966.

– Schubert. Eine kritische Biographie. Wiesbaden 1969.

Deutsch, Otto Erich (Hrsg.): Franz Schubert. Sein Leben in Bildern. München/Leipzig 1913.

Dürr, Walther: Franz Schuberts Wanderjahre. Einführung in das Generalthema. In: Franz Schubert. Jahre der Krise 1818–1823 [s. Nr. 2]. S. 11–21.

Einstein, Alfred: Schubert. Ein musikalisches Porträt. Zürich 1952.

Feil, Arnold: Studien zu Schuberts Rhythmik. München 1966.

– / Dürr, Walther: Kritisch revidierte Gesamtausgaben von Werken Franz Schuberts im 19. Jahrhundert. In: Musik und Verlag. Festschrift Karl Vötterle zum 65. Geburtstag. Kassel [u. a.] 1968. S. 268–278.

Friedlaender, Max: Beiträge zur Biographie Franz Schubert's. Berlin (1887).

Fröhlich, Hans J.: Schubert. München 1978.

Goldschmidt, Harry: Franz Schubert. Ein Lebensbild. Berlin ⁷1980.

Hilmar, Ernst: Schubert. Graz 1989. [Bildbiographie.]

Klein, Rudolf: Schubertstätten. Wien 1972.

Kreißle von Hellborn, Heinrich: Franz Schubert. Wien 1865.

Massin, Brigitte: Franz Schubert. Paris 1977.

Reed, John: Schubert. The Final Years. London 1972.

Reininghaus, Frieder: Schubert und das Wirtshaus. Musik unter Metternich. Berlin (1979).

Riezler, Walter: Schuberts Instrumentalmusik. Werkanalysen. Zürich/Freiburg 1967.

Schilling, Gustav: Tonartenartikel in: Encyclopädie der gesammten musikalischen Wissenschaften, oder Universal-Lexicon der Tonkunst. Stuttgart 1835 ff.

Schubart, Christian Friedrich Daniel: Ideen zu einer Ästhetik der Tonkunst. Wien 1806.

Thomas, Werner: Schubert-Studien. Frankfurt a. M. [u. a.] 1990.

Vetter, Walther: Der Klassiker Schubert. 2 Bde. Leipzig 1953.

2. Aufsatzsammlungen

Bericht über den Internationalen Kongreß für Schubertforschung Wien 25. bis 29. November 1928. Augsburg 1929.

Franz Schubert – der Fortschrittliche? Analysen – Perspektiven – Fakten. Hrsg. von Erich Wolfgang Partsch. Tutzing 1989.

Franz Schubert. Jahre der Krise 1818–1823. Arnold Feil zum 60. Geburtstag. Hrsg. von Werner Aderhold, Walther Dürr und Walburga Litschauer. Kassel [u. a.] 1985.

Musik-Konzepte. Sonderband Franz Schubert. Hrsg. von Heinz-Klaus Metzger und Rainer Riehm. München 1979.

Schubert. A Symposium. Hrsg. von Gerald Abraham. London 1946.

Schubert-Kongreß Wien 1978. Bericht. Hrsg. von Otto Brusatti. Graz 1979.

Schubert-Studien. Festgabe der Österreichischen Akademie der Wissenschaften zum Schubert-Jahr 1978. Hrsg. von Franz Grasberger und Othmar Wessely. Wien 1978.

Schubert Studies. Problems of style and chronology. Hrsg. von Eva Badura-Skoda und Peter Branscombe. Cambridge 1982.

Zur Aufführungspraxis der Werke Franz Schuberts. Hrsg. von Roswitha Karpf. München/Salzburg 1981.

3. Lied und mehrstimmige Gesänge

Capell, Richard: Schubert's Songs. New York / London ²1957.

Dürr, Walther: Das deutsche Sololied im 19. Jahrhundert. Untersuchungen zu Sprache und Musik. Wilhelmshaven 1984.

– Zwischen Liedertafel und Männergesang-Verein: Schuberts mehrstimmige Gesänge. In: Logos Musicae. Festschrift Albert Palm. Wiesbaden 1982. S. 36–54.

Feil, Arnold: Franz Schubert. Die schöne Müllerin. Winterreise. Stuttgart 1975.

Fischer-Dieskau, Dietrich: Auf den Spuren der Schubert-Lieder. Werden – Wesen – Wirkung. Wiesbaden 1971.

Georgiades, Thrasybulos G.: Schubert. Musik und Lyrik. Göttingen 1967.

Kraus, Felicitas von: Beiträge zur Erforschung des malenden und poetisierenden Wesens in der Begleitung von Franz Schuberts Liedern. Mainz ²1928.

Moore, Gerald: Schuberts Liederzyklen. Gedanken zu ihrer Aufführung. Tübingen 1975.

Reed, John: The Schubert Song Companion. Manchester 1985.

Schmidt, Hans Georg: Das Männerchorlied Franz Schuberts. Diss. Köln 1929.

Schnapper, Edith: Die Gesänge des jungen Schubert vor dem Durchbruch des romantischen Liedprinzipes. Bern/Leipzig 1937.

Schochow, Maximilian und Lilly (Hrsg.): Franz Schubert. Die Texte seiner einstimmig komponierten Lieder und ihre Dichter. Hildesheim / New York 1974.

Schwarmath, Erdmute: Musikalischer Bau und Sprachvertonung in Schuberts Liedern. Tutzing 1969.

4. Bühnen- und Kirchenmusik

Brown, Maurice J. E.: Schubert's Settings of the »Salve Regina«. In: Music and Letters 37 (1956) S. 234–249.

Cunningham, George R.: Franz Schubert als Theaterkomponist. Freiburg i. Br. 1974.

Dürr, Walther: Dona nobis pacem. Gedanken zu Schuberts späten Messen. In: Bachiana et alia Musicologica. Alfred Dürr zum 65. Geburtstag. Kassel [u. a.] 1983. S. 62–74.

Goldschmidt, Harry: Schubert und die Oper. In: Aufbau 9 (1953) S. 990–1001, 1097–1104.

Jaskulsky, Hans: Die lateinischen Messen Franz Schuberts. Mainz [u. a.] 1986.

McKay, Elizabeth Norman: Franz Schubert's Music for the Theater. Tutzing 1991.

Pollak, Christian (Hrsg.): Franz Schubert. Bühnenwerke. Kritische Gesamtausgabe der Texte. Tutzing 1988.

5. Orchesterwerke

Brown, Maurice J. E.: Schubert's Symphonies. London 1970.

Dahlhaus, Carl: Franz Schubert und das »Zeitalter Beethovens und Rossinis«. In: Franz Schubert. Jahre der Krise 1818–1823 [s. Nr. 2]. S. 22–28.

Dürr, Walther: Eine gefälschte Schubert-Sinfonie. In: Musica 1983, S. 135–142.

Eckle, Bertram: Studien zu Franz Schuberts Orchestersatz. Das obligate Accompagnement in den Sinfonien. Neuhausen bei Stuttgart 1988.

Feil, Arnold: Zur Satztechnik in Schuberts VI. Sinfonie. Interpretation und Analyse. In: Schubert-Studien [s. Nr. 2]. S. 69–84.

Gülke, Peter: Neue Beiträge zur Kenntnis des Sinfonikers Schubert. Die Fragmente D 615, D 708 A, D 936 A. In: Musik-Konzepte. Sonderband Franz Schubert [s. Nr. 2]. S. 187–220.

– Zwischen Angriff und Zurücknahme, Wagnis und Taktik. In: Franz Schubert. Jahre der Krise 1818–1823 [s. Nr. 2]. S. 48–56.

Laaff, Ernst: Franz Schuberts Sinfonien. Diss. Frankfurt a. M. 1933.

Langevin, Paul-Gilbert: Franz Schubert et la symphonie. Éléments d'une nouvelle perspective. Paris 1982. (Sonderheft La Revue musicale, Nr. 355–357.)

Schering, Arnold: Franz Schuberts Symphonie h-Moll (»Unvollendete«) und ihr Geheimnis. Würzburg 1939.

Therstappen, Hans Joachim: Die Entwicklung der Form bei Schubert, dargestellt an den ersten Sätzen seiner Sinfonien. Leipzig 1931.

Wickenhauser, Richard: Franz Schuberts Sinfonien, Leipzig 1928.

6. Kammer- und Klaviermusik

Bisogni, Fabio: Rilievi filologici sulle sonate giovanili di Franz Schubert (1815–1817). In: Nuova Rivista Musicale Italiana 2 (1968) S. 453–472.

– Rilievi filologici sulle sonate della maturità di Franz Schubert (1817–1828). In: Rivista Italiana di Musicologia 11 (1976) S. 71–105.

Brown, Maurice J. E.: An Introduction to Schubert's Sonatas of 1817. In: The Music Review 12 (1951) S. 35–44.

– Schubert's Variations. London / New York 1954.

Godel, Arthur: Schuberts letzte drei Klaviersonaten (D 958–960). Entstehungsgeschichte, Entwurf und Reinschrift, Werkanalyse. Baden-Baden 1985.

Hinrichsen, Hans-Joachim: Die Sonatenform im Spätwerk Franz Schuberts. In: Archiv für Musikwissenschaft 45 (1988) S. 16–49.

Költzsch, Hans: Franz Schubert in seinen Klaviersonaten. Leipzig 1927.

Litschauer, Walburga / Lechleitner, Gerda: Zu Schuberts Ouvertüren für Klavier zu vier Händen. In: Studien zur Musikwissenschaft 37 (1986) S. 13–26.

Salzer, Felix: Die Sonatenform bei Franz Schubert. In: Studien zur Musikwissenschaft 15 (1928) S. 86–125.

Thomas, Werner: Die fast verlorene Zeit. Zum Adagio in Schuberts Streichquintett in C (In memoriam Thrasybulos Georgiades). In: W. T.: Schubert-Studien [s. Nr. 1]. S. 137–158.

Whaples, Miriam K.: Style in Schubert's Piano Music from 1817 to 1818. In: The Music Review 35 (1974) S. 260–280.

Werkverzeichnis und Register

Aufgeführt sind sämtliche Werke Schuberts, auch wenn sie in dem Musikführer nicht erwähnt sind (keine Incerta, keine Bearbeitungen). Werktitel sind gerade, Textanfänge kursiv gedruckt. Jedem Titel und Textanfang ist in Klammern die Nummer des »Deutsch-Verzeichnisses« beigegeben. Ist ein bestimmtes Werk ausführlicher behandelt, wird auf die entsprechende Passage durch eine halbfette Seitenzahl verwiesen.

Instrumentalmusik